La bataille de la Marne

Du même auteur

L'Affaire Dreyfus, 1959.

Poincaré, 1961.

La Paix de Versailles et l'opinion publique en France, thèse d'Etat, 1972.

Histoire de la France, 1976.

Les Guerres de Religion, 1980.

La Grande Guerre, 1983 (Premier Grand Prix Gobert de l'Académie française, 1984).

La Seconde Guerre mondiale, 1986.

La Troisième République, 1986.

Histoire du monde contemporain, 1991.

La Guerre d'Algérie, 1993.

Les Polytechniciens, 1994.

Les Quatre-Vingts, 1995.

Mourir à Verdun, 1995.

Vincent de Paul, 1996.

Le Chemin des Dames, 1997.

Les Poilus, 2000.

Le Gâchis des généraux, 2001.

L'Exode, 2003.

Pierre Miquel

La bataille de la Marne

Plon

ISBN : 2-259-19954-2

Le miracle de la Marne

Qui peut croire au miracle, dans une bataille ? Le terme renvoie au discours religieux. Il sous-entend qu'un événement miraculeux ne peut être d'origine humaine. Il est de nature, d'inspiration et d'intervention divines : la main de Dieu dans les affaires des hommes, Constantin et Clovis, la bataille gagnée grâce au ciel.

Pourtant, Dieu, en la circonstance, n'est à l'évidence avec personne, ne pouvant être avec tout le monde : les Allemands s'en réclament, inscrivent son nom sur les boucles de leurs ceinturons, *Gott mit uns*, et l'acier de leurs canons, au même titre que les Russes, dont les drapeaux représentent la Vierge Marie, ou les Français qui croient au Sacré Cœur de Jésus. La main de Dieu n'a pu soulager les seules misères du peuple de France et ni Joffre, ni Gallieni, ni même Foch le croyant ne sont des Jeanne d'Arc.

Et cependant, dans les tueries organisées appelées batailles, le poète Victor Hugo parle de ce moment privilégié, imprévisible, où « le combat changea d'âme ». La victoire s'annonce à des signes imperceptibles, au bond en avant subit de l'un des deux camps antagonistes, poussé par une force mystérieuse. Les Grecs représentaient la victoire en déesse ailée. Il est vrai qu'un souffle parcourt les lignes, pousse en avant les plus las. Ils sentent que l'ennemi faiblit, que le vent a changé, qu'au lieu de les ralentir, il les porte. Les témoignages l'attestent, à la

Marne comme à Marengo au retour de Desaix, ou à Waterloo quand Wellington reconnaît dans les lointains bleutés l'armée de Blücher. Personne ne peut dire pourquoi le hasard a décidé du sort de la bataille.

Après coup, on évoque le miracle. Comme si le plus surprenant dans cette bataille de la Marne n'était pas l'inversion du mouvement chez les Français, le départ en avant, après la longue épreuve de la retraite, la volonté de tenir, et d'aboutir, le courage des hommes. Epuisés, à peine nourris (l'armée n'a pas encore jugé utile de doter ses unités de roulantes), désespérés d'avoir perdu dans les premières batailles tant de conscrits de leurs pays, les pantalons rouges repartent au combat sans se faire tirer l'oreille. On jugeait les Français inaptes et paniquards dans la défaite. Voilà qu'ils refusent de transformer les échecs en déroute, qu'ils se disent prêts pour le suprême effort, celui qui doit sauver le pays. Ils sentent que cette bataille sera décisive, sans qu'on ait besoin de le leur répéter. Ils ont des revanches à prendre.

Autre aspect du miracle : la participation de tous, y compris des civils, de ces taxis de Paris conduisant au front deux petits régiments aux effectifs incomplets, image symbolique, justement imputée au gouverneur militaire Gallieni, propre à ranimer le moral de la population, à exorciser la peur, à réprimer tout mouvement d'abandon, d'exode, de débandade irraisonnée, à empêcher la fuite désastreuse des civils vers l'arrière car les gens de l'exode arrivent du Nord, et au-delà de Belgique, terrorisés par les crimes de guerre relatés, amplifiés, déformés. Les taxis de Gallieni aident à contenir ces peurs paniques pour affirmer la solidarité de la nation, son soutien à ses défenseurs par un signal fort de résistance. Miracle du moral retrouvé.

On peut entendre le mot miracle dans un tout autre sens. Il était si peu vraisemblable que les Français trouvent la force de s'accrocher au terrain, après des jours de défaites et de reculs, que la « victoire » de la Marne semble incompréhensible du point de vue de l'état-major allemand. Un miracle qui n'aurait pas dû se produire. Bonne excuse pour Moltke II – le général en chef allemand, neveu du grand Moltke, vainqueur à Sedan en 1870 – après sa défaite : l'événement n'était pas prévisible. Il tient en partie à ce facteur impondérable, le retournement du moral des hommes. Peut-on parler d'un mystère plutôt que d'un miracle de la Marne ?

Autre mystère, qui vient du ciel : ces aviateurs qui annoncent à Joffre, cliché en main, que les Allemands, à portée de canon de Notre-Dame, bifurquent vers l'est sans raison apparente. Paris sauvé sans avoir à combattre : les oiseaux de toile et de bois l'indiquent. Von Kluck renonce à prendre la capitale alors qu'elle est presque sans défense, à sa portée. Qui peut croire les aviateurs ? Cela semble tellement incroyable. La bataille s'engage sur ce signe venu d'en haut. *In hoc signo vinces ?*

Joffre, le général français, est plus qu'un incroyant, un sceptique, et pourtant il faut se rendre à l'évidence : les Allemands se présentent de flanc. L'occasion est trop belle. Il devient nécessaire d'engager sur-le-champ la bataille. Pas de miracle en la matière, sauf aux yeux des généraux français : les Allemands suivent seulement les grandes lignes d'un plan établi depuis plus de vingt ans. La lecture du plan Schlieffen, s'il était tombé entre les mains du 2e bureau, aurait suffi à convaincre le général en chef le plus entêté. Mais Joffre ne connaissait pas le plan Schlieffen.

*

Comment imaginer un tel retournement de situation sur les bords de la plus tranquille des rivières françaises ? La Marne est-elle digne de la légende ? Elle n'a ni la majesté de la Seine, ni la violence du Rhône, ni le rayonnement mythique du Rhin. Une rivière ordinaire, lente, sans surprise, forte en crue, certes, et capable d'envahir les basses villes de Meaux et de Lagny, mais ni plus ni moins que la Seine ou l'Oise. Elle est plus raisonnable que la Somme et la Meuse, moins encaissée et facile à franchir : au mois d'août, période d'étiage, elle n'a pas plus de cent mètres de large à Meaux. Longue rivière de près de cinq cents kilomètres, elle enchaîne ses méandres bouclés depuis le plateau de Langres jusqu'à Charenton, où elle se glisse paresseusement dans la Seine.

Repousser l'ennemi en s'appuyant sur cette géographie molle d'une rivière banale tiendrait du miracle. Elle est si calme que les mariniers la naviguent encore en 1914 depuis Saint-Dizier, charriant sur leurs barques d'un petit mètre de tirant d'eau des charges de trente à quarante tonnes. Elle pourrait être, à la rigueur, une ligne de défense continue du territoire français d'ouest en est, si les villes très nombreuses ne l'enjambaient partout de ponts, de Chaumont, Joinville et Vitry-le-François, où Joffre avait fixé d'abord son état-major, à Châlons, capitale historique de la Champagne, Château-Thierry où elle décrit un ample méandre, à La Ferté-sous-Jouarre et Meaux, puis à Esbly et Lagny, toutes cités bien pourvues de ponts de pierre depuis le Moyen Age, et de ponts de chemin de fer depuis Napoléon III. Le génie devra faire sauter tous ces ponts si l'on veut se retrancher derrière le fleuve. Ce feu d'artifice suffira-t-il à décourager les pontonniers allemands, habiles à lancer sur des barques leurs passerelles métalliques ?

La Marne n'a pas assez de doigts sur sa main de déesse des eaux pour compter ses affluents, depuis l'Ourcq qui, de Lizy, gagne le nord vers La Ferté-Milon, au Petit et au Grand Morin qui serpentent, le premier vers Montmirail d'ouest en est et le second, plus au sud mais dans la même direction, de Coulommiers à La Ferté-Gaucher : deux lignes grossièrement parallèles de rivières couvrant en principe Paris. Elles sont volontiers encastrées dans le lœss épais et fertile du plateau briard, une terre à milliards d'épis, fraîchement moissonnés au début d'août. Il est vrai qu'on peut s'empoigner et se battre dans le lit de ces rivières, tranchées naturelles aux vallées étroites, aux pentes affirmées.

L'approche de Paris est donc à la rigueur protégée, pense l'état-major vers le 25 août – quand il vient de perdre en Belgique la bataille de Charleroi –, par ces vallées plus ou moins encaissées : au nord, une première ligne suit le coude de l'Ourcq infléchi vers l'est, à partir de La Ferté-Milon, vers Oulchy-le-Château et au-delà, par Fismes, vers Reims et le cours de la Vesle.

Plus au sud, la deuxième ligne éventuelle de résistance est la Marne elle-même. De Saint-Dizier, elle peut remonter à l'est vers Bar-le-Duc et s'accrocher aux forêts montueuses de l'Argonne. Si la Marne est franchie, il reste encore deux lignes de recours aux défenseurs de Paris, celle de La Ferté-sous-Jouarre à Champaubert qui suit le Petit Morin, enfin l'ultime, à travers le plateau briard, de Coulommiers à Sézanne le long du Grand Morin.

Vaste champ de bataille qui, jusqu'à l'Argonne et au-delà, court sur deux cents kilomètres à partir de l'Oise où campent déjà les premiers éléments de la nouvelle 6e armée du général Maunoury, avec une profondeur de champ suffisante pour résister pied à pied, à l'abri des rivières, dans les trouées du plateau.

Dans les vallons et sur les plateaux du nord, nord-nord-est et est de la capitale, le destin du pays se joue aux premiers jours de septembre. La rivière Marne en est le centre. Pourquoi la Marne serait-elle un meilleur obstacle que la Meuse ou la Somme ? Et le plateau briard un meilleur terrain d'arrêt que les collines de l'Artois et du Boulonnais ?

Il faut sans doute voir de plus près, découvrir les trois mille hectares difficilement pénétrables des marais de Saint-Gond drainés par le Petit Morin dans la région d'Epernay, et les hauteurs boisées de la Goële à l'ouest, du côté de l'Ourcq, et le cours encastré dans le plateau des rivières qui reçoivent de minuscules affluents, également sinueux, aux noms bucoliques : la Grivette et la Beuvronne, la Biberonne et la Thérouanne, nourrie du ru des Veaux et du ru des Vaches.

Il est vrai que partout, dans cette campagne ouverte, les

villages sont robustes, compacts, leurs cimetières ceints de murs épais, et les fermes autant de forteresses. Il faut des pièces lourdes pour en venir à bout, elles défient les obus des 77 de campagne de l'armée allemande qui viennent ficher leurs cônes d'acier dans les trous des remparts de meulière. A Etrépilly, les fermes sont des bâtisses imprenables. A Charny, une grande exploitation comprend d'immenses bâtiments, une cour vaste comme le quartier d'une caserne, des écuries pour un escadron. Il faudra se battre avec acharnement pour s'en rendre maître. Les fermiers de Brie, depuis l'aube de la civilisation agricole, ont construit solide pour faire face aux prédateurs. On peut comprendre, à l'aspect robuste de ces fermes fortes, qu'elles seront autant de lieux de bataille, comme La Haye-Sainte jadis à Waterloo.

Un miracle sur la Marne ? Pourquoi pas, si l'on a le temps d'aménager le champ de bataille pour que les armées embusquées résistent pied à pied. Le seul fait d'arrêter l'avance foudroyante de l'ennemi serait en soi miraculeux.

Car rien ne l'arrête : depuis la Belgique, le fantassin allemand marche à raison d'étapes de trente à cinquante kilomètres par jour en direction de Paris, bouleversant les obstacles. Les trois armées du Kaiser, bien pourvues en canons lourds, bousculent tout devant elles. Pourquoi seraient-elles brusquement saisies d'effroi en voyant les troupes françaises débandées, épuisées par la longue retraite, poser leur sac pour le reprendre aussitôt et repartir dans l'autre sens, afin de livrer sans plus de moyens d'artillerie l'ultime bataille ? Qui pourrait croire qu'elles ont assez de forces pour réussir cette conversion, assez de réserves pour mettre en danger les puissantes armées d'invasion ?

*

Depuis plusieurs jours, pourtant, une bataille se prépare. Joffre envoie depuis longtemps par écrit ses ordres de mouvement aux unités. Il a fait son deuil de la bataille d'interception aux frontières, et remercié le général Lanrezac, commandant la 5e armée, qu'il juge responsable du désastre de Charleroi.

Il organise un recul franc, continu, massif, en direction de la Marne et en même temps le transfert des divisions devenues inutiles de Lorraine vers les champs de l'Ourcq. Les premières batailles ont fait apparaître la supériorité tactique et stratégique des Allemands : au plan Schlieffen destiné à obtenir l'élimination complète de l'armée française en six semaines, Joffre n'a d'abord opposé qu'un plan XVII limité à des offensives sentimentales en Alsace et en Lorraine en direction de la Sarre, entre les places fortes alors allemandes de Metz et de Strasbourg, réputées imprenables. L'expérience devait montrer qu'il n'avait pas même la possibilité de réussir cette modeste manœuvre.

Moltke II, occupé à envahir la Belgique et à réduire Liège sous le feu des obusiers lourds, ne réagit pas tout de suite à l'offensive française qui permit des gains de territoire de vingt à trente kilomètres et la maîtrise de quelques cols des Vosges. Il savait qu'il disposait d'assez de divisions et de canons de tous calibres pour infliger une défaite aux Français dans l'Est tout en poursuivant l'invasion à l'Ouest, du fait qu'il utilisait ses divisions de réserve en première ligne, ce qui devait tromper Joffre.

Les divisions de réserve françaises ne devaient constituer qu'un appoint aux unités d'active. Elles étaient groupées non dans des corps d'armée, mais dans des « groupes de divisions de réserve ». Elles avaient mauvaise presse dans les états-majors en raison de leur dotation d'artillerie insuffisante, mais surtout de leur instruction déficiente.

Au contraire, les Allemands avaient soigné avant la guerre la formation de leurs divisions de réservistes, en les astreignant à des périodes longues et répétées, en les encadrant avec des officiers d'active. Un certain nombre de bataillons d'active étaient amalgamés aux divisions de réserve (cinquante et un sur quatre cents). De la sorte, les

« corps d'armée de réserve », y compris ceux de la garde prussienne, étaient intégrés à l'ordre de bataille. Cette masse de 430 000 combattants imprévus, parfaitement instruits et commandés, devait faire la différence entre les deux armées.

Il faut d'ailleurs savoir que les effectifs français et allemands mobilisables n'étaient nullement équilibrés. Les effectifs allemands étaient pour l'armée active et sa réserve de 2 050 000 hommes et de 7 970 000 soldats pour la *Landwehr* du premier et du deuxième ban, l'*Erzats-Reserve* et le *Landsturm*, soit des effectifs supérieurs aux Français de plus de quatre millions.

L'armée de Moltke II était encore renforcée par les quatre-vingt-sept bataillons d'*Erzats* constitués avec les excédents des dépôts des unités d'active que l'on n'avait pu enrégimenter. Moltke pouvait compter sur six divisions supplémentaires de jeunes conscrits formés en même temps que leurs camarades. Trois cents bataillons de la deuxième réserve, la *Landwehr,* accueillaient les hommes de vingt-cinq à trente-neuf ans. L'armée allemande disposait ainsi d'une supériorité des effectifs réellement en ligne, prêts au combat. Les 404, pièces lourdes de campagne, les obusiers capables d'envoyer quarante kilos de projectiles à neuf mille mètres (alors que la portée maximale d'un 75 français, « bêche enterrée », n'était que de six mille à sept mille mètres) assuraient aux unités de rupture un terrain dégagé.

Ainsi s'expliquaient aisément, outre les erreurs de commandement et l'inaptitude des divisions françaises de réserve engagées, les premières déconvenues de Joffre : de son état-major de Coblentz, Moltke II laissa le prince Rupprecht de Bavière prendre l'offensive en Lorraine le 20 août avec vingt divisions et une artillerie puissante contre l'armée de Castelnau et celle de Dubail.

Des régiments entiers furent massacrés, comme le 153e de Toul, d'autres débandés ; Foch perdit une partie de ses canons du 20e corps à Morhange. Trois cent cinquante mille hommes s'étaient affrontés pour chaque camp et les

Allemands l'avaient emporté. Sans l'énergie de Castelnau et le sacrifice des troupes de l'Est et des coloniaux, le Grand Couronné de Nancy tombait et les Bavarois s'engouffraient dans la trouée de Charmes, porte ouverte au nord-est de la France.

La bataille des Ardennes devait compléter le premier échec de Lorraine : la Ve armée du Kronprinz de Prusse et la IVe du duc Albert de Wurtemberg bousculaient les 3e et 4e armées françaises de Ruffey et de Langle de Cary pour s'emparer de la haute région intermédiaire entre la Lorraine et la Belgique, où les Allemands, dès le 20 août, étaient entrés à Bruxelles. Le 5e corps d'Orléans, le 17e de Toulouse étaient anéantis ainsi que la 3e division coloniale. Les mines et aciéries du bassin de Briey-Longwy tombaient ainsi sous contrôle allemand. Seules tenaient encore la position fortifiée de Verdun et les collines boisées de l'Argonne.

Il devenait urgent de se porter en avant des trois armées allemandes d'attaque marchant vers Valenciennes et Lille. La 5e armée de Lanrezac était sur place. Elle attendait l'entrée en ligne du corps expéditionnaire britannique, très professionnel et fort bien armé, qui prit avec retard position autour de Mons, sur l'aile gauche, le 23 août, avec quatre divisions parfaitement équipées. Il leur fut impossible de contenir l'attaque de l'armée von Kluck.

A cette date, Lanrezac avait déjà perdu en trois jours la bataille de Charleroi. Dès le 21 août, le général von Bülow, à la tête de la IIe armée allemande, poussé par l'entreprenant Ludendorff, avait lancé à l'attaque ses grenadiers sur la vallée industrielle de la Sambre où des unités françaises s'étaient laissé accrocher, au lieu de se replier sur les hauteurs du plateau et de mener un combat défensif dans de bonnes conditions.

Comment résister aux assauts allemands, soutenus sur leur gauche par une armée entière venue en supplément, la IIIe de von Hausen ? Namur et Dinant étaient pris, les Français perdirent 7 000 hommes en un seul jour. Les pantalons rouges en position derrière la Sambre risquaient d'être tournés par le flux allemand traversant la Meuse sur leur flanc est.

Lanrezac décida alors de battre en retraite le 23 août, sans consulter French. Joffre entérina. Que faire d'autre, sinon limoger Lanrezac pour cause de bataille perdue à la première occasion ? La retraite fut ordonnée jusqu'à la ligne de la Somme : quatre-vingts kilomètres à pied pour les survivants fourbus du désastre de Charleroi. Quarante mille morts et un nombre double de blessés abandonnés sur le terrain. Les Français venaient de perdre leur première bataille d'arrêt et de briser le fragile lien de confiance entre l'état-major de Joffre et celui du cavalier anglais John French, irrité au-delà du possible par la conduite du chef de la 5e armée française.

*

Ainsi, dès le 24 août, la retraite est engagée. Dès le 23, le GQG enregistre des reculs spontanés dans les lignes, des régiments mélangés sur les routes du Nord. Une sorte de déroute vite combattue et contenue par les prévôts, non sans exécutions sommaires au coin des bois. « Une foule de soldats aux yeux hagards, couverts de sueur et de poussière, les uniformes déchirés, se pressent avec des injures et des cris », dit Galtier-Boissière[1]. Pourtant, ce n'est pas la débâcle, « il y a de l'ordre dans le désordre » : même si Lille est abandonnée, déclarée ville ouverte à la demande des autorités civiles, sa garnison de 15 000 hommes est dûment évacuée à pied jusqu'à Lens, en chemin de fer ensuite sur Rouen et au-delà vers Le Havre.

Rien n'est perdu, même si le *field marshal* a décidé de reculer spontanément d'au moins cinquante kilomètres, n'ayant pas d'ordre à recevoir de Joffre. Dès le 23 août, les très nombreux télégrammes aux armées du GQG de Vitry-le-François préparent la retraite, et le mouvement général de l'armée vers l'ouest.

1. Galtier-Boissière, *La Fleur au fusil*, Paris, Baudinière, 1928.

Ainsi, avant toute indication sur la direction future des armées allemandes, alors que le gouvernement croit Paris en danger, au point de remplacer le gouverneur général Michel par Gallieni, Joffre prend déjà des mesures pour faire basculer vers l'ouest les divisions de l'est, et préparer la montée au front des unités du camp retranché de Paris.

Peut-il compter sur les alliés ? Il demande chaque jour des nouvelles des Russes. L'attaché militaire, le colonel Ignatiev, fait savoir que la 1re armée du général Rennenkampf a bien attaqué les Allemands à trente kilomètres à l'intérieur de la Prusse-Orientale, leur infligeant un revers à Gumbinnen, le 20 août, avec seize divisions assez dépourvues d'artillerie.

Les Allemands ont été surpris. Mackensen, ancien colonel des hussards *Totenkopf*, a dû se jeter à cheval au milieu des fuyards pour rétablir l'ordre. Les Russes ont fait 7 000 prisonniers et Joffre apprend qu'une seconde armée, celle de Samsonov, provoque par son avance l'exode des paysans prussiens. Von Prittwitz und Gaffron, qui commande à Königsberg les *Feldgrau*, songe déjà à se retirer derrière la Vistule, pour échapper aux cosaques disent les journaux français.

Mais l'attaché militaire se garde d'annoncer que le commandement allemand a changé le 23 août. Le vieux *Junker* poméranien Hindenburg, âgé de soixante-sept ans, est tiré de sa retraite par l'empereur qui lui donne le commandement du front de l'Est, avec le concours du chef d'état-major Ludendorff, arraché à la IIe armée par Moltke. Les Allemands préparent leur revanche. Joffre peut espérer bénéficier de ces dispositions : de fait, le 25 août, Guillaume II décide de détourner du front français vers l'est douze divisions d'infanterie et deux de cavalerie. Mais cette décision est secrète, ignorée encore à l'état-major de Vitry-le-François. Joffre n'en montre que plus d'impatience à exiger d'Ignatiev des nouvelles précises de Prusse-Orientale.

Quant aux Britanniques, ils sont en plein désarroi. La petite armée de métier de sir John French s'est fait étriller gravement par les divisions d'assaut de von Kluck. L'Anglais a laissé 2 600 hommes à Landrecies, plus encore qu'à Mons. Il a touché une cinquième division mais perdu le moral. Il pense le plus grand mal des généraux français, et surtout de Lanrezac, qui manœuvre sans se soucier de lui. Le 26 août 1914 est pour le *field marshal* un jour de deuil. Talonné dans sa retraite par les avant-gardes des huit divisions de von Kluck, il apprend que la 4e division de sir Horace Smith-Dorien vient de perdre au Cateau plus de 3 000 hommes et quarante canons. Il a de justesse réussi à éviter la manœuvre d'enveloppement et se retire pour se refaire avec la conviction d'avoir évité un désastre.

French n'a donc aucune intention d'aventurer ses forces, d'autant que Kitchener, le ministre de la Guerre, vient de lui envoyer un ordre comminatoire : « Vous devez considérer avec la plus grande circonspection le cas où votre *Force* se trouverait exposée à des attaques trop dangereuses », lui écrit-il. Joffre vient à la rencontre de French à Saint-Quentin, ce 26 août, et le rejoint, dit-on, dans le salon de billard d'une maison « pompéienne » bien connue dans la cité dont la majestueuse promenade est appelée « Champs-Elysées ».

— C'est la débâcle ! aurait dit French.

— Monsieur le Maréchal, même si c'était vrai, ce ne serait pas à vous de le dire, répond Joffre de sa voix douce et ferme.

La présence à cette rencontre du général Lanrezac ne détend pas l'atmosphère, au contraire. Ses récriminations contre les Anglais incitent sir John French à s'obstiner dans son mouvement de retraite vers l'Oise, même s'il écrit alors dans son journal : « L'espoir doit désormais être abandonné d'un arrêt derrière la Somme et l'Oise. »

Le jour même, il transfère son quartier général à Noyon. Lanrezac a encore ses arrière-gardes au Nouvion et à Hirson, en Thiérache. Le *field marshal* a pris seul la décision de se placer en retrait des forces françaises et se donne pour but essentiel la sauvegarde de l'*Expeditionary Force.* Rien ne semble pouvoir le faire changer d'avis.

*

Voilà donc les Français réduits à leurs seules forces face à la ruée allemande. A peine Joffre a-t-il amorcé sa nouvelle manœuvre que le monde politique s'émeut. Il est tenu dans l'ignorance à peu près complète des événements. Poincaré se plaint de n'être pas informé de la retraite de Lorraine le 22 août. « J'entends bien, dit le président de la République, que si le Grand Quartier général ne renseigne pas davantage le pouvoir civil, c'est parce qu'il redoute les paniques de l'arrière, mais il n'en est pas moins intolérable que nous soyons réduits à ignorer le véritable résultat des batailles où se joue le sort de la France. »

A l'Elysée, le colonel Pénelon, agent de liaison avec le GQG, part aux renseignements. Pour Charleroi, rien encore. Poincaré est seulement avisé que « notre grande offensive s'est engagée sur la frontière belge ». Il attend avec une impatience croissante « des précisions qui n'arrivent pas ».

A 11 heures du soir, Pénelon vient annoncer la défaite. Celle des armées Ruffey et de Langle de Cary qui avaient trouvé devant elles, dans la région de la Meuse et des Ardennes, trois armées allemandes en marche vers la Belgique. Rapport pessimiste : « Des fautes ont été commises. Il y a eu des défaillances individuelles et collectives, une usure prématurée des hommes. » Poincaré n'exclut pas la responsabilité de Joffre dans cette affaire : « Peut-être quelques imprudences sont-elles imputables au GQG lui-même », écrit-il.

Quant à l'aile gauche, celle de Lanrezac, Pénelon évoque la retraite de Charleroi, sans insister sur le désastre. Il met les embarras du chef de la 5e armée sur le compte de la supériorité numérique des Allemands et sur leur armement lourd. Aucune pique contre Lanrezac dans le rapport de l'envoyé spécial. Le président Poincaré est seulement alerté sur les « imprudences » de l'état-major et la défaillance de certains généraux.

Le 24 août, il s'étonne du découragement de son ministre de la Guerre. Messimy s'assombrit : « Il pressent une grande défaite. » Deviendrait-il défaitiste ? À défaut de limoger Joffre, faut-il se débarrasser de Messimy ? Et pourquoi pas du président du Conseil ? « M. Viviani, écrit plus tard Poincaré, qu'émeuvent si facilement de petites choses, se cuirasse contre les grandes. »

Il finit par accepter, sur la suggestion du président de la République hostile à l'ouverture d'une crise politique, un élargissement de son cabinet, ouvert à Briand l'intrigant, adversaire inné de Joffre, que l'on préfère neutraliser en l'intégrant au gouvernement, à Delcassé, le négociateur de l'Entente cordiale, éloigné du pouvoir en 1905 sur l'injonction de l'empereur d'Allemagne, à Millerand, ex-ministre de la Guerre, et jusqu'au socialiste Marcel Sembat. Est-ce suffisant pour calmer l'angoisse des Assemblées qui tourne à un début de panique quand le GQG fait, le 24 août, dans un communiqué, « le triple aveu de la défaite, de l'invasion et de la perte de l'Alsace » ? Viviani se croit-il encore en temps de paix pour remanier son gouvernement dans de telles circonstances ? se demandent beaucoup de députés.

Les ministres sont « consternés » par l'annonce de la retraite de l'armée sur une ligne « d'Arras à Verdun ». Qu'on change les responsables les plus fragiles, au plus tôt. Viviani voudrait appeler Clemenceau, autre adversaire de Joffre. Mais celui-ci tonne contre « les généraux de la Jésuitière » et accuse Castelnau des défaites lorraines. Il n'accepte pas le pouvoir. « Dans quinze jours, dit-il à Viviani, on vous ouvrira le ventre. » Poincaré se réjouit du refus de Clemenceau dont il redoute l'impulsivité : « Il ferait, dit-il, à tort et travers, des coupes sombres dans le commandement de l'armée. »

Cependant, le ministre Messimy, pour répondre à l'angoisse parlementaire, envoie à Joffre un ordre approuvé par Poincaré : « Une armée de trois corps actifs au minimum devra être dirigée sur le camp retranché de Paris pour en assurer la garde. » Il s'agit d'affirmer devant l'opinion la volonté du gouvernement de défendre la capitale. Il veut aussi persuader les parlementaires que le cabinet n'est pas une « assemblée aulique » et que la conduite de la guerre reste entre les mains des ministres représentants du peuple.

Joffre, « stoïcien à la tête froide » (Poincaré), annonce le 25 août, par une instruction générale, les dispositions de la retraite aux différentes armées ainsi que sa volonté de constituer « une masse capable de reprendre l'offensive » avec les 4e et 5e armées et le corps expéditionnaire britannique. Une nouvelle réconfortante pour les politiques, il est décidé ce jour-là de constituer, « à hauteur d'Amiens et par chemin de fer », une masse de manœuvre (le 7e corps et quatre divisions de réserve) destinée à agir dans le flanc droit des armées allemandes. Ainsi se trouve esquissée, dès le 25 août, la manœuvre de la Marne, mais trop haut, en Picardie, et avec des effectifs trop faibles.

Cependant, Poincaré, préoccupé par la vacance du pouvoir dans une situation aussi dramatique, passe la journée du 26 août à constituer, avec beaucoup de difficultés, le nouveau cabinet, comme si l'ennemi ne poursuivait pas son avance. Le problème est de convaincre Messimy, rendu responsable du flottement politique et de la défaite aux armées, traité en bouc émissaire, d'abandonner l'hôtel de Brienne, rue Saint-Dominique. Il vient de faire nommer Gallieni non seulement gouverneur, mais « commandant les armées de Paris ».

— Vous êtes fatigué, lui dit son collègue Augagneur, croyez-moi, je suis médecin. Débarrassez-vous d'un fardeau trop lourd.

Poincaré affirme que Messimy « cède gracieusement sa place à M. Millerand et annonce qu'il va partir pour le front ». L'ancien ministre de la Guerre reprend effectivement du service comme commandant de chasseurs à pied.

*

Le replâtrage du gouvernement ne suffit sans doute pas à rasséréner les Assemblées, dont les élus sont l'objet de questions angoissées de leurs électeurs, auxquelles ils ne savent pas répondre. Ils attendent, espèrent le sursaut qui doit permettre à Joffre d'arrêter l'envahisseur. On a fait belle part aux Allemands : dix départements au moins. Il faut les refouler, les raccompagner chez eux. On tient là un thème très fort de rassemblement des énergies. Chaque Français peut prendre à son compte la lutte très concrète contre l'envahisseur, même le « marxiste » Jules Guesde, reconduit comme ministre d'Etat dans le deuxième gouvernement Viviani, et si attentif alors au discours patriotique dont Poincaré l'abreuve.

Pour l'opinion, Viviani n'est pas désavoué mais conforté par cette mini-crise gouvernementale. Joffre n'a pas à subir l'ombre d'une critique, sauf de Clemenceau l'emporté. Il est encore plus à l'aise pour concevoir seul sa stratégie, lorsque Millerand succède au vacillant Messimy, le 27 août 1914. L'ancien socialiste « indépendant » a pour principe de ne pas se mêler des opérations militaires et n'a aucune raison d'entrer en conflit avec Joffre. Il fait pleinement confiance à l'état-major. Son rôle est de donner à l'armée ce qui lui manque, des munitions et des pièces lourdes. Il se rend aussitôt à l'état-major de Vitry-le-François pour mesurer l'étendue du désastre et connaître les intentions du général en chef.

Celui-ci ne lui cache pas qu'il n'a plus les moyens de résister sur la ligne de la Somme, que les Anglais sont déjà à Noyon, et qu'il doit envisager une contre-offensive sur la ligne de l'Oise et de la Marne. Pour cette opération, il a besoin de tous les concours, et d'abord du président de la République. Il sait qu'il ne peut gagner, même s'il redresse la situation. Seule l'entrée en scène massive des alliés peut conduire à la victoire. Il a chargé Poincaré d'intervenir auprès du roi George V pour que sir John French pénètre plus facilement dans la manœuvre de la Marne, après les déboires cruels que sa petite armée vient de subir. « J'ai tout espoir, lui répond le roi, que les vaillantes troupes françaises sauront, en coopération avec nos forces, repousser victorieusement l'ennemi. »

Vaines paroles qui ne rassurent pas Joffre, pas plus que les nouvelles trop vagues qui lui parviennent du front russe. Dans l'immédiat, il ne peut compter que sur ses propres forces. Aussi doit-il s'assurer de la fidélité absolue de son équipe, la souder autour de la stratégie nouvelle, la rendre attentive à ses ordres, la convaincre qu'elle peut gagner la bataille décisive. Etant conforté par le pouvoir politique dans sa mission, il se doit de reprendre en main les armées avec la plus grande fermeté.

D'abord, mettre à la tête de la 6e armée un chef qui ait sa confiance. Il poursuit la manœuvre de concentration à l'ouest d'un groupement qui, dans son esprit, doit devenir l'armée de la Marne. Il a déjà fait embarquer pour la Picardie la 63e division de réserve. Comme Moltke, dont il a enfin percé le secret sur l'engagement des effectifs de la réserve en première ligne, il puise dans les réserves françaises. Il comprend qu'il doit masser au nord le plus grand nombre possible de divisions pour tenir tête au gros de l'armée d'invasion.

Il demande à Maunoury, qui pour l'heure commande la 8e armée de Lorraine, d'interrompre ses attaques pour se replier sur les Hauts de Meuse et expédie son agent de liaison, le commandant Bel, auprès de ce général pour lui réclamer le départ immédiat vers l'ouest par chemin de fer de deux de ses unités. Il est averti que le transport de ces divisions en direction de Compiègne doit commencer le 27 août. Elles sont aussitôt embarquées à Dugny et Saint-Mihiel. Joffre a prélevé le 7e corps du général Vautier à l'armée d'Alsace dont les activités lui paraissent désormais inutiles. L'état-major et l'effectif d'une division de ce corps ont reçu l'ordre d'embarquer dès le 23 août. C'est un début de concentration.

Joseph Maunoury a la confiance totale du général en chef. Polytechnicien et artilleur, il s'est distingué en 1870 au siège de Metz. A soixante-sept ans, il est un des rares officiers généraux anciens de la précédente guerre franco-allemande. Joffre l'a connu de 1912 à 1914 quand il était gouverneur militaire de Paris. Il l'a rappelé en activité en août pour lui confier un détachement d'armée constitué en Woëvre qui a soutenu efficacement la 3e armée de Sarrail. Le général en chef sait que Maunoury suivra ses ordres jusqu'à l'extrême limite de ses forces.

A la tête d'une autre concentration qu'il estime nécessaire en Champagne, à hauteur d'Epernay, il choisit Foch pour lui confier une seconde armée d'intervention, la 9e. Un autre polytechnicien, et artilleur, âgé de soixante-quatre ans : professeur, puis directeur de l'Ecole de guerre, Ferdinand Foch passe pour un spécialiste de l'offensive. Ancien élève des jésuites, frère d'un père jésuite, il n'a pas fait dans le commandement la brillante carrière qu'il méritait, pour des raisons de sectarisme politique. Au début de la guerre, Joffre l'a mis à la tête non d'une armée, mais d'un simple corps, le 20e, malheureux et contraint à une retraite précipitée lors de la bataille de Morhange.

Joffre a toujours aidé Foch, pour sa compétence et son courage. Il est intervenu auprès du ministre Messimy pour qu'il soit enfin nommé général de division en 1911 et affecté à la tête de la 13e, à Chaumont, dont la mission est alors de se porter à la frontière au moindre danger. C'est encore à Joffre qu'il doit sa nomination de général de corps d'armée, d'abord du 8e à Bourges, puis du 20e à Nancy. Après la douloureuse surprise de Morhange, il lance son 20e corps à la contre-attaque contre les Bavarois avec l'artillerie nécessaire. C'est à un général en pleine possession de ses moyens que Joffre déclare : « Je sais que je peux compter sur vous. »

Sa nomination l'a surpris, le 28 août, alors qu'il déjeunait frugalement à la ferme les Œufs-durs, à Hudiviller. Joffre lui enjoignait de laisser sur place le chef d'état-major Duchêne et de rejoindre le quartier général où il trouverait ses nouveaux adjoints, les lieutenants-colonels

Devaux et Weygand. Avec Maunoury et Foch, chargés de tenir à tout prix trente-cinq kilomètres de front avec cinq divisions, entre la 4e et la 5e armée, Joffre avait monté son ordre de bataille.

*

Il ne pouvait tout changer, à la veille de la grande épreuve. Pourtant, il doutait des qualités des commandants des 3e, 4e et 5e armées, engagées dans la contre-offensive. Il hésitait à limoger son vieux camarade Ruffey, à la tête de la 3e qui tenait Verdun et le front est de la bataille. La région devait être le pivot de la manœuvre des divisions portées d'est en ouest.

Ses *missi dominici* l'ayant informé des désordres de la 3e armée, il décida cependant de rendre visite à Ruffey, à son quartier général de Varennes au pied de l'Argonne. « Il était très énervé, écrit-il dans ses Mémoires, et se répandait en propos amers contre la plupart de ses subordonnés divisionnaires. » Joffre se décide très vite. « Je jugeai imprudent, dit-il, de lui laisser le commandement de son armée. » Il renvoie donc le général « intelligent mais de caractère inconsistant et imaginatif à l'excès » et trouve une autre affectation pour son chef d'état-major, le Corse Grossetti, brave au combat mais jugé pagailleux et mal à l'aise dans des bureaux d'opérations.

Qui nommer à sa place ? Sarrail, général républicain, passe pour franc-maçon. Joffre n'a pas de sympathie pour lui, mais il s'est bien conduit au front et Micheler, son énergique chef d'état-major, est également bien vu des milieux politiques de la gauche gouvernementale, ami d'Antonin Dubost, le président du Sénat. Seul le 6e corps de Sarrail avait tenu dans la déconfiture de la 3e armée, avec ses soldats de Verdun, de Châlons-sur-Marne, de Reims et de Saint-Mihiel, des hommes de l'Est. Sarrail, cet ancien de l'école de Saint-Cyr, ex-directeur de l'infanterie et de l'école des officiers de Saint-Maixent, a-t-il fait oublier, par l'excellente conduite de son corps, son appartenance au cabinet du général André en 1902[1] ? Joffre compte sur lui pour tenir Verdun, avec des effectifs réduits. Il tiendra.

Le général en chef prolonge sa visite au front, conduit par son chauffeur véloce, jusqu'à l'état-major de la 4e armée. Il rencontre à Monthois, au débouché de la forêt d'Argonne, Fernand de Langle de Cary, un autre *cyrard* de soixante-cinq ans, blessé à Buzenval en 1870, membre du Conseil supérieur de la guerre et ancien professeur de stratégie. Unanimement respecté, il commandait l'armée qui avait perdu la bataille dans les Ardennes et retraité dans des conditions difficiles. Joffre, malgré les revers subis, loue « le calme, la pondération, la maîtrise de soi et la ferme attitude » de Langle. Il admire ce vieux général qui se dit prêt à reprendre l'offensive, et pourtant il ampute ses effectifs pour renforcer le détachement de Foch. Langle avait quatorze divisions, il lui en reste seulement huit.

Avec un calme impressionnant, le général en chef tranche, coupe, déplace, renvoie les incapables ou réputés tels, nomme de nouveaux divisionnaires pour remplacer les défaillants, multiplie les visites dans les états-majors de ses *missi dominici,* simples commandants qui espionnent, font leur rapport, demandent, dit-on, des têtes, tel ce commandant Bel qui inspire la terreur aux généraux chenus. A cent kilomètres à l'heure, la voiture de commandement de Joffre tressaute sur les cahots des routes poussiéreuses, surprend les chefs au gîte. Pour préparer la bataille décisive de la guerre, il veut tout voir de ses yeux bleu limpide, juger sur place des prélèvements possibles dans les grandes unités, préparer les contre-attaques de nature à protéger le vaste mouvement de reconversion de l'armée.

Contrairement à son adversaire Moltke II, qui n'a

1. Le général André, ministre du Bloc des gauches, avait laissé « ficher » les officiers de l'armée et enquêter clandestinement sur leurs opinions politiques et religieuses. Il avait ainsi déchaîné l'un des « scandales » de la IIIe République.

quitté son état-major de Coblentz que pour s'installer encore très loin du front, à l'hôtel de Cologne de Luxembourg, Joffre abandonne Vitry-le-François pour courir les routes. Grand et fort (il pèse plus de cent kilos), colosse au grand appétit qui ne manque pas de retrouver son équilibre en dormant, quelles que soient les circonstances, sa personne inspire confiance. Lissant sa forte moustache, il tance d'une voix sans timbre ses envoyés spéciaux rentrés décomposés du front : « Puisque je vous dis qu'on les aura », lance-t-il au colonel Alexandre.

Il ne promet pas la lune au gouvernement, bien au contraire : « Nous sommes condamnés, écrit-il à Messimy dès le 24 août, à une défensive appuyée sur nos places fortes [il compte sur la résistance de Maubeuge et de Verdun] et sur les grands obstacles de terrain [les collines de l'Argonne, la Marne, l'Oise] en cédant le moins possible de territoire. Notre but doit être de durer le plus longtemps possible. » On ne peut afficher moins d'ambition. Mais pour durer, il faut rassembler les moyens d'une contre-attaque.

Il n'en conçoit que plus d'irritation quand il reçoit dans la soirée du 25 août l'ordre de Messimy, encore ministre, d'affecter trois corps actifs à la défense du camp retranché de Paris. Une telle « intervention gouvernementale » dans les opérations militaires, à un tel moment, lui semble une sorte de désaveu et contrarie gravement son mouvement de concentration. Au moment de livrer bataille, Joffre ne pouvait se sentir retenu par un tel handicap. Il a donc considéré qu'il avait un « droit de surseoir », et poursuivi calmement sa concentration, utilisant désormais les divisions de réserve en première ligne, avec celles de l'armée d'active. Devant le danger, même les anciens de la territoriale dûment endivisionnés étaient employés en campagne.

*

Dans la redistribution des grands commandements, restait la 5e armée de Lanrezac. Devant la retraite précipitée des Britanniques, Joffre confiait à Millerand son intention de faire contre-attaquer immédiatement l'armée Lanrezac à hauteur de Guise, si épuisée qu'elle fût.

Le 28 août, Joffre se présente à Marle, quartier général de la 5e armée. Si elle ne marche pas au canon, tout est perdu, on ne peut livrer la bataille de la Marne. Il faut bousculer les Allemands, dégager les Anglais, permettre à Maunoury et à Foch de recevoir leurs effectifs en toute sécurité. Il a donné l'ordre à Lanrezac d'avancer entre l'Oise et Saint-Quentin, parce qu'il vient d'apprendre qu'une partie de l'armée Bülow était immobilisée devant Maubeuge, où s'organisaient, pour un siège prolongé, 50 000 Français déjà encerclés.

Les Anglais sont dans le désarroi, explique à Lanrezac le général en chef. Il redoute fort que French ne reçoive de son gouvernement l'ordre de faire retraite sur Le Havre pour s'y reconstituer et attendre des renforts. Le colonel Huguet, correspondant de Joffre à l'état-major britannique, lui écrit le 27 août que les alliés viennent de subir une défaite. Deux divisions britanniques ont été bombardées pendant trente-six heures. Elles accusent de lourdes pertes et l'élimination de leur artillerie. Elles forment désormais une sorte de « troupeau désemparé » et retraitent vers Ham et La Fère. French envisage déjà de se replier autour de Compiègne, sur l'autre rive de l'Oise. Il est grand temps que Lanrezac attaque. Le général en chef s'est déplacé pour obtenir de lui un mouvement immédiat.

Le commandant de la 5e armée, selon Joffre, « portait sur son visage des marques de fatigue, teint jaune, yeux injectés ». Ses troupes sont fatiguées, son état nerveux pénible. Il répugne à s'engager, à exécuter l'ordre d'attaque sur Saint-Quentin. Joffre lui rappelle que les Anglais peuvent à bon droit se plaindre de lui : il a décroché sur la Sambre au moment où French attaquait, il a laissé écraser les Britanniques sans leur porter secours.

Lanrezac ne veut pas assumer la responsabilité de cette nouvelle action qu'il estime aventurée, il demande un ordre écrit. Hély d'Oissel, son chef d'état-major, le prend sous la dictée du général en chef.

Joffre n'a plus confiance en Lanrezac : « Je me promets, dit-il, de revenir le lendemain pour contrôler l'exécution de mes ordres. » Il est déjà résolu à le remplacer « malgré tous les inconvénients que ce changement pouvait présenter en pleine bataille ». Il avance le nom de son successeur, Franchet d'Espèrey, le chef du 1er corps d'armée, qui a « des qualités de caractère ». Surprise à Laon, où Lanrezac a transporté son PC : il est redevenu maître de ses moyens. Joffre assiste à la « dictée des ordres », il ne peut qu'approuver. Lanrezac dirige la bataille « avec autorité et méthode ».

Il attaque effectivement, et fort bien. Le général allemand von Bülow est surpris par ce redressement subit des Français. Depuis le 23 août, ses troupes marchaient sans avoir à combattre, voilà qu'elles sont accrochées, le 28, par des forces supérieures : Lanrezac aligne 179 bataillons contre 96 et il a la supériorité du canon[1]. S'il est vrai que ses soldats sont épuisés par les combats de la frontière, et les compagnies décimées, la bataille engagée le 29 août fait la preuve de l'aptitude des pantalons rouges à repartir au combat.

Même s'ils ne peuvent atteindre Saint-Quentin tombé aux mains de Bülow, ils ont bousculé la garde prussienne et les fusiliers du Hanovre. Franchet d'Espèrey a fait sonner les cuivres et battre la charge au tambour. Le général Sauret a fait le coup de feu au lebel et Pétain, commandant déjà une brigade, a couché sur la paille dans un hangar pour être plus près de ceux que l'on appelle déjà les « poilus ».

On a tué ou blessé 6 000 Allemands sur le front de Guise. Les journaux français chantent victoire. Le mauvais sort est

1. Un régiment se compose de trois bataillons de 1 000 hommes chacun, divisés en quatre compagnies de 250 hommes. Avec 176 batteries, Lanrezac dispose de 704 canons de 75.

un instant conjuré sur la route de Paris, même s'il faut battre en retraite, abandonner l'Oise moyenne aux Allemands pour marcher sur la Marne. Joffre est en rage : Lanrezac l'exaspère, il discute les ordres, prend des initiatives, se conduit en professeur de stratégie, mais il hésite encore à le limoger. N'a-t-il pas retardé avec bonheur la marche des Allemands sur Péronne ?

Joffre ne compte plus sur l'éminent stratège de l'Ecole de guerre pour la suite des opérations. Dans son esprit, il est déjà rayé des cadres, mis à la retraite. Il a chargé Maunoury de préparer l'armée choisie pour la contre-offensive, la 6e. Lanrezac doit partir parce que Joffre ne croit plus qu'aux « hommes de caractère » d'abord soucieux de se conformer strictement aux ordres et de les adapter, vaille que vaille, au terrain et aux circonstances. « Sa fatigue physique avait exaspéré le côté critique de son esprit », dit-il pour justifier cette décision de renvoi fort discutée dans l'armée et même dans le milieu politique. L'état-major de Lanrezac est « profondément divisé », le général a perdu son autorité. Si brillante que fût son intelligence, il s'était « effondré moralement » et sa présence à la tête de la 5e armée, à la veille d'une grande bataille, « était une faiblesse ».

Joffre lui demande lui-même de quitter son commandement, dans l'école de Sézanne où il a de nouveau déplacé son quartier général. Lanrezac sera mis à la disposition de Gallieni. « C'est un remarquable professeur, lui écrivait-il, qui ne donne pas, en temps de guerre, les espérances qu'on avait fondées sur lui. » Gallieni s'en débarrasse sans ménagement en le nommant à Bordeaux, chargé de la formation d'une armée de deuxième ligne. Ainsi, l'affaire Lanrezac est réglée. Il est entendu avec son successeur Franchet d'Espèrey que la 5e armée ne sera pas la pointe de la contre-offensive. Elle a besoin de temps pour panser ses plaies.

*

Gallieni est le dernier problème de Joffre avant l'attaque générale des armées françaises et du corps expéditionnaire britannique. Le gouverneur de Paris est chargé d'en organiser la défense, il a des troupes à sa disposition. Joffre est obligé d'en tenir compte. Il doit clarifier la situation, refuser le principe d'un double commandement, affirmer avec force qu'il est seul responsable.

Fils d'un Italien du *Risorgimento* fixé en France dans les Pyrénées centrales, Gallieni est, comme Joffre de Rivesaltes et Foch de Tarbes, originaire des montagnes de l'extrême sud. Saint-Cyrien, et non polytechnicien, ex-pensionnaire du prytanée militaire de La Flèche, cet homme de soixante-cinq ans a fait toute sa carrière aux colonies, du Soudan au Tonkin, puis à Madagascar où il utilisa les compétences techniques de Joffre, officier du génie. Membre du Conseil supérieur de la guerre, il a volontairement abandonné sa candidature au profit de Joffre, plus jeune, au poste de général en chef en 1911. Il lui écrit toujours « mon cher Joffre », comme au temps où il demandait au colonel de fortifier Diégo-Suarez. Avec Gallieni, Joffre est obligé de prendre des gants. A sa demande, Gallieni a été nommé par le gouvernement « adjoint du général en chef », une satisfaction d'amour-propre.

Il a approuvé comme Joffre l'élimination du général Michel, à la tête de l'armée en 1911, qui voulait concentrer les troupes à Lille, face à une menace éventuelle sur la Belgique, et aligner les divisions de réserve sur celles de l'armée d'active. Gallieni a donc alors pleinement partagé l'erreur de Joffre qui sous-estimait, comme tant d'autres officiers supérieurs, l'offensive allemande vers l'ouest, redoutée par Michel, et imaginait l'axe de cette offensive à Mézières et Dinant, non à Bruxelles. Veuf, déjà malade, Gallieni ne cachait pas son pessimisme. « Nous serions peut-être sages en mettant notre concentration à quatre étapes de la frontière, disait-il au printemps de 1914, tellement l'Allemagne aura d'avantages sur nous. » Il mesurait plus encore que Joffre la supériorité allemande en effectifs, en armements, en entraînement tactique, en visées stratégiques.

Lucide, mais patriote, il était partisan de la lutte sans merci, et d'abord à Paris où Messimy l'avait nommé le 26 août. Quand le ministre avait demandé l'affectation au camp retranché de trois corps d'armée d'active, à disposition de Gallieni qu'il avait mis en place, Joffre avait différé. Gallieni, pas encore opérationnel, n'avait pas protesté. On ne pouvait parler alors ni de brouille ni de discordance. Pourtant le gouverneur militaire réclame bientôt au quartier général six divisions d'active, et il est soutenu par le nouveau ministre Millerand. Il s'agit bien de cela ! Au 1er septembre 1914, la 6e armée tout entière, sous la pression de l'ennemi, est déjà en retraite au nord de Senlis. Il ne reste à Joffre qu'à placer Maunoury sous la direction supérieure du gouverneur militaire, commandant du camp retranché, qui se trouve ainsi subordonné à Joffre, intégré à la hiérarchie au lieu de rester en marge.

La défense du pays passe en effet par la ligne de la Seine. La Marne ne constitue pas une ligne d'arrêt suffisante. Joffre n'y croit plus. Il a enchaîné les désillusions : il avait d'abord cru pouvoir tenir sur la ligne Lille-Maubeuge-Mézières en s'appuyant sur les forteresses, puis sur la ligne de la Somme et de l'Oise grâce à la 6e armée de Maunoury. Le 26 août, il avait « décidé la bataille Verdun-Laon-Amiens » sur la Somme, le canal Crozat et l'Oise. Le retrait des Anglais vers Compiègne donnait l'espoir d'aligner la résistance de Soissons à Rethel, sur l'Aisne, et jusqu'à Verdun.

Mais les Anglais étaient hors d'état de combattre et la cavalerie allemande avait largement dépassé Péronne et Saint-Quentin, marchant vers le sud, vers Paris. Impossible d'utiliser la 6e armée, qui se trouvait à découvert. Il était clair que « la manœuvre Amiens-Verdun devenait irréalisable », constatait Joffre. La 6e armée devait déjà retraiter vers le sud avant d'avoir vraiment combattu, sauf pour des engagements d'arrêt. Il faudrait peut-être reporter le front de bataille jusqu'à Pontoise et la Seine. Joffre avait déjà prévu la retraite sur Rouen.

Le camp retranché du général Gallieni, dans cette conjoncture, devenait le môle essentiel de la résistance. Joffre prévenait le ministre Millerand, le 29 août, que la garnison de Paris et de sa région devait être complétée par des unités de la 5e armée en réserve. Il dirigeait aussi sur la capitale la 45e division fraîchement débarquée d'Algérie.

De son nouveau quartier général de Bar-sur-Aube, Joffre croit alors possible une nouvelle manœuvre : couper l'aile droite allemande qui progresse vers Compiègne du gros des armées de Moltke en « créant une rupture ». C'est la conception préférée de Berthelot et du colonel Pont, chef du 3e bureau. Elle suppose le retrait des armées du centre jusqu'à la Seine et l'Aube ; de la 4e armée sur la Marne, et de la 3e armée sur la région au nord de Bar-le-Duc. Les Anglais se replieraient au sud de la Seine et la 6e armée sur Paris, avec un corps de la 5e. De nouveaux ordres partent le 30 août du GQG. A une question de Millerand, Joffre répond le même jour : « Il ne voit que des avantages au départ du gouvernement pour Bordeaux. »

Il apprend alors l'écrasement des Russes par Hindenburg à Tannenberg, par interception d'un radio allemand à Belfort. Mais il est aussi informé, le 31 août, que deux corps allemands viennent d'être enlevés du front français pour la Prusse-Orientale. Trente-deux trains de troupes sont signalés par les espions français de Bruxelles en partance pour la Russie.

Il devient urgent d'organiser la résistance, d'arrêter la retraite alliée, de livrer bataille, avec une position d'arrêt non sur la Marne, mais sur la Seine et sur l'Aube. Il faut s'engager fermement sans attendre que les Russes subissent un nouveau désastre, fixer les Allemands pour aider les alliés de l'Est, leur sauver la mise en leur permettant d'envoyer des renforts sur leur front ébranlé.

Par voie de conséquence, Joffre demande au ministre

que la place et la garnison de Paris soient mises « directement sous ses ordres » parce que le camp retranché entre désormais dans la première zone d'opérations[1]. Gallieni se trouvait ainsi résolument coiffé. Il écrivit à Joffre pour lui signaler l'inaptitude au combat des unités territoriales dont il avait la charge et lui demanda ses ordres. Joffre précisa qu'il ne songeait à utiliser que les troupes actives. « Mon concours complet vous est acquis », répondit Gallieni, qui tenait seulement à être informé dans le détail de la situation militaire.

*

Joffre avait donc normalisé ses relations avec Gallieni, en le plaçant clairement dans un état de subordination. Privé de la moindre troupe active, le gouverneur n'aurait aucun moyen de livrer sa propre bataille de Paris dans la bataille du général en chef. Joffre a choisi d'abattre ses dernières cartes avec les hommes qu'il vient de choisir : Maunoury, Franchet d'Espèrey, Foch. Gallieni n'est pas opérationnel.

Il n'en restait pas moins l'âme de la résistance de Paris, d'où partaient pour Bordeaux, le 2 septembre, le gouvernement et le président de la République. Un million de Parisiens manquaient. Beaucoup étaient partis aux armées. Les autres avaient assiégé les gares, envahi les routes du Sud. Un recensement opéré par l'administration pour la distribution éventuelle de cartes d'alimentation établissait que la population de la capitale dépassait à peine 1 800 000 personnes dont seulement 585 000 hommes, soit un million de moins qu'en 1911[2]. Devant ces départs qui ressemblaient à un exode, Gallieni avait cru bon de rassurer la population restée sur place en placardant : « J'ai reçu mandat de défendre Paris contre l'envahisseur. Ce mandat, je le remplirai jusqu'au bout. »

1. Télégramme n° 3168 du 1er septembre à 9 h 5 au ministre de la Guerre.
2. Voir *Le Matin* du 21 septembre 1914, cité par Pierre Darmon in *Vivre à Paris pendant la Grande Guerre*, Fayard, 2002.

Dépossédé de toute autonomie tactique, l'autorité de la place se trouvait réduite à son périmètre comprenant le département de la Seine, certains arrondissements de Seine-et-Oise et de Seine-et-Marne. La ligne de défense parfaitement illusoire comprenait l'enceinte de 1840 en première ceinture, des vieux forts transformés en magasins et casernes, en seconde ceinture les anciens lieux de combat du siège de 1870 impuissants devant les tirs de l'artillerie moderne, enfin une troisième série de défenses creusées dans un périmètre d'une vingtaine de kilomètres. Pour protéger cet espace urbain, deux divisions de « pépères » de la territoriale, deux de réservistes. Une brigade de fusiliers marins, jeunes émoulus de la conscription, est chargée de la police de la ville et de rassurer la population.

Les Allemands sont bientôt à Meaux, à Epernay, à Châlons. La ligne de la Marne est dépassée. On ne peut livrer bataille sur la rivière. Joffre le reconnaîtra plus tard : « La Marne n'a joué qu'un rôle épisodique dans la bataille. » Des reconnaissances de uhlans sont déjà signalées à Pontoise, sur la Seine, en aval de Paris. Il est loin le temps où le ministère de la Guerre affichait par une fenêtre de la rue Saint-Dominique le premier drapeau allemand capturé en Alsace. Les Parisiens savent qu'ils n'ont qu'un recours, Gallieni.

Ils acceptent les servitudes de l'état de siège. Les propriétaires des baraques et des maisons de la zone de banlieue doivent détruire eux-mêmes leurs installations pour faciliter les tirs d'artillerie. Les prêtres écrivent déjà à l'Elysée, ainsi que beaucoup de femmes pieuses, pour qu'on voue la France au Sacré Cœur de Jésus. Les habitants subissent avec stoïcisme le premier raid aérien de l'Histoire contre des civils. Des tracts sont lancés : « Parisiens, rendez-vous, les Allemands sont à vos portes. » Deux morts par bombe, quelques destructions. On prescrit aux habitants de vider leurs greniers de toutes matières inflammables. Sur la plate-forme de la tour Eiffel, des canons et des mitrailleuses Hotchkiss s'apprêtent à attaquer les *Tauben*, ces « pigeons » aux ailes d'oiseau, à la lumière des projecteurs.

Il est interdit de prendre des photos, d'aller dans les cafés après le couvre-feu, d'éclairer la nuit. Les rues sont vides à 21 heures. Il reste à peine un millier de taxis, un tiers du parc. Les autobus ont disparu, réquisitionnés pour les transports de viande. Les camions des grands magasins se rassemblent au Champ-de-Mars pour les transports aux armées. Restent le métro et les tramways, où l'on voit les premières femmes poinçonneuses. De tout jeunes gens portent le brassard bleu des services postaux, des vieux employés non mobilisés le brassard jaune des chemins de fer.

Aux portes, des barricades hâtivement dressées. Il faut des laissez-passer pour entrer et sortir de la ville. Les journaux sont censurés, les attroupements interdits par le préfet Hennion, les petites annonces surveillées de près pour éviter l'espionnage. Les colonnes bariolées de tricolore annonçant sur les trottoirs les spectacles affichent les informations administratives, les communiqués du gouvernement et du gouverneur militaire.

Tout respire, plus que la guerre, la bataille. Les trains qui partent ne vont plus vers l'est, ils s'arrêtent à Lagny, Melun ou Sézanne. Plus de chevaux dans les transports, ils sont au service des voitures de l'armée qui encombrent les routes avec les convois de camions. Les églises ne désemplissent pas. Les épouses ou les mères des mobilisés viennent y prier, y commander des ex-voto. Le clergé ne sait plus où donner de la tête pour marier les couples illégitimes. Chacun prie pour que la grande mêlée qui se prépare évite à Paris le siège atroce de 1870, pour que les *Pruscos*, devenus les *Alboches*[1], soient cette fois repoussés.

*

Contre Joffre, et très proches de la capitale, trois armées d'invasion. La première est le moteur principal du

1. Les Anglais disent *Huns*.

plan Schlieffen. Composée de quatre corps d'armée à huit divisions chacun (soit trente-deux régiments de plus de 3 000 hommes), de deux corps de chacun quatre divisions de réserve (soit seize régiments), elle compte au moins 200 000 fantassins en marche, bottés et casqués de cuir bouilli, sans compter trois divisions de cavalerie munies de mitrailleuses, et une artillerie de tous calibres. Le fougueux von Kluck la conduit d'une main ferme.

A soixante-huit ans, ce *Junker* n'est pas dépourvu d'ambition, il brûle d'entrer dans le cénacle du haut état-major impérial. Son chef d'état-major, von Kuhl, est la compétence même, puisqu'il a été quartier-maître du *Generalstab*. Il est entouré de chefs de corps du cadre d'active et d'aristocratie indiscutable comme von Arnim ou von der Marwitz. Chauve, la bouche cachée par une moustache en croc à la Bismarck, l'œil d'aigle de von Kluck le porte en avant, dans les lointains, vers Paris, derrière les chevaux des uhlans, des dragons de la reine ou des hussards de la mort.

Il a fermé les yeux, pour avancer plus vite, sur le terrorisme allemand en Belgique. La Ire armée, concentrée dans la région d'Aix-la-Chapelle, incendiant la ville de Louvain, est entrée à marche forcée dans Bruxelles avant de poursuivre sa course vers l'Escaut, qu'elle franchit au sud de Cambrai, et vers la Somme, atteinte à Péronne. Elle a ensuite bifurqué droit vers le sud-est, poursuivant les Anglais sur Compiègne. Au 1er septembre, elle a franchi l'Oise et s'approche de l'Ourcq qu'elle atteint le 3, au nord de Meaux. Elle est alors à une trentaine de kilomètres de Paris et ses uhlans lancent des raids pour reconnaître les défenses du camp retranché du général Gallieni.

Karl von Bülow commande la IIe armée, concentrée entre Eupen et Malmédy. Un visage de bouledogue respirant l'énergie, un regard d'acier soucieux du détail et ne pardonnant pas la moindre faute, ce Prussien de soixante-huit ans commande une troupe moins riche en cavalerie (deux divisions seulement) que von Kluck, mais forte de douze formations d'infanterie dont la moitié de réserve.

Le rapport de Bülow sur la marche de la IIe armée[1] établit que cette grande unité était d'abord chargée de prendre les douze forts redoutables de la place de Liège, ce que Ludendorff (premier quartier-maître de la IIe armée) réussit grâce à l'envoi d'obusiers lourds de 420 mm, le 16 août seulement. A cette date, Bülow était en mesure de régler la marche précipitée de son unité à travers la Belgique. Il était chargé d'assurer la liaison, et de donner des ordres de coordination aux Ire et IIIe armées. Il avait reçu délégation de la Direction suprême pour commander sur le terrain les trois armées d'invasion. Il ne devait perdre sa suprématie que par un ordre reçu le 27 août qui rendait à von Kluck et à von Hausen leur liberté de mouvement.

La IIe armée, dont le QG était transféré le 17 août à Liège, avait donc organisé la chute de la forteresse de Namur dont l'attaque était confiée aux pièces lourdes du général d'artillerie von Gallwitz. Bülow avait gagné contre Lanrezac la bataille de Charleroi – que les Allemands appelaient bataille de la Sambre – grâce à un ordre de la 5e armée française tombé entre ses mains et qui lui indiquait les intentions et les concentrations de son adversaire.

Cette victoire permettait à la IIIe armée de von Hausen de franchir sans encombre la Meuse au sud de Namur et elle précipitait la retraite des Anglais, renonçant à résister à l'ouest de Maubeuge. Cette place n'arrêta pas Bülow, il la fit d'abord encercler par trois divisions puis attaquer par les obusiers lourds.

Poursuivant sa marche sur l'Oise, jusqu'à Saint-Quentin, il subit la résistance acharnée des Français à la bataille de Guise et fut assez heureux pour en triompher. La Direction suprême, désormais installée à Luxembourg, approuva la marche des deux grandes unités sur la Marne, non plus vers le sud-ouest dans une intention d'enveloppement, mais, pour les armées II et III, directement vers

1. *Documents allemands sur la bataille de la Marne*, Payot, 1930.

le sud. Prenant La Fère, la Ire armée von Kluck franchissait l'Oise au sud-ouest de Noyon le 31 août, pendant que la garde prussienne poussait sur Reims, s'emparait de la ville et vidait les caves de champagne d'Epernay : la victoire était en vue.

La marche de la IIIe armée de von Hausen, dans une région plus vallonnée, coupée de forêts et de côtes, avait été plus difficile. Pourtant, elle se trouvait en temps prévu au rassemblement sur la Marne. Ses trois corps de six divisions, son corps de réserve à deux divisions lui offraient des moyens moindres.

Rassemblée dans la région de Prüm, elle devait attaquer plein ouest, franchir l'Ourthe, éclairée par le corps de cavalerie de Richthofen, pousser sur Dinant et sur la rive gauche de la Meuse, garder enfin le contact en toutes circonstances avec les colonnes de la IIe armée. Problème de liaison difficile pour une armée qui obliquait plein sud, fonçant sur Rocroi, Signy-l'Abbaye et Rethel, où elle franchissait l'Aisne le 31 août. Elle longeait alors Reims pour se diriger vers Châlons, à peine en retard au rendez-vous sur la Marne.

Ces trois armées d'invasion étaient flanquées à leur gauche par deux autres unités pénétrant en France pour achever le bouclage : la IVe armée du duc de Wurtemberg, marchant de Bastogne à Sedan et longeant l'Argonne jusqu'à Valmy ; la Ve du Kronprinz de Prusse, partie du Luxembourg, qui se présentait à douze divisions dans la vallée de l'Aire, à l'ouest de Verdun. Deux autres armées surveillaient la Lorraine, la VIe du Kronprinz de Bavière et la VIIe de von Heeringen.

La force d'invasion vers l'ouest, avec les trois armées de marche, comptait trente-deux divisions d'infanterie et cinq divisions de cavalerie. Chaque unité d'infanterie était dotée d'obusiers lourds de 105 et de 150 qui suivaient la troupe et préparaient les assauts.

*

Avec plus de six cents pièces lourdes contre trois cents pour les Français, dont une centaine seulement sont opérationnelles, les Allemands disposent de la supériorité du feu. En campagne, le général d'artillerie est souverain. A la moindre résistance, il est convoqué par le général d'armée.

Von Gallwitz, qui dirige les obusiers lourds de campagne, les mortiers de 210 de l'artillerie à pied, les quatre batteries autrichiennes de 305, est un expert. Dès que la résistance française s'appuie sur une position forte, elle est aussitôt investie par le feu ennemi. Les assauts allemands sont toujours précédés d'un tir nourri de l'artillerie à longue portée. Cette intervention massive et rapide des canons a fait ses preuves dans la campagne, elle a ouvert les portes de la France.

Les ordres de poursuite de Bülow sur l'Oise et la Marne sont d'alléger l'infanterie épuisée en organisant le transport des sacs des soldats, mais aussi de presser aussi loin que possible l'avance de l'artillerie. Pour attaquer La Fère, au confluent stratégique de l'Oise et de la Serre, le général allemand fait donner les bataillons d'obusiers lourds attachés à ses VIIe et X^e^ corps d'armée. L'artillerie lourde de la garde est placée aux ordres des corps qui la réclament, elle est mobile, puissante, omniprésente.

Les états-majors d'armée sont aussi nomades que l'artillerie. Ils se déplacent d'un jour à l'autre, suivant de près l'avance sur le front. Le 3 septembre, le QG de von Bülow est déjà installé à Fère-en-Tardenois. Les ordres sont donnés par radio ou délivrés par les officiers de la Direction suprême sans cesse en déplacement. Le baron de la Motte-Fouqué, d'origine française, est ainsi l'envoyé spécial de Moltke à Liège pendant le bombardement.

L'inconvénient du dispositif allemand est en effet la lenteur et l'incertitude des liaisons. Luxembourg est trop loin. Moltke doit envoyer Ludendorff pour diriger sur place les opérations de Liège. Le premier soin du quartier-maître général est de faire rétablir les lignes de téléphone.

Déjà, des reconnaissances d'avions informent les généraux. Les Allemands disposent de trente-trois escadrilles de six appareils chacune aux armées, dont la plupart sont destinées à éclairer les tirs des artilleurs. Mais les aviateurs envoyés en reconnaissance suivent aussi les colonnes de Français en retraite et signalent les rassemblements de troupes. Bülow, il est vrai, se fie plutôt, comme Joffre, aux rapports de la cavalerie, à ceux du général von Richthofen, par exemple, et de ses uhlans de la garde. La cavalerie reste le premier informateur des états-majors. A plusieurs reprises, les éclaireurs intrépides et avisés parviennent à saisir les plans d'attaque français.

La machine de guerre allemande est bien huilée. Son fonctionnement exige la passivité absolue de la population occupée. L'aristocrate prussien von Bülow n'hésite pas à sommer la place de Reims de se rendre et se propose de l'y contraindre par un bombardement. Les mesures les plus dures sont prises à Liège contre la « population fanatisée » qui inflige aux troupes, assure Bülow, « des pertes sérieuses ». Quand le général von Emmich entre dans la ville, il prend immédiatement des otages selon les règles de l'armée prussienne édictées en 1814. L'évêque de Liège est captif. Les maires, ecclésiastiques, notables des villes françaises occupées sont généralement pris en otages et parfois fusillés au moindre coup de feu attribué à un « partisan », comme le maire de Senlis. Le sénateur-maire d'Amiens, Fiquet, est contraint par von Kluck d'annoncer à la population que « douze otages pris parmi les membres du conseil municipal auxquels s'est joint M. le procureur général répondent sur leur vie de l'engagement pris par la municipalité qu'aucun acte d'hostilité ne sera commis par la population contre les troupes allemandes ».

Ces mesures de rigueur aveugle incitent les patriotes à aider les soldats alliés à rejoindre leur camp en les cachant, en les protégeant. Une chasse à l'homme est organisée par la police militaire allemande qui suit immédiatement les troupes dans Amiens et Saint-Quentin occupés pour rechercher les soldats britanniques et les territoriaux français du régiment local. Les premières exécutions suivent l'entrée des Allemands, ainsi que les réquisitions. A Amiens, les femmes sont requises pour donner à boire aux troupes de passage, leur servir la bière et le vin. Les magasins de vivres sont occupés, vidés de leurs stocks. Les armes des particuliers sont saisies, les maisons perquisitionnées.

L'armée d'invasion est déjà, à Sedan, à Vouziers, à Reims et naturellement en Belgique, une armée d'occupation. Les réfugiés arrivés à Paris, venus des régions du Nord, font le récit des horreurs, mais aussi de l'installation immédiate de l'armée allemande dans les villes et les villages. Les enfants de Charleroi évacués sur Reims parlent des atrocités allemandes. Les Rémois apprennent par leur journal, *L'Informateur de Reims,* le 22 août, que les Allemands ont exigé de la ville de Bruxelles une contribution de deux cents millions de francs belges.

La cité de Reims, dit un témoin, « se vide à vue d'œil » quand arrive le cortège lamentable des évacués des Ardennes, fuyant l'armée von Hausen. Le 1er septembre, « la gare est assiégée par les départs [1] ». La canonnade se rapproche, les habitants prennent peur. Un avion allemand bombarde. Le docteur Langlet, pour arrêter l'exode, fait appel au patriotisme de la population. « Les services publics doivent continuer à être assurés. Vous voudrez y contribuer avec nous, vous resterez dans la ville pour aider les malheureux. Nous resterons avec vous, à notre poste, pour défendre vos intérêts. »

Quand les Allemands font leur entrée, les Rémois se souviennent des récits des réfugiés, ils se répètent les uns aux autres qu'en Lorraine les villages ont été incendiés en représailles et que des centaines de Belges ont été exécutés à la mitrailleuse à Dinant. Un défaut de transmission entre les armées de von Hausen et de von Bülow fait bom-

1. Paul Hess, « La vie à Reims pendant la guerre de 1914-1918 », *Anthropos*, 1998, p. 32.

barder la ville déjà occupée par l'artillerie lourde allemande.

Ces informations reproduites dans la presse parisienne poussent la population du camp retranché à redouter l'invasion. Tous ceux qui restent sur place souhaitent avec d'autant plus d'ardeur la victoire des Français. L'armée de la Marne est soutenue par la population très proche de l'arrière. Elle combat pour le salut des siens.

*

Joffre a corrigé le tir. Après la purge du commandement, il a réorganisé l'armée sur le tambour, en lâchant des salves de règlements. Il est seul, avec Gallieni. French ne veut pas l'aider. Le gouvernement, le président de la République sont loin. De lui dépend le sort du pays.

Il n'a pas besoin d'en convaincre les combattants. Ceux qui rentrent de Morhange ou de Charleroi ont vu de près le feu allemand. Ils ont aussi jugé les chefs à leur valeur, bons et mauvais, des plus petits grades aux plus élevés. Ils ont approuvé les limogeages de Joffre, et plus encore les effets de sa note de service du 25 août sur les nominations aux grades « vacants » de sous-lieutenant des sous-officiers de la réserve. « Le commandement doit être donné aux plus capables, écrit Joffre, les considérations d'ancienneté et même de services antérieurs passent en seconde ligne. » Seule l'attitude résolue des chefs dans le désordre d'un bombardement prolongé ou d'une retraite ordonnée, leur aptitude à rendre compte, à exécuter les ordres, à informer les états-majors commandent l'attribution des grades. Dans l'armée française, le simple fait de nommer au feu un adjudant-chef sous-lieutenant, fût-ce à titre provisoire, implique une sorte de révolution mentale, un vrai passage à l'état de guerre[1].

---

1. Un décret de Poincaré, président de la République, confirme l'initiative de Joffre le 26 août 1914. Les officiers seront nommés « à titre temporaire et pour la durée de la campagne ». Voir AFGG *(Les Armées françaises dans la Grande Guerre)*, t. I, vol. 2, annexe 610.

Une mesure d'autant plus attendue que les généraux de division signalent dans tous les régiments le manque de cadres : ils ont été tués à l'ennemi ou renvoyés dans leurs foyers pour incompétence. Le général d'Amade, qui commande les territoriaux dans le Nord, reçoit le 27 août l'ordre de Joffre de « faire disparaître autant que possible les cadres qui ne seraient pas à la hauteur de leur mission ».

La deuxième leçon tirée de la bataille des frontières par le GQG concerne l'emploi de l'artillerie. On juge incroyable que les chefs de pièces ne tirent qu'à vue, au motif qu'ils ne disposent pas d'informations sur les concentrations ennemies protégées par un bois ou une colline. Il faut employer le 75 « à très grande distance, avec crosse enterrée ». Il porte ainsi jusqu'à sept kilomètres et non plus à trois ou quatre. Les avions et des ballons d'observation doivent être utilisés à l'allemande, pour préparer les attaques. Ils seront mis à la disposition des artilleurs. Le 27 août, les officiers d'artillerie reçoivent un ordre formel « sur la nécessité absolue d'assurer une liaison complète entre l'artillerie et l'infanterie ». Plus d'attaques non préparées, plus de parcimonie dans le soutien. Coordination dans l'emploi des batteries, pas d'engagement de tir isolé.

Le dernier enseignement a trait à la discipline. Les paniques de Lorraine ont impressionné le GQG qui demande aux officiers supérieurs de remettre de l'ordre, notamment dans les divisions territoriales appelées désormais au combat et « d'assurer la discipline par tous les moyens ».

Joffre intervient lui-même pour imposer l'ordre dans la retraite. « Les hommes ont un laisser-aller et un débraillé intolérable, écrit-il. Certains quittent leurs colonnes sans autorisation et sans qu'un ordre vienne les rappeler à leur place. » Les officiers et sous-officiers sont brutalement rappelés à leur devoir : maintenir la cohésion des troupes. « Les voitures marchent sans ordre à des distances qui allongent les colonnes d'une manière démesurée. On s'arrête dans les villages au risque d'interrompre toute circulation. Les mouvements de colonnes des voitures sont mal réglés... » Il avertit qu'il n'hésitera pas « à frapper de sanctions sévères et à traduire au besoin en conseil de guerre tout chef de corps ou tout chef de détachement qui n'obtiendra pas de sa troupe une discipline exacte et complète ».

Les prévôts sont en état d'alerte. Ils doivent arrêter et exécuter les espions, au besoin les fuyards. A proximité de la 5e armée, « dans le flot de population qui fuit les villages belges devant les Allemands se trouvent de nombreux espions qui, soit à bicyclette, soit dans des roulottes, suivent nos troupes et nos convois en toute sécurité ». On a saisi dans ces roulottes « de puissants matériels d'éclairage ». Les agents de l'ennemi lancent la nuit des signaux de différentes couleurs. Le 2e bureau de l'armée recommande d'arrêter les étrangers à la frontière et d'interdire la circulation sur les routes empruntées par les convois militaires « aux civils, de manière absolue ».

Le 3 septembre, Joffre reçoit une lettre du ministre Millerand, qui se propose de rétablir les cours martiales. « Je vous autorise dès maintenant, lui dit-il, à prendre ou prescrire dans l'intérêt de la discipline militaire ou de l'ordre public toutes mesures nécessaires. Je couvre entièrement ces mesures. »

Dans la détresse et la cohue de l'exode, la retraite est encore plus difficile. Joffre parviendra-t-il à redresser la situation, à obtenir la reprise en main des unités épuisées qui seule peut accomplir le miracle ? Sans la réussite de la retraite, pas de bataille de la Marne. De la résistance à l'épreuve des pantalons rouges dépend le sort de la guerre.

1

La retraite

Le gros de la retraite ne concerne qu'une partie du front du 1er septembre 1914 : de Verdun à l'Alsace, les 3e, 2e et 1re armées ont seulement pour mission de se retrancher sur leurs positions et de les tenir solidement. Elles doivent conserver Verdun, le Grand Couronné de Nancy et les cols des Vosges à grand renfort de tranchées. La manœuvre gigantesque de Joffre ne les affecte pas. Elles sont déjà enterrées.

Les bataillons décimés des 5e et 4e armées, ceux qui ont livré bataille à Charleroi et à Guise, sont les premiers affectés par la longue retraite de la Meuse et de la Somme sur la Marne. Ceux-là sont les plus éprouvés par les combats, les plus las des marches incessantes sans ravitaillement assuré. On compte sur eux pour couvrir le *repli* (ainsi dit-on à l'état-major) par des combats incessants.

Le 51e régiment d'infanterie de Beauvais est un bon exemple de ces unités meurtries : aux ordres du colonel Leroux[1], ses pantalons rouges retraitent depuis les bois de Bon Lieu, à l'ouest de Longwy, au nord de Virton. Ils ont combattu avec acharnement dans la bataille des Ardennes. Le 22 août, ils étaient retranchés dans le petit village de Robelmont, cantonnant section par section au hasard des granges épargnées par le canon. Ils se sont ensuite repliés sur la petite rivière Vire. Les Allemands

1. Le 51e RI fait partie de la 3e division du 2e corps d'Amiens, appartenant d'abord à l'armée Lanrezac, puis à la 4e armée de Langle de Cary.

poursuivent, ils sont tout proches, on entend le soir leurs trompettes de cavalerie percer le silence.

Des convois de blessés suivent les colonnes en retraite. Dans la ferme où ils sont hébergés en attendant le nouveau départ, des officiers du régiment de Beauvais font l'appel des blessés et des brancardiers. La troupe se repose trois jours dans les hameaux, jusqu'au 25 août. Il faut ensuite reprendre la marche à pied jusqu'à Montmédy où les sections peuvent se ravitailler et se laver dans la rivière. Dans son carnet de route[1], le sous-lieutenant T., placé en tête des 60 hommes d'une section, indique sa direction de marche du 26 août sur une route nationale couverte de poussière et encombrée de convois de Montmédy à Stenay. On passe la Meuse sur des ponts de bateaux lancés par le génie, car les ponts de pierre ont sauté. La section s'arrête à Beauclair, en arrière-garde, pour interdire à l'ennemi l'accès de la route nationale de Vouziers.

Un combat de retardement se prépare. Le bataillon reçoit l'ordre de contre-attaquer sur le village de Cesse et de bousculer les Allemands dans la Meuse. Il s'agit de retarder la poursuite. Exténués, les poilus du régiment de Beauvais arment les lebels et reprennent le combat, traversant à pied la forêt de Dieulet. Attaque de nuit, à 22 heures, avec soutien du canon. Le village est en flammes, les Allemands résistent. Les blessés sont nombreux. Le sous-lieutenant les fait évacuer sur Beauclair le 28. Il n'est pas poursuivi. L'adversaire n'insiste pas. « Le coup de boutoir a réussi. »

Le 29 août, la section est en flanc-garde sur les hauteurs de Sommauthe, au débouché ouest de la forêt. La direction de retraite est sud-sud-ouest, vers l'Aisne. Nouvelles contre-attaques à Fontenois et Buzancy. Les Allemands de nouveau se replient. Douze kilomètres à pied pour les pantalons rouges qui ne poursuivent pas l'ennemi. Leur rôle est seulement de protéger la retraite. Ils couchent le

1. Publié par Valuy et Dufourcq, *La Première Guerre mondiale*, Hachette, t. 1, p. 89.

soir à Grandpré. Le 1er septembre, la section est au confluent de l'Aisne et de l'Aire, au moulin de Senuc, où les vivres ne manquent pas. Une batterie lourde ennemie de 150 arrose le cantonnement d'une distance de dix kilomètres, sans que les canons français de 75 puissent répliquer. Il faut décrocher de nouveau, en direction de Dommartin-sur-Yèvre. La marche est épuisante : « Quarante-cinq kilomètres par une chaleur torride. »

Le bataillon a conservé tout son armement. Le 4 septembre, la section de mitrailleuses prend position à Dommartin. Le commandant s'aperçoit que les Allemands s'infiltrent. Ils avancent en première ligne deux pièces de 77 protégées par les carabines et les mitrailleuses tractées des uhlans qui bombardent les files de réfugiés encombrant la route. Les fantassins de Beauvais contre-attaquent de nouveau. Les pièces sont mises en fuite, mais, au dernier moment, elles blessent dix soldats par un tir à mitraille au plus près.

La retraite s'achève par une nouvelle journée de marche de trente-cinq kilomètres pour gagner le centre ferroviaire de Belsmes, au sud de la rivière Saulx, un petit affluent de la Marne confluant en aval de Vitry-le-François. Les pantalons rouges sont alors au repos pour peu de temps. Joffre les destine à la future attaque de la 4e armée à l'est de son dispositif, autour de Vitry-le-François, sur la Marne.

Le sous-lieutenant relatant cette retraite du régiment de Beauvais ne parle pas des pertes subies par son bataillon, ni de l'épuisement des combattants. Ceux-là ne se sont pas contentés de retraiter en formations lâches, le long des routes du Nord. Ils ont combattu sans cesse en arrière-garde, ils ont été sacrifiés pour permettre au gros des corps d'armée de reculer d'au moins cent kilomètres sans être inquiétés. Le général Gérard, à la tête du 2e corps, où figure en bonne place le régiment de Beauvais, n'a pas ménagé ses hommes. Il assure à l'état-major qu'ils sont prêts à repartir pour la grande offensive.

Ils n'ont pas le sentiment d'avoir été battus, ayant

toujours tenu l'ennemi à distance. Ils auraient pu le poursuivre sur la Meuse : il était suffisamment étrillé par les 75 pour chercher sa sécurité en repassant les ponts. Mais Gérard, obéissant à Joffre, a maintenu l'ordre de retraite, avec des étapes quotidiennes de trente à quarante-cinq kilomètres. Le général Bon, qui commande l'artillerie du corps, a conservé le gros de ses pièces. Les soldats de la 3e division viennent des centres de recrutement d'Abbeville et de Saint-Quentin, aussi bien que d'Amiens. Toutes ces villes sont tombées aux mains de l'ennemi, au moment où la bataille s'annonce. Le patriotisme de la troupe est au plus haut : ces soldats de Picardie ont une revanche à prendre, leur pays à libérer.

*

Les Allemands se sont avancés jusqu'à Dormans, Epernay, les soldats en retraite butent partout sur des paquets de civils en longs cortèges, qui fuient le canon et les combats. Ceux de la 51e division en ont déjà rencontré en grand nombre autour de la Meuse, à Stenay.

Le 29 août, les Français sont encore à Dormans où ils se préparent à résister. Dans ce bourg riverain de la Marne, entre Château-Thierry et Epernay, la population interroge les réfugiés : ils parlent de « 800 000 Prussiens qui descendent de Belgique ». Marguerite Faivre, l'épouse du pasteur protestant [1] mobilisé, aperçoit de sa fenêtre « des groupes d'émigrés, vieillards, femmes, enfants portant de lourds ballots ». Des sœurs de Rethel ont pris la route et sont venues se réfugier, en marchant, chez les sœurs de Dormans. L'ennemi avance à grands pas, disent-elles.

Les habitants d'Epernay se demandent s'ils devront partir à leur tour, quand la ville sera sur la ligne des combats. Les renforts de troupes débarquent le 1er sep-

1. Manuscrit exposé au château de Dormans, communiqué à l'auteur par l'obligeance de M. Claude Demarque, organisateur de l'exposition, et de M. Francis Garin, petit-fils de Mme Marguerite Faivre, née Charlier.

tembre. La veille, le préfet a donné des ordres : les fonctionnaires doivent tous rester à leur poste. Mais le spectacle des réfugiés est impressionnant. Leur seul regard évoque avec force la terreur des victimes de cette guerre. « Ils ont la figure hâve et fatiguée, les femmes sont épuisées, les enfants traînent des pieds. Il y en a deux mille qui viennent d'arriver. Partout sur les trottoirs, au coin des portes, des jeunes gens de neuf à dix-sept ans sont étendus. Ils dorment, exténués, la tête appuyée sur un petit ballot enveloppé d'un mouchoir. »

Plus d'hôpital à Epernay, il vient d'être évacué sur Laval, en Mayenne. Marguerite Faivre décide de partir à l'annexe de Troissy, petit village où le temple protestant d'Epernay a une annexe. Elle est accompagnée de sa fille de huit ans. Le train circule encore pour le transport des militaires. Les civils croient à tort pouvoir être embarqués. Une foule extraordinaire envahit la gare, piétinant, bousculant la mère et l'enfant.

A Troissy, même agitation. L'artillerie française monte dans le bois, pour prendre position dans la bataille qui se prépare. Le canon gronde déjà sur les deux rives de la Marne. Les Allemands tirent pour empêcher les concentrations de troupes françaises. Les soldats en retraite sont morts de faim. Heureusement, une femme du village, Mme Orban, dispose d'un sac de farine pour faire cuire le « pain de ménage » dans son four. Les convois de ravitaillement n'ont pas suivi l'armée dans sa retraite. Les soldats se nourrissent « sur l'habitant ». Ils font « du porte à porte » pour recueillir les vivres. « Je les emmène chez nous, je leur donne le pain entamé qui devait servir à notre repas, une boîte de sardines et une bouteille de cidre. »

Ces soldats ne sont pas des traînards de la retraite, encore moins des fuyards. Ils prennent position avec leur section, pour livrer bataille et contre-attaquer. Ils défendent le passage de la Marne, le pont de Try à deux kilomètres à l'est de Dormans, par où les Français se retirent encore, avant que les sapeurs du génie ne le fassent sauter.

Ils occupent le village de Vassieux, le bourg de Troissy, et plus loin se retranchent autour de Mareuil-le-Port.

Pendant toute la nuit du 2 septembre, l'artillerie à cheval entraîne ses 75 en direction de la colline qui domine le fleuve. Les pièces sont protégées par des sections de *turcos* : ainsi appelait-on, depuis 1870, les unités de tirailleurs algériens. Ils ont combattu à Charleroi et campent à proximité du bourg, autour d'une ferme dite de l'Amour Dieu. Les habitants de Troissy, anxieux, questionnent. Les turcos ne répondent pas, ils collectent de l'argent pour s'acheter des vivres et du tabac. Un artilleur, explique Marguerite, « se penche sur la selle de son cheval et me dit à mi-voix (car il n'a pas le droit de donner des renseignements à des civils) : les Prussiens nous suivent ! ».

Le canon tonne à l'aube du 3 septembre sur les bords de la Marne. Le tambour de ville réveille les habitants. Le garde champêtre lit un message du maire exhortant au calme la population. De la fumée du côté de Verneuil, sur l'autre rive de la rivière, au pont de Try. Les éclats d'obus, la terre arrachée qui monte en geysers. Les habitants sortent pour se renseigner. Les voisines de la femme du pasteur, très alarmées, la questionnent :

— Prenez des précautions, leur conseille-t-elle, mettez en lieu sûr ce que vous voulez préserver, préparez un paquet pour le cas où il faudrait partir, mais soyez calmes et restez !

Plus de médecins au village. « Ils sont partis depuis quelques jours. » A l'armée, en renfort pour soigner les blessés ? On peut l'espérer. Parcourir le village, traiter les bébés atteints de cholérine, rassurer les plus angoissés, panser les blessures des enfants imprudents comme le petit Orban qui a joué avec une baïonnette et s'est ouvert la jambe, c'est la tâche immédiate de Marguerite. Pas question de sortir du village, le maire s'y oppose.

— Voyez, dit-il, les Prussiens sont de l'autre côté de la Marne, dans les vignes du vin de Champagne.

Les canons grimpent toujours vers le bois. Au presbytère, des mitrailleuses françaises ont pris position. Les soldats s'abritent derrière les murs de pierres sèches, creusent des meurtrières. Une ligne de pantalons rouges se cache dans le fossé de la voie ferrée Château-Thierry-Epernay, une autre derrière le mur crénelé du château, une autre encore dans les plates-bandes du jardin du pasteur, devant le temple.

— Ah ! Madame ! Si vous voulez éviter les émotions d'une bataille, il vous faut fuir avec vos enfants... Si ce n'est pas pour aujourd'hui, ce sera pour demain, dit à Marguerite le capitaine du bataillon d'infanterie.

*

Les Allemands vont-ils franchir aussi facilement la Marne ? Ils marchent à pas redoublés, pressés par les officiers qui font battre tambour pour marquer la cadence. Il ne s'agit pas de musarder en chemin, la victoire est en vue et les feldwebels s'impatientent.

Car les Allemands des unités d'assaut sont aussi épuisés que les Français en retraite. Ils ont traversé la Belgique en longues étapes. La population leur était hostile. Elle ne supportait pas le règlement de guerre draconien, suspicieux et cruel, des officiers prussiens, encore moins le viol de la neutralité. Le caporal Ludwig Renn[1] a suivi sur les routes les files de canons et les voitures de munitions, assoiffé par la poussière. Il a défilé dans les villes coiffé de son casque à pointe recouvert d'une housse au numéro bien visible de son régiment, au son aigre des fifres et sur le roulement des tambours plats de Prusse. On lui a appris à se méfier de la population : « Il y a des meurtres pendant la nuit et les Belges passent pour être très cruels. Les poteaux du téléphone sont arrachés, des barricades dressées de place en place en travers des routes. »

Le caporal s'est battu sur la Meuse, mangeant à l'étape du porc bouilli « chaud et spongieux » et du pain de

1. Ludwig Renn, *Guerre*, Flammarion, 1929.

munition. Il assure qu'il a été attaqué par des francs-tireurs belges et que sa colonne a été écrasée par le tir au shrapnell des 75. Son capitaine a été tué « par des hommes cachés dans une maison ». L'escouade a pris la ferme fortifiée d'assaut et fusillé aussitôt les Belges.

Les officiers annoncent la retraite des Français. Il faut poursuivre. Le long de la route, « des sacs, des képis et des guêtres ». Un Français a même jeté sa tunique pour marcher plus vite sous la chaleur. Des chaussures aussi, laissées avec les armes et les paquets de cartouches. On tente en vain de briser les crosses des fusils Lebel abandonnés par les blessés français, et de marteler les mires, pour empêcher les Belges de s'en servir. Des canons abandonnés, des chevaux morts. Une impression de déroute. Les munitions d'artillerie sont « jetées çà et là ». Un village incendié. Les habitants sont morts carbonisés.

Dans les hameaux, les fermes sont désertes, les habitants ont fui. Les lits sont en désordre, de la vaisselle sur les tables. Les portes et les fenêtres des maisons sont restées grandes ouvertes. Les soldats n'ont pas le temps de s'arrêter. Les convois d'artillerie sont en tête, il faut les suivre. « Les pieds sont brûlants, les jambes molles », l'eau des gourdes est « épaisse et tiède ».

Les Français sont tout près. Interdit d'attaquer, de faire du bruit. La roulante arrive pour distribuer la soupe chaude avant la tombée du jour. De la viande dans un bouillon gras. Pas une plainte ne s'élève de la troupe pourtant assommée de fatigue.

Après le café, il faut subir l'attaque soudaine et violente de l'artillerie française. Des shrapnells « crachant à balles ». Des blessés. Les 75 sont tout proches. Il faut combattre les Français tapis dans les fourrés. On tire au jugé, sans viser, puis à volonté sur les pantalons rouges qui se replient. Pas de poursuite, on couche dans un village aux maisons détruites, à même les pierres du chemin refroidies par la nuit. Au matin, les hommes sont autorisés à se laver dans la fontaine. Ils ne se sont pas déchaussés depuis quinze jours.

La marche se poursuit, sans que les officiers connaissent leur destination autre que la prochaine étape. On accélère la cadence. Pas de distribution de pain, l'avance est trop rapide, les boulangeries mobiles de la division ne peuvent suivre. Il faut croire que les Français retraitent plus vite encore, car les villages sont vides. Les compagnies allemandes se reposent dans les blés moissonnés, au milieu des meules, le casque à pointe à la ceinture. La route de la Marne est rectiligne, dépourvue d'arbres, brûlante et monotone. Au moindre arrêt, les hommes se couchent « tellement il fait lourd ».

Quand les shrapnells éclatent brusquement, venus d'on ne sait où, la troupe plonge dans les fossés. Les sections se déploient en tirailleurs. C'est une batterie française, installée imprudemment en haut d'une colline. Les Allemands grimpent au pas de course, en tiraillant, à six cents mètres. La batterie se replie aussitôt.

Dès qu'ils peuvent accrocher l'ennemi pour le retarder, les Français montent une contre-attaque partielle. La longue marche des casques à pointe n'est jamais tranquille, il faut combattre les arrière-gardes françaises qui tuent du monde grâce aux 75 tirant à vue sur des cibles proches à deux ou trois kilomètres de distance. Les artilleurs n'enlèvent leurs pièces qu'au dernier moment. Les officiers en képis noirs et rouges ont choisi d'utiliser leur canon véloce au plus près, en prenant les plus grands risques pour assommer les Prussiens par surprise, au détour du chemin. Quelques salves et ils disparaissent, pour n'être pas contrebattus. Cette tactique est efficace : la section de Renn compte ses blessés et ses morts. Une unité coloniale de l'armée française se replie en ordre, tiraillant sans cesse. Les pertes sont nombreuses. Le caporal Renn dégage, à ses pieds, un turco mort sur le corps d'un officier allemand qui lui servait de rempart.

Un pasteur prussien s'avance sur le champ de bataille, au pas de son cheval, en uniforme gris et chapeau mou, pour expédier les blessés graves. Les postes de secours sont insuffisants en cas d'accrochage sérieux. Il faut attendre les infirmiers qui manquent toujours de pansements. Les hôpitaux de campagne sont en retard.

La marche des *Feldgrauen* reprend, harassante, vers la Marne. Le feldwebel se demande si la vraie bataille commencera un jour. L'unité couvre des étapes de trente à cinquante kilomètres depuis une semaine sans un seul jour de repos. Le caporal Ludwig Renn commence à croiser des soldats allemands d'autres compagnies écroulés au bord de la route. Ils ne peuvent plus marcher de nuit, ils demandent grâce. On les force à poursuivre. Les traînards sont de plus en plus nombreux. Ils s'avancent en vacillant. Un officier, son manteau flottant au vent, pour ranimer les courages, désigne le fleuve.

— Demain, dit-il, les pontonniers auront lancé le pont. Il faudra le franchir, gare aux shrapnells !

*

Dans le village de Troissy, près de Dormans, l'épouse du pasteur français a fait partir ses enfants, évacués avec tous les autres sur l'ordre du maire. Ils doivent prendre la route du sud, à travers bois, vers Montmirail. Le jeune Paul est allé à bicyclette au pont de Try où il a entendu la fusillade. Les Allemands sont tout proches.

Le village est entièrement évacué. Le gens entassent les meubles, le linge, les vivres dans des charrettes. Le cortège s'ébranle. Les femmes emportent sur elles l'argent, les bijoux, les bons de rentes d'Etat négociés par le notaire et transmis d'une génération à l'autre dans les familles rurales comme une sorte de trésor inaliénable. Une migration organisée, commandée par l'autorité militaire qui veut faire évacuer ses zones de combat pour laisser le champ libre à l'artillerie. Demain, Dormans sera peut-être entièrement détruit, et aussi Troissy.

« C'est une panique épouvantable », raconte Marguerite Faivre, qui choisit de rester sur place, pour rendre encore service, comme infirmière improvisée. Les deux garçons partent à bicyclette avec un voisin, Jean Witt. Ils empochent une petite somme d'argent, emportent un sac de linge, attachent un baluchon sur leur dos, mangent du pain et du chocolat. « Ils s'en vont le cœur gros, la tête courbée, très pâles. »

Les paroissiens sont affolés. Seuls restent sur place les vieillards intransportables, les femmes dont les bébés sont malades. En définitive, il faut bien les secourir, « partager leur misère ». Le maire finit par demeurer lui aussi au village, il demande à la femme du pasteur de lui servir d'interprète, puisqu'elle est germanophone. Des artilleurs épuisés, couchés sur l'herbe, attendent le début du bal. Invités à cueillir des quetsches dans le jardin, ils pressent Marguerite de se cacher dans une cave, les mitrailleuses crépitent, le canon tonne :

— Ce n'est pas l'heure de ramasser les prunes, voyez les cadeaux qu'ils nous envoient ! Vous allez vous faire balayer, les Prussiens sont en face, ils vous voient ! Votre clocher du temple est un point de mire. Peut-être votre maison sera un tas de ruines ce soir. Faites vite !

Rasant les murs, les familles ont traversé le bourg pour se mettre à l'abri sous le bombardement. Marguerite se demande s'il n'est pas préférable de marcher au milieu de la rue, car les murs peuvent s'effondrer. Long séjour dans la cave des Guiborat, souterrain du château féodal du XIIe siècle avec les familles protestantes, les Witt, les Orban. Marguerite s'est séparée des deux garçons, mais a gardé avec elle sa petite fille, Suzanne. Elle organise le séjour souterrain, avec linge de corps et de pansements, panier de pharmacie, châles et couvertures, provisions et réserves d'eau.

L'épouse Orban a cuit son pain avant de partir, sur l'instance de Marguerite Faivre. Les deux femmes emportent les miches chaudes, à peine défournées, une quarantaine de livres de pain qu'elles traînent à deux, chargées comme des mules, en zigzag à travers les rues. De quoi résister à un siège de plusieurs jours.

Répartition des tâches au sein de la communauté : les mères sont descendues avec leurs bébés comme l'épouse de Paul Witt, un quinquagénaire non mobilisable, lui-même parti avec les garçons de plus de onze ans. Elle a commencé par déménager les linges, les réserves de lait, l'alcool à 90° pour les soins aux blessés. Le bébé des Orban est resté sur sa chaise, à la maison. L'enfant hurle et trépigne. Marguerite se précipite. Elle s'en saisit, sort de la ferme, court dans la rue. Un obus écorne le clocher de l'église à cinquante mètres, tombe droit sur une toiture qui vole en éclats. Essoufflée, terrorisée, Marguerite interdit à quiconque de sortir du souterrain. Elle a raflé une quantité de bougies dans l'église, pour l'éclairage.

Organisation du travail en commun : les anciens restés valides déchargent les gerbes de paille, les femmes les étendent sur le sol. Le purin suinte de la cour de la ferme dans les souterrains du château. Il faut assécher, éviter les flaques. Les paquets des familles sont ouverts, mis en commun. Le froid et l'humidité sont, en plein mois d'août, insupportables. Les cathareux toussent, les bébés frissonnent. Marguerite enveloppe sa petite fille dans son châle et se drape dans sa robe de chambre, car ses vêtements d'été la font claquer des dents. Etendue au fond de la crypte, en bonne épouse de pasteur, elle lit le psaume 27 et le psaume 91 à la lueur d'une bougie. Garder son calme, rassurer les autres, rasséréner les angoissés.

La colline est battue d'obus lourds allemands. Des hommes de peine restés au village s'installent à l'entrée du souterrain avec des pelles, des torches, des échelles au cas où tomberaient des obus incendiaires. On entend les explosions, la fusillade qui semble venir du pont de Try resté inexplicablement intact, comme celui de Dormans. Les Allemands poussent sur la Marne, à gros bataillons vers Port-en-Binson, relais des mariniers du fleuve. Ils y franchissent un autre pont de pierre intact qui débouche sur Châtillon. Il faut croire que, dans leur retraite précipitée, les sapeurs français n'ont pu allumer les mèches ou qu'ils ont été surpris par des groupes d'assaut allemands ayant traversé de nuit la Marne en barque.

Sur des lampes à alcool, les femmes font chauffer des cataplasmes pour soigner cinq bébés pris de fièvre. Ces villageoises désemparées, protestantes ou catholiques, prient le même Dieu chrétien dans cette nuit d'angoisse. Au petit jour du 4 septembre, une femme s'enfonce dans la crypte avec une lanterne.

— Des blessés se sont traînés depuis le pont de Try jusqu'à Troissy. L'un d'eux a fait trois kilomètres sur les genoux à travers champ. Il a une affreuse blessure à la cuisse, les chairs déchiquetées pendent avec les lambeaux de son pantalon rouge. L'autre cuisse est traversée par une balle de part en part.

— Je suis assez vieux pour faire un mort, dit le frère Orban, âgé de plus de quatre-vingts ans. Il se propose pour aider Marguerite à transporter le blessé. La jeune Orban taille des bandes dans un drap. « Il me faut prendre les chairs à pleines mains, écrit Marguerite, et les replacer dans le trou béant près de l'os. »

Les obus tonnent toujours, très près du souterrain. Enfin le bombardement cesse, vers 10 heures de la matinée. Marguerite se risque dehors, pour chercher un matelas, aidée par un voisin. Les Allemands ont-ils cessé de bombarder pour lancer leur attaque ? Le silence est impressionnant.

Le brouillard envahit les rues. Est-ce de la fumée d'incendie, un gaz opaque ? Les Français sont partis, les maisons pillées, les armoires fracassées, vidées de leur linge, les placards sans provisions. Les arbres sont étêtés par la mitraille, les feuilles hachées, les pommes tombées à terre sont pulvérisées par les balles. Des branches, des feuilles dans les jardins. A la mairie, l'instituteur s'attend à être pris comme otage. Le maire est terrorisé. Les Allemands risquent d'arriver à tout moment.

*

Qui peut les en empêcher ? La Marne ne les a pas arrêtés. Les Français ont poursuivi leur retraite vers la Seine. Le 4 septembre, le GQG de la 5e armée de Franchet d'Espèrey s'est déjà porté de Châtillon-sur-Marne où il était le 2, vers Sézanne, à l'est de la source du Grand Morin, pour être au plus près de la zone de regroupement de son armée. Il a franchi le pont de Port-en-Binson en catastrophe, poursuivi par les obus allemands. Il a devant lui la garde prussienne et la Xe division de réserve, attaquant en première ligne, de l'armée von Bülow, qui a franchi le fleuve d'Epernay à Château-Thierry tombé aux mains des Allemands.

Plus à l'est, Foch a dû abandonner Châlons-sur-Marne à la IIIe armée de von Hausen et former une ligne de résistance derrière la rivière Cool, au nord-est de Vitry-le-François. Il compte sur la 42e division, qui tient la région de Vertus, et sur le 11e corps du général Eydoux, disposé en position de défense devant la rivière. Ces troupes sont sûres, mais déjà très usées.

Le 11e corps affecté à la 9e armée comprend deux divisions. La 21e, composée des quatre régiments de Vendée du général Radiguet, s'était fait décimer dans la bataille des Ardennes, particulièrement au combat meurtrier de Maissin. Elle avait retraité sur la Meuse par Bouillon, avant de reculer constamment en combattant jusqu'à la ligne Vendresse-Giry et Aulnay-sur-Marne, jusqu'à l'est de Fère-Champenoise. Elle serait chargée de tenir les marais de Saint-Gond.

Quant à la 22e division, peuplée de Bretons de Brest, Quimper, Vannes et Lorient, commandée par le général Pambet, affectée à la 4e armée de Langle de Cary comme la précédente, elle avait aussi combattu à Maissin dans la bataille des Ardennes et perdu du monde dans la région de Sedan, avant de retraiter en combattant. Ces troupes étaient à la fois exténuées par la fatigue des longues étapes, par les pertes subies, les blessés à transporter, mais aussi par les contre-attaques continuelles contre les avancées de l'armée von Hausen.

Bretons et Vendéens étaient certes à bout de forces. Ils s'étaient battus en retraite, avec un moral toujours élevé, sur plus de cent cinquante kilomètres, infligeant aux régiments de von Hausen des pertes sensibles par le tir des 75 qui voletaient sans cesse dans les attaques, au plus près des colonnes ennemies. Ils avaient déjà fait l'expérience utile du repérage des tirs d'artillerie par avion. Trop rares dans le ciel, les aviateurs lâchaient des étuis d'acier porteurs d'informations au pied des batteries de canons pour leur indiquer l'emplacement des obusiers ennemis. Les 75 pouvaient alors tirer, crosse enterrée, avec quelque efficacité.

Le général de corps d'armée Eydoux était accablé, pessimiste, « triste et hésitant [1] ». Foch lui dépêcha André Tardieu, jeune officier, ancien normalien, bon connaisseur du milieu politique, familier de Joffre qui venait d'installer son GQG à Bar-sur-Aube dans le château d'un avocat parisien. Il était chargé de remonter le moral du général courageux, mais désemparé.

— Mettez-lui dans la tête, avait dit Foch, que la manœuvre par la gauche réussira. Jusqu'à ce qu'elle réussisse, qu'il tienne !

Tardieu trouva Eydoux dans un chemin creux, près de ses batteries de 75. « Il se plaint de tout, il n'a pas de cartes, la retraite a brisé le moral », dit-il.

Pourtant, les poilus tiennent, non sans murmurer. « Pourquoi qu'on recule toujours ? On n'a pas été battus », dit un sergent. De fait ils ont résisté, dans les Ardennes, sur la Meuse. Mais ils grognent : « Chaque jour il faut déménager. »

« Les troupes sont en main, mais la confiance est éteinte », conclut Eydoux.

Le général s'en est sorti. Ce n'est pas le cas de tous les chefs d'unités en retraite. La 52e division de réserve de Mézières est dans un état pitoyable. Elle a trop souffert

1. La scène est racontée dans Henry Contamine, *La Victoire de la Marne*, Gallimard, 1970, un ouvrage qui a fait date, p. 208 et 209.

et ses soldats n'en peuvent mais. Engagée par de Langle de Cary dans l'offensive du 27 août qui voulait « jeter les Allemands à la Meuse » (« Effort à fond ! ordonnait le général d'armée, toutes forces engagées, prolongé jusqu'à la nuit »), elle a été rattachée plus tard par Joffre à la 9e armée de Foch en constitution. Elle a donc dû consentir des marches épuisantes pour rejoindre ses nouvelles positions.

Son général, Coquet, est incapable de dominer ses biffins exténués et déçus par la défaite. Il a sous ses ordres cinq régiments d'infanterie et deux bataillons de chasseurs qui heureusement encadrent les défaillants. Pour les Allemands, ces Français sont au bord de la déroute : ils s'étirent dans un défilé lamentable, pas toujours armés, mêlés le plus souvent aux civils en exode marchant vers le sud.

Témoin des désordres de la 52e division, Foch limoge le divisionnaire Coquet, le remplace sur le tambour par Battesti, un homme d'ordre qui n'hésite pas à sanctionner les défaillances. On déplore, au cours de cette retraite, des scènes de pillage en grand nombre, des abandons d'armes, des refus d'obéissance, des mutations ou des dégradations pour incompétence exécutées sur-le-champ par des chefs de corps. La 52e division doit être reprise en main, à l'arrière du front de la 9e armée. Il ne faut pas compter sur elle pour arrêter les Saxons de von Hausen. Les gendarmes arrêtent ses fuyards sur les routes.

Autant d'unités, autant de destins différents. La 42e division, à l'ouest du dispositif de Foch, est prête à combattre avec allant. Elle n'accuse aucune fatigue, parce qu'elle vient de se battre sans trop de pertes dans la région de Verdun, sa base de recrutement, placée désormais sous les ordres du général Grossetti, renvoyé de l'état-major dans un corps de troupe où ses qualités de baroudeur intrépide font merveille.

Ses trois bataillons de chasseurs à pied d'Epernay et du Nord, ses fantassins de Verdun, d'Etain, de Bar et de Conflans ont certes participé à la bataille des Ardennes.

Mais ils ont été transportés de la gare de Verdun par chemin de fer et débarqués vers Sault-Saint-Rémy et l'Ecaille, en pleine campagne, au nord de la rivière Suippe.

Ils ont interrompu leur marche épuisante pour grimper dans les trains. Un répit plutôt qu'un repos. Il est vrai qu'une fois débarqués, ils ont dû marcher encore vers le sud, franchir la Marne à Ay, s'installer au nord de Sézanne, très en deçà de la rivière, dans la région de Villeneuve-les-Charleville. Mais ils n'étaient pas poursuivis l'épée dans les reins et pouvaient retraiter tranquillement, n'ayant à lutter que contre la soif et la fatigue.

*

Avec les Bretons, les Vendéens de la partie la plus saine du 11e corps, avec les gens de la 42e division du recrutement de Verdun, Foch disposait en première ligne d'une troupe certes éprouvée par la retraite, mais qui n'avait pas eu un trop dur parcours à accomplir à pied pour se retrouver à ses emplacements.

A sa droite, de part et d'autre de la Marne qui infléchit son cours vers le sud-est, vers Vitry-le-François, Langle de Cary avait récupéré ses troupes en retraite qui faisaient le coup de feu contre l'armée du duc de Wurtemberg, aux ordres directs de von Hausen.

Il est vrai que la grande armée du général de Langle de Cary avait été fort amputée par Joffre. Beaucoup de ses divisions avaient dû rejoindre la 9e armée de Foch en constitution à hauteur de Montmirail-Vitry. Les troupes avaient dû passer d'une armée à l'autre au prix d'un certain désordre et ceux qui restaient dans la ligne de la 4e armée n'avaient pas sans peine réalisé leurs liaisons dans la retraite baptisée « repli ».

Pas d'erreur d'orientation dans l'organisation de la marche en arrière du 2e corps du général Gérard. Abandonnant Sainte-Menehould aux Wurtembergeois, il a trouvé ses positions de contre-attaque en jouant son rôle d'arrière-garde, et l'état-major considère qu'il doit se reposer quarante-huit heures avant de repartir, comme d'autres unités provenant de la retraite de la 4e armée. Ses deux régiments de réservistes d'Amiens et d'Abbeville, engagés dans les Ardennes, se sont repliés sur Stenay, ont passé la Meuse et retraité sans cesse à pied par Sainte-Menehould pour prendre position à hauteur de Possesse, encadrés par des corps de cavalerie.

Le 12e corps de Roques, avec ses régiments de Tulle et de Brive-la-Gaillarde, est de toutes les batailles d'arrêt de la 4e armée et perd beaucoup de monde dans les Ardennes et sur la Meuse. Il enchaîne les longues marches, se redressant pour contre-attaquer à plusieurs reprises, et sa fatigue est telle qu'il doit être transporté au nord de l'Aube, avec ses blessés, par chemin de fer de Vitry-le-François vers la région de Brienne-le-Château. Les régiments sont épuisés et devraient être recomplétés, en tout cas bénéficier de quelques jours de repos en cantonnement.

Les troupes de Cary ne sont pas fraîches. Elles ont livré deux batailles très éprouvantes ; c'est aussi le cas du 17e corps du général Dumas, nommé en catastrophe le 21 août à la place du général Poline, limogé. Les régiments d'Agen et de Cahors sont loin d'être dispos. Ils ont combattu sans répit sur les Ardennes, la Meuse et l'Aisne avant d'être recomplétés et mis au repos dans la région de Dampierre-Ramerupt, au nord de l'Aube. Leur unité touche la main sur son aile gauche du 11e corps de Foch. Ces troupes sont fatiguées à la fois par la retraite et par les combats incessants qu'elles ont dû mener.

Vitry-le-François est à la merci d'une nouvelle avance des Wurtembergeois. Les troupes de la 4e armée chargées de la défense de cette ligne du front n'ont pas changé depuis la mobilisation. Elles ont mené le combat des Ardennes jusqu'à l'Aube en reculant dans un ordre relatif, se rattachant vers l'est à la 3e armée du général Sarrail qui tient Verdun. Elles n'ont intégré aucun élément de renfort venu d'une autre armée. Tout au contraire : l'armée de Langle, amputée, doit tenir sa ligne avec ce qui lui reste.

Le 5 septembre, à la veille de l'engagement de la grande bataille, nouveau recul de la 4e armée qui doit céder Vitry-le-François. La poussée des Allemands est trop forte, les unités des 11e et 12e corps trop faibles et fatiguées. Combinée avec celle des troupes d'assaut du Kronprinz en Argonne, l'attaque du duc de Wurtemberg doit isoler et contourner Verdun, déboucher sur Bar-le-Duc et Saint-Dizier, pousser droit vers le sud pour isoler les deux armées françaises d'Alsace et de Lorraine, et contribuer ainsi à les enfermer dans une nasse.

La directive de Moltke II signée le 27 août à Luxembourg est très vite périmée. Il dépêchait l'armée von Kluck sur Mantes, à l'ouest de Paris, la IIe armée de von Bülow sur la capitale, et la IIIe de von Hausen sur Château-Thierry pendant que le duc de Wurtemberg, avec une quatrième armée, devait marcher sur Epernay.

Il n'est plus question désormais pour les Saxons et les Wurtembergeois que d'une marche droit au sud, ce qui implique un resserrement des itinéraires, et une puissance d'attaque accrue, par des unités concentrées.

Les Allemands n'ont eu aucun mal à avancer, les Français étaient en retraite accélérée. D'Attigny à Sommepy, puis à Sainte-Menehould, de Buzancy et Grandpré à Varenne-sur-Argonne, le reflux avait pris des allures de panique : au pont sur l'Aisne, à Attigny, Foch, « mâchant un cigare éteint », regardait la cohue des voitures attelées du train, des charrettes de civils, raconte André Tardieu. « Ce qui est fait est fait, ne gémissons pas », conclut le nouveau général d'armée qui dit à son illustre interlocuteur : « Passez-moi donc un bout de chocolat. »

*

Calme des chefs, angoisse des soldats en retraite et des civils en proie à la panique, fuyant l'approche de l'ennemi. A une heure du matin, l'archiprêtre Notin, curé de Vitry, assiste au départ de la dernière rame pour Chaumont, prise d'assaut par une foule de 300 personnes encombrées de sacs et de valises. Il avait dépêché la veille les sœurs de charité dans les quartiers de la ville pour conseiller aux habitants de ne pas partir. Il restait alors 1 200 personnes dans les murs, dont 200 s'étaient enfuies à pied ou en charrette, non sans avoir pillé l'épicerie de la place.

Pas de commandant d'armes. Retiré sur ordre. Le maire, seule autorité, a disparu avec les employés et les agents de police. L'archiprêtre convoque les électeurs restant sur place à la mairie. Pour éviter les pillages, les incendies, les tueries, il faut une autorité en face des Allemands. Une commission de douze membres est nommée : un instituteur à la retraite, un directeur d'école, des négociants, un avoué, un minotier, le chef d'exploitation de la compagnie de halage et l'archiprêtre lui-même, otages désignés aux yeux de l'envahisseur. La discussion se poursuit sous les obus pour organiser les secours aux blessés, aux indigents, et les mesures de maintien de l'ordre.

Les habitants restés sur place héritent de charges lourdes, ils s'y attèlent aussitôt, dans la mesure de leur capacité physique. Les femmes participent. Il faut remettre très vite en marche l'usine des eaux, enterrer les chevaux morts dans les rues, dégager les détritus infects qui encombrent la ville, nettoyer l'hôpital, stocker et garder les vivres.

Un lieutenant d'infanterie coloniale se présente. Sa troupe en retraite a des blessés à soigner. Il demande des charrettes. On les trouve. L'abbé Courtaux guide un petit groupe qui enlève les blessés vers la rivière Saulx. Les sœurs de charité ramassent les hommes tombés dans les rues de la ville. Les mourants sont transportés à l'hôpital. Ni médecin ni pharmacien. Les sœurs s'activent, mais ne peuvent opérer les grands blessés.

Les soldats français retraitent et sortent de la ville par la route de Saint-Dizier, les Allemands arrivent en poussant des hourrahs par la route de Châlons, longeant la Marne. Des patrouilles de uhlans barrent aussitôt toutes les issues de la cité. Les habitants réfugiés dans les caves ressortent, le bombardement ayant pris fin. L'archiprêtre les presse :

— Rentrez dans vos logis, vous éviterez ainsi le pillage.

A 9 h 30, une patrouille se présente à l'hôtel de ville, avec deux officiers bottés. « En l'absence du bourgmestre, dit un jeune lieutenant à l'ecclésiastique, il nous faut des *garants*. Vous n'êtes nullement en danger et vous serez respecté. » Il ajoute : « S'il est commis un seul acte contre nos soldats, vous serez immédiatement fusillé. » Le vicaire et l'archiprêtre sont arrêtés. L'officier de cavalerie leur demande de désigner deux autres otages. Ils refusent. L'archiprêtre finit par demander au négociant Paillard de partager son sort, ainsi qu'au chef d'exploitation de la compagnie de halage du Nord-Est. Des notables.

Un commandant de uhlans surgit, exige des écuries pour quarante chevaux de l'état-major de division. Déjà les cavaliers forcent les portes avec leurs lances, pillent les immeubles abandonnés. La ville est bientôt envahie, submergée de troupes. Dans la rue principale, les fantassins défilent en chantant « comme à la parade ». Ils ne sentent plus la fatigue d'une étape de trente-cinq kilomètres, les angoisses des combats continuels. Ils ont occupé le collège où Joffre avait installé son GQG.

Les officiers exigent de la nourriture. On leur donne un pain de trois livres qu'ils dévorent à belles dents. A la tombée du jour, ils conduisent leurs otages au café des Oiseaux, enjambant les soldats qui dorment dans les rues. Un capitaine y boit du champagne au comptoir. Il va reprendre la route avec sa compagnie vers Frignicourt, au sud de Vitry, en traversant la Marne sur le pont du chemin de fer resté intact.

Un général convoque l'archiprêtre. Ses officiers l'appellent « Excellence ». Jeune encore, Tulff von Tscheppe commande la division et boit du thé en travaillant, dans une petite maison du faubourg de Châlons. Il n'a pas de mauvaises intentions, si la cité consent à lui livrer sur-le-champ de l'avoine et du foin pour ses chevaux, du pain, de la farine, du lard, de la viande, du sucre et du café pour ses hommes. Mais à Vitry le fourrage est absent. Un magasin d'avoine non évacué de l'armée apaise le général qui consent à ne pas ordonner le sac de la ville. Il autorise l'archiprêtre à célébrer le dimanche la « messe des otages » à condition que la population rassemble et livre elle-même à l'hôtel de ville les vivres demandés qui sont immédiatement répartis dans la troupe. A ce prix, le pillage est évité.

*

A Dormans, le 2 septembre, la population subit la même pression de la part des unités de l'armée d'invasion. Von Bülow en personne installe son PC sur l'autre rive de la Marne, le 4 septembre. Il dirige de là sa bataille.

Le 3 septembre, la population est partie en exode, craignant les exactions de l'armée allemande. Les Français qui défendent l'accès du fleuve appartiennent à la 6e division commandée à titre temporaire par le général de brigade Philippe Pétain depuis le 31 août. Elle se compose de quatre régiments d'infanterie, des recrues de Normandie, venues des centres de mobilisation de Falaise, de Lisieux et d'Evreux.

La division Pétain relève du 3e corps (Hache, nommé le 25 août) de la 5e armée commandée par Franchet d'Espèrey, installé lui-même par Joffre le 3 septembre. Trois chefs qui viennent de faire preuve de la plus vive fermeté dans la bataille. Franchet parcourt les premières lignes en voiture pour tancer et corriger les colonels. Pétain, selon Fayolle, « fait un métier de boucher ». Avec exécutions sommaires pour l'exemple. Plus sûrement, en envoyant au feu, sous la presse et faute de moyens, ses biffins sans protection décente d'artillerie.

Hache, selon Henry Contamine[1], roule en voiture avec le général Rouquerol, qui commande l'artillerie de son 1er corps. Ils sont pris dans une colonne de fuyards, des

1. *Op. cit.*, p. 209.

zouaves et des tirailleurs qui se sont fait décimer au Châtelet, sur la rivière la Retourne. Un lieutenant crie aux généraux : « Rendez-nous nos morts ! » La cavalerie d'escorte de Hache charge les soldats débandés, furieusement. Hache sort lui-même son revolver. Il fait tirer. En l'air ? « Ce n'est pas sûr », indique Contamine.

Joffre a nommé, presque ensemble, ces trois chefs en première ligne, pour résister à tout prix. La 6e division de Pétain a perdu beaucoup des siens à Charleroi, elle a été engagée dans la bataille de Guise et ses soldats fourbus se sont repliés par Verneuil où ils ont franchi la Marne sur le pont de Try.

Les recrues normandes venues de Bernay sont chargées de défendre ce pont contre la LXXVIIIe division allemande d'infanterie de von Bülow, dont le colonel, Winkelausen, est tué dans l'engagement, ainsi que le commandant français Priou. Le combat se poursuit, acharné, pendant toute la nuit du 3 septembre.

A l'aube du vendredi 4, Marguerite Faivre est aux première loges du sinistre spectacle dans son petit bourg de Troissy. Elle demande au curé la permission, étant protestante, d'installer une ambulance dans son église pour transporter le premier blessé de la nuit, depuis le souterrain du château. C'est un catholique, et elle ne voudrait pas encourir le reproche d'arracher au curé ses coreligionnaires mourants. Ils lui appartiennent. « Le curé préfère ne pas disposer de l'église. » C'est donc le temple qui reçoit le malheureux[1].

Le lendemain, les Français ont décroché. La division Pétain a pris la route de Montmirail, où elle s'est battue près de la ferme Marlet, le 4 septembre. Elle retraite ensuite en bon ordre jusqu'à la région de Montceaux-les-Provins, égrenant derrière elle ses blessés, qu'elle n'a pas les moyens de transporter s'ils sont mortellement touchés.

Les Allemands, par petits groupes, ont fait leur entrée dans Troissy et circulent à bicyclette sur la grand-route

1. Témoignage de Marguerite Faivre, *op. cit.*

désertée. Marguerite Faivre abandonne son village, sa petite fille dans les bras. Les maisons au bord de la route sont pillées, Marguerite a de la poussière jusqu'aux chevilles. A six kilomètres, dans la direction de Dormans, elle est arrêtée par une vision d'enfer : les soldats de Pétain ont accroché les Allemands. « Le terrain est labouré, des chevaux morts parsèment la route… Des tuniques déchirées, des képis, des livrets militaires souillés, des gamelles, des sacs éventrés, des plaques de sang… » On enterre les cadavres dans les tombes creusées, les képis rouges et les casques à pointes couronnent les croix. Marguerite compte étendus sous le sol 60 morts, dont 29 français.

A l'hôpital de Dormans où elle entre, exténuée, le médecin civil la nomme d'office infirmière-major, avec l'insigne de la Croix-Rouge. Les dames de la ville servent d'aides-soignantes. L'hôpital a été pillé, la caisse de chirurgie éventrée. Pourtant, beaucoup d'Allemands blessés doivent être soignés, aussi bien que les Français. Elle s'active, nettoie la plaie infecte d'un petit Landais de vingt ans qui a reçu une balle explosive dans le bras et dont la blessure est « hideusement déchiquetée ». Un Rémois a une balle dans la jambe, un autre le cou traversé de part en part. Le drapeau allemand flotte sur la mairie. Dans la rue, les soldats défilent en chantant.

— Dans trois jours, disent-ils à Marguerite, nous serons à Paris.

*

Plus à l'ouest, la 5e armée du général Franchet d'Espèrey succédant à Lanrezac a retraité entre Soissons et Berry-au-Bac. Les régiments dépenaillés, usés en cent combats, décimés depuis Charleroi et Guise, sont méconnaissables. Ceux-là ont supporté tout l'effort de retardement de la ruée allemande. Ils sont au bord de l'épuisement et Joffre ne peut compter sur eux pour consentir un nouveau sacrifice, ils sont à bout.

« J'ai l'honneur de rendre compte, télégraphie le

27 août à 3 heures du matin le général Legros, commandant de la 69e division [1], que les premiers éléments se sont mis en mouvement à 4 heures. Puisque le mouvement prescrit vise une offensive ultérieure, il est de mon devoir de vous déclarer qu'en ce qui me concerne, et après les fatigues des trois dernières journées, le manque de repos, de nourriture, l'épreuve morale résultant de marches en retraite pour éviter l'ennemi à tout prix, les troupes de la 69e division ne seront aptes à prendre part à un acte quelconque de guerre qu'après s'être refaites, moralement et physiquement, pendant trois ou quatre jours. » Et le divisionnaire d'ajouter : « Il m'en coûte beaucoup de faire cette déclaration. » Le général Legros devait être limogé par Joffre le 8 septembre.

Ses régiments venaient de Soissons, de Reims, de Beauvais, de Saint-Quentin. Des réservistes peu entraînés aux manœuvres lancés dans l'enfer de Charleroi et dans les durs combats de Guise à Urvillers, à Benay. Le message du général datait du soir du combat où les unités avaient été décimées. La retraite fut ordonnée le 30, par Anizy-le-Château, Fère-en-Tardenois au sud des marais de Saint-Gond, et Villiers-Saint-Georges, au nord de Provins, toujours à pied. La division devait reprendre le combat, malgré ses pertes, le 6 septembre, sur le Morin.

Cet exemple montre que Joffre n'avait nullement l'intention de ménager les combattants, même épuisés, et affectés par des pertes trop nombreuses, mais tout au plus de leur laisser le temps minimum pour se remettre. Le 1er corps d'armée de Lille, anciennement commandé par Franchet, le 2e corps d'Amiens, aux ordres de Gérard, le 3e corps de Sauret, recruté à Rouen, le 10e de Defforges, de Rennes, le 11e d'Eydoux, de Nantes, devraient entrer de nouveau dans la danse, selon les directives du général en chef, dûment aiguillonnés par Franchet d'Espèrey qui s'attachait à maîtriser les défaillances. *Sauret la Honte* (ainsi était surnommé le général dans les couloirs du

---

1. Voir *AFGG*, t. I, 2e vol., Annexes, 1er vol., n° 959.

GQG) avait abandonné son commandement, découragé, il s'était caché derrière une meule de foin. Retrouvé pleurant sur les malheurs de ses soldats, prostré, il était bientôt proscrit. Joffre l'avait remplacé par le divisionnaire Hache.

Les ordres de sévérité de Joffre seraient-ils exécutés ? Les généraux pris par l'urgence avaient-ils le temps d'organiser des sessions, même rapides, de justice militaire ? Joffre les pressait de réprimer. Le 2 septembre, il avait ordonné que « les fuyards soient passés par les armes ». Le 6 septembre, il avait créé les conseils de guerre *spéciaux* permettant l'exécution immédiate sur l'avis de trois juges.

Mais, dans la retraite, les officiers n'avaient pas de temps à perdre et du reste on blâmait tel général pour avoir conduit au poteau d'exécution six soldats accusés de mutilations volontaires après jugement précipité. Le moral de l'armée pouvait aussi être atteint par une trop grande sévérité. Le premier fusillé officiel était, le 1er septembre, un commandant de la Coloniale dénoncé par ses hommes pour avoir voulu se rendre dans un encerclement. On parlait déjà au GQG d'au moins 100 000 prisonniers français depuis le début des hostilités, et peut-être 200 000. Il était temps d'arrêter l'hémorragie du découragement, de faire sentir l'aiguillon de l'autorité. Pourtant, on compte seulement 25 soldats exécutés jusqu'au 15 septembre, selon une procédure régulière, après jugement.

Les prévôts[1] battaient la campagne pour retrouver les déserteurs et les espions. Ceux-ci étaient fusillés sur-le-champ, sans autre forme de procès[2], et probablement aussi par les officiers en cas de débandade, sans que ces

1. Selon le général Bach, ancien chef du Service historique de l'armée de terre, 24 de ces condamnés exécutés ont été surpris après la bataille parmi les blessés des hôpitaux avec des traces de poudre indiquant des mutilations volontaires. Ces « drôles de blessés dans les ambulances » auraient été démasqués après coup, pas avant la bataille. Les fuyards rattrapés étaient remis en ligne par les prévôts.

2. Sur les exécutions sommaires d'espions par les prévôts, voir Luigi Barzini, reporter du *Corriere della Sera*, Payot, 1916.

morts laissent la moindre trace dans les archives. Aux yeux de la justice militaire, ni la fatigue ni même l'âge n'étaient une excuse au refus d'obéissance. Joffre exigeait en particulier des territoriaux qu'ils fussent enrégimentés et ne désertassent pas leur poste, quelle que fût la mission qu'on leur imposât.

Vaille que vaille, les régiments de la 5e armée retraitent exténués sur l'Aisne, puis sur la Marne, non sans désordre, mais en suivant les itinéraires prévus pour les colonnes du grand repli. Les civils les voient défiler vers le sud avec angoisse. Fermière à Puiseux près de Moulin-sous-Touvent[1], au nord d'Attichy et à l'est de la grande forêt de Laigue, Thérèse Danre, épouse d'un poilu parti au combat, était restée seule à la ferme avec ses enfants, ses domestiques et ses ouvriers hors d'âge d'être mobilisés.

Elle n'a pas voulu rejoindre la colonne des réfugiés pour éviter le pillage de ses biens. Le dimanche 30 août, des soldats anglais « en sueur et très fatigués » sont venus se ravitailler chez elle. Ils l'ont rassurée sur les Allemands : les Français, lui disent-ils, les ont repoussés dans la direction de Saint-Quentin.

Panique le 31 août : on annonce les Allemands à Moulin tout proche. Une amie le confirme au téléphone, au bureau de poste. Elle voit de ses yeux les colonnes de l'armée von Kluck défiler sur la route de Noyon à Vic-sur-Aisne, c'est-à-dire celle d'Attichy. Ils auront franchi l'Aisne avant le soir.

Les soldats du 3e corps de Hache sont déjà partis, avec ceux du corps Gérard, vers la Marne. Les Allemands ont le champ libre. Le mardi 1er au soir, ils frappent à la porte. Thérèse Darras, épouse Danre, leur ouvre. Les coureurs allemands de l'avant-garde lui demandent seulement le chemin de Moulin.

Ils reviennent dans la nuit. Très convenables, ils payent

1. Mémoires de Thérèse Danre publiés par Robert Attal et Denis Rolland, in *Mémoires du Soissonnais*, t. 2, 1999-2001, 5e série, de la Société archéologique de Soissons, p. 125 *sqq.*

le pain et les œufs. Rien de comparable aux larcins et pillages de l'armée Bülow du côté de Dormans. Rien n'irrite plus l'ennemi que les maisons vides, les paysans absents qui ne peuvent fournir l'eau, le pain et le vin. Dans la brutalité de l'invasion, pourtant, des signes d'humanité : une femme accouche dans un village proche de Dormans. Un major en *feldgrau* l'aide à se libérer de l'enfant puis il marque à la craie, en lettres gothiques, sur la porte de la maison : « Epidémie. Défense d'entrer. »

A la ferme de Puiseux, pas d'abandon, et pas de brutalités. Les Allemands laissent deux chevaux fatigués pour en prendre trois, contre des bons de réquisition, ils emportent des lapins, et du foin. Ils campent dans les champs, autour du hameau et partent au matin, en colonnes serrées, vers Moulin, puis Attichy où ils franchissent l'Aisne. Ils défilent ainsi tous les jours, jusqu'au 4 septembre. Le canon gronde faiblement, la bataille s'est éloignée, elle est descendue sur la Marne, sans doute vers Paris. Les « Prussiens » y sont peut-être déjà entrés. « Je suis contente d'être restée à mon poste », dit la fermière.

*

Qui peut défendre la capitale ? L'armée envoyée en renfort à l'ouest du front, dirigée par Maunoury, a été très vite surprise par la précipitation de la retraite. Prudent, Joffre avait commencé son mouvement de transfert assez tôt. En conséquence, les soldats envoyés de Lorraine et d'Alsace ont été débarqués beaucoup trop haut : la brigade auxiliaire marocaine du général Ditte, où sert le lieutenant Juin, est rattachée au 7e corps le 25 août et doit être transportée sur Amiens. Il est prévu que le noyau de la 6e armée Maunoury doit s'installer du 27 août au 2 septembre en avant d'Amiens, entre Domart-en-Ponthieu et Corbie, ou en arrière de la Somme, vers Picquigny et Villers-Bretonneux. Le 7e corps, quatre divisions de réserve et peut-être un autre corps d'armée sont prévus pour ce regroupement. La plupart des unités doivent être acheminées en chemin de fer.

Joffre a envoyé vers l'ouest les meilleures troupes disponibles : l'ordre de constitution de la 6e armée est signé dès le 26 août. Le 7e corps du général Vautier est presque entièrement acheminé de Lorraine en Picardie. Riche de deux divisions d'infanterie, il comprend deux bataillons de chasseurs à pied, troupe d'élite, et quatre escadrons du 11e chasseurs à cheval, aucune artillerie lourde et quatre groupes de 75 de campagne du 47e régiment d'artillerie à cheval de Besançon. Il est renforcé par le régiment de réserve formé à Langres.

Dans ce 7e corps, les deux régiments de Belfort de la 14e division sont des hommes de l'Est, patriotes résolus. La 14e a donné dans la bataille d'Alsace, pris et repris Mulhouse. Elle a subi des pertes, mais elle a été enlevée à partir du 25 août par voie ferrée pour être acheminée sur Villers-Bretonneux. Elle est alors considérée comme fraîche.

En remplacement de la 41e qui lui est retirée, Vautier touche une nouvelle division, la 63e de réserve du général Lombard. Forte de trois groupes de 75 venus d'Auvergne, elle rassemble des pantalons rouges de Clermont, Montluçon (le 321e), Riom, Montbrison, Saint-Etienne et Roanne. Six régiments, soit 18 000 hommes sans compter les artilleurs, les dragons du 14e régiment de Saint-Etienne et les services de santé.

Cette troupe nombreuse s'est aguerrie dans la bataille d'Alsace. Embarquée assez tard, vers l'ouest, du 27 août au 6 septembre, elle a occupé des positions non sur la Somme ou sur l'Aisne, mais plus au sud, dans la région de Saint-Just-en-Chaussée sur la ligne Beauvais-Noyon. C'était encore trop au nord ! La division a dû retraiter à pied en direction du camp retranché de Paris, par L'Isle-Adam et Ecouen, par étapes successives sur les routes encombrées de convois, sans avoir à combattre.

Joffre a jugé bon de joindre au plus tôt à la 6e armée de Maunoury les deux divisions de réserve du général de

Lamaze. Il n'est plus désormais hostile à la fusion des divisions de réserve et d'active, il n'a pas le choix, ses effectifs ayant fondu au soleil des batailles d'août. Il n'a qu'à se louer de la 56e division commandée par Micheler l'offensif, l'émule de Foch, dont les régiments ont été recrutés en Champagne et dans le Barrois, terres d'invasion, l'artillerie au camp de Châlons et les hussards à Senlis.

Cette troupe n'a pas été très engagée dans la bataille de Lorraine, elle a connu le feu dans les combats du 25 août sur l'Orne, sans perdre beaucoup de monde. Elle sera débarquée par chemin de fer dans la région de Tricot, encore trop au nord, sur la ligne Beauvais-Noyon, et elle retraite par étapes pour prendre position plus au sud dans les collines de la Goële, marchant par Liancourt et Senlis.

Non moins vaillante est la 55e du général Leguay, recrutée essentiellement à Paris et dans sa région, en Brie et dans l'Auxerrois, où Charles Péguy est officier au 276e de Coulommiers. Elle a perdu beaucoup d'énergie en marches et contremarches dans la zone de l'armée de Lorraine, face à la place de Metz qu'il n'était pas question d'attaquer. Embarquée à partir du 27 août, elle a pris pied non loin de Roye et a dû immédiatement se mettre en position, car les Allemands arrivaient. Elle a combattu autour de Roye, avant de marcher en retraite, à pied, par Liancourt et Chennevières-lès-Louvre. Elle s'est alors dispersée pour l'offensive dans la région de Dammartin-en-Goële.

Le général de Lamaze continuait à superviser un groupe de quatre divisions territoriales confiées au général Ebener, dont personne ne pouvait jurer qu'elles n'auraient à combattre, en dépit de l'âge mûr des pantalons rouges des 81e, 82e, 84e et 88e divisions. Le 29 août, Joffre lui demandait de mettre de l'ordre dans les régiments dont il comptait manifestement se servir. Il devait « rétablir la discipline par tous les moyens », « prendre des mesures rigoureuses, et faire des exemples ».

Quant aux 61e et 62e divisions de réserve, elles avaient été recrutées l'une en Vendée et Bretagne, l'autre dans le Sud-Ouest, de Limoges à Bergerac. Engagées prématurément dans les combats du Nord autour d'Arras, le GQG les avait perdues de vue et nul breveté d'état-major ne pouvait en donner l'emplacement. Ayant subi des pertes considérables, surtout en officiers, elles erraient d'une position à l'autre, poursuivies par l'ennemi sans pouvoir être enlevées par chemin de fer. Elles se déplaçaient à pied, car Berthelot, directeur des opérations, avait prévenu leurs généraux qu'il ne pouvait mettre à leur disposition de convois ferroviaires, réservés aux divisions venues de l'Est.

Elles devaient être récupérées et reformées, après repos, autour de Pontoise, dans la région fortifiée de Paris. La 62e division, devenue fantomatique, ne comptait plus alors que 500 poilus par régiment, un seul officier par compagnie et aucune mitrailleuse. Le commandant de l'artillerie avait été tué, beaucoup de pièces perdues. La division sœur, la 61e, n'avait plus en effectifs combattants que six bataillons et cinq batteries de quatre canons.

Ces deux grandes unités, exténuées et décimées, ne feraient pas mouvement avant le 5 septembre. Elles ne comptaient que pour ordre sur les états de Joffre. L'une et l'autre avaient changé de général depuis la mobilisation. Maunoury avait donc à sa disposition une armée fort composite et de valeur inégale, dont les unités avaient plus ou moins souffert de la retraite.

*

Il restait encore à Joffre l'avantage du mouvement, où il était passé maître : les chemins de fer avaient consenti un effort d'organisation efficace pour réaliser en un temps record le transfert d'est en ouest des unités désignées, d'autant que Joffre devait mettre en route, pour faire face à l'invasion plus rapide que prévu, d'autres renforts venus de l'Est, par exemple la 42e division recrutée en Barrois et en Champagne du général Grossetti, retirée à Sarrail et à la 3e armée pour être affectée à Foch.

Joffre avait commandé un régiment de chemin de fer à Versailles au début de sa carrière et il avait été directeur des arrières. Il réalise en quelques jours ce qui paraissait impossible, le déplacement de sept divisions d'infanterie et de deux de cavalerie, soit 120 000 hommes. Il connaît la capacité des ingénieurs de Polytechnique qui ont déjà réussi en tous points la mobilisation. Il compte sur Doumenc et ses camarades pour fixer la marche des convois.

L'étude réalisée par Ragueneau, directeur du service des chemins de fer à la direction de l'arrière, et dont les archives ont conservé la trace pour le déplacement du 6e corps de Sarrail, est exemplaire : elle donne une idée de l'ampleur des moyens employés.

On prévoit une seule ligne de transport en direct, de Verdun à Compiègne par Sainte-Menehould, Saint-Hilaire, Reims et Soissons, pour éviter les transbordements. On estime à trente-six ou quarante marches par vingt-quatre heures les transports de combattants, à vingt pour les parcs et convois.

Le corps d'armée est enlevé par deux divisions successives, puis l'artillerie, une troisième division et les éléments non endivisionnés, parcs et convois. Six quais militaires d'embarquement sont prévus par la commission régulatrice, à Verdun, composée de deux techniciens. Une autre commission siège à Soissons. On prévoit soixante trains du PLM rassemblés à Noisy et venus en partie du Nord. Quarante-cinq de ces trains seront réemployés, une réserve sera constituée au Bourget. Trente-deux trains du réseau du Nord transporteront les parcs et convois des 55e et 56e divisions, avec quarante trains supplémentaires du réseau PLM pour les parcs du 6e corps. Ils transiteront par Pantin, reprendront le raccordement de la Plaine-Saint-Denis, puis celui du Nord, et la ligne de Soissons.

Des moyens analogues ont permis le transfert du 7e corps et des divisions supplémentaires. La marche de la 45e division du général Drude, comprenant des zouaves et des tirailleurs[1], débarquée à Sète d'Algérie, avec sept groupes d'artillerie à cheval, a été minutieusement réglée jusqu'au camp retranché de Paris. Maunoury, installé d'abord à Morcuil le 28 août, puis à Montdidier, a veillé à sa réception et exigé de Gallieni qu'elle monte au front au premier signal, car il n'est pas question de neutraliser des forces derrière d'illusoires fortifications. Elles doivent toutes entrer dans la bataille en rase campagne.

Pour juger de l'état de fatigue des troupes, même celles que Joffre a déplacées en chemin de fer, il faut imaginer les marches et contremarches accomplies à partir de leur débarquement, sans compter les opérations où elles ont été immédiatement entraînées, pour faire face à l'urgence.

La brigade Ditte, venue du Maroc pour renforcer l'armée Maunoury[2], comprend cinq bataillons de l'armée d'Afrique, soit deux régiments de « chasseurs indigènes à pied », des auxiliaires marocains issus des tabors de Moulay Hafid. La troupe a été encadrée d'officiers français et de sous-officiers maghrébins par une mission militaire française, celle du colonel Mangin, puis par le colonel Pellé qui l'a déjà employée en opération dans le bled contre les rebelles.

Ainsi, le lieutenant Juin se battait au Maroc à la déclaration de guerre dans le bataillon du commandant Poeymirau. Les hommes éreintés par trois mois de combats avaient été embarqués à Oujda pour Sète pendant que le premier régiment avait débarqué à Bordeaux en même temps que la division Humbert, composée de soldats français opérant au Maroc. Pellé étant appelé au GQG, le général Ditte, de l'armée coloniale, fut chargé de commander la brigade.

Les auxiliaires marocains de la brigade Ditte retrouvaient donc à Bordeaux, sur le pavé des Chartreux, ceux

1. 1er, 2e, 3e et 4e zouaves, régiment de marche du 2e tirailleurs avec des bataillons tirés des 1er, 2e et 8e régiments.

2. Voir Maréchal Juin, *La Brigade marocaine à la bataille de la Marne*, Presses de la Cité, 1964.

de la division française d'Humbert. A la demande de Lyautey, résident général au Maroc, des territoriaux du Midi avaient été embarqués pour remplacer ces troupes au Maroc, où la rébellion n'était pas apaisée.

La troupe reçoit des vestes de chasseurs alpins, des ceintures bleues moins voyantes, mais toujours des chéchias rouges recouvertes d'un chèche jaune canari. Pendant que la division d'Humbert monte au front, les chasseurs indigènes restent au camp de Châlons, où ils sont arrivés par chemin de fer.

Marocaine, la brigade n'a aucun titre à figurer dans l'ordre de bataille français. Lyautey doit s'employer à convaincre le nouveau sultan Moulay Youssef d'apposer son sceau sur une *beya* déclarant la guerre à l'Allemagne. Alors seulement les chasseurs indigènes du Maroc peuvent être embarqués en chemin de fer pour le front, dotés de quatre sections de mitrailleuses de Saint-Etienne servies par des territoriaux. Ils sont débarqués trop au nord à Amiens, où affluent les divisions de réserve étrillées autour d'Arras, ils entendent le canon de Nivelle, l'artilleur de la 6ᵉ armée en action autour de Villers-Bretonneux. Les Marocains sont alors disposés sur les bords de la Somme.

Non engagés dans le combat de retardement du 7ᵉ corps, ils marchent toute une nuit vers le sud, se retrouvent dans le Santerrois, autour de la rivière Arve, « sur les croupes molles couvrant, à l'est, Montdidier ». Ils voient défiler vers la gare les unités du 7ᵉ corps, rapidement embarquées. Ils attendent trois heures, tapis sous les gerbes de blé, avant de se replier vers le sud-ouest, toujours à pied.

Le 1ᵉʳ septembre au matin, ils sont chargés sur des camions à Creil pour Senlis. Les régiments se reforment pour marcher de nuit, derrière des guides, à travers la forêt. Dès leur arrivée à Senlis, les chasseurs doivent protéger un débarquement de troupes à la gare. Bientôt, ils traversent la ville prise à partie par une batterie allemande et font le coup de feu contre un groupe de uhlans.

Des blessés dans les rues où les Allemands tirent des fenêtres, depuis les maisons vidées de leurs habitants. Le canon vise la flèche de la cathédrale. Les Marocains sont évacués plus au sud, au Mesnil-Amelot, pendant que les Allemands occupent Senlis et mitraillent l'hôpital.

La brigade reprend sa marche en direction de Dammartin d'où elle découvre la Ire armée allemande dont la marche soulève dans la plaine un nuage de poussière. Elle recule encore jusqu'aux environs de Claye-Souilly. Les auxiliaires du général Ditte n'ont donc pas cessé de marcher, et ils ont à plusieurs reprises essuyé des coups de feu, ramassé dans leurs rangs des blessés, participé, à peine débarqués, à la retraite générale de l'armée.

*

C'est aussi le lot des unités du 7e corps acheminées vers Amiens, aussitôt engagées dans une première bataille d'arrêt sur la Somme, puis sur l'Oise. On sous-estimait au GQG la capacité de marche de la Ire armée de von Kluck. A Bruxelles le 21 août, elle passait la frontière le 24, tournait le lendemain Valenciennes, prenait Cambrai le 27, marchait plein sud-ouest sur Péronne, atteignant l'Arve au-dessus de Montdidier le 31. Les uhlans et les hussards caracolaient en tête, éloignant les parties encore à cheval des divisions françaises de cavalerie envoyées en reconnaissance par petites unités éclatées, quand elles n'établissaient pas des barrages pour retarder, en mettant pied à terre et carabine au poing, l'avance des Allemands.

Le rideau de cavalerie, les unités territoriales et les quelques divisions de réserve du général de Lamaze ne suffisaient pas à enrayer ce flux, d'autant que les Allemands plaçaient leurs canons presque à l'avant des bataillons, pour briser toute résistance sous une nuée d'obus.

La 55e division des Briards et des Parisiens était très vite engagée aux côtés des troupes opposées à von Kluck. Elle n'avait pas perdu beaucoup de soldats à la bataille des frontières. Le 276e régiment de réserve avait quitté son dépôt de Coulommiers avec ses effectifs et ses armements complets avant de prendre le train qui avait conduit les pantalons rouges jusqu'en Lorraine.

Le capitaine Guérin, un blessé de la guerre du Maroc incapable de monter à cheval, comptait sur le lieutenant Péguy pour commander sa 19e compagnie. Les 250 hommes avaient participé à la revue, au terrain de manœuvres de Montanglaust, où le lieutenant-colonel Lejeune avait présenté le drapeau aux 3 000 hommes placés sous ses ordres.

Départ le 10 août 1914 dans les wagons à bestiaux d'un train interminable, convoi de plusieurs dizaines de rames montant à la frontière. Trente heures de voyage, pratiquement sans arrêt, épuisantes, avant le débarquement à Saint-Mihiel. Les Briards sont à trois cents kilomètres de Coulommiers. La guerre commence.

Mission de défense : les 55e et 56e de Lamaze, fortes de huit régiments de réservistes, couvrent au nord, vers Metz, les offensives d'Alsace et de Lorraine du début des opérations. Peu de pertes, mais des marches éreintantes en raison des changements continuels de secteurs imposés par l'état-major à la division. Pendant cinq jours, les pantalons rouges travaillent, en bras de chemise, à creuser des retranchements du côté de Loupmont. Le 16 août, la division marche vers Metz, par longues étapes sous la chaleur et les pluies d'orage. Le 18, nouveau bond en avant, toujours à pied. Marche pénible, par temps lourd. Les biffins creusent de nouvelles tranchées, comme s'ils devaient y attendre l'ennemi. Les Allemands sont à cinq kilomètres, au moins, à peine à portée de 75. Il s'agit d'organiser toute une région pour la rendre imprenable par l'ennemi.

Le 21 août, quand von Kluck entre à Bruxelles, Charles Péguy commande une patrouille de reconnaissance vers la frontière lorraine, sans avoir vu encore un soldat en *feldgrau*. L'événement du 22 août est pour la compagnie la mutation du capitaine Guérin, appelé à l'état-major, remplacé par Charles de la Cornillière. On se croirait en manœuvres. Le canon gronde le 23 août dans la direction d'Etain et de Verdun, mais rien ne bouge. Le soir, l'ordre de départ arrive : la division doit défendre Pont-à-Mousson. Départ à la nuit, marche par Bois-le-Prêtre, arrivée et cantonnement à la caserne de Pont-à-Mousson à 1 heure du matin. Le bataillon couche sur des lits de camp dressés.

Alors commencent les marches. Pour éviter d'être écrasée sous la ville bombardée, une demi-heure après son arrivée, la compagnie est rassemblée et prend la route de nuit, sac au dos, sous les tirs d'artillerie lourde. La 55e doit renforcer les troupes déjà au feu vers Mars-la-Tour-Etain, entre Verdun et Metz. Première étape de cinquante kilomètres de marche forcée suivie immédiatement d'une contremarche vers les côtes de Meuse. Le 27 août, la compagnie grimpe sous la pluie et le barda pèse sur les reins.

Sur la route, des civils fugitifs « pris de panique ». Ils fuient l'arrivée des Allemands, annoncent la défaite des Français. Par la trouée de Spada, la division revient à Saint-Mihiel, son point de départ, toujours à pied. Elle a parcouru une vaste région de Lorraine sans presque tirer un coup de feu, sans éprouver de bombardement, elle est inutilement épuisée mais intacte.

Les pantalons rouges de Coulommiers, qui se disent « de l'armée de Paris », apprennent le 28 août seulement le désastre de Charleroi survenu quatre ou cinq jours plus tôt et « l'entrée des uhlans à Lille », ils comprennent enfin les causes de la contre-marche sur les côtes de Meuse : on les embarque en chemin de fer, le 28 août à l'aube, à la gare d'embranchement de Lérouville. Un voyage interminable : le 29 août à 15 heures, après trente heures de parcours en wagons à bestiaux, par la diagonale Ragueneau de Verdun à Soissons, avec bifurcation sur Villers-Cotterêts et Crépy-en-Valois, le bataillon débarque en gare de Tricot, dans l'Oise, à trente kilomètres de Roye, au sud d'Amiens.

Les officiers croient encore que les Allemands sont à

Lille, à cent cinquante kilomètres au nord. Ils envisagent de marcher vers l'ennemi. Des cortèges de fuyards les désillusionnent. « Les Allemands sont à quarante kilomètres », crient les Belges et les paysans du Pas-de-Calais qui fuient avec femmes et enfants dans les charrettes.

*

Plus la compagnie avance vers le nord, plus les réfugiés sont nombreux. Des chariots traînés par des bœufs suivent les carrioles à chevaux plus rapides. Des vieillards pleurent en voyant défiler la compagnie. Péguy les regarde « avec une tristesse mêlée de rage[1] ». Les soldats n'ont reçu aucune distribution de vivres, ils ont faim. Beaucoup crient aux civils en détresse : « Retournez, nous arrivons ! » Ils ont le sentiment, en montant en ligne, de venger ces pauvres gens et les paysans restés dans leurs champs leur crient : « Bravo, les Parisiens ! » On leur offre, au seuil des maisons, des seaux de cidre et de vin.

Le lendemain, ils apprennent que les Allemands sont à Roye où ils devaient cantonner, après une marche de six heures seulement. La rencontre est proche, inévitable. Péguy part en flanc-garde, pour éclairer, avec sa section. Le bataillon est en état d'alerte. L'avance dans les terres labourées est épuisante. Pas un *Feldgrau* : au soir, la compagnie couche dans un village, mange des omelettes et de la soupe au lait dans les fermes. Toujours pas de ravitaillement organisé par la division, défaillance totale de l'intendance submergée par l'impuissance des convois à retrouver les unités en marche continuelle.

Alerte ! Il faut s'avancer par échelons de nuit vers l'ennemi, vers Roye. Impossible de progresser rapidement dans la cohue de réfugiés sur les routes. Un sauve-qui-peut ! On annonce l'entrée de l'ennemi à Péronne.

Dimanche 30 août. A peine débarqué, le régiment est engagé pour son premier combat, à Armancourt, entre

1. Voir Victor Boudon, *Avec Charles Péguy de la Lorraine à la Marne*, Hachette, 1916.

Roye et Montdidier. Les fantassins reçoivent des paquets de cartouches pendant que les artilleurs se mettent en batterie. Colonne par quatre dans les betteraves. Les 75 tirent à vue sur les files gris-vert qui sortent des bois « comme les fourmis d'une fourmilière ». « Serrons les rangs ! » crie Péguy.

Les quatre régiments de la division sont en ligne. Le bataillon de Péguy est détaché pour garder les pièces de canons, dissimulées sous des gerbes d'avoine. L'artillerie lourde ennemie a vite fait de bouleverser ce dispositif trop léger. L'ordre est de tenir « coûte que coûte jusqu'à midi ». Les canons français tirent jusqu'à l'épuisement. Péguy doit défendre le village d'Armancourt. Un baptême du feu écrasant, sous un soleil de plomb. Des hommes tombent, « terrassés par l'insolation », le plus grand nombre sous les « marmites ». Une paysanne est restée dans sa ferme, pour soigner les blessés. Ses enfants crient dans la cave.

Décarrade de la compagnie vers un autre village, sous les obus. Les fantassins apprennent à se jeter à plat ventre, sac sur la tête. Quand le *halte au feu* est sonné, le colonel compte les pertes : elles sont négligeables. Il n'y a jamais eu de corps-à-corps avec les Allemands.

La retraite commence après ce coup d'arrêt volontairement limité du 30 août. Un simple barrage d'artillerie pour ralentir la marche de l'ennemi. Le régiment est en arrière-garde, il doit se tenir prêt à combattre encore. Les hommes donnent des signes d'épuisement. Plus de ravitaillement dans les villages, ils sont déserts et les officiers interdisent le pillage, bien que les volailles courent dans les rues abandonnées. La compagnie traîne le pas, sans aucun espoir de s'arrêter.

— Jusqu'où va-t-on reculer comme ça ? demandent les poilus.

A l'arrière-garde, les gendarmes. Ils disent aux traînards que les Allemands vont les massacrer. Plus de pauses toutes les heures. La colonne continue, même si le capitaine suit à pied son cheval en s'accrochant à sa queue. Les officiers doivent tolérer que les plus épuisés posent leurs sacs et s'arrêtent. Les rangs s'éclaircissent. A la nuit, les hommes, le ventre creux, marchent encore. Les attardés, les pieds en sang, se font hisser sur les voitures de réfugiés, sur les charrettes de blessés, ou encore sur les pièces et caissons d'artillerie. Le capitaine prend enfin la décision de faire réquisitionner des voitures pour y charger les sacs des biffins exténués.

Dans les champs, sous les meules, les réfugiés dorment par milliers le long de la route à partir de Montdidier. A 2 heures du matin, le 31 août, ils arrivent dans le village de Ravenel, après une matinée de combat et une marche ininterrompue de soixante kilomètres. Ils couchent sur la paille d'une grange et repartent à 7 heures, n'ayant dormi que cinq heures. Direction ? Paris. Même les officiers sont déçus, anxieux. Le canon tonne sur les arrières. Les Allemands sont tout proches. La compagnie ne compte pas plus de 50 hommes, un cinquième de son effectif. Les absents se sont éparpillés. Ils rejoindront plus tard.

— Si tu lâches, dit Péguy à un traînard, tu ne pourras jamais nous rattraper et tu te crèveras dix fois plus.

Comment raisonner un homme à bout de forces ? A ceux qui se plaignent des généraux, à ceux qui disent qu'« on est vendus », le lieutenant réplique avec colère : « Nous avons des chefs capables ! » Un repos d'un quart d'heure sous les pommiers picards ranime les courages. Les pommes vertes calment la faim. A la grand-halte, des seaux de bière offerts par un directeur d'asile. Deux heures de repos qui permettent aux traînards de rejoindre. Du vin et du cidre à Breuil-le-Sec, que l'on puise dans les quarts sans s'arrêter. Morts de fatigue, les hommes dévorent un repas sans pain au cantonnement de Béthancourt-Saint-Nicolas.

Au matin du 1er septembre, arrêt à la lisière d'un bois. Va-t-on se battre ? Les *aviatiks* survolent les lignes, jettent des bombes, l'artillerie prend position. A midi, les cuistots apportent enfin des lessiveuses de pommes de terre au riz. Les officiers font réquisitionner le pain des boulangeries pour le faire distribuer à la troupe. Pas de bataille ce jour-là, et la marche en retraite reprend le 3 septembre. Sur l'aile gauche, les Allemands sont à Clermont-sur-Oise en direction de Creil. La course de vitesse reprend. L'Oise est franchie sur un pont de bateaux à Verneuil. Le général de division Leguay passe le dernier.

Les Allemands approchent de Chantilly et de Senlis. A chaque pause, les mitrailleuses en batterie. Senlis est bombardé, les habitants s'enfuient à travers champs. La ville est bientôt évacuée par les tirailleurs marocains. Retraite dans la forêt de Chantilly, à toutes jambes, les pieds en sang. A Luzarches, au soir du 3 septembre, le désordre est à son comble. Des régiments entiers « sont couchés sur les bordures de trottoirs ». Les hommes allument des feux dans les champs pour se réchauffer. La marche reprend, jusqu'à porter l'unité à vingt-deux kilomètres de Paris. Sur la route défilent les bataillons de la 14e division arrivée d'Alsace en secours. La retraite se termine le 4 septembre. Ceux de la 55e division ont marché pratiquement sans arrêt pendant cent cinquante kilomètres en trois jours et trois nuits.

*

Maunoury dispose ainsi pour sa 6e armée de troupes qui ont souvent peu combattu, mais beaucoup marché. Sans doute certaines unités, combattant sur l'Aisne, sur la Somme et sur l'Oise étaient-elles exténuées, bonnes pour un repos d'au moins vingt-quatre heures, comme ce 18e corps épuisé par sa résistance sur les hauteurs de la rive droite de l'Oise le 29 août. Mais il appartenait à la 5e armée, celle qui avait le plus combattu, avec la 4e, de borner leur action à un repli pour se cramponner ensuite à une ligne de résistance. Ces deux grandes unités n'étaient pas le fer de lance du mouvement prévu par Joffre.

Les ordres envoyés à la 6e armée étaient constamment de retarder l'avance ennemie sans engager des combats trop durs. « Les arrière-gardes ne perdront pas de vue que le but du mouvement prescrit est de rompre le contact et éviteront par conséquent de se laisser accrocher à fond. Elles se borneront donc, si elles sont trop pressées, à utiliser éventuellement tous les obstacles pour retarder la marche de l'ennemi, et se dégageront par des contre-attaques courtes et violentes dont l'élément principal sera l'artillerie. »

Cet ordre était valable pour toutes les armées en retraite. La difficulté était de recevoir les grandes unités sur des lignes précises, définies, des retranchements où elles pussent s'accrocher. Le point de ralliement des divisions de renfort était désormais le camp retranché de Paris, renforcé de canonniers marins, où débarquaient les régiments venus d'Afrique du Nord. Gallieni procédait aux regroupements, Joffre multipliait les ordres aux unités en retraite pour qu'elles se concentrent au sud-ouest de la Marne, afin de repartir.

Au 4 septembre, l'armée Maunoury se rassemblait sur la ligne Luzarches-Dammartin-en-Goële-Thieux, avec la 56e de Micheler venue de Lorraine, comme la 59e division de Leguay. Les Britanniques avaient repassé la Marne au nord de Lagny, mais ils tenaient au sud du Petit Morin où ils s'étaient reconstitués. A leur droite, Franchet d'Espèrey s'efforçait de tenir assez loin au sud de la Marne, de La Ferté-Gaucher à Esternay sur le Grand Morin, grâce au corps de cavalerie du général Conneau. Le 18e corps s'était ramassé au sud de Montmirail, les 3e, 1er et 10e corps s'alignaient sur le plateau jusqu'au nord de Vertus, tenu par la 42e division de Foch qui disposait aussi du 11e corps.

Au-delà, entre la Marne supérieure et les collines boisées de l'Argonne, l'armée de Langle, épuisée par les combats et la retraite, amputée de plusieurs corps, disposait ses trois grandes unités d'infanterie et ses cavaliers au nord de la ligne Vitry-le-François jusqu'à Saulx-Bar-le-Duc. Une ligne qui devait être tenue à tout prix, pour que la manœuvre prévue par Joffre réussît.

Le principal souci du général en chef était de maintenir le moral. Il n'était pas sûr que les mesures prises au nouveau GQG de Bar-sur-Aube fussent efficaces sur le terrain, aussi multipliait-il les missions des officiers de son état-major pour s'assurer de la fermeté du commandement. Ils devaient se rendre compte de l'état réel des unités combattantes des 4ᵉ et 5ᵉ armées, des divisions de cavalerie très affectées par les incessantes marches et contremarches, et surtout des divisions territoriales du Nord. Ils étaient enrégimentés et menacés d'être envoyés au combat au lieu de creuser des tranchées pour défendre leur terroir proche. Naturellement ils protestaient et devaient être repris en main rudement.

L'ordre du 2 septembre exigeait « les mesures les plus draconiennes » pour rétablir la discipline. La manœuvre de repli exigée par l'instruction n° 4 de la veille devait être exécutée ponctuellement, sans faiblesse. Il ne fut pas nécessaire de procéder à une répression brutale, pour deux raisons. D'abord, la poursuite des Allemands s'essoufflait, manquait de mordant, en dépit de consignes venues de Luxembourg. Les troupes en retraite n'étaient guère attaquées, à peine bombardées, et rejointes seulement *in extremis* sur les lignes de repli. Les Français, même en désordre, s'étaient déplacés assez vite pour échapper à l'enveloppement de la manœuvre Schlieffen, et pour éviter les pertes trop lourdes.

Deuxième raison rendant la trop grande rigueur inutile, en dehors de quelques cas de flottement ou de révolte : le moral de l'armée n'était pas atteint en profondeur. Chaque fois que les soldats avaient dû se retourner pour livrer un combat de retardement, ils avaient marché sans hésiter. Malgré l'invasion et les défaites successives aux frontières, malgré les pertes sévères dans certaines unités, les pantalons rouges avaient combattu et retraité avec courage, même si l'intendance ne les avait pas aidés.

Le problème essentiel de l'état-major était de fournir à ces combattants fourbus des vivres, quelques heures de repos nécessaires, et surtout les moyens, munitions, canons, mitrailleuses, renforts leur permettant de reprendre le combat. Repartiraient-ils ? Les anciens de Guise, de Charleroi, de la Meuse et de l'Aisne trouveraient-ils la force de reprendre le sac et le lebel ? En dépit du patriotisme affiché des officiers, confirmé par la troupe aux pires heures de la retraite, le sursaut décisif passerait-il sur tant d'unités disparates, mais enfin rassemblées, au moment du nouveau départ : c'était l'inconnue de la Marne.

2

Le jour le plus long

Le 4 septembre 1914 est pour les généraux français un jour d'angoisse, de confusion, d'hésitations, d'incertitudes. La veille, par extraordinaire, le général Gallieni se couche à minuit. L'état-major de Maunoury prépare fébrilement, sans se donner de repos, l'action du lendemain. Celui de Joffre connaît une nuit blanche. Seul le général en chef passe paisiblement, à l'accoutumée, sa dernière nuit dans le château du Jard, où il s'est installé le 1er septembre dans la chambre du tsar Alexandre Ier inoccupée depuis 1814. Le lendemain, il déménagera pour trouver refuge dans un couvent de Châtillon-sur-Seine.

A l'aube de cette très longue journée, les aviateurs du camp retranché de Paris constatent que les colonnes d'infanterie du colonel-général von Kluck poursuivent leur marche vers le sud de la Marne, ayant déjà franchi l'Ourcq en plusieurs points. La contre-attaque française de l'armée Maunoury va-t-elle être dirigée sur cette petite rivière, déjà tenue, en flanc-garde, par le IVe corps de réserve du général von Gronau, sur l'ordre exprès de von Kluck qui, selon le rapport des aviateurs, vire franchement vers le sud-est, délaissant Paris ?

Les généraux sont perplexes. Ils prennent conscience du sentiment de défaite qui atteint les populations de Seine-et-Marne, et qui risque d'affecter par contagion les troupes en retraite ou en cantonnement. Toutefois, ils ne prennent aucune mesure concernant les civils, même s'ils encombrent fâcheusement les routes. Ils ont trop à faire pour tenter de redresser l'armée, et pour s'accorder entre eux sur la date et la direction de la contre-offensive dont Joffre, le premier, sent l'ardente nécessité.

Il ne peut agir qu'en accord étroit avec Joseph Gallieni, natif comme lui des Pyrénées, âgé de soixante-cinq ans, gouverneur et chef de l'armée de Paris, et ancien supérieur de Joffre, âgé seulement de soixante-deux ans. Le général Gallieni donne des ordres à Maunoury, plus ancien, soixante-sept ans, et voudrait bien en donner aussi au maréchal French, soixante-deux ans, ancien chef de l'état-major impérial, qui ne dépend que du roi d'Angleterre et n'accepte qu'à sa convenance les observations de Joffre.

Les incertitudes de ces quatre sexagénaires sont telles que personne, dans les quatre états-majors de Bar-sur-Aube, du Raincy, du lycée Victor-Duruy ou du collège de Melun [1] ne peut encore estimer raisonnablement, à l'aube du 4 septembre, que les Français seront en mesure d'attaquer le lendemain sur l'Ourcq.

Charmante rivière de quatre-vingts kilomètres, l'Ourcq rejoint la Marne un peu en amont de Meaux. Depuis la veille du 4 septembre, c'est une rivière allemande. Le général von Kluck, chef de la Ire armée d'invasion, a installé son quartier général à La Ferté-sous-Jouarre, tout près du point de confluence de l'Ourcq et de la Marne. Le général von Bülow dirige sa IIe armée depuis Fère-en-Tardenois, sur la Marne, à une petite trotte de Dormans. L'Ourcq décrit sa boucle gracieuse en terre briarde, pratiquement de la Marne à la Marne.

Elle est doublée d'un canal qui rejoint la Seine dans le bassin de la Villette. Ses affluents ou ses parallèles pénètrent le plateau de vallées verdoyantes et ombragées sous la canicule d'août : ainsi court vers le nord-ouest la Thérouanne, à partir de la Marne, juste en dessous de Lizy-

1. Respectivement Joffre, Maunoury, Gallieni et French.

sur-Ourcq en direction de Congis et d'Etrépilly. Ainsi serpente un peu au nord de May-en-Multien la Gergogne, vers Acy et Rosoy-en-Multien. Ou la Grivette, confluent un peu au sud de Mareuil-sur-Ourcq vers Antilly et Betz.

Tout le pays entre l'Ourcq et la Marne est allemand. Les colonnes de von Kluck et de von Bülow n'ont pas rencontré de résistance durable sur les rives de la Marne, qu'elles ont souvent franchie sur des ponts intacts. De Meaux à Fère-en-Tardenois, sur tout le cours de l'Ourcq, les troupes de passage n'ont pas ménagé les habitants. Montant en ligne de Senlis à l'Ourcq, ou battant en retraite de la Marne au Grand Morin, les pantalons rouges ne sont pas restés sourds aux plaintes des villageois en exode, racontant les brutalités des entrées de l'ennemi dans les villages.

Car l'avance de l'armée allemande apparaît comme une irrésistible invasion. Si Meaux, capitale de la région, n'a pas souffert elle-même, les villes-étapes des colonnes de von Kluck ont été ravagées par le passage de dizaines de milliers d'hommes qui exigeaient nourriture et avoine pour les chevaux, sans parler des contributions de guerre.

Meaux n'était pas un point de passage essentiel pour von Kluck. Les troupes anglaises avaient traversé la cité les 3 et 4 septembre, se repliant plus au sud. Leurs artificiers avaient fait sauter le pont du marché et la passerelle en aval, et coulé les bateaux-lavoirs.

Les pouvoirs publics avaient organisé l'évacuation des civils. Les habitants avaient commencé à partir, appelés par le tambour de ville, dès le 1er septembre. Les récits des émigrés du Nord et de Belgique les avaient édifiés. Treize mille avaient quitté Meaux en chemin de fer ou par la route en longs cortèges de charrettes sous la conduite des autorités. L'évêque Marbeau était resté sur place pour prendre soin des indigents ou des vieillards et pour prévoir les soins aux blessés qui ne manqueraient pas d'affluer, allemands et français, dès les débuts de la bataille.

Von Kluck ne s'était pas soucié d'assurer l'occupation

de cette ville déserte. Elle n'avait été traversée que par quelques patrouilles de uhlans, et le pillage était fort réduit. Les seules troupes qui avaient fait étape dans Meaux étaient les Anglais venus de Soissons ou de Senlis. Impossible de s'y maintenir. Ni vivres, ni eau potable, ni gaz, ni électricité, et les rideaux de fer des commerçants étaient abaissés. Meaux n'était pas une ville ouverte, c'était une ville morte.

*

D'autres cités avaient souffert le martyre. Les soldats français de la 56e division et de la brigade marocaine avaient entendu de la bouche des évacués venus du Nord le récit des horreurs de la guerre. Le 2 septembre, Senlis avait été sévèrement bombardé. L'abbé Dourlent, curé de la cathédrale, avait lui-même fait conduire sur les routes par son vicaire 125 habitants qui n'avaient pu trouver de place dans les abris. Les Allemands forçaient à coups de hache la porte de la cathédrale et grimpaient au clocher, persuadés que les Français y avaient installé un poste de mitrailleuse.

Si Meaux ni Chantilly n'avaient eu à souffrir des combats, les Français avaient résisté le 3 septembre autour de Senlis, livrant une dure bataille où l'artillerie avait accumulé les destructions. On s'était battu pour Senlis, dans un combat de rues auquel les Marocains avaient participé. La gare avait été incendiée, ainsi que l'octroi. Nombreuses étaient les maisons bombardées.

Les survivants racontaient que le curé Dourlent avait été pris comme otage par un officier qui menaçait d'incendier la ville en représailles. Enfermé à l'hôtel du Grand-Cerf, le curé y retrouvait le maire Odent arrêté aussi le 2 septembre, et conduit d'abord à l'hôtel de ville.

Furieux de la résistance d'une unité française, les Allemands avaient organisé méthodiquement l'incendie des maisons. Des colonnes étaient chargées de jeter des grenades et des fusées par les portes défoncées des habitations. Une patrouille allemande avait été surprise dans un cabaret par une arrière-garde française. Après un échange de coups de feu, le débitant avait été fusillé sur place.

Dans l'attaque du quartier de l'hôpital, un groupe d'assaut allemand avait été pris à partie sur la route, mais aussi à l'entrée de la ville, par des pantalons rouges embusqués dans les tranchées des jardins. Les Allemands avaient alors arrêté des civils pour les faire marcher au milieu de la chaussée, et empêcher ainsi les Français de tirer. Deux hommes avaient été tués, une fillette blessée. Un officier allemand avait lui-même exécuté un otage au revolver. Les survivants marchaient toujours, suppliant les soldats français de cesser le tir.

A la fin des combats, les otages furent reçus par un officier allemand. Les Odent étaient maires de Senlis depuis trois générations. Un Odent avait évité de peu le peloton en 1870. L'Allemand reprochait au maire d'avoir laissé partir 6 000 habitants sur 7 000, d'avoir fait fermer boutiques et maisons, de n'avoir pas invité ses concitoyens à livrer leurs armes. Il conduisit les otages à l'hôtel du Grand-Cerf où il tenait son poste de commandement.

Il rendait Odent responsable des derniers coups de feu tirés par l'arrière-garde française. Le maire fut brutalisé, frappé, conduit de force à Chamant avec quelques autres otages. Des officiers le condamnèrent à mort. Il apprendrait, avant de mourir de deux balles dans la tête, que six autres otages avaient été fusillés et enterrés dans le même champ, cependant qu'au château un état-major installé là mettait la cave de champagne au pillage.

L'assassinat du maire, par le bouche-à-oreille, fit le tour des villages des environs. Senlis ne fut pas la seule ville martyrisée de la région. Soissons paya lourdement son écot au martyrologe de la guerre. Au village de Baron, proche de Senlis, le délicat poète Albéric Magnard, admirateur et ami d'Edmond Rostand, s'était barricadé dans sa maison, tirant sur les premiers Allemands survenus dans son parc. Un *Feldgrau* fut tué, un autre blessé. Le gendre du poète n'échappa à la mort qu'en se faisant passer pour un jardinier. Sur les représentations du notaire, l'officier allemand consentit à épargner le village, mais il fit incendier la maison de Magnard qui se suicida dans les flammes. Les soldats ivres se livrèrent au pillage et le riche notaire fut soulagé de quinze cents bouteilles de vins fins. Même mise à sac des caves du château du prince Radziwill, par un état-major prussien logé lui aussi dans la région de Senlis. La nouvelle de ces pillages et exécutions sommaires, colportée de popote en popote dans les rangs des combattants français de passage, annonçait sinistrement le prélude de la bataille de l'Ourcq.

*

Elle n'était pas encore commencée que les bruits couraient, les témoignages abondaient, sur la conduite exagérément rigoureuse des officiers prussiens, brutale jusqu'à l'injustice, tracassière jusqu'au vol des coffres-forts de notaires et de l'argenterie de château par les troupes allemandes de passage.

C'était donner du grain à moudre à la propagande de guerre à laquelle ne pouvaient rester insensibles les combattants de régiments du Nord, du Pas-de-Calais, des Ardennes et de Picardie : ils laissaient derrière eux, sans défense, leurs familles et leurs biens. Les soldats des 55e et 56e divisions passant par Senlis n'avaient pas appris par la rumeur ou par les journaux les exactions des armées allemandes, ils en avaient été les témoins. Les officiers et les soldats de la brigade marocaine avaient vu brûler les maisons de la cité médiévale. Ils savaient désormais, pour l'avoir de leurs yeux vu, que l'ennemi faisait aussi la guerre aux civils.

La résistance et le suicide du poète, le poème de Rostand écrit à chaud sur l'événement [1] et publié dans la presse quotidienne soudaient moralement les civils du

1. « Celui-là qui, rebelle à toute trahison… devait ainsi mourir défendant sa maison. »

camp retranché de Paris aux centaines de milliers de militaires levés par l'autorité à la mobilisation.

L'armée française d'alors était une troupe de conscription, formée en divisions d'active composées des jeunes du contingent et des soldats de la réserve, de centaines de milliers d'hommes d'une véritable levée en masse de non-professionnels, à laquelle pas un citoyen valide ne pouvait échapper, pourvu qu'il pût porter le fusil. Elle était unie, soudée aux civils de l'arrière immédiat dans la volonté d'arrêter et de repousser l'ennemi aux portes de Paris : il n'était pas besoin d'entonner la vieille trompette de la revanche, celle de 1871, pour pousser ces pantalons rouges, même exténués, à aiguiser les baïonnettes et à charger les lebels avant d'aborder le dernier combat.

La mise à l'encan des biens, l'ouverture des maisons à qui voulait les prendre, l'abandon du bétail étaient durement ressentis par ces soldats pour une grande part ruraux qui pouvaient imaginer, évaluant le flot dense des réfugiés, que leurs propres fermes, dans leurs villages, étaient semblablement livrées à l'ennemi, les communautés subissant déjà la dure loi de l'occupant. Pour ces combattants humiliés, torturés par l'ignorance du sort de leurs familles abandonnées dans la retraite, la bataille était une entreprise de libération. Ils se donneraient à fond pour le salut des leurs.

La guerre, du fait de l'invasion, englobait les civils dans sa vision imposée : elle déroulait ses colonnes de *Feldgrauen* aux casques garnis de pointes d'acier sur le sol de ceux qui avaient à combattre non plus pour vaincre, mais pour mettre fin au martyre de la population abandonnée depuis la frontière. La retraite l'avait livrée à l'ennemi, ou à la douloureuse improvisation de l'exode. Il était temps de la libérer.

Voici que l'occasion se présente enfin aux soldats hirsutes, aux pieds sanglants, aux vêtements couverts de poussière. Un frémissement gagne de proche en proche les cantonnements, de Dammartin jusqu'à Lagny, tout le long de l'armée Maunoury. Pas de renseignements précis, pas d'ordres ni de confidences des officiers de troupe. Ils sont bien incapables de parler à leurs hommes, ignorant tout des intentions des grands chefs et recevant des PC de corps d'armée ou de brigades des informations contradictoires.

L'informateur permanent du soldat de l'Ourcq, c'est le civil. Par lui, il mesure l'effroi de la guerre, l'abolition de toute sécurité, l'angoisse atroce du lendemain, la peur d'être livré sans défense aux exactions de l'ennemi. Mais aussi l'encouragement muet à la résistance, au combat sans recul. A l'humiliation d'une armée qui se traîne va succéder le sursaut d'une troupe décidée à faire face, à prendre sa revanche sur les kilomètres avalés sans murmure, sans but, sans fin, pendant des jours et des nuits. Le demi-tour exprime la révolte.

A Luzarches, au sortir de la forêt humide et froide de Chantilly, les poilus titubaient et s'écroulaient sur le bord de la route, incapables de poursuivre la marche. Les grands feux allumés de nuit les avaient réveillés, remis sur pied. Ils avaient encore retraité vers le sud, au petit jour, traversant le bourg désert de Puiseux-les-Louvres. Le pas du poilu avait repris de sa vivacité quand la troupe s'était brusquement tournée vers l'est, vers Villeron, pour gagner Vemars et Dammartin par une petite route perdue dans les champs de blé encore ponctués de bleuets. On ne se traînait plus dans la direction de Paris, le vent avait tourné. Le bataillon prenait déjà la formation de combat, avec une sorte de soulagement. La retraite, c'était du passé.

Les colonels font sortir les cuivres de la clique et battre tambour pour rythmer la marche. Les régiments de la 14e division défilent sur la chaussée, aux ordres du général de Villaret. Ceux-là sont reposés, ils viennent de Paris, on peut leur demander le pas cadencé. Les pantalons rouges de Belfort et de Besançon n'ont eu que la peine de descendre des wagons qui les ramenaient d'Alsace, ils n'ont pas cent cinquante kilomètres dans les jambes. Personne ne les envie : ils seront les premiers à se battre.

Le repos de quelques heures fait oublier la trop longue marche. Les officiers tolèrent que l'on tourne à la broche les poules et les lapins des nombreuses fermes abandonnées. Pas de pain, mais du vin, et du café chaud. Pas de civils au village de Saint-Witz, juste abandonné par une patrouille avancée de l'ennemi. Péguy et ses soldats se reposent « sur la terre humide de rosée, avec quelques bottes d'avoine en guise d'oreillers, à la clarté… des phares de Paris ».

Un moment d'arrêt dans la progression dramatique : les ennemis s'observent, presque recueillis, pendant la nuit du 3 au 4 septembre. Les Allemands sont à cent pas. Leurs chevaux égarés viennent brouter dans les lignes françaises. Les officiers du régiment de Péguy couchent dans un couvent confortable, abandonné de ses moines. Ils y rangent leurs cantines et mettent leurs papiers en ordre, écrivant quelques lignes à l'intention de leur famille, comme s'ils devaient mourir le lendemain.

A 20 heures, au soir du 4 septembre, jour anniversaire de la proclamation de la république, les soldats du lieutenant Charles Péguy, ancien élève de l'Ecole normale supérieure et réserviste patriote, cantonnant dans une immense ferme de Vémars, sont rassemblés par le commandant du bataillon. Il annonce la reprise des combats, la volte-face de l'armée française. Il ajoute, d'une voix émue, que le moment est venu de libérer la patrie, de rendre aux gens des départements envahis leurs biens et leur dignité. Les discours improvisés des officiers de troupe sont du meilleur effet. Ils rendent le moral aux plus accablés, soulagent les plus fourbus. Nul ne sent sa fatigue s'il est question de se battre pour en finir, et de raccompagner l'ennemi chez lui.

*

Nul n'explique naturellement aux pantalons rouges, qui ont secoué la poussière de leur uniforme et chaussé des godillots neufs, pourquoi le moment d'attaquer est enfin venu, aucun officier de troupe ne peut imaginer les coups de théâtre de cette journée du 4 septembre où l'incertitude a couru les états-majors et hanté le képi des généraux de l'aube à la nuit.

Il est certain que les commandants de compagnies ou de bataillons n'ont nullement été tenus au courant des modalités de la décision. Ils savaient, en gros, que l'armée Maunoury devait tomber sur l'ennemi par l'ouest, l'attaquer de flanc, pendant que l'armée Foch subirait et contiendrait sa poussée au centre, encadrée par les armées de Langle de Cary et Franchet d'Espèrey, avec le soutien timide des Anglais placés entre le Grand Morin et la Yerres, en face de Coulommiers destiné à être occupé par la Ire armée allemande de von Kluck.

Pourquoi le général prussien semble-t-il accepter soudain le combat, interrompant ainsi sa longue marche d'enveloppement de l'armée française par l'ouest vers le sud-est ? Von Kluck est réputé pour sa férocité de fonceur. L'historien Henry Contamine[1] cite le témoignage d'un conseiller à la cour, magistrat français qui a l'honneur obligé de recevoir le 30 août à Lassigny, près de Noyon, le général allemand à déjeuner dans sa maison.

Cette pratique, qui peut choquer, était alors courante. Les notables dont la villa ou l'hôtel, ou le château était choisi pour héberger le général ennemi à l'étape restaient sur place et traitaient leur hôte avec une politesse patriotique, le temps d'une nuitée, heureux de n'être pas pillés de fond en comble, comme leurs voisins restés dans leurs villégiatures du bord de mer. Selon le récit du conseiller, le général, « d'une allure impressionnante et arrogante », était « grand et majestueux, il avait le visage rasé et ravagé, les traits durs, le regard effrayant. Il tenait à main droite un fusil de soldat ; sa main gauche était appuyée sur la crosse d'un revolver d'ordonnance ».

Personne n'osait se manifester moindrement devant ce foudre de guerre. « Le personnage avait l'air véritable-

1. *Op. cit.*, p. 231.

ment terrible. » Un officier supérieur de l'entourage prend à partie le conseiller, au moment du départ, pour lui dire en français, d'un ton coupant, définitif : « Nous sommes les maîtres partout. Nous voulons anéantir la France. Il faut qu'elle disparaisse. »

Personne ne songe alors à braver le général aux yeux exorbités de matamore de mélodrame. Le conseiller moins que quiconque. De von Kluck dépend le sort de l'armée française. Ce bouillant vainqueur du prudent Joffre est alors à deux étapes de uhlans de l'Arc de triomphe. Le lendemain, quand il grimpe dans sa voiture, il sait qu'il couchera le soir au-delà de l'Oise. Il est impatient d'emporter la victoire à la prussienne, à la manière de Blücher, par la marche ininterrompue, implacable, de ses fantassins fourbus. Ce cavalier *junker* n'a pas la moindre pitié pour la fatigue des *Feldgrauen* casqués et bottés de cuir. Ils doivent aller jusqu'au bout de leurs forces, pour Dieu et pour la patrie.

A l'aube du 4 septembre, quand von Kluck monte à cheval, le général Gallieni lit au lorgnon ses cartes dans son bureau du lycée Victor-Duruy. Messimy, le ministre de la Guerre qui l'a nommé, est déjà limogé. Le nouveau ministre Millerand ne compte pas pour les opérations. Gallieni sait qu'il n'a plus d'ordres à recevoir que de Joffre, son supérieur affirmé.

Pourtant, il ne peut voir Joffre, qui siège encore à son état-major éloigné de Bar-sur-Aube et qui n'a nulle envie de recevoir le gouverneur de Paris. Il en est réduit à lui téléphoner, et Joffre déteste le téléphone. L'interlocuteur réel de Gallieni, celui qu'il voyait tous les jours avant le 2 septembre, était le ministre de la Guerre Alexandre Millerand. Mais il a quitté Paris avec tous ses collègues.

Gallieni a abandonné les Invalides, dont les accès étaient difficiles à garder, toujours assiégés de civils qui demandaient des laissez-passer pour s'enfuir. Aux guichets des gares, le gouverneur avait pu constater que d'un jour à l'autre les queues s'allongeaient. Il veillait du reste à accélérer les départs : 500 000 personnes seraient ainsi évacuées en moins d'une semaine, en dépit des protestations des techniciens militaires des chemins de fer, furieux que l'on détourne leurs rames à des fins civiles. Les Parisiens étaient persuadés que l'arrivée des Allemands était inévitable, même si la ville, mise en état de guerre, pouvait faire semblant de résister. Quelle cité aurait pu soutenir le choc d'un bombardement par des obusiers de 420 qui avaient rasé les forts de Liège, les plus solides d'Europe ? Chacun s'attendait à la marche imminente, implacable, de von Kluck sur la capitale.

Gallieni réquisitionnait déjà les taxis pour transporter des obus aux batteries installées au nord et à l'ouest de la capitale. Les habitants de Saint-Denis et d'Ecouen travaillaient, même les plus âgés, à la pioche et à la hache[1]. Quand von Kluck s'était approché de la Marne, Gallieni avait organisé l'assistance aux convois de réfugiés qui entraient dans la capitale, venant de Compiègne ou de Senlis. Il avait assuré la sécurité des départs du président de la République et des ministres vers Bordeaux, le 2 septembre. Il se rendait tous les jours à Pontoise, pour tâcher de boucler les accès ouest de la capitale. Le désordre était alors à son comble. Il arrêta lui-même un groupe de soldats débandés marchant depuis Arras, sans relations avec leurs officiers. A Beauvais, des prévôts les avaient, dirent-ils, dirigés sur Pontoise.

A la mairie de cette ville de banlieue, le général Ebener, commandant le groupe des 61e et 62e divisions, se plaignait de l'état désastreux de ses troupes enfin récupérées. Impossible de les utiliser pour défendre le massif de l'Hautie, proche de Pontoise, qui verrouillait l'accès de Paris par l'ouest. Au loin dans la campagne, les cavaliers du corps Sordet patrouillaient vaillamment, malgré le piteux état de leurs montures, accrochant des uhlans, gardant la voie ferrée Pontoise-Gisors, voie d'évacuation éventuelle vers Les Andelys et Rouen. Si les troupes de von Kluck surgissaient en rangs serrés, ils seraient aussitôt bousculés.

1. Voir général Gallieni, *Mémoires*, Payot, 1928, p. 41 *sqq*.

Gallieni agissait comme s'il portait sur ses épaules la responsabilité complète de l'armée de Maunoury, puisqu'il était lui-même placé très officiellement sous les ordres directs de Joffre. Il s'était donc rendu à Creil, où le chef de la 6e armée tenait encore le 1er septembre son quartier général. La ville était, comme Pontoise, envahie de réfugiés et de troupes débandées. Les débarquements des effectifs attribués par Joffre à l'armée Maunoury étaient encore en cours et les officiers organisaient leurs cantonnements pour regrouper les unités et leurs services en vue du départ au front.

Une division du 7e corps était déjà engagée. Les 55e et 56e du général de Lamaze se rassemblaient, avec la brigade marocaine, et ces 60 000 hommes en état de combattre étaient très loin d'avoir reçu tous leurs équipements régimentaires. Ils n'étaient pas assurés d'être ravitaillés en munitions.

Au soir du 31 août, le renseignement avait fait savoir à Gallieni que la cavalerie de von Kluck avait quitté Péronne et dépassé Roye, en direction de Paris. Le général-gouverneur avait donc prescrit à Maunoury, son subordonné théorique, de faire retraite sur la capitale, puisque tout le monde pensait encore qu'elle était l'objectif obsessionnel de von Kluck. De la sorte, la 6e armée de Maunoury passait au 1er septembre pour l'élément vital de la défense du camp retranché de Paris. Nul ne songeait alors à la lancer dans une contre-offensive hasardeuse, promise à l'échec en raison de la fatigue des troupes et de leur infériorité numérique en face d'une puissante armée allemande, forte de ses victoires récentes. Mais qui pouvait être au courant des erreurs, des hésitations, du flottement du haut commandement allemand ?

*

Au quartier général de Luxembourg, Moltke II, agissant toujours au nom de l'empereur son maître, suivait de très loin l'avance de sa Ire armée. Ce général lucide et consciencieux, d'une grande puissance de travail mais d'une santé chancelante, n'était pas véritablement en mesure de marquer exactement sur la carte, à un jour près, la marche rapide de ses bataillons, encore moins d'en informer le *Seigneur de la guerre*, qui, du reste, tout à la joie d'une victoire déjà célébrée dans Berlin, n'en demandait pas le détail.

La communication entre l'état-major et les grandes unités accusait des faiblesses en raison de l'éloignement progressif du front. Les centraux belges et français avaient été détruits, les installateurs allemands de lignes téléphoniques étaient techniquement incapables de suivre la marche trop rapide de leurs armées et l'usage des radiotélégrammes devenait incertain. Seuls les courriers en automobiles délivraient les ordres et les rapports à coup sûr. Plus les uhlans galopaient vers Paris, moins le général en chef recevait à ses quartiers de Luxembourg des nouvelles rapides de ses formations avancées.

Moltke est pris par la contradiction d'être à la fois fidèle et infidèle au plan du *Feldmarschall* comte von Schlieffen qui constitue la bible de la stratégie allemande en 1914. Mis au point par touches successives de 1891 à 1906, ce plan rompait avec la tradition reprise de Moltke Ier et du comte Waldersee qui prônait une attaque principale contre la Russie et une attitude défensive contre la France dont les fortifications faisaient peur. Le nouveau plan correspondait au renvoi de Bismarck en 1890 et à l'affirmation par Guillaume II, *seigneur suprême de la guerre*, d'une grande politique allemande, audacieuse et puissante, soucieuse d'établir en Europe la supériorité absolue du IIe Reich.

Obtenir une décision rapide contre les Français était l'obsession du Kaiser. Pour y parvenir, le plan Schlieffen avait prévu de masser, dès la période initiale de la concentration, les troupes de réserve derrière l'aile enveloppante, et non au centre du front. Il était question de livrer une bataille d'anéantissement, qui ne laissât aucune chance à l'adversaire. Réduire au maximum les troupes de Lorraine et d'Alsace, pour y attirer les Français, masser toutes les forces à l'ouest de Verdun et jusqu'à Bruxelles : telles étaient les dispositions nouvelles.

Prévoyant et pratique, Moltke II avait repris ce plan en lui apportant des correctifs. Il renforçait les couvertures alsacienne et lorraine[1] des deux armées de l'Est, et permettait aux unités de ce front de s'avancer vers le sud plus qu'il n'était prévu au départ. Il laissait une certaine initiative aux commandants d'armée au lieu de les maintenir dans la doctrine Schlieffen de « l'unique pensée pénétrant toutes les armées ». En outre, le 26 août, Moltke II avait détourné du front de l'ouest deux corps d'armée et une division de cavalerie. Le plan Schlieffen était donc singulièrement affaibli. L'aile droite ne jouissait pas d'une supériorité d'effectifs assez écrasante pour enrouler, *aufrollen*, le front français.

Aussi Moltke était-il sceptique sur les résultats trop rapides obtenus par ses armées d'invasion. Il savait qu'elles ne disposaient pas de réserves suffisantes, capables d'intervenir efficacement à une journée de marche seulement des unités d'assaut. Si celles-ci ne dominaient pas constamment la situation, elles risquaient un retour de bâton des Français, vaincus à Charleroi, mais non éliminés. Un officier de son état-major l'avait assuré qu'il avait vu une troupe française retraiter en chantant. Cela démentait les bruits de panique chez l'adversaire complaisamment rapportés par les agents de liaison de l'armée von Kluck. Qui croire ? Les Français étaient-ils capables d'un sursaut ?

Toujours prudent, Moltke avait imaginé plusieurs stratégies successives et ses chefs de corps et d'armée subissaient le contrecoup de ces hésitations. Von Kluck le premier[2] : le colonel-général dont l'armée s'était concen-

1. Selon le plan Schlieffen, 23 corps d'armée actifs et 12,5 de réserve, avec 7 divisions de cavalerie et 16 brigades de *Landsturm* pour les étapes devaient constituer l'aile enveloppante, avec 8 corps en réserve avancée, dont 6 d'*Erzats*. Moltke avait réduit ces effectifs à 7 corps actifs et 9 de réserve, et il n'avait prévu aucun corps de renfort immédiat.

2. Voir von Kluck, *La Marche sur Paris et la bataille de la Marne*, Paris, Payot, 1929.

trée à Aix-la-Chapelle avait traversé la Belgique au pas de charge. Il avait reçu pour première directive du commandement suprême : « Se porter sur Bruxelles et couvrir le flanc droit de l'armée. » Le 20 août, il était entré dans la capitale belge. Il disposait de sept corps d'armée, dont deux devaient être immédiatement détournés pour encercler Anvers, où s'était réfugiée l'armée belge[1]. Que faire le 21 août, après cette série de succès ?

Poursuivre vers le sud-ouest, conformément au plan Schlieffen, assurer l'enveloppement des Français, même si leur 5e armée (Lanrezac) avançait vers le nord. Les Anglais n'étaient pas à Lille, où on les attendait, mais à Mons, au nord de Maubeuge, sur le parcours de von Kluck. Ils étaient tombés entre ses mains, comme les fruits du pommier à l'automne, par une véritable aubaine. Pourquoi ne pas les attaquer ?

Refus très sec de von Bülow, alors nommé responsable de la direction stratégique des deux armées par Moltke. Von Kluck avait dû poursuivre, de mauvais gré, sa marche forcée vers le sud-ouest, ce qui ne l'empêcha pas de bousculer avec satisfaction les Anglais au passage, sans toutefois pouvoir les encercler : le maréchal French avait donné à temps les ordres de retraite.

Von Kluck s'empourprait, lissait avec impatience son crâne chauve en regardant la carte : on ne l'avait pas laissé manœuvrer. Il protesta. Moltke lui rendit alors sa liberté, le détacha de l'autorité de von Bülow, songeant qu'après tout la petite armée anglaise était bonne à prendre.

Les ordres expédiés par l'état-major de Luxembourg à la Ire armée, le 27 août, étaient de poursuivre le mouvement de l'aile droite, entraînée par la cavalerie de von der Marwitz, aussi loin que possible vers la Seine inférieure, ce qui laissait aux commandants d'armée une certaine latitude d'appréciation. Le point de vue de Moltke II n'avait pas encore changé. Il voulait toujours réaliser à la lettre

1. Le IVe corps est à Bruxelles, en tête. Les IIIe et IXe sont plus au sud, face à l'ouest. En deuxième ligne, le IIe corps et le IVe de réserve. Les IIIe et IXe de réserve sont devant Anvers.

le plan Schlieffen. Mais, sur le terrain, des surprises pouvaient surgir, dont il faudrait tenir compte.

Von Kluck tomba de nouveau sur les Anglais au Cateau : le 2e corps au complet aux ordres de sir Horace Smith-Dorien se laissa accrocher mais parvint, au prix de lourdes pertes, à échapper à la manœuvre d'encerclement. C'était un nouvel échec pour le colonel-général : dans la nuit du 26 au 27 août, les Anglais du 2e corps se dérobaient. Le 28, le général allemand reçut de Luxembourg l'ordre « de talonner l'ennemi en retraite pour accroître son désarroi et l'attaquer au passage de la Somme ».

Il n'en eut pas le temps. Les Anglais se faufilèrent hors de portée de canon. Restaient les Français de la 5e armée, les vaincus de Charleroi qui retraitaient vers le sud-ouest. Le plan Schlieffen prescrivait de les envelopper, de les pousser vers l'est, loin de Paris. Le 28 août au soir, les instructions générales du GQG rédigées la veille arrivaient à von Kluck devant Péronne : « La Ire armée avec le IIe corps de cavalerie marchera à l'ouest de l'Oise sur la Basse-Seine. » Pas question d'amorcer trop tôt le grand tournant d'enveloppement, il fallait poursuivre dans la direction du sud-ouest, et réaliser plus bas la conversion. Von Kluck dut obéir, et négliger d'attaquer sur-le-champ le flanc de la 5e armée française, proie tentante.

Le 29 août, il découvrait entre la Somme et l'Avre les premiers éléments des renforts de la 6e armée du général Maunoury. Le 30 août, il décidait d'envelopper ces forces inattendues pour les réduire sans délai. Il était sans doute renseigné sur les piètres qualités de ces divisions de réserve. Mais les Français décrochaient. Force était de les poursuivre vers le sud-ouest, sans changer pour autant la direction générale de sa marche.

Voilà que Lanrezac, encore à la tête de la 5e armée, attaquait à Guise, sur l'aile droite de von Bülow qui appelait aussitôt von Kluck au secours. Le bouillant colonel-général s'empressa. Il avait enfin l'occasion de percer le flanc de la 5e armée française, de l'envelopper sur ses arrières.

A 11 h 30, le 30 août, il ordonnait la conversion de ses corps d'armée. Il venait ainsi, par nécessité, d'abandonner le plan Schlieffen.

A 17 h 15, un radiotélégramme expédié par les services de von Bülow annonçait à von Kluck le repli des Français bousculés vers La Fère.

Vers 18 heures, un nouveau radiotélégramme de von Bülow parvenait au chef de la Ire armée : « Afin d'exploiter à fond le succès, la Ire armée est instamment priée d'opérer une conversion sur Fère-Laon, avec Chauny comme pivot. »

Une heure plus tard, von Kluck télégraphiait son accord. Il marchait vers le sud-est, de Roye vers Chauny et Compiègne. Il en avertit le GQG de Luxembourg, qui lui retourna son plein agrément au matin du 31 août.

Le plan Schlieffen était ce jour-là définitivement enterré par un mouvement de conversion trop rapide qui, pour prendre dans la nasse les 5e, 4e et 3e armées françaises, laissait délibérément de côté, sur son flanc, les Anglais et la 6e armée de Maunoury.

*

Les *Feldgrauen* exténués allongeaient le pas, parcouraient cinquante kilomètres fusil à l'épaule et sac au dos dans la longue journée du 31 août. Las de poursuivre un ennemi qui se dérobait, ils avaient bon espoir d'en finir enfin avec ces fuyards en pantalons rouges. Le canon Krupp tonnait devant eux, écrasant Soissons pour leur ouvrir la voie, et leur permettre de franchir l'Aisne sans coup férir. Ils n'avaient subi que trop de pertes du fait de ces damnés 75 dont les éclats fauchaient les colonnes en marche. Ils avaient certes bousculé les Français, mais ceux-ci, malgré leur épuisement, consentaient des étapes encore plus longues pour s'échapper à tout prix : les régiments de la 5e armée, se repliant derrière l'Aisne, se traînaient ce jour-là, 1er septembre, sur soixante-dix kilomètres sans discontinuer.

Ils parvenaient ainsi à éviter l'encerclement, pendant que von Kluck, accroché par les Anglais à Néry et par l'armée Maunoury à Verberie, devait ralentir son avance. L'étape du 1er septembre, pour la gauche de l'armée allemande, n'était plus que de quinze kilomètres en raison de la résistance sporadique, mais violente, des forces alliées agissant en coups de poing inattendus.

Cela permettait à la 5e armée française de s'échapper. Ainsi, von Kluck et von Bülow avaient abandonné pour rien le plan Schlieffen. Lâchant la proie pour l'ombre, ils ne pouvaient même pas se venger sur les Anglais, dont l'armée se dérobait le 2 septembre et franchissait la Marne en amont de Meaux pour se retirer sur Lagny.

Von Quast, commandant du IXe corps de poursuite, en avertissait son chef, von Kluck : inutile de talonner les troupes du maréchal French. Il reculerait jusqu'à Rouen s'il le fallait, avec sa petite armée de professionnels, « la méprisable petite armée anglaise », comme disait le Kaiser. Le maréchal French, qui ne dépendait que du roi d'Angleterre et de son état-major impérial, n'avait qu'un vrai devoir, sauver son corps expéditionnaire dans la débâcle générale des armées françaises. Il n'avait pas de territoire à défendre.

Il était préférable pour von Kluck de continuer la poursuite de la 5e armée vers le sud-est. Le 2 septembre, à partir de 11 heures, les corps d'armée allemands reprenaient leur marche vers Château-Thierry, leur droite ne dépassant pas, à l'ouest, Creil. Personne à l'état-major allemand ne se préoccupait de l'armée de Paris, jugée négligeable par von Kluck qui n'évoquait à aucun moment, ce jour-là, le général Maunoury dont il connaissait à peine le nom.

Dans la soirée du 2 septembre, le IXe corps allemand avait doublé l'étape pour atteindre au plus tôt la Marne à Château-Thierry. Les ordres de la Direction suprême suivaient, ils ne précédaient pas l'action. Ils avalisaient le plus souvent les initiatives des généraux de terrain, les confortaient, les couvraient. Ils poursuivraient, leur prescrivait-on vaguement, leur avance en direction du sud-est. Le radiotélégramme de Luxembourg arrivé dans la nuit du 2 au 3 septembre à l'état-major de von Kluck ordonnait à la Ire armée de « suivre la deuxième en échelon » et d'assurer solidement la protection du flanc gauche.

Von Kluck ne pouvait pourtant ignorer l'existence sur son flanc droit de la 6e armée du général Maunoury : il l'avait combattue le 30 août sur l'Avre et le 1er septembre à Verberie. Elle s'était repliée vers le camp retranché. Il ne la poursuivait plus, la tenant décidément pour négligeable. Il installait le 3 septembre son quartier général à La Ferté-sous-Jouarre, gravement préoccupé par sa manœuvre d'enveloppement.

Il était en avance sur von Bülow, installé à Fère-en-Tardenois. La IIe armée n'avait toujours pas franchi la Marne. Von Kluck décida de foncer le premier, refusant les ordres de l'état-major confirmés par courrier de Luxembourg. Toutes ses grandes unités franchirent alors la Marne, sauf le IVe corps de réserve de von Gronau et la IVe division de cavalerie. Les bataillons de pointe se précipitaient vers la Seine, toujours en direction du sud-est, toujours pour saisir la 5e armée française dans la nasse. Mais celle-ci obliquait vers le sud-ouest et de nouveau se dérobait.

Le GQG de Luxembourg restait perplexe devant l'attitude désinvolte de von Kluck. Etait-il prudent de négliger cette armée de Paris ? Les agents d'espionnage nombreux dans la capitale avertissaient l'entourage de Moltke : la 45e division venue d'Algérie, cantonnée aux Aubrais, la gare d'Orléans, venait de défiler sur les boulevards. Les Parisiens avaient applaudi les zouaves et les turcos. Dans les gares, les mouvements de troupes sur la capitale étaient désormais incessants. Les soldats repartaient de Paris vers l'Aube et la haute Seine, pour prendre leurs positions de combat.

Moltke imagine alors une directive qui rompt définitivement avec le plan Schlieffen. Le 4 septembre, il expédie à l'aube un plan qui ordonne une manœuvre en tenaille avec les armées de von Kluck et von Bülow à l'ouest poursuivant leur avance vers le sud-est, et les armées de Champagne et de Lorraine à l'est descendant par la trouée de Charmes pour exécuter un nouveau mouvement d'encerclement des armées françaises du centre. Les troupes en mouvement de la Ire armée allemande sont alors accrochées par les Français, de sorte que les Allemands n'arrivent qu'à mi-chemin, entre le Grand et le Petit Morin.

Le lieutenant-colonel Hensch, venu de Luxembourg de toute la vitesse de sa voiture, rejoint le quartier général de von Kluck à La Ferté-Milon. Il sort de sa sacoche la directive signée de Moltke, le 4 septembre à 19 heures. Les deux premières armées doivent se positionner face à Paris, Kluck entre l'Oise et la Marne, Bülow entre la Marne et la Seine. Hausen marchera sur Troyes.

Cet arrêt de la poursuite est pour von Kluck un désaveu. Sa manœuvre a échoué. Il n'a pas réussi à prendre au filet la 5e armée française. On l'empêche de persister. Il s'insurge, il sent la victoire lui échapper. Pendant l'interminable journée du 4 septembre, ses corps d'armée marchent encore vers le sud-est, plus péniblement. Il faut l'intervention de l'envoyé spécial de Moltke pour qu'il consente à s'arrêter. Il doit comprendre qu'il a désormais les Anglais et la nouvelle armée française renforcée sur son flanc. Il risque la catastrophe.

*

Les généraux français ont suivi avec retard et analysé dans la confusion ces différents mouvements, à vrai dire hésitants, des trois armées allemandes d'invasion. Joffre a été parfaitement informé de l'affaiblissement de l'aile droite allemande par les prélèvements successifs de dix divisions au moins, retenues par le siège d'Anvers, et par celui de Maubeuge qui se prolonge, ainsi que par l'envoi de renforts sur le front de l'est.

Les officiers d'état-major français, chargés de ficher les

unités ennemies sur les cartes, n'ignorent pas que les Allemands négligent d'occuper le bord de mer et n'envoient guère de troupes au-delà de Lille, resté, comme Meaux, presque vide d'occupants, qu'ils se gobergent dans les caves d'Amiens comme s'ils tenaient la victoire à coup sûr. Les commandants brevetés des bureaux de Joffre savent, comme l'écrivent alors volontiers les journaux suisses, que le champagne est leur meilleur allié.

Les Français, dans leur désarroi, ignorent que les commandants d'armée allemands n'avancent pas sereinement, en se conformant point par point à un calendrier établi à l'avance. A plusieurs reprises, ils ont été obligés de venir en aide à une armée voisine, par exemple celle de von Hausen durement accrochée à Sedan, ou de rétablir les liaisons distendues au point d'ouvrir de véritables trouées entre les grandes unités qu'ils sont obligés ensuite de colmater en détournant pour un temps une armée de sa ligne de marche, en l'incitant à venir en aide à sa voisine.

Les généraux allemands ne sont pas parfaitement renseignés sur les mouvements des Français, encore moins des Anglais qu'ils semblent toujours découvrir sur leur route avec surprise, comme s'ils tombaient du ciel. Le capitaine von Kemnitz, du IIe régiment des uhlans de la garde, se fait une flatteuse réputation en informant sans cesse von Bülow lui-même sur les positions des Français. L'état-major de Luxembourg apprend vite à ne pas mépriser les reconnaissances aériennes : ainsi, le lieutenant Wulf ou le comte d'Oriola, pilotes d'*aviatiks*, deviennent célèbres parce qu'ils rendent les plus signalés services au colonel-général von Kluck qui avance le plus souvent en aveugle, seulement éclairé par les cavaliers, mal renseigné par ses chefs de corps.

Il n'en a que plus de mal à appliquer les ordres délivrés toujours avec retard (en général vingt-quatre heures) depuis Luxembourg. Dans sa directive générale du 27 août, ignorée de Joffre, Moltke II s'accroche encore à la réalisation du plan Schlieffen, alors que le quart des effectifs de son aile droite a déjà été détourné par ses soins de leur mission. Von Bülow croit comprendre que la tâche assignée à sa IIe armée est de marcher plein sud-ouest directement sur Paris, « sans laisser aucun repos à l'armée française ». La Ire armée est encore censée avancer en direction de la basse Seine.

Quand Moltke se résout enfin à renoncer au « mouvement de faux » dans son ampleur, prévu littéralement par le plan Schlieffen, c'est pour avaliser les initiatives de ses commandements d'armée, dont von Bülow, qui amorce trop tôt le changement de direction, et sur un radiotélégramme de confirmation reçu de Luxembourg le 30 août [1] prend franchement la direction du sud, abandonnant la marche vers le sud-ouest. Les Allemands réalisent alors un plan Schlieffen au petit pied, ne visant, pour les encercler, que les unités fourbues de la 5e armée, et laissant donc, sur leur flanc, la 6e armée française se rassembler tranquillement dans la zone du camp retranché de Paris.

En avançant bien au-delà de la Marne pour atteindre la ligne Coulommiers-Estrenay, le IXe corps de la Ire armée allemande s'était glissé devant l'aile droite de la IIe armée Bülow, lui interdisant toute manœuvre. Ainsi, les officiers supérieurs de l'armée du Kaiser, dans leur hâte et l'ivresse de la victoire, avaient accumulé les erreurs, mais les Français n'en savaient rien. Depuis le début du mois, ils étaient abusés par l'approche rapide des colonnes allemandes et croyaient encore Paris menacé.

Si Gallieni avait connu le détail des directives allemandes, il aurait été rassuré. Il n'en était rien. Comme Joffre lui-même, il tâtonnait, supputait, hésitait, pleurait sur l'absence de moyens. Le spectacle du futur champ de bataille, depuis le 1er septembre, n'était pas pour lui inspirer confiance. Les routes de la rive droite de la Marne et de l'Oise étaient encombrées de réfugiés, enfants et femmes, groupes de paysans avec leurs bestiaux. Ils fuyaient l'invasion et le cortège grossissait de village en village, par l'effet d'entraînement de l'exode.

1. Voir *Documents allemands*, *op. cit.*, p. 51.

Le sentiment du gouverneur est pendant plusieurs jours que l'ennemi marche sur Paris, que le siège est impossible à éviter. Il s'y prépare fébrilement, réquisitionne taxis et camions, demande au personnel dévoué des postes d'établir des liaisons téléphoniques avec les PC et les batteries.

Depuis le 2 septembre, Gallieni s'est installé au lycée Victor-Duruy, plus spacieux, dont les sentinelles écartent les civils. Millerand lui a dit et répété, avant de partir pour Bordeaux, que Paris devait être défendu « à outrance », même si l'on devait faire sauter le pont de la Concorde. Le gouverneur-général se consacre donc quinze heures par jour à l'organisation militaire du camp retranché, convaincu qu'il devra livrer une bataille acharnée, un nouveau siège d'une durée imprévisible, et que les Allemands poussent encore leurs armées sur Paris.

Il s'efforce de ranimer le moral de la population en multipliant les travaux de défense et les mesures de sûreté, couvre-feu, surveillance des portes, abattage des arbres et des maisons en banlieue pour faciliter les tirs d'artillerie. Des lignes de tranchées sont creusées, des fils de fer barbelés posés, des nids de mitrailleuses enterrés, des batteries de modèle ancien menées lourdement à pied d'œuvre avec des réserves, il est vrai très insuffisantes, de cinquante obus par pièce lourde.

Les Parisiens restés sur place se souviennent du long siège de 1870-1871 et sont prêts à subir la même épreuve, satisfaits de voir les troupeaux de bovins paître dans les bois de Vincennes et de Boulogne, et les convois de blé et de farine débarquer dans les gares. Il serait peu patriotique pour les civils de refuser de jouer leur rôle dans cette sinistre affaire, alors qu'à vingt kilomètres tant de soldats vont mourir pour défendre l'accès de la capitale. L'angoisse qui affecte la population étreint aussi la troupe : tous, civils et militaires, sont unis dans la même espérance.

Le général Gallieni loge à Argenteuil la 45ᵉ division d'Algérie, maintenue en « réserve générale », et les fusiliers-marins déchargés des tâches de police municipale à

Saint-Denis. Il s'efforce d'affecter les cadres des dépôts aux unités dont les chefs ont été tués au combat, et de recompléter les bataillons. Il agit en commandant d'armée, demande aux territoriaux du général Ebener de tenir les accès de Pontoise en creusant des tranchées et les assure du soutien des cavaliers démontés du corps Sordet.

Le général du camp retranché ne peut se faire d'illusions sur la valeur de ce corps de cavalerie. Prématurément usé sans aucun profit en Belgique[1], il a « battu l'estrade dans une série de marches et de contre-marches » de Liège jusqu'à la vallée de Chevreuse. Il a perdu la moitié de ses chevaux et ne compte plus qu'une « division de cavalerie provisoire » qui s'est dévouée dans la retraite, se sacrifiant le 1er septembre au combat de Verberie. Pourtant, le 16e régiment de dragons reconstitué partiellement à Versailles est prêt à reprendre la route.

*

Gallieni en prend note. Il a besoin des patrouilles de cavaliers montés pour éclairer sa lanterne. Il compte aussi sur les aviateurs, expédie en reconnaissance les neuf avions restés attachés au camp retranché vers les vallées de l'Oise et de l'Ourcq, vers Meaux et sur la route de Paris à Senlis.

Le ciel est clair, les pilotes ont tout loisir d'observer au plus près les colonnes ennemies. A 15 heures, le 1er septembre, ils rapportent au général que les Allemands ont débouché par le sud de la forêt de Compiègne et qu'ils marchent avec détermination sur Paris, en brûlant les étapes. A l'aube du 3 septembre, les renseignements l'avertissent que l'ennemi sort de la forêt de Chantilly et s'avance déjà sur Luzarches. Dans son esprit, l'axe de progression de l'armée von Kluck n'a pas changé. Il vise toujours la tour Eiffel. Les patrouilles de cavalerie et les reconnaissances aériennes le confirment.

1. René Chambe, *L'Escadron de Gironde*, Ed. Baudinière, 1936.

Aussi Gallieni est-il surpris et inquiet, pour ne pas dire indigné, à la lecture de l'instruction générale n° 4 signée Joffre. C'est du moins ce qui ressort de la publication très postérieure de ses *Mémoires*[1]. La « note pour les commandants d'armée » du 2 septembre arrive au lycée Victor-Duruy le 3 au matin. Il est clair que Joffre a l'intention de poursuivre la retraite au-delà de la Seine et de l'Aube. Il se soucie peu de couvrir Paris, menacé par l'ennemi. Il le sacrifie. On murmure assez dans la population que la ville serait déclarée « ouverte », comme Lille, pour que Gallieni ne s'inquiète pas de ces dispositions du haut commandement. Joffre croit-il pouvoir reformer tranquillement son armée à l'abri du fleuve, alors que les Allemands avancent de cinquante kilomètres par jour ?

On assure à Gallieni qu'on a trouvé, « au bord des chemins, des soldats allemands exécutés sommairement d'une balle de revolver dans la nuque ». Von Kluck n'a pas de temps à perdre. Il use les jambes de ses soldats pour empêcher les Français de se reformer. Il est illusoire de penser que l'on pourra résister derrière la Seine mieux que derrière la Marne. Il n'y a de sécurité, comme Lanrezac l'a montré à Guise, que dans la bataille d'arrêt.

Le gouverneur est fortifié dans sa résolution de défendre Paris à tout prix, quoi qu'il arrive. Il se rend chez Maunoury, dans son PC de Tremblay-lès-Gonesse, pour s'assurer du moral de la seule grande unité dont il croit pouvoir disposer. La 6e armée s'installe sur les emplacements prévus, elle ne recule pas devant l'ennemi, bien que Maunoury transporte son QG au Raincy, pour être plus près de la troupe au moment de la contre-attaque.

Cette visite rassure Gallieni, qui passe en revue les fusiliers-marins de l'amiral Ronarch' en position au Bourget, les zouaves et tirailleurs de Drude, en ligne de Noisy-le-Sec à Vincennes avec leurs mulets, leur artillerie et leurs

1. *Op. cit.* Avant-propos des « enfants du général Gallieni » de juin 1920. Ces *Mémoires*, comme ceux de Joffre, rédigés par un de ses officiers, sont des plaidoyers.

ambulances. A Pierreffite, le général Mercier-Milon, à la tête de la 92e division territoriale, place ses « pépères », prêts à se battre malgré leur âge, dans les tranchées et les abris de Roissy-en-France. Saint-Denis, Pantin, Le Bourget sont pleins d'une foule mêlée de soldats en armes, de réfugiés de l'exode et de travailleurs civils qui dépavent les rues pour monter des barricades. Paris sera défendu.

Le 3 septembre dans la matinée, Gallieni est informé par ses cavaliers et ses aviateurs que la bataille se rapproche : les têtes de colonne ennemies ont dépassé Senlis et Creil, marchant toujours *nach Paris*. Une autre armée vient de Clermont-sur-Oise. Les *Feldgrauen* sortent par milliers des couverts de Compiègne et franchissent l'Oise à Soissons. Les uhlans ont dépassé Crépy-en-Valois, des colonnes ont été aperçues par l'aviation entre Crépy et Villers-Cotterêts, *nach Paris.* Von Kluck a manifestement décidé de coucher avant deux jours dans la capitale.

A midi, ce 3 septembre, changement à vue, surprise totale, incroyable. Les aviateurs et les cavaliers de Gallieni sont d'accord pour lui annoncer la grande nouvelle : l'armée von Kluck délaisse Paris, tourne vers le sud-ouest. Paris est sauvé mais l'armée est perdue, en conclut aussitôt le général-gouverneur, si l'on n'attaque pas sur l'heure.

Selon le témoignage postérieur, mais qui semble irréfutable, du lieutenant-colonel Bellanger, tout juste nommé commandant de l'aviation de l'armée Maunoury, le chef d'état-major du général de la 6e armée, à son installation, lui avait déclaré avec un mépris agacé que « les aviateurs sont des acrobates indisciplinés avec lesquels il ne veut pas perdre son temps ».

Le 3 septembre au matin, c'est l'escadrille REP 15 qui vient rendre compte à son chef : « Les colonnes de von Kluck filent vers le sud-est et les routes allant de Crépy-en-Valois et de Senlis vers Nanteuil-le-Haudouin, et plus à l'est, sont encombrées de troupes [allemandes] et de parcs. Il ne peut plus être question d'une attaque sérieuse vers Paris. »

L'aviateur saute en automobile pour gagner l'état-major

de Maunoury. Il se heurte à la même attitude négative et méprisante du chef d'état-major qui « se refuse à accorder foi à leurs témoignages [1] ».

L'officier décide alors de guetter, pour les interpeller, l'arrivée des généraux Gallieni et Maunoury. Les agents de liaison de French et du gouverneur de Paris veulent bien l'entendre. Impressionnés par la précision des informations fournies par les aviateurs, ils avertissent leurs chefs respectifs. C'est dans ces conditions que, le 3 septembre, le général Gallieni est informé du changement de direction de l'armée von Kluck.

*

Joffre, dans ses *Mémoires*, prétend que le rapport des aviateurs à Gallieni n'était pas une révélation. Il aurait reçu dès le 30 août, des éclaireurs de la 6e armée, des renseignements sur le passage de l'Oise en amont de Compiègne par des forces allemandes : « Maunoury, écrit-il, avait cru devoir en conclure que la Ire armée allemande précédée de divisions de cavalerie s'orientait vers l'est, délaissant la direction de Paris. » Il offrait donc d'attaquer de flanc dès le 1er septembre.

Joffre tombait d'accord avec Maunoury sur la direction générale du mouvement à effectuer qu'il lui avait lui-même indiquée dans sa directive du 27 août. Mais il était trop tard ou trop tôt pour une contre-offensive. « Depuis le 30 août, j'avais dû renoncer à la bataille d'ensemble. » Les Allemands avaient avancé trop vite, Joffre ne pensait plus qu'à se mettre en sécurité derrière la Seine pour se donner les moyens de reformer ses unités débandées, incomplètes ou en cours de déplacement.

Ainsi, la 6e armée reçut l'ordre de se borner à défendre Paris, même si, le 1er septembre, Joffre était abreuvé de nouveaux renseignements : « des reconnaissances d'avions français et anglais » persistant à démontrer

1. Témoignage cité dans Valuy et Dufourcq, *op. cit.*, t. 1, p. 88.

l'avance des Allemands vers le sud-est. Cette information lui était confirmée par la capture d'un officier de l'armée von Kluck à Coucy-le-Château. Il portait sur lui une carte des mouvements de son unité où était clairement soulignée la direction générale de marche vers le sud-est. Joffre donnait donc à entendre qu'il était au courant depuis au moins deux jours de la « révélation » faite par Gallieni le 3 septembre.

Il savait aussi fort bien qu'il n'avait pas terminé ses mouvements de troupes d'est en ouest. Si la 55e et la 56e divisions de réserve étaient à pied d'œuvre, ainsi que la 45e d'Algérie, Joffre s'était finalement décidé à riper vers l'ouest de nouveaux renforts en prévision de la bataille, à enlever en définitive le 4e corps du général Boëlle à l'armée Sarrail. Son refus de s'émouvoir des rapports des aviateurs tenait assurément au fait qu'il voulait gagner du temps pour achever sa concentration.

Si la 8e division du général de Lartigue débarquait à partir du 2 septembre au Bourget, avec ses quatre régiments recrutés dans la Mayenne et dans la région de Vannes, la 7e division de Trentinian[1] accusait du retard. Embarquée à Sainte-Menehould après avoir combattu dans les Ardennes et sur la Meuse, elle ne débarquait à Villemomble, au nord-est de Paris, que du 3 au 7 septembre, avec ses régiments du recrutement de Dreux, Chartres, Alençon et Argentan recomplétés, en raison des pertes déjà subies, par des réservistes parisiens des dépôts de la capitale.

Joffre était donc très réticent à engager une bataille décisive avec des troupes qui n'étaient pas encore en place. Du 7e corps du général Vautier, il n'avait transféré que trois divisions. Seule la 14e du général de Villaret était apte au combat immédiat, avec ses quatre solides régiments de Belfort et de Besançon. Les 61e et 63e étaient au repos à Pontoise et dans le camp retranché. Leurs

1. Louis Edgar de Trentinian, fils de général, est un colonial saint-cyrien, ancien du Tonkin et du Soudan, il a la confiance de Joffre qui l'a connu au Soudan sous Archinard et à Madagascar, sous Gallieni.

six régiments de réservistes, à peine instruits, se plaignaient de manquer de tout aux généraux Deprez et Lombard qui en avaient la charge. Joffre voulait pouvoir au moins compter sur trois divisions d'active en état de marche, aptes au combat. Il ne les avait pas encore à disposition le 1er septembre. La seule troupe fraîche était la 45e d'Alger. Une telle situation incitait à la prudence.

« L'important, disait Joffre à Gallieni, négligeant les rapports des aviateurs, c'est d'être à Paris avant l'ennemi », d'y concentrer assez de forces venant de l'est pour pouvoir y résister. Il restait toujours dans l'hypothèse d'une avance de von Kluck vers la capitale. Dans la nuit du 1er au 2 septembre, il avait appris la bonne nouvelle de l'embarquement pour la Russie des divisions allemandes. Le 2 septembre, dans la matinée, il disposait d'autres renseignements sur l'armée von Kluck : elle avait repris sa marche sur Paris. Il respirait. L'attaque de flanc de l'armée Maunoury était donc remise. Elle aurait seulement à défendre la capitale, avant de reculer, comme toutes les armées voisines, derrière la Seine.

Pourtant, dans l'après-midi du 2 septembre, donc avant Gallieni, Joffre apprenait que « certains corps de von Kluck avaient de nouveau paru se diriger vers le sud-est ». Paris serait-il attaqué ou évité ? Joffre n'avait aucun renseignement sur la IIe armée de von Bülow. Il ne pouvait prendre aucune décision d'ensemble sans consulter Foch, qui devait tenir à tout prix le centre de son vaste dispositif, couvrant plus de deux cents kilomètres de Luzarches à Bar-le-Duc. Foch affirmait qu'il était en mesure de tenir, mais il ignorait le détail des forces de la IIIe armée allemande de von Hausen qui lui seraient opposées, et qui descendaient à marche forcée de la Meuse.

Dans la soirée du 3 septembre, nouvelle alerte : Joffre apprend que la Ire armée allemande « tout entière » se dirige vers le sud-est. Maunoury téléphone du Raincy, à 19 heures, pour l'en informer. Gallieni à son tour appelle à 21 heures : il annonce que des reconnaissances d'avions ont repéré une colonne de quinze à seize kilomètres passant par Etrépilly et marchant sur la Marne. Enfin, le colonel Huguet, attaché militaire auprès de French, téléphone pour donner la même information concordante : les aviateurs anglais affirment que les corps de von Kluck (sauf le IVe corps de réserve, arrêté dans sa marche pour couvrir le flanc de l'armée) doivent franchir la rivière entre Château-Thierry et La Ferté-sous-Jouarre. Le but de l'opération est assurément de prendre la 5e armée française dans la nasse. Le colonel Huguet rappelle vers 22 heures pour signaler que French, ayant reçu des renforts, est prêt à attaquer vers l'est si Maunoury le soutient. Est-ce si sûr ?

*

Que sont devenus les Anglais, qui devaient tenir la ligne au sud de la Marne, à partir du nord de Lagny ? Ils s'étaient d'abord mis à l'abri du Grand Morin, après une retraite confuse, mais héroïque, où la cavalerie avait joué un rôle essentiel.

La 3e brigade, aux ordres de sir Hubert Gough, avait débarqué au Havre à 6 heures du matin le 18 août et, depuis lors, elle était constamment en opérations. Les chevaux n'avaient plus de fers et les hommes se nourrissaient sur l'habitant. Les officiers avaient perdu leurs rasoirs et leurs brosses à dents. Ils étaient horrifiés de ne pouvoir prendre leur bain ni leur thé de 5 heures et reprochaient à French de les tenir dans l'ignorance de la situation.

Gough, pour se diriger, avait arraché une carte de France au mur d'une école. Il était la plupart du temps sans nouvelles de son supérieur, le général Allenby[1]. Il enrageait du propos tenu par sir Henry Wilson, du GQG, à qui il téléphonait pour demander un ordre de route : « Puisque vous êtes sur place, faites ce que vous voulez, mon vieux. »

1. Voir sir Hubert Gough, *La 5e armée britannique dans la Grande Guerre*, Ed. de la Nouvelle Revue critique, 1935.

La cavalerie s'apprêtait de nouveau à livrer bataille à sa manière : les *Scot Greys*, les lanciers, les hussards et les dragons légers de la vieille cavalerie anglaise qui avait chargé à Waterloo et à Balaklava sautaient à terre et creusaient des tranchées, protégés par les mitrailleuses et les petites pièces d'artillerie de la division. Beaucoup d'illustres officiers, d'anciennes familles militaires, étaient morts à Mons ou au Cateau, comme le colonel Morris des Scot Greys ou Ian Hogg du 4e hussards.

Cette armée de métier souffrait surtout du mauvais état de ses admirables chevaux qui seraient morts de faim si les fermiers français ne les avaient nourris. Les cavaliers anglais avaient chargé bravement, et quelquefois sabre au clair, une cavalerie allemande qui ne montrait guère d'initiative. Ils avaient à plusieurs reprises couvert la retraite de l'infanterie.

Sir Hubert Gough mettait sur le compte du commandement britannique les tragiques erreurs tactiques des engagements qui avaient causé des pertes inutiles : alignement des corps sans possibilité de manœuvre, éclairage insuffisant qui poussait à de mortelles rencontres avec un ennemi très supérieur en nombre et en moyens.

Les Français n'étaient certes pas exempts de reproches. Gough connaissait Sordet, le chef du corps de cavalerie combattant aux côtés des Anglais. L'homme aux cheveux blonds coupés court, aux yeux d'un bleu intense, était un maniaque de l'esprit d'offensive : « Brave, actif et résolu », le cadet de ses soucis était d'utiliser la puissance de feu (canons et mitrailleuses) de ses divisions, comme un quelconque officier d'infanterie. Il ne songeait qu'à aller de l'avant et il avait usé l'essentiel de ses effectifs en marches inutiles ordonnées sans beaucoup de pertinence.

Les Anglais aussi avaient sacrifié leur cavalerie sans profit, « par esprit de solidarité ». Gough se gardait pour sa part de toute générosité dispendieuse. Il regrettait cependant d'avoir un jour refusé de porter secours à une troupe territoriale française fort mal en point. Il considérait comme le général Haig que les Anglais devaient obéir uniquement à leurs propres impératifs et maintenir leur armée de métier intacte, quoi qu'il arrive.

Ils avaient pourtant donné, à maintes reprises, au-delà du raisonnable, jusqu'à subir de très lourdes pertes. Leurs défaites successives auraient pu tourner au désastre. Passé au commandement de Haig, le brigadier Gough avait couvert, sans renseignements et sans vivres, bientôt sans munitions, la retraite du corps expéditionnaire. Il avait regretté que les deux divisions du général Smith-Dorien eussent été sacrifiées dans un combat inégal pour retarder l'avance de six unités allemandes. Il avait eu du mal à faire retraite dans l'enchevêtrement des caissons, des avant-trains, des fourgons, des cavaliers démontés qui encombraient les routes. Il avait perdu le contact avec sa division et ne savait où se diriger. Comment les Français auraient-ils eu des nouvelles précises des unités britanniques, alors qu'elles étaient sans relations avec leur propre commandement ?

Heureusement, la cavalerie allemande suivait, mais ne poursuivait pas. Au Cateau, Gough avait pu avertir les officiers du régiment de Suffolk (de la 5e division) qui creusait des tranchées que les Allemands arrivaient en masse. Sans cartes, sans ordres, sans informations, le général Gough retraitait encore, au hasard des itinéraires dégagés, en direction du sud-ouest. Il marchait de nuit pour éviter les tirs d'artillerie, et se reposait sur l'accueil toujours bienvenu des « braves Français » restés dans les villages, qui fournissaient des vivres, de l'avoine et des renseignements.

Les bruits les plus sinistres couraient dans les escadrons : « Nous sommes en déroute, tout est perdu ! » Sur les routes, des groupes de soldats sans officiers, des unités décimées, des canons isolés, des civils par milliers. « On eût dit une foule quittant un champ de courses », note Gough, qui prend à travers champs pour se dégager et trouver un cantonnement libre de troupes pour s'y refaire. Une receveuse des Postes lui offre du café chaud et des tartines de beurre, du côté de Saint-Quentin.

La ville est évacuée, et la foule sur les routes. La cavalerie assure l'arrière-garde de l'armée. Les Scot Greys attaquent la cavalerie allemande près de Cérizy et la brigade se trouve bientôt à l'abri du canal Crozat. Il faut reculer encore, derrière l'Oise, jusqu'à Chauny où le général peut enfin acheter une brosse à dents. Les habitants fournissent des biscuits et des pommes vertes. A Fontenoy, près de Soissons, Gough, reçu par une aimable châtelaine, prend même un bain chaud.

Et la retraite continue, vers Compiègne et Villers-Cotterêts. Les cavaliers passent la Marne à Germigny et traversent Meaux pour marcher vers le sud. Ils bivouaquent derrière Grand Morin. Voilà qui rassure Gallieni et Joffre. Les Anglais ont bien retrouvé, de Lagny à Coulommiers, une ligne de bataille pour trois de leurs corps d'armée. Marcheront-ils ? Joffre en doute.

*

Le 4 septembre du général Gallieni est une journée d'angoisse, mais aussi d'obstination. Il sait depuis la veille que l'armée allemande a changé d'axe, que le IVe corps de réserve de von Kluck prend position vers Lizy-sur-Ourcq et Meaux pour garder le flanc droit de l'armée. Là commencera la bataille, et Gallieni veut que les Français partent le plus vite possible. Ils ne peuvent s'aventurer au nord de la Marne, sur l'Ourcq, sans le concours de l'armée anglaise.

Il considère comme périmées par l'avance rapide de l'armée allemande l'instruction générale n° 4 de Joffre et sa note du 2 septembre pour les commandants d'armée qui avait pour but de « soustraire les armées à la pression de l'ennemi », et de se retirer derrière la Seine et l'Yonne. Il faut évidemment livrer bataille sur l'Ourcq, sur le flanc droit de von Kluck. C'est son intime conviction. Mais comment avancer sans le soutien des Anglais, qui tiennent la charnière entre la 6e et la 5e armée ?

Joffre a écrit au maréchal French une lettre, reçue le

3 septembre, demandant de se retrancher de Melun à Juvisy, derrière la Seine. Cet ordre comble d'aise le commandant britannique qui estime avoir besoin de temps pour reconstituer sa troupe.

Gallieni, tout à son souci de contre-attaque rapide, juge en toute bonne conscience que le général commandant l'armée de Paris doit prendre lui-même, seul, une décision qui permette de sauver la capitale « abandonnée » par les projets de retraite de Joffre.

Il se souvient que le général en chef a placé officiellement la 6e armée sous ses ordres. Il dispose, avec la 45e division et les premiers débarquements du 4e corps, d'une « force appréciable » d'environ 150 000 hommes et il lance à 9 heures un « ordre particulier n° 11 » expédié à Maunoury, demandant que ses troupes soient prêtes à marcher dès l'après-midi du 4 septembre pour attaquer sans retard le 5 dans la direction de l'Ourcq.

A 11 heures, Maunoury arrive au QG de Victor-Duruy. Il apprend à Gallieni que les Allemands ont passé la Marne et marchent vers Trilport. L'attaque par la rive nord de la Marne s'impose, sur l'Ourcq, aux environs de Villers-Cotterêts et non au sud de Meaux. Deux inconnues pour Gallieni : l'aval de Joffre, et l'attitude de French.

French surtout l'inquiète. Il décide de se rendre à son état-major de Melun, avec Maunoury, Clergerie et des officiers porteurs de cartes d'opérations. Il quitte Paris en automobile par la porte de Charenton verrouillée par des gardes républicains, des territoriaux, des gardiens de la paix, et même des employés de l'octroi qui creusent bravement des tranchées et installent des chicanes. Les civils, reconnaissant la voiture du général, le saluent chapeau bas. La foule se presse, curieuse, comme si un grand événement était attendu.

L'automobile portant le fanion du gouverneur-général double des camions couverts d'inscriptions et de réclames des grandes maisons londoniennes. Des colonnes de voitures à cheval, remplies de réfugiés, avancent cahin-caha vers le pont de Villeneuve-Saint-Georges pour franchir la Seine. La région entre l'Aisne et la Marne est ainsi abandonnée par ses habitants qui redoutent les incendies et les exécutions des Allemands.

Les officiers français entrent à 15 heures au quartier général britannique de Melun. Deux Ecossais en kilt kaki postés en sentinelle présentent les armes. Des soldats épuisés sont allongés sur les pelouses. Des cyclistes en chemise dorment près de leurs vélos, couverts de poussière à l'ombre des murs en meulière et brique du collège. Les secrétaires en uniformes tapent des ordres sur leurs machines à écrire. Le maréchal French est absent. Gallieni est reçu par le chef d'état-major, perplexe et évasif. Il ne peut prendre aucune décision avant le retour de « sir John ». Il promet de téléphoner plus tard.

A 17 heures, retour à Paris. Maunoury prend congé pour rejoindre son QG du Raincy. Gallieni demande des nouvelles de Joffre et de French. Un télégramme est arrivé de Bar-sur-Aube. Parti à 13 heures, il est décrypté à 14 h 50 seulement. Joffre indique qu'il est d'accord pour le mouvement de la 6e armée, mais au sud et non pas au nord de la Marne. Il refuse la bataille sur l'Ourcq.

Joffre précise qu'il vient d'écrire, dans la matinée, une lettre à French pour lui demander de résister au sud de la Marne. Le colonel Huguet, chargé des liaisons du GQG et de l'état-major anglais, informe Gallieni que French est opposé au plan d'attaque sur l'Ourcq, qui l'obligerait à porter ses *tommies* en direction de Coulommiers. Il a donné repos à ses troupes pour cette journée du 4 septembre. Il a seulement promis de rester sur la Marne « aussi longtemps qu'il sera possible, et nullement d'attaquer ». Les officiers anglais préviennent Gallieni qu'ils comptent s'installer sur la ligne Ozoir-la-Ferrière-Tournan-Ormeaux, très au sud de Coulommiers abandonné à von Kluck.

A 21 heures, un nouveau télégramme du colonel Huguet au général Gallieni arrive au lycée Victor-Duruy : French accepte la retraite sur la Marne, mais ne décide rien pour la suite. Il avisera en fonction de la situation. Il n'entre pas dans le plan des Français.

Gallieni se hâte de téléphoner à Joffre. Jusqu'alors, il n'a nullement sollicité son assentiment. Il a pris des initiatives sans être couvert. Il n'a pas cherché à rencontrer le général en chef. Mais il a besoin de Joffre pour obliger les Anglais à « coopérer ». Il mène sa bataille selon son plan, il veut être soutenu. Il le sera. Grande est sa satisfaction, dans la soirée, de constater que Joffre « était définitivement gagné à ce plan ».

Il donne alors, à 20 h 30, son « ordre général n° 5 » à l'armée Maunoury, celui de se porter sur l'Ourcq à partir de Meaux, comme s'il était le maître de la situation, comme s'il avait obtenu l'accord des Anglais. A 22 heures, il reçoit le télégramme du GQG l'informant que la date de l'offensive est fixée au 6 septembre. L'armée de Maunoury obtient enfin l'autorisation de se porter sur la rive nord de la Marne, sur l'Ourcq. Gallieni suggère dans ses *Mémoires* qu'il a ainsi prévenu et orienté la décision du général en chef. « La bataille de la Marne, écrit-il, sortait de cette journée du 4 septembre. »

*

Que s'est-il passé à Bar-sur-Aube, dans le secret absolu du GQG ? Rien ne filtre dans les états-majors d'armée, et surtout pas dans le camp retranché de Paris, en dehors des plis officiels et de radiotélégrammes sans commentaires.

La journée du 4 septembre, pour Joffre, s'annonce délicate, car il est responsable de l'ensemble des opérations, et estime sans doute inconsidérée la hâte de Gallieni, dont l'entreprise peut n'être qu'un feu de paille comparable à la bataille de Guise si elle n'est soutenue par l'effort de toute l'armée.

Faut-il attaquer sur-le-champ ? Joffre hésite encore. Il n'est pas en désaccord avec Gallieni, il lui écrit le 4 septembre ainsi qu'à French pour dire qu'il est en effet partisan d'une attaque en direction de Meaux. Mais il n'est pas sourd aux voix discordantes de son propre état-major. Beaucoup d'incertitude sur la direction d'attaque : au sud, au nord de la Marne ? Quelle sera l'attitude réelle des Anglais au moment de l'épreuve décisive ?

La vraie discussion oppose, au GQG de Joffre à Bar-sur-Aube, ses collaborateurs directs. Le colonel Pont, chef du 3e bureau des opérations, estime en bon stratège de l'Ecole de guerre qu'il faut agir immédiatement non pas sur le flanc de von Kluck, mais entre les armées Kluck et Bülow. Le prudent Berthelot conseille d'attendre, de laisser les Allemands s'enfoncer dans la nasse, avant d'attaquer avec des divisions reposées à l'abri du front de Seine.

Joffre, assis à cheval sur une chaise, écoute, mais n'intervient pas. Il laisse s'affronter ses collaborateurs. Vers 15 heures, il lance un ballon d'essai : « On va faire demi-tour et attaquer, déclare-t-il. Les ordres seront vite rédigés et pourront partir ce soir même. »

Berthelot fait alors observer que l'armée Maunoury n'est pas encore au complet : il lui manque une unité venue du 4e corps. Foch, joint à son poste de commandement par un officier de liaison du GQG, répond présent non sans réticence, ses troupes sont fatiguées, il n'est pas sûr de leur dynamisme au combat. Franchet d'Espèrey, qui vient depuis quelques jours de prendre en charge la 5e armée, reçoit un courrier du général en chef à la mairie de Bray-sur-Seine où il confère avec le général anglais Henry Wilson. Il aurait, selon Joffre, émis comme Foch des réserves, mais il se dit prêt à attaquer avec ses dix divisions d'active sur Montmirail, s'il est assuré du concours efficace des Britanniques, tandis que Foch et sa 9e armée marcheraient sur Montmort.

Le 4 septembre, en début d'après-midi, Joffre avait répondu au général Clergerie, envoyé de Gallieni, qu'il convenait de porter la 6e armée sur la rive gauche de la Marne, au sud de Lagny et non pas au nord. Il ne la destinait pas à une attaque immédiate, dans les vingt-quatre heures. Il ne savait pas encore si la 5e armée épuisée de Franchet pourrait « faire demi-tour en rase campagne pour repartir à l'attaque ». Il attendait des informations. Même incertitude à l'armée Foch. Il déléguait le colonel Paquette avec mission d'interroger ce général. A 14 heures, le 4 septembre, Joffre n'était encore sûr de rien. Comment prendrait-il la décision de faire attaquer seule dans l'immédiat la 6e armée ?

Il était encore moins rassuré sur l'état exact de l'armée britannique. Gallieni se serait résigné à attaquer sans les Anglais. Pas Joffre. Vers midi, le 4 septembre, Huguet, son officier de liaison auprès de French, l'avait informé que le maréchal se préparait encore à retraiter derrière la Seine. Il n'était pas du tout prêt à soutenir. Il faisait machine arrière.

A 14 heures, un courrier arrivait au quartier général de Bar : la cavalerie du corps Conneau, les dragons du Sud-Ouest de la 10e division, avaient été contraints à la retraite par trois colonnes allemandes qui avaient franchi la Marne à Château-Thierry. Les cavaliers français auraient déjà reculé jusqu'au sud du Petit Morin. Ils laissaient désormais à découvert la gauche de la 5e armée de Franchet d'Espèrey. Impossible à cette unité d'attaquer dans ces conditions.

Joffre ne se trouble pas, il tient tête à Berthelot qui revient à la charge en recommandant une attaque frontale dans l'axe d'Arcis-sur-Aube. Le général en chef tient toujours pour l'avance offensive de l'armée Maunoury à l'ouest, mais il envisage, à la fin de l'après-midi du 4 septembre, de reculer l'action « de cinq ou six jours ».

Joffre, fâcheux présage, décide ce jour-là d'abandonner Bar-sur-Aube, loin de la bataille, pour s'installer à Châtillon-sur-Seine, encore plus éloigné de la Marne, à hauteur de Tonnerre vers l'est, loin derrière la rivière. La retraite va-t-elle reprendre derrière la Seine pendant ces quatre ou cinq jours de répit ? Joffre est informé par le colonel Huguet depuis 16 heures que French s'est engagé à tenir sa ligne « le plus longtemps possible » derrière la Marne.

Dans la soirée du 4 septembre, Berthelot, qui trottine

vers le bureau de Joffre, agile malgré ses cent kilos, ressort de sa blouse de moujik son projet amélioré d'attaque au centre. Le calme Belin, major général, est présent, l'adroit Gamelin, toujours prêt à interpréter en termes clairs la pensée du général en chef qu'il a le don de pressentir, se prépare à intervenir. On délibère sur la décision à prendre. Belin hésite, Berthelot maintient. Joffre tranche en faveur de la manœuvre Maunoury, mais retardée.

Dans cette soirée du 4 septembre, Joffre est appelé au téléphone par Gallieni. Le gouverneur s'impatiente, il propose de pousser immédiatement l'armée Maunoury dans le but de profiter de l'opportunité du mouvement allemand vers le sud-est. Il n'y a pas de temps à perdre, assure-t-il, et vingt-quatre heures comptent dans une affaire aussi urgente où la surprise joue un rôle majeur. Il faut déconcerter les Allemands par une action immédiate.

Coup de théâtre : en pleine réunion, botté, couvert de poussière, le commandant Maurin fait son entrée. Il est chargé par Franchet d'Espèrey de dire à Joffre que French a confirmé son intention de résister sur la Marne. Dans ces conditions, le commandant de la 5e armée est disposé à attaquer, dès le 6 septembre s'il le faut. Ainsi, l'armée la plus éprouvée par les batailles des frontières et par la retraite défensive est la première à manifester clairement sa capacité de reprendre l'offensive. Le visage de Joffre s'éclaire, ses yeux bleu d'améthyste perdent leur impassibilité. « Je ne puis, dit-il, dissimuler ma *satisfaction.* »

Comme une bonne nouvelle ne vient jamais seule, Joffre reçoit dans la soirée deux notes du chef de la 5e armée qui suggèrent le dispositif qui sera presque celui de la bataille. Il indique en effet que, le lendemain 5 septembre, son armée se fixera sur la ligne en retrait Provins-Sézanne, prête à contre-attaquer, à sa gauche l'armée anglaise se retournera face à l'est vers Changis-Coulommiers pour faire face aux colonnes de von Kluck, à condition d'être soutenue sur son flanc gauche par une attaque vigoureuse de la 6e armée Maunoury venue de la ligne de l'Ourcq, au nord de la Marne, au nord-est de Meaux. Ce débouché doit avoir lieu au plus tard le 6 septembre à l'aube. Si elle n'attaque pas dès le 5 septembre, « les Anglais ne marcheront pas ». La 5e armée, « qui n'est pas dans une situation brillante », ne pourra tenir que si Foch attaque vers Montmort.

Franchet d'Espèrey, par cette note rédigée à 16 h 45 le 4 septembre, trace à gros traits les dispositions dont rêvait Joffre. Aussi le général en chef se dit-il « comblé de joie ». Il porte Franchet au zénith. « Le rôle de Franchet d'Espèrey, écrira-t-il plus tard, mérite d'être souligné devant l'histoire : c'est lui qui a rendu possible la victoire de la Marne. »

Son intervention est à ses yeux décisive, car elle lui donne les moyens de brusquer le mouvement, ainsi que le souhaitait Gallieni. Telle est l'interprétation donnée par Joffre dans ses *Mémoires* sur les événements de l'angoissante journée du 4 septembre, celle où von Kluck porte son quartier général à La Ferté-sous-Jouarre, sur la Marne, au confluent du Petit Morin.

Joffre se réjouit que Gallieni ait suggéré le même mouvement que Franchet. Mais il pense qu'il n'a pas avantage à pousser trop tôt, dès le 5 septembre, la 6e armée vers l'est, « afin de ne pas déceler notre manœuvre aux Allemands, avant que nous ne puissions y faire participer nos armées sur tout le front ». Telle est la différence entre le point de vue de Joffre et celui de Gallieni, une appréciation de l'opportunité d'une attaque immédiate. Sur le fond, ils sont d'accord.

Quant à la 6e armée, il est alors enfin prévu (le 4 septembre en fin de journée) qu'elle marche sur l'Ourcq, au nord de la Marne, dans la direction de Meaux et Château-Thierry. Il n'est toutefois pas question d'avancer l'attaque sur l'Ourcq au 5 septembre, comme le souhaitait Gallieni. La marche de la 6e armée vers l'est fait seulement partie de l'offensive générale des armées françaises à l'ouest de Bar-le-Duc.

Pourquoi le changement de dernière heure, qui porte

certains éléments de l'armée Maunoury sur l'Ourcq dès le 5 septembre ? Pourquoi Joffre rédige-t-il sans réticence, mais sans encore le signer, dans la cellule de moine du couvent des Cordeliers de Châtillon-sur-Seine où il vient de transporter son état-major, l'ordre du jour aux troupes ?

Parce qu'il a été définitivement rassuré sur l'attitude de l'armée anglaise à la suite d'une intervention personnelle auprès du maréchal French.

La matinée du 5 septembre se passe dans l'expectative. Un officier, Galbert, expédié à Melun, tient de Huguet que l'armée britannique s'est encore dérobée pendant la nuit. Il a rejoint le GQG de Châtillon-sur-Seine de toute la vitesse de sa voiture pour avertir Joffre qu'il n'y a plus rien à attendre de French.

Joffre part aussitôt avec le lieutenant-colonel Serret, ancien attaché militaire à Berlin, et le commandant Gamelin, des hommes sûrs et dévoués. Il peste d'être arrêté à Sens par un passage à niveau bloqué : les trains se succèdent, transportant les équipages et le matériel du 4e corps d'armée. Par Fontainebleau, la voiture du général en chef, portant sa marque et précédée de motocyclistes, arrive à Melun. Le colonel Huguet conduit Joffre au château de Vaux-le-Pénil où French tient ses assises avec le général Murray, hostile aux projets français, et le général Wilson, très francophile.

Joffre parle aussitôt, avec une fougue et une force de conviction inhabituelles. Il affirme qu'il est prêt à jeter son dernier homme dans la balance pour remporter la victoire et sauver son pays.

— Je sollicite de toutes mes forces le concours britannique. Je ne peux pas douter que l'armée anglaise ne vienne prendre sa part dans cette lutte suprême ; son abstention serait sévèrement jugée par l'Histoire.

Dans son emportement, il frappe du poing la table en scandant : « L'honneur de l'Angleterre est en jeu, monsieur le maréchal ! »

French, jusque-là impassible, « rougit fortement » et articule, après un long silence :

— *I will do my possible.*

Ce que Wilson traduit à Joffre : « Le maréchal a dit oui. »

Au ton de la réponse, Joffre est convaincu que « ces simples paroles équivalent à une promesse sous serment ».

Le lendemain, au soir du 5 septembre, il signe enfin l'ordre du jour qui sera lu aux troupes le 6 à 7 h 30 : « Au moment où s'engage une bataille dont dépend le sort du pays, il importe de rappeler à tous que le moment n'est plus de regarder en arrière. Tous les efforts doivent être employés à attaquer et à refouler l'ennemi. Une troupe qui ne peut plus avancer devra coûte que coûte garder le terrain conquis et se faire tuer sur place plutôt que de reculer. »

A cette date, Charles Péguy a déjà trouvé la mort sur le champ de bataille de Villeroy. L'attaque des éléments de pointe de la 6e armée a commencé le 5 septembre à midi vers la ligne de l'Ourcq.

3

L'Ourcq

L'offensive en direction de la rivière Ourcq hante depuis plusieurs jours l'esprit de Joffre et constitue à ses yeux l'essentiel de la bataille d'arrêt. La 6e armée du général Maunoury, tombant sur le flanc de von Kluck, doit décider de la victoire. Naturellement, elle doit agir en liaison avec la 5e du général Franchet d'Espèrey qui a pour objectif de s'enfoncer en coin aussi loin que possible vers le nord dans le front allemand. Elle prendra soin de conserver sa liaison avec les Britanniques qui occupent, las et attentistes, l'espace intermédiaire entre les deux grandes unités françaises. Pour cette liaison indispensable, le général Maunoury pourra utiliser le concours d'une division de cavalerie française.

Telles sont, en gros, les dispositions de Joffre : tout l'effort doit porter sur la 6e et la 5e armée encadrant les Anglais. Il demande au général Foch de résister au sud des marais de Saint-Gond, et, plus vers l'est, aux armées 3 et 4 de tenir. On n'attend pas de miracle à l'état-major de Châtillon-sur-Seine des armées fourbues de Sarrail (3e) et de Langle de Cary (4e). Dans le jeu du général en chef, les atouts maîtres s'appellent désormais Maunoury, Foch, et Franchet d'Espèrey. Ils doivent gagner la bataille de la Marne. Les autres ne sont là que pour faire leur jeu.

Mais l'armée Maunoury n'est pas une garantie de victoire assurée, loin s'en faut. De retraite en retraite, elle a rejoint le camp retranché et son général dépend de

Gallieni, dont les troupes ne sont guère opérationnelles, rassemblant au pied levé trop d'unités de territoriaux et de réservistes.

L'ordre général n° 5 de Joffre avait mis en place l'armée de Paris, le 4 septembre. Les chefs de division et de brigade capables de marcher au combat laissaient les vieilles troupes derrière les fortifications improvisées et prenaient alors leurs dispositions pour remonter vers le nord et faire face à l'ennemi sur la ligne de l'Ourcq : « Paris cessant d'être menacé, toutes les forces *mobiles* de l'armée de Paris doivent manœuvrer de manière à conserver le contact avec l'armée allemande et à la suivre pour se tenir prêtes à participer à la bataille prévue. »

Ces dispositions sont prises en vue d'une offensive générale annoncée aux chefs d'armée pour le 6 septembre au matin seulement. Sur l'Ourcq, dès le 5 septembre, la bataille devait être cependant engagée par la seule force des choses, et non sur l'ordre de Joffre. Comment empêcher les troupes au contact d'amorcer la grande bataille ? Le contact était établi, les lebels et les mausers prêts à partir. Que préparait au juste le GQG ? Que savait Joffre de la situation du front ? Et d'abord des Anglais, sans lesquels il ne pouvait envisager de livrer bataille ?

L'armée anglaise tenait le front depuis Lagny sur la Marne jusqu'à Dany sur l'Aubertin. Ses soldats de métier campaient pour refaire leurs forces sur leurs emplacements, avec la charge de tenir strictement le front sans risquer d'attaque inconsidérée, d'avancer uniquement si les armées françaises à leur droite et à leur gauche affirmaient des positions offensives solides.

Un ordre daté du 5 septembre du lieutenant-général Murray, chef d'état-major de French, stipulait que l'armée anglaise ferait face à l'est, mouvement achevé entre 9 et 10 heures le 6 septembre, jour de l'attaque prévu et admis, dès qu'elle serait couverte à gauche par la 6e armée française et réunie sur sa droite à la 5e armée de Franchet d'Espèrey marchant elle-même résolument en direction du nord. Telles étaient les conditions implicites de l'engagement des Anglais. Ils n'en démordraient pas. Ils estimaient avoir trop souffert des décrochages des unités françaises non concertés au préalable pour passer outre leur défiance, voire leur ressentiment.

Ces trois corps d'armée seraient protégés par les divisions de cavalerie, avec une certaine dotation d'automitrailleuses. Le lieutenant-général Douglas Haig, ami et protégé du roi George V, commandait le 1er corps, le 2e étant aux ordres du général Horace Smith-Dorien, le 3e du lieutenant-général Pulteney. La division de cavalerie était aux ordres du général Allenby[1].

Le GQG anglais du maréchal French à Melun serait porté à Tournan-en-Brie à partir de 8 heures, le 6 septembre, c'était une affaire convenue. Tel était du moins l'espoir de Joffre. Mais quelles étaient les véritables dispositions d'esprit de sir John French ?

Les observations du colonel Huguet, chargé de mission au QG britannique, n'étaient pas décourageantes : dès le 4 septembre, le général de cavalerie Gough avait attaqué une batterie allemande avancée sur le front droit de l'armée von Kluck, qui poursuivait sa marche vers le sud-est. La retraite de la force expéditionnaire anglaise s'était bien arrêtée le 5 septembre, comme il était prévu sur les cartons de l'état-major de Joffre.

Gough prenait à cette date ses cantonnements cavaliers du côté de Pézarches et à Vilbert, en pleine zone forestière, à l'est de la forêt de Crécy, à dix kilomètres au sud-est de Coulommiers.

Il entendait au loin le bruit d'une bataille. On lui dit qu'il s'agissait « d'une forte reconnaissance effectuée par le flanc-garde de l'armée von Kluck contre les têtes de colonne de l'armée Maunoury ». Eut-il conscience d'un vrai départ d'offensive ? « Ainsi débuta, écrira-t-il plus tard, la bataille de l'Ourcq. » Mais, à ce moment, nul n'en était informé dans les rangs de l'armée britannique.

Les Anglais étaient épuisés par leurs marches

1. Voir Annexe 1, p. 377.

continuelles depuis le 27 août. Le 1er corps de leur *Expeditionary Force* venait de Guise, il s'était constamment tenu auprès du 2e corps et de la 4e division d'infanterie. La petite armée restait bien groupée dans la retraite. Le 28 août, les deux corps avaient franchi l'Oise, défilant devant la forêt de Saint-Gobain, à l'est de Noyon.

Les troupes n'avaient trouvé un peu de repos que dans la journée du 29 août. Depuis lors, elles étaient en mouvement. Le 30 août, les renforts avaient permis au maréchal de constituer un 3e corps britannique grâce à l'arrivée sur le front français de la 4e et de la 19e brigades d'infanterie. Les trois corps d'armée s'alignaient ainsi dans la retraite d'ouest en est, franchissaient en ordre successivement l'Aisne et la Marne. Le 5 septembre, la cavalerie de Saint-George campait enfin sur la position Rozoy-Brie-Comte-Robert, à « environ quinze milles de Paris ».

« Personne ne se doutait, écrit Gough, que le rideau se lèverait au matin du 6 septembre. »

Comment les soldats auraient-ils soupçonné une attaque d'importance, alors que le maréchal French « ne fit rien pour expliquer » le mouvement décisif du 6 septembre ? Gough dépassait à cheval, le 5 septembre, un bataillon de Scottish Rifles qui préparait le repas de midi très tranquillement sur le bord de la route. Ceux-là n'avaient sans doute pas l'intention de marcher au combat avant longtemps.

Quand l'ordre de French arriva aux chefs de brigade et de division le 5 septembre dans l'après-midi, il était seulement question d'une « progression de l'armée vers l'est » et d'une « recherche du combat ». Pas d'ordre du jour emphatique à la troupe. Dans cette armée de métier, la litote était de mise. Les officiers « perdirent un temps précieux », parce que French ne leur avait pas expliqué clairement l'enjeu du futur combat : « Aux avant-postes, nous ignorions complètement ces décisions importantes. »

Il n'importe ! Joffre peut être rassuré pour l'immédiat : les Anglais marchent et prennent les positions convenues. Il n'aura pas de mauvaise surprise sur cette partie du front. La cavalerie anglaise traverse des régions boisées, coupées de vallées profondes, pour prendre ses emplacements de protection et de liaison avec les grandes unités d'infanterie française des 5e et 6e armées.

Le moral revenu parmi les troupes enfin libérées des contraintes des marches en retraite pousse à l'optimisme : les Anglais aussi en avaient assez de reculer à longueur de journées. C'est un plaisir pour eux de bouchonner leurs chevaux pour qu'ils trottent de nouveau, guidés par des cavaliers rasés de frais dans les villages de la Brie, vers les positions extrêmes assignées à l'*Expeditionary Force.*

Que savait French lui-même, dans son état-major de Melun, sur la situation des armées amies et ennemies ? Ses avions de reconnaissance ne sont pas restés inactifs. Ils lui ont signalé dans la nuit du 5 septembre « des rassemblements allemands importants de part et d'autre de Coulommiers » : ils appartiennent de façon certaine au Ier corps de la Ire armée von Kluck, ils sont le fer de lance de son offensive.

Le renseignement britannique est assez précis : un deuxième corps allemand cantonne à La Ferté-sous-Jouarre, où se trouve le général von Kluck en personne, un troisième autour de Montmirail, un quatrième marche en deux colonnes à hauteur d'Esternay, avec une artillerie nombreuse et puissante installée à Vaucourtois. Ils ont franchi le Grand Morin, ils s'avancent à grands pas vers le sud-est. Cette information n'est pas pour les Anglais une découverte. Le mouvement de von Kluck se poursuit.

A peine sir John French attache-t-il de l'importance aux « groupements évalués chacun à deux ou trois bataillons creusant des tranchées et des emplacements de batterie, échelonnés de Chauconin à Chambry, Lizy-sur-Ourcq et May-en-Multien ». Il se soucie peu de l'occupation par les Allemands du IVe corps de réserve de von Gronau des observatoires de Monthyon et de Penchard. Il s'agit, l'assure-t-on, d'une « organisation défensive » qui concerne les Français de la 6e armée.

Une division française de réserve, expliquent les

officiers observateurs à French, a attaqué sans résultat dans l'après-midi, droit devant elle. Elle est la seule. Aucune troupe importante n'a été repérée sur la route Lizy-Château-Thierry jusqu'à La Ferté-Milon : c'est l'essentiel pour le maréchal. L'ennemi, selon toute apparence, n'a pas changé de stratégie. Le IVe corps de réserve de von Gronau est seulement en flanc-garde. Pas d'observation aérienne plus affinée de ses positions.

*

Ainsi, Joffre peut encore compter sur French. Le maréchal attend, semble-t-il avec confiance, mais aussi retenu par une certaine réserve, les résultats de l'offensive prévue pour le 6 septembre. Il n'attache pas une importance cruciale aux combats préparatoires.

Mais le général en chef français s'inquiète aussi de l'état des deux armées qui sont placées, sur la droite des Britanniques, au cœur de la bataille. Et d'abord du corps de cavalerie Conneau, qui doit établir et assurer pendant toute la durée de la grande offensive la liaison entre Français et Britanniques.

Dans les états-majors de Joffre, de Gallieni, de Maunoury, on s'interroge sur la capacité de résistance de ce corps Conneau, normalement situé à la gauche de la 5e armée, à la droite de l'armée anglaise. Si le général Conneau flanche, le maréchal French aura toutes les raisons du monde pour ne pas attaquer, et même pour amorcer une retraite, puisque, en l'absence des cavaliers français sur le Grand Morin, au sud de La Ferté-Gaucher, sa droite est « en l'air », sans protection aucune. Où est Conneau ?

Ses propres officiers n'en savent rien. On l'a vu passer en automobile, escorté de spahis marocains. Mais ses colonels commandant les régiments de dragons ne connaissent pas leur destination. Ils reculent sans cartes, sans ordres, depuis Epernay où ils ont été débarqués, venant de Lorraine.

Joffre avait constitué de trois divisions le 2e corps de cavalerie confié au dragon Conneau, ex-chef de la 10e division de Pau, parce que le premier groupe de cavalerie Sordet était inutilisable, réduit par la longue retraite à l'état de squelette. Au lieu de couvrir la route de l'armée de Curières de Castelnau en Lorraine, ce 2e corps avait été placé en flanc-garde de la 5e armée Lanrezac en retraite, pour éviter son débordement par les cavaliers de von Kluck.

Le lieutenant de dragons Chambe avait ainsi couvert toute la retraite avec son escadron. Le 5 septembre, il se trouvait en opérations du côté de Provins, chargé de retarder l'avance de l'ennemi[1]. Ses dragons combattaient à pied, peu soutenus par une artillerie très faible et par une seule section de mitrailleuses que se disputaient les unités. Comment aurait-il pu indiquer sa position à l'état-major, alors que, faute de cartes, il ne savait pas lui-même où il était ?

Pour se repérer, il interrogeait les paysans restés dans leurs fermes, ou les réfugiés sur les routes poussiéreuses. Cohue de troupes et de civils mêlés, rencontrée à toutes les étapes de la retraite, à tous les ponts sur les rivières. Exode des gens d'Epernay, prenant d'assaut le dernier train vers le sud, se précipitant sur la route « avec des voitures à cheval, des bicyclettes, des charrettes à bras, des brouettes ou avec des bagages sur le dos ». Les soldats traités de lâches par des bourgeoises fuyant les Prussiens, ou par les familles rurales des convois de charrettes venant du Nord, des Ardennes, de Champagne.

Les cavaliers apprennent la prise et le sac de Reims puis de Château-Thierry. Le corps de cavalerie du général Conneau recule toujours, sans que les dragons voient jamais leur chef. Ils mettent pied à terre pour défendre chaque village, étant devenus l'arrière-garde de la 5e armée en retraite. Le colonel Gailhard-Bournazel, sur une carte Michelin achetée dans une papeterie, tente de

1. Voir général Chambe, *Adieu, cavalerie !*, Plon, 1979.

tracer un itinéraire. Il fixe Montmirail comme direction de marche.

Sur la route, le dragon Chambe rencontre des groupes de fantassins de la 5e armée. « De très nombreux soldats français à l'uniforme dépenaillé, des traînards, des éclopés, des égarés, fantassins, cavaliers démontés, artilleurs sans canons. » Certains portent sur leur dos des bicyclettes dont ils ne peuvent se servir, tant la presse est dense, au milieu des civils, de groupes d'animaux, de tous ceux qui veulent franchir le pont sur le Petit Morin. Rumeur de la foule, bousculades, et les uhlans suivent à quatre kilomètres !

La 10e division de cavalerie a pour mission « d'enrayer la marche de l'ennemi ». Le général de brigade se dispense de donner des ordres, faute d'en avoir reçu. Il laisse l'initiative à ses colonels, « il n'a pas tellement l'air sûr de lui-même ». On passe et on repasse le Petit Morin, lances déployées, pour ne pas être « tournés par la droite ». Les shrapnells pleuvent, sans faire trop de dégâts. La cavalerie soudainement démontée contient ici et là un assaut d'infanterie à la mitrailleuse.

Heureusement, les Allemands n'attaquent plus la nuit. Ils se reposent de leurs trop longues étapes et consacrent plus de temps au pillage que leurs officiers ne le tolèrent. Les balles dans la nuque tirées sur ordre par les feldwebels sanctionnent pour l'exemple non les fuyards, mais les ivrognes, ceux qui ne tiennent plus debout dans leurs bottes au rassemblement du matin, avant le départ de l'étape, pour avoir trop festoyé la nuit dans les caves.

La poursuite de l'ennemi faiblit, les dragons français ont le temps de se rassembler. Le lieutenant Chambe s'attriste de rencontrer un capitaine du 18e de Pau dont le régiment est réduit à un bataillon, et qui ne peut cacher, après douze jours de marche, son découragement. Une armée de vaincus. Comment pourrait-elle repartir ?

Dans la nuit du 5 au 6 septembre, l'état-major a enfin retrouvé le corps Conneau. Au terme d'une longue retraite sous la pression des corps allemands de pointe, il avait reformé ses escadrons à quatre kilomètres de Provins, soit à une vingtaine de kilomètres au nord de la Seine. Déporté dans sa marche en couverture vers le sud-est dans le souci de protéger la retraite de la 5e armée, il était prêt à repartir au combat, à couvrir de nouveau la droite de l'armée anglaise qui s'était déplacée elle-même vers l'est, dans la région comprise entre le Petit et le Grand Morin. La bataille pouvait commencer sur l'Ourcq. Conneau couvrait les Anglais qui couvraient Maunoury, par le jeu de dominos des armées. Mais qui couvrait Conneau sur sa droite ?

*

Franchet d'Espèrey, assurément. Le dernier promu par Joffre, sur le champ de bataille, Franchet l'intrépide, le tenace, l'indomptable, l'enfant de Mostaganem, le tirailleur du Sud oranais, le rescapé du désastre de Lang Son, le baroudeur de Chine et du Maroc, le héros de la bataille de Guise, un colonial, comme Gallieni et Joffre lui-même.

Sa 5e armée, si éprouvée au temps de Lanrezac, si accablée par une longue retraite ponctuée de trop lourdes défaites (Charleroi) et de coups de collier très brutaux (Guise), est un sujet d'angoisse pour l'état-major général et le tout premier souci de Joffre. Ses troupes sont-elles vraiment en état de reprendre le combat ? Leur avance est essentielle au succès de la 6e armée Maunoury. Elles doivent à tout prix marcher, et pas seulement résister.

Heureusement, le 1er corps du général Deligny inspire confiance au commandement, avec ses deux divisions d'élite formées de gens du Nord (généraux Gallet et Duplessis), ses régiments recrutés à Cambrai (1er régiment de France), Valenciennes, Lille, Saint-Omer, Arras (le 33e de Pétain et de Gaulle[1]). Fourbus, décimés, ceux-là se battront avec acharnement, parce qu'ils ont en tête la libération de leur pays occupé.

1. A la mobilisation, car, le 6 septembre, le lieutenant de Gaulle, blessé à Dinant, est en cours de soins et le colonel Pétain fait déjà fonction de général de division.

La direction d'attaque de ce 1er corps est Esternay-Montmirail en Champagne. Mais on craint le pire pour les soldats exténués du 3e corps de Hache[1] flanquant Deligny à sa droite et qui doit attaquer Courgivaux et Marchais-en-Brie. On a en effet déploré des défections dans cette unité pendant la retraite.

Quant au 10e corps du général Defforges, cantonné autour de Sézanne, il doit se porter résolument vers l'est de Montmirail : une longue trotte hérissée d'obstacles, peut-être contrariée dès le départ, dans ce secteur névralgique, par l'avance de von Kluck.

Toujours à la gauche du 3e corps, un autre corps, le 18e du général de Maud'huy (nommé le 3 septembre à la place de Mas-Latrie), avait reçu l'ordre d'aligner devant l'ennemi la 35e division aux ordres de Marjoulet dès le 4 septembre (remplaçant Exelmans) et la 36e du général Jouannic[2]. La division Marjoulet donnait des inquiétudes : on signalait des abandons et des pertes du moral dans les unités venues du Midi, et déjà fortement éprouvées. La plus grande rigueur s'imposait pour reprendre ces troupes en main, notamment au 18e régiment d'infanterie de Pau, pensait Franchet d'Espèrey.

Aussi les avant-gardes de la 5e armée sont-elles priées de « résister avec la dernière énergie sur leurs positions retranchées au cas où l'ennemi, alerté, attaquerait avant 6 heures du matin ». Par prudence, les bataillons d'élite des chasseurs du 1er corps sont en tête, chargés de rechercher le contact.

Pour l'exécution de ces ordres, Franchet d'Espèrey

1. Le 3e corps du général Hache comprend la 5e division du général Charles Mangin (nommé le 31 août en remplacement de Verrier) comprenant les quatre régiments normands du recrutement de Rouen, Le Havre et Caen. Et la 6e division de Pétain (nommé en remplacement de Bloch le 31 août) composée de quatre régiments de hauts-Normands (Falaise, Bernay, Evreux, Lisieux). Le 10e corps du général Defforges comprend la 19e division de Bailly (remplaçant Bonnier depuis le 4 septembre), les autres régiments de Vitré (70e), les 41e (Rennes), 48e (Guincamp) et 71e (Saint Brieuc) – et la 20e division Rogerie (remplaçant Boé depuis le 5 septembre) avec ses quatre régiments de Cherbourg (25e) Saint-Lô (136e) Granville (2e) et Saint-Malo (47e).

2. Quatre régiments à la 35e division : le 6e RI de Saintes, le 123e de La Rochelle, le 57e de Libourne et le 144e de Bordeaux. A la 36e division, le 34e de Mont-de-Marsan, le 49e de Bayonne, le 12e de Tarbes et le 18e de Pau.

compte sur les nouveaux généraux de division qu'il a presque tous changés lui-même dès sa prise de commandement, les jugeant seulement sur leurs aptitudes au feu et sur leur sang-froid en cas de gros désordre.

L'ordre du jour diffusé dans la troupe du 3e corps le 5 septembre donnait le ton du commandement. Le général Hache déclarait fermement : « Chaque soldat doit savoir avant la bataille que l'honneur de la France et le salut de la patrie dépendent de l'énergie qu'il va apporter au combat de demain. Le pays compte que chacun fera son devoir. » Au cas où le troupier n'en serait pas convaincu, Hache rappelait : « Les faiblesses seront punies immédiatement par les rigueurs de la loi martiale. » Quant aux « actes de courage et d'énergie », ils seront « récompensés sur place ».

Dans son corps, comme dans chaque groupe de divisions de réserve, les routes seront dégagées par la prévôté qui mettra en place un service d'ordre très rigoureux, renversant s'il le fallait dans les fossés les voitures civiles. L'exode n'est plus toléré, pas de réfugiés pendant la bataille sur les chaussées proches du front. Les ponts seront strictement gardés. Joffre constate avec satisfaction que toutes les précautions ont été prises par le nouveau commandement. Seront-elles efficaces ?

Ces quatre corps français étaient alignés devant le gros de l'offensive allemande. Ils n'étaient guère reposés, et pourtant ils constituaient la partie la plus aguerrie de l'armée et ils avaient touché à l'échelon des divisions et des brigades des généraux tout neufs, réputés pour leur patriotique énergie pendant la retraite.

Joffre comptait sur la fermeté de Franchet d'Espèrey pour que cette ligne fût tenue et l'offensive bien menée en liaison avec la 6e armée opérant à l'ouest de la force expéditionnaire britannique. Sur cette partie du front, les meilleures unités, mais aussi les plus atteintes par les combats précédents et par les fatigues de la retraite, attendaient l'ordre de partir. Ainsi s'expliquait la nécessité de nommer en tête des corps des généraux tels que Hache, considéré comme le maître de la répression du désordre et de l'esprit d'abandon.

*

A la droite de Franchet d'Espèrey, Joffre devait aussi compter sur la résistance de la 9e armée de Foch. Ce général distingué dans la retraite par son sang-froid avait reçu l'ordre de tenir défensivement « la ligne sud des marais de Saint-Gond, de Reuves au nord de Fère-Champenoise, jusqu'à la rocade de Châlons-sur-Marne à Arcis-sur-Aube ».

L'armée nouvellement formée accueillait des troupes aussi solides que le 9e corps du général Jean-Baptiste Dubois, comptant dans ses rangs la célèbre division marocaine du général Humbert, avec ses quatre régiments de légionnaires, zouaves et tirailleurs, forte de ses six batteries de 75 (vingt-quatre pièces). Sous le général Moussy servait aussi l'excellente 17e division recrutée dans l'Ouest.

Foch était plus inquiet pour le 11e corps, qui avait accusé des flottements et du désordre au cours de la très longue retraite. A sa tête, le général Eydoux estimait fort la 21e division de Nantais et de Chouans du général Radiguet, la 22e de Pambet, uniquement recrutée en Bretagne, et la 18e de Justinien Lefèvre, également venue de l'Ouest, avec son régiment d'élite de Cholet. Mais ces soldats étaient parmi les plus éprouvés de l'armée. Le repos si bref au cantonnement avant l'attaque suffirait-il à leur rendre leurs qualités guerrières ?

Le corps d'armée d'Eydoux, en raison de ses lourdes pertes, avait été renforcé, depuis le 30 août, par la 42e DI du général Grossetti, forte de quatre bataillons de chasseurs et de trois régiments d'infanterie des régions envahies de Saint-Quentin, Cambrai, et Bar-le-Duc, dont on pouvait attendre un effort particulier. Ces soldats combattaient pour libérer leur région occupée, sans doute mise en coupe réglée et dont aucune nouvelle ne filtrait. Installé au château de Mondement, Grossetti avait demandé et obtenu de Foch cinq groupes d'artillerie au moins pour appuyer ses attaques. Il n'avait aucune envie d'être victime des errements de Lorraine.

Une division supplémentaire de réserve avait été prélevée sur le front de Meuse le 2 septembre, la 60e, commandée par le général Joppé avec deux bataillons de chasseurs et cinq régiments d'infanterie, tous recrutés dans le Nord. Joffre n'avait rien négligé pour conforter les effectifs de Foch, pas même de le doter de cavalerie.

Pour soutenir et éclairer la marche, intervenir sur les points les plus menacés, il avait formé à partir de la 9e division de cavalerie le corps de l'Espée, réunissant sous son autorité des cuirassiers et des dragons venus de Lyon, de Tours et des villes de l'Ouest. Ces unités étaient dotées d'artillerie et de sections de mitrailleuses. Elles recevaient pour première mission de couvrir la droite du corps Eydoux, considéré comme faible en raison de ses pertes, sur la route de Sommesous à Châlons. Maxime Weygand, chef d'état-major de Foch, avait dépêché le 7e hussards, renforcé du 11e et du 13e chasseurs à cheval pour éclairer les divisions de réservistes [1].

Cette armée pouvait paraître assez solide. Joffre n'avait pas jugé nécessaire d'en limoger les chefs depuis le début de la campagne. Elle était en outre convenablement dotée d'artillerie, bien que Foch en réclamât encore plus. Elle avait pour tâche essentielle de ne pas laisser enfoncer le front au sud des marais de Saint-Gond par la garde prussienne et les IIIe et IXe corps allemands. Il était donc normal qu'on la renforçât : elle était en infériorité numérique manifeste. Joffre comptait sur l'esprit de résistance de Foch pour tenir ce secteur, même si les qualités de ce général théoricien de l'offensive le poussaient plutôt à attaquer.

Foch, comme Franchet d'Espèrey, demandait au GQG des canons plus puissants que les 75 pour battre

1. Voir Annexe 3, p. 382.

méthodiquement les arrières de l'ennemi et ses batteries lourdes. Joffre interrogeait le ministère : où se trouvaient les vieilles pièces de 120, de 95 ou de 90, remisées dans les forts de l'intérieur ou de la côte ? Il n'avait rien d'autre à offrir.

*

Toute la manœuvre prévue par Joffre pour le 6 septembre consistait à détruire en l'attaquant de l'ouest et du sud la Ire armée allemande de von Kluck. Cela supposait que les autres armées du Kaiser échelonnées vers l'est pussent être contenues, et que la Direction suprême de Luxembourg renonçât à attaquer en Lorraine.

Joffre n'en était pas très sûr. Il redoutait une concentration organisée par Moltke II contre ses armées de l'Est, une reprise de l'offensive bavaroise du mois d'août sur Nancy et la trouée de Charmes. L'attaque allemande vers l'Est était, après les hésitations anglaises et le mauvais état de la 5e armée, le troisième souci majeur du général en chef.

Parallèlement aux colonnes étirées de la Ire armée allemande, l'aviation française du renseignement repérait facilement les forces importantes de la IIe armée von Bülow, en marche, comme von Kluck, vers le sud-est. Elles avaient franchi la Marne dans la matinée du 5 septembre entre Dormans et Epernay et s'engageaient résolument vers le sud, à marche forcée, avec leurs têtes de colonne du côté de Champaubert, au sud-est de Vertus. Le général de la Ire armée allemande poursuivait son mouvement comme si l'état-major de Luxembourg ne lui avait pas envoyé l'ordre d'arrêter pour faire face au sud.

Toujours plus vers l'est, les aviateurs rapportaient à l'état-major qu'ils avaient dénombré sur les routes trois corps d'armée précédés par une division de cavalerie sous les ordres de von Hausen, s'avançant sur une ligne Francheville-Châlons-sur-Marne (où devait s'installer prochainement le QG du colonel-général commandant la

IIIe armée), droit vers le sud-ouest, menaçant la 9e armée de Foch.

La marche continue de ces trois armées d'invasion n'était pas une surprise pour les stratèges sur carte de l'état-major de Châtillon-sur-Seine. On l'avait suivie depuis la frontière belge. L'incertitude réelle portait sur le front allemand doté de plusieurs armées intactes à l'est de Verdun. Bougerait-il ?

Les coucous de l'aviation observaient sans relâche les colonnes de la IVe armée du duc de Wurtemberg flanquant la gauche de l'armée von Hausen, en face de la 4e armée française du général de Langle de Cary. Celle-ci s'enterrait sur place faute de pouvoir vraiment participer à l'offensive, Joffre l'ayant dépouillée de ses meilleures divisions.

Les aviateurs observaient, plus loin encore vers l'est, les flammes noires et blanches au sommet des lances des uhlans de la Ve armée du Kronprinz de Prusse, bien reliée aux Wurtembergeois de la IVe. Le Kronprinz était un impulsif, Moltke, seul responsable de l'ensemble des armées devant le Kaiser, avait du mal à le modérer. Il comptait assurément bousculer la 3e armée du général Sarrail appuyée sur la place de Verdun. A l'état-major de Châtillon, le général Berthelot, adjoint de Joffre pour les opérations, observait régulièrement les mouvements de l'armée du Kronprinz. Rien d'inquiétant. Le Prussien avançait sur terrain difficile, battu par le canon de Verdun.

La *pince lorraine* de l'attaque allemande prévue et récemment ordonnée par le commandement suprême de Luxembourg n'était donc pas encore vraiment perceptible sur le terrain, repérable à l'œil nu et par temps clair par les aviateurs. L'offensive princière, capable de calmer les ardeurs du *seigneur de la guerre*[1] soucieux de reprendre le galop de la victoire pour achever l'ennemi, n'en était encore qu'à ses débuts. Elle ne constituait pas une force d'invasion, estimaient les experts français.

1. Le kaiser Guillaume II.

Elle reposait sur la possibilité d'une attaque en force, vers l'est, de la VIe armée de Rupprecht, Kronprinz de Bavière agissant en liaison avec la Ve du Kronprinz de Prusse, dont les colonnes s'avançaient déjà, droit au sud, de part et d'autre du massif boisé de l'Argonne, de telle sorte que les Bavarois pussent rapidement attaquer plus à l'est, sur les deux rives de la Moselle.

Après Pont-à-Mousson, ils menaceront Nancy, défendu par le 20e corps français du général Balfourier, pendant que la VIIe armée de von Heeringen attaquera les cols des Vosges. Nancy une fois pris, il deviendra facile de s'engager dans la trouée de Charmes, et d'envelopper dans une nasse géante les forces françaises enroulées vers l'ouest par les armées de von Kluck et de von Bülow.

Tel est le nouveau plan allemand, encore inconnu de Joffre, mais néanmoins soupçonné dans ses grandes lignes à plusieurs indices convergents, et fort inquiétants. Les nouvelles directives venues du grand état-major de Luxembourg poussent déjà les têtes de colonne d'infanterie et les escadrons de cavaliers allemands dans la poussière opaque des routes de l'été français.

C'est donc une nouvelle offensive générale de l'armée allemande qui risque d'être contrariée, au matin du 6 septembre 1914, par une offensive similaire de l'armée française limitée à ses trois armées de l'ouest, 6e, 5e, 9e. Joffre n'a pas assez de réserves ni de canons pour ébranler d'un coup toute la ligne du front. Ses armées 4 et 3 assurent une fonction strictement, résolument défensive. Encore plus les armées 1 et 2, d'Alsace, des Vosges et de Lorraine.

Les ordres d'opération de Joffre pour les 3, 4, et 5 septembre n'affectaient guère les armées de l'ouest, dont le sort et les objectifs étaient déjà réglés dans son esprit, ils concernaient surtout les 2e et 1re armées. Il souhaitait qu'elles manifestent une certaine activité pour tromper l'ennemi et l'empêcher de dégarnir son front de Lorraine et d'Alsace, en lui faisant croire que des forces importantes restaient en activité de ce côté.

Mais il voulait surtout prévenir les derniers ordres d'attaque du commandement suprême, dont il redoutait les effets dévastateurs, concernant la reprise d'une offensive prussienne et bavaroise sur la trouée de Charmes dont le 2e bureau signalait les signes avant-coureurs. La plus forte incertitude du commandant en chef français avant le commencement des opérations émanait de ce secteur.

Les aviateurs multipliaient les sorties pour l'informer des mouvements et des concentrations de l'ennemi, notamment sur Dieuze, où semblait se rassembler la VIe armée du Kronprinz de Bavière. Un corps entier venait d'être transporté à l'aile droite de cette armée. En Lorraine, une violente attaque était engagée dans la région de Nancy par la Ve armée du Kronprinz de Prusse. La phase violente de l'opération commençait le 5 septembre en début d'après-midi par les tirs d'une artillerie pourvue d'équipages de siège, d'obusiers lourds, sur le Grand Couronné de Nancy.

La 2e armée de Castelnau était plus que jamais sur ses gardes et demandait des moyens lourds d'artillerie. Le général prévenait Joffre qu'il « essaierait de durer ». Il exprimait ainsi son anxiété. Il risquait de se retrouver seul, sans renforts, dans un combat à un contre deux. Le 20e corps de Balfourier se préparait à prendre l'initiative, pour prévenir les coups de l'ennemi. Il attaquait vivement les Bavarois, qui semblaient d'abord se replier. L'attention du GQG était donc fortement accaparée par cette partie du front non prévue dans les calculs de l'offensive.

*

Il n'avait rien à craindre à l'ouest d'une ligne d'Amiens à Beauvais, villes que les Allemands ont négligé d'occuper, même s'ils y ont effectué des incursions de cavalerie : aucune force ennemie ne se risquait vers l'ouest, en terrain inconnu, pour envelopper la 6e armée française, encore moins pour s'emparer en permanence des ports de la Manche. Les Allemands poursuivaient seulement le siège de Maubeuge, parce que 50 000 soldats français y résistaient toujours. Ils redoutaient une sortie torrentielle de la garnison qui les eût obligés à livrer sur leurs arrières une bataille secondaire, immobilisant sans profit des effectifs.

De Beauvais, d'Amiens, d'Arras jusqu'à la mer, et de la Somme à la Seine s'étendait une sorte de *no man's land* longtemps rassuré par les sifflements des locomotives, mais encombré de colonnes de dizaines de milliers de réfugiés, car l'exode belge était largement devenu français et, jusqu'à proximité immédiate du front, les habitants des villes et des villages partaient s'ils le pouvaient, gênant les militaires. Les chefs de convoi pestaient à bon droit contre l'encombrement continu des routes.

Les lignes provisoires du front très mouvant n'étaient pas, malgré l'ampleur de l'exode des jours précédents, vides de civils. Beaucoup n'avaient pas voulu abandonner leur ferme, leur village, même bombardé. Les pantalons rouges n'étaient pas les seuls à s'inquiéter du futur immédiat de la bataille. Dans le moindre hameau, des habitants restaient sur place, mêlés aux militaires et dépendant de leur sort. La guerre les concernait tous, à des degrés divers. Le nord de la région parisienne entendait déjà le bruit du canon.

Des civils étaient restés présents dans les villes aussi, même si nombre d'entre eux avaient cru devoir tout abandonner pour rejoindre les colonnes de l'exode. Les habitants de Melun, de Lagny et de Fontainebleau ne pouvaient plus ignorer que la guerre était à leurs portes, imminente. Des bruits couraient déjà dans la population sur l'entrée prochaine des Allemands dans la capitale.

Ils occupaient le nord du département de Seine-et-Marne, jusqu'à Rebais et Coulommiers. Le plateau briard, autour de Meaux, était entièrement parcouru par les patrouilles de uhlans et les colonnes d'infanterie. Elles avaient franchi la Marne à Trilport et se succédaient sur les routes plantées d'arbres du riche plateau briard. Les Allemands seraient bientôt maîtres des cent douze mille hectares de blé moissonnés capables de nourrir toute leur armée. Après le vin de Champagne, le pain et le fromage de Brie.

A Melun, nul ne pouvait savoir au juste, et le préfet moins que quiconque, ce que préparait le maréchal French au château de Vaux-le-Pénil et dans son état-major bien gardé du collège. Les Melunais n'appréciaient pas toujours le passage de troupes étrangères, fussent-elles alliées, sur le pavé de leur ville, d'autant qu'on annonçait l'arrivée des Indiens par Marseille[1]. Les fermes proches avaient en effet été invitées à livrer leurs moutons pour nourrir ces soldats musulmans. On redoutait pourtant le départ soudain des troupes britanniques à l'annonce d'une menace venue du nord, et l'abandon de Melun à l'ennemi.

On savait que l'armée anglaise battait en retraite depuis le 3 septembre. Elle avait abandonné Lizy-sur-Ourcq, traversé la Marne à Meaux avant de faire sauter les ponts, installé ses bataillons au sud de la rivière. Elle reculerait vers la Seine à la moindre pression. La région parisienne tout entière risquait l'occupation si la retraite se poursuivait.

Personne ne se résignait à l'arrivée des Allemands. Ceux qui pouvaient partir n'attendaient pas. Les réfugiés donnaient en effet à leur passage dans les centres d'hébergement sommaires des détails alarmants sur l'entrée des uhlans dans leurs villages. L'exode, à Melun et dans le sud du département, concernait déjà 2 500 personnes par jour. Le 4 septembre, les civils envahissaient Fontainebleau où l'hôpital ne pouvait guère traiter quotidiennement plus de cent blessés et malades.

Les rumeurs allaient bon train, parce que les habitants de Melun ou des villes proches étaient tenus dans l'ignorance, ils ne recevaient plus la presse parisienne depuis le 1er septembre, et n'avaient pas connaissance de la

1. Voir Chantal Antier, *La Grande Guerre en Seine-et-Marne*, Presses du Village, 1998, p. 32 *sqq*.

situation générale de la bataille. Les journaux locaux, *L'Abeille, La République,* très mal informés, paraissaient encore mais donnaient des nouvelles incertaines. Nul ne pouvait dire au juste ce qui se préparait. Personne ne soupçonnait l'ampleur de la future bataille de la Marne.

Aux récits des réfugiés, les Melunais pouvaient au contraire avoir l'impression que rien ne s'opposerait à la machine de guerre allemande. Sur le front de l'Ourcq, très proche, les *Feldgrauen* s'étaient emparés du bourg de Vareddes, voisin de Meaux, peuplé de 800 habitants.

Les récits des réfugiés venus de Soissons avaient poussé les paroissiens de ce village à la fuite. Ils savaient que leur receveuse des Postes avait reçu l'ordre de partir en sabotant le téléphone. Ils n'étaient plus reliés au pays et n'attendaient pas de secours. Les cultivateurs chargèrent les charrettes et organisèrent la colonne de l'exode. Une centaine d'habitants resta sur place, trente hommes seulement. Les Allemands les prendraient en otages et fusilleraient quelques vieillards intransportables et le curé, accusé de faire des signaux aux Français du haut de son clocher. Les survivants seraient convoyés à Erfurt, en Allemagne, prisonniers civils soumis malgré leur âge au régime le plus dur.

Le 5 septembre au matin, le prince Eitel faisait son entrée dans Coulommiers abandonné. Il exigea une énorme contribution de guerre de cent mille francs du maire et du procureur de la République, retenus comme otages. La ville abandonnée par ses habitants fut entièrement mise au pillage.

Partout où s'installait l'armée allemande, les maisons vides étaient occupées, ainsi que les fermes dans la campagne. Les habitants avaient souvent fui sans demander leur reste, au premier coup de canon. Dans le village d'Etrépilly, 26 personnes seulement restaient sur place sur 530 (dont 80 hommes avaient été requis aux armées), des vieillards ou des fermiers soucieux d'éviter le pillage de leurs granges, de leurs greniers, de leurs caves.

L'armée avait souvent ordonné l'évacuation des lieux

promis à la bataille. Pas toujours. Nombreux étaient les maires partis sans ordre, parfois seuls. Le sous-préfet de Coulommiers avait disparu, ainsi que le préfet de Melun, réfugié à Fontainebleau. Plus tard, un conseil de guerre jugerait et ferait exécuter un habitant de La Ferté-sous-Jouarre, quartier général de von Kluck, pour avoir indiqué aux Allemands les maisons bonnes pour le pillage[1]. La population civile de Seine-et Marne s'attendait, le 5 septembre au matin, à subir les horreurs de la guerre.

*

Sur les positions avancées des armées d'invasion, des relais sont prévus et la population qui demeure bon gré mal gré dans les cités est aussitôt encadrée par des *Kommandantur* livrées à l'autorité d'anciens officiers rappelés aux armées, mais impropres à la vie du front. Ils sont chargés par le service des étapes et des arrières de réquisitionner les vivres, de lever tribut, d'assurer le repos ou les soins des blessés.

Car l'armée allemande prétend administrer elle-même les régions envahies, avec le concours forcé d'administrateurs, des notables pris en otages. Des gendarmes ou des policiers allemands installent des centres de surveillance et de maintien de l'ordre, recherchent les soldats cachés chez l'habitant, susceptibles de reprendre les armes, et s'arrangent pour régner par la terreur avec le minimum d'effectifs permanents.

Ils n'hésitent pas à faire fusiller ceux qu'ils soupçonnent de la moindre opposition, et surtout de cacher des soldats britanniques ou français en retraite. La traque aux fuyards est organisée sur les arrières, car les officiers allemands craignent les sabotages, redoutent par-dessus tout les agressions de francs-tireurs dont leurs prédécesseurs ont été victimes en France pendant la guerre et l'occupation de 1870-1871. Les règlements de l'armée n'ont pas

1. Chantal Antier, *op. cit.*, p. 44.

changé, ils prescrivent toujours de prendre partout des otages destinés à être exécutés à la moindre menace. Aussi l'approche de l'ennemi provoque-t-elle l'exode, et, pour les populations restées en place, la terreur résignée à subir les pires excès.

En Seine-et Marne, dans l'Oise, nul ne peut ignorer le sort des régions déjà envahies. L'exode nourrit la rumeur, l'alimente de récits alarmants. On sait à Compiègne, où l'on s'attend à l'arrivée imminente des Allemands, que la ville assez proche de Saint-Quentin, centre de communication ferroviaire de toute première importance et de communication avec la Belgique et la Sarre, a été vidée de ses deux régiments français dès le 5 et le 13 août (le 87e et le 287e) et donc privée de défenseurs. Elle n'a pu assurément soutenir le choc des armées d'invasion.

Elle a vu défiler les troupes britanniques montant au front vers Mons, puis se replier à partir du 24 août après l'échec du Cateau. Quatre-vingt-deux trains chargés d'Anglais s'étaient succédé en gare ces jours-là. Sir John French tenait encore ses assises, le 26 août, au lycée Henri-Martin, mais les officiers anglais en retraite disaient aux habitants qui les logeaient :

— Fuyez ! Abandonnez tout ! Les Allemands se conduisent comme des sauvages, ils pillent et tuent même les enfants sans pitié[1] !

Les réfugiés belges arrivés dans des wagons à bestiaux de trains d'émigrants l'avaient confirmé : il fallait s'enfuir. Des locomotives belges sifflant et lâchant la vapeur entraient en gare, leurs conducteurs demandaient où ils pourraient trouver un dépôt français pour échapper à la capture par l'ennemi. Qui leur répondrait ? Le chef de gare avait disparu. Les employés assuraient seuls, encadrés par un capitaine à la retraite, l'ordre de marche des trains.

Beaucoup de Saint-Quentinois partirent alors pour l'exode, nantis de six mille laissez-passer signés du maire.

1. Elie Fleury, *Sous la botte...*, Les éditions de la Tour Gile, t. 1, p. 6.

Alsacien d'origine, celui-ci partait à son tour, convaincu que les Allemands fusillaient ses compatriotes ayant choisi la France en 1870. Le premier adjoint, un Lorrain, l'avait suivi. Le sous-préfet devait rejoindre son préfet en retraite à Château-Thierry. Le commissaire de police et ses adjoints étaient partis. Il n'y avait plus de responsables français dans la ville, sauf le sous-préfet de retour, blessé par l'ennemi, et qui devait assurer des tâches humblement administratives sans que l'occupant veuille lui reconnaître son titre et sa fonction.

Quand les Allemands faisaient leur entrée, le vendredi 28 août, Saint-Quentin devenait aussitôt une ville conquise qui n'avait que faire d'un fonctionnaire de la République. A Berlin et dans toutes les villes allemandes, des illuminations saluaient la « victoire de Saint-Quentin ».

Les uhlans d'avant-garde avaient été annoncés par la receveuse des Postes, alertée au téléphone par sa collègue de Fontaine-Notre-Dame : « Voilà les Prussiens, ils avancent, les casques à pointe ! » Devant la ville, ils n'avaient fait « qu'une bouchée et une boucherie » des vieux territoriaux du 10e régiment dont les survivants s'étaient rendus, quand ils n'avaient pas trouvé de caches chez l'habitant.

Les nouveaux occupants étaient méfiants. En 1870, la garde nationale et les pompiers avaient tiré sur les dragons mecklembourgeois et sur les soldats de la *Landwehr* du colonel de Khalden. La ville passait-elle pour avoir une tradition de résistance aux yeux des officiers supérieurs prussiens plus que sexagénaires ? Les Allemands avançaient dans le vide, le gros des soldats du 10e régiment de territoriaux s'étant rendu à la caserne.

Peu de désordres, pas de pillage. Les soldats en *feldgrau* étaient trop épuisés, après une étape à pied de cinquante kilomètres, ils voulaient boire et dormir, pas même manger. Un avis à la population certifiait que l'occupant « ne voulait pas faire la guerre à la population civile ».

Des otages étaient cependant retenus dans une

commission de notables réunie à l'hôtel de ville. Des barils de pétrole étaient disposés autour de l'édifice, destinés à la mise à feu en cas d'attentats. Le lendemain, les soldats rassemblés au carré sur la grande place entonnaient sur ordre le *Wacht am Rhein*. Ils repartaient au combat, quand Lanrezac, le 29 août, contre-attaquait à Guise et menaçait de reprendre Saint-Quentin.

Après les combattants, la ville avait accueilli des occupants bien décidés à s'emparer méthodiquement des ressources locales, à saisir, par exemple, les fonds de la Banque de France heureusement évacués par le directeur avec des moyens de fortune (six cents kilos d'or et de devises chargés dans une voiture pour Compiègne).

Dès le 3 septembre débarquait en gare un régiment de chemins de fer pour remettre en état les voies. Une police spéciale prenait en main les questions de sécurité. Le commandant de la place instaurait le couvre-feu et frappait la ville d'amendes au moindre incident.

Les bataillons, équipages de ponts, batteries et escadrons se suivaient sans arrêt pour gagner le front. Il fallait nourrir et héberger les hommes, saisir les vivres, réquisitionner les maisons, forcer les portes des habitations abandonnées par les émigrés. Le 5 septembre, quand les Français s'apprêtaient à livrer bataille, la ville de Saint-Quentin était déjà organisée par l'occupant pour donner des soins aux premiers blessés.

*

Les Allemands ne laissaient que le minimum d'effectifs dans la zone des étapes, autour des gares et des magasins d'entrepôt, pour assurer le ravitaillement des troupes de l'avant. La bataille toute proche associait très étroitement, ici comme ailleurs, les civils au passage des troupes, amies ou ennemies. Les habitants restés sur place étaient forcément contraints de subir l'administration brutale d'un occupant pressé d'en finir.

Plus ils étaient proches du front, moins les civils étaient

sécurisés. On savait à Provins et à Coulommiers qu'à Dormans, sur la Marne, dans la zone de la IIe armée von Bülow, les effectifs allemands de l'arrière des lignes demeuraient nombreux, même si les troupes d'assaut étaient déjà passées. Les centres d'accueil devaient rester disponibles pour servir de gîtes d'étape aux renforts et d'hébergement provisoire aux blessés.

Dans cette petite cité champenoise, Marguerite Faivre, l'épouse du pasteur, que nous avons rencontrée plus haut, était ainsi requise par le médecin civil resté sur place pour soigner les Français non évacués et les Allemands. Le dimanche 6 septembre, les troupes d'assaut envoyées en renfort vers la bataille défileraient encore en chantant dans les rues, marchant vers le sud-est.

Les nombreux prisonniers français, des blessés retrouvés sur le terrain et ramenés à l'arrière, étaient traités par l'ennemi convenablement. On leur donnait du vin et du tabac, la même alimentation qu'aux autres. « Les soldats prussiens (blessés légers) mangent toute la journée, écrit l'infirmière improvisée et volontaire. Ils ont des quantités de bouteilles, de conserves, de litres de vin contre leurs matelas et sous leurs lits. » Ils ne voulaient pas se séparer de leurs prises de guerre, trouvées sur place, dans les maisons ou les boutiques abandonnées : « Ils avalent sans pain des pots entiers de confitures et des boîtes de sardines. » On leur apportait le café ou la soupe dans des seaux hygiéniques où nageaient des morceaux de viande, ou de la soupe aux pois garnie d'oreilles de porc. Leur pain était gris et sale, les blessés français le repoussaient.

Les soldats de l'étape dormaient chez l'habitant, dans les couloirs, les escaliers des maisons. Comme Marguerite rentrait chez elle un soir, après une longue journée de soins, deux soldats dormaient dans son lit. Elle réveilla la sentinelle, un officier fit évacuer sa chambre. Les Rhénans ou les Schleswigois lui parlaient volontiers : « Nous n'avons pas voulu cette guerre ! C'est une guerre d'officiers, pas une guerre de peuples. Nous sommes bons amis ! » lui disaient-ils. Sa chambre était libérée mais la serrure cassée, le panneau enfoncé à coups de hache. L'infirmière y dormit avec sa petite fille en tendant un drap sur le seuil.

Elle se plaignit le lendemain au commandant allemand. Elle était la seule Française au milieu de 300 soldats et demandait protection. « Ici demeure une sœur de la Croix-Rouge, fit inscrire l'officier sur sa porte réparée, et je défends sous menace de la punition la plus sévère qu'aucun soldat ne pénètre dans sa chambre. » Ce capitaine Hoyer lui offrait toute sécurité et elle reprenait le lendemain son travail à l'hôpital. Elle soignait le premier blessé allemand de la bataille transporté à Dormans : « Avec cette main, grinçait ce provocateur, je transperçais des Français. » Sans se troubler, Marguerite répondait : « C'est parce que je suis française que je vous panse quand même. »

Un feldwebel lui assurait que « l'empereur n'a pas voulu la guerre, que c'est le plus saint homme que la terre ait porté, *Unser Kaiser* ». Elle acheva son pansement, non sans impatience pourtant, et elle dit au sous-officier qui s'éloignait, tristement, presque humblement, mal à l'aise avec son bras blessé : « Sachez que si je suis infirmière, je suis française avant tout. »

Ce comportement n'était pas fréquent. Il était rare qu'une aide-soignante de la Croix-Rouge française restât dans son village et qu'elle acceptât de soigner les blessés ennemis, au lieu de suivre les autres habitants en exode, et de continuer à aider les soldats français en retraite. On l'a vu, Marguerite avait fait le choix très risqué de rester sur place, avec sa fille trop jeune pour supporter une longue marche dans la région battue par les combats, dans son pays où les indigents et les blessés français étaient abandonnés.

Elle estimait conforme à son éthique chrétienne de soigner aussi les blessés de l'adversaire, perdue, presque seule femme dans le village occupé par les troupes de l'avant. Mais elle ne pouvait admettre qu'ils en profitent pour lui tenir des discours agressifs et humiliants. Nombreuses en Belgique comme en France, ces infirmières bénévoles ont du reste fourni aux services de renseignements alliés leurs meilleurs agents, comme Marthe Mac Kenna, engagée comme infirmière à l'hôpital militaire de Roulers, dans les Flandres belges.

*

Le 5 septembre, à la veille de la date prévue pour l'offensive française, il importait à Joffre, recueilli et calme dans le bureau de son état-major de Châtillon-sur-Seine, de connaître au plus juste les positions allemandes. L'ennemi en effet ne restait pas immobile, il poursuivait encore le 4 septembre son mouvement vers le sud-est, et n'avait nullement renoncé à envelopper la 5e armée française.

Les Britanniques apprenaient par des reconnaissances d'aviation que la cavalerie allemande de la Ire armée poussait des pointes jusqu'au sud de La Ferté-sous-Jouarre, appuyée par de l'artillerie et suivie par des unités de fantassins. Une autre colonne en *feldgrau* et casques à pointe partait de Dormans, en Champagne, vers le sud. A l'ouest, trois divisions de cavalerie allemande étaient passées sur la rive droite de la Marne à hauteur de Lizy-sur-Ourcq. On signalait l'avance du IVe corps d'active de von Kluck, de son IXe corps sur Montmirail, d'où il avait chassé les cavaliers de Conneau, et des IIe et IIIe corps dans l'espace intermédiaire entre la Marne et la Seine.

Le 4 septembre, à partir de 23 heures, Joffre avait expédié par radiotélégrammes ses ordres pour la journée du 5. Les forces disponibles de la 6e armée Maunoury devraient se masser au nord-est de Meaux pour se tenir prêtes à franchir l'Ourcq entre Lizy-sur-Ourcq et May-en-Multien. Elles progresseraient en direction générale de Château-Thierry, ce qui comblait de joie le général Gallieni. Maunoury disposerait des éléments de cavalerie présents, mais éparpillés dans les environs et dont on ignorait encore l'état de résistance, la capacité de poursuivre la bataille et la situation exacte.

L'armée anglaise, établie derrière Coulommiers et Changis, attaquerait sur Montmirail, c'était convenu, sans doute promis par French. La 5e armée de Franchet d'Espèrey se resserrerait légèrement sur sa gauche pour rester au contact des Anglais, sa liaison étant établie par l'intermédiaire du corps de cavalerie du général Conneau qui retrouverait enfin sa place dans le dispositif. Le 9e corps du général Foch tiendrait l'aile droite du dispositif d'ensemble, reculant au maximum jusqu'aux débouchés sud des marais de Saint-Gond et sur le plateau au nord de Sézanne. Aucune attaque n'était naturellement prévue avant le 6 septembre au matin. Les trois armées d'assaut devaient se lever en même temps, d'un seul élan.

C'était compter sans l'esprit offensif des Allemands. Von Kluck donnait l'ordre au IVe corps de réserve de s'avancer vers l'ouest. Les avions anglais signalaient dès l'après-midi du 4 septembre « une colonne de toutes armes marchant sur Meaux par Etrépilly ». A 15 heures, ils avaient observé « un combat engagé au nord-ouest de Meaux vers Iverny et Penchard ». Il s'agissait des avant-gardes de l'armée Maunoury qui se heurtaient déjà aux Allemands, inévitablement, dans leur marche vers l'Ourcq.

Maunoury repérait minutieusement son champ de bataille, se rendant lui-même aux avant-postes, avec les unités de chasseurs chargés de la reconnaissance et des premiers contacts avec l'ennemi : il devrait combattre dans les collines du Multien, prolongement extrême-occidental du plateau briard.

Le terrain était découvert, coupé de vallées étroites menant à l'Ourcq : une campagne de grands domaines à terroir riche, semée de bois et de bosquets, parcourue de nombreux chemins.

Le général Maunoury y disposait d'une supériorité manifeste en effectifs : neuf divisions d'infanterie et trois unités de cavalerie, pour réussir sa marche à l'Ourcq. En face de lui, le IVe corps de réserve allemand, fort seulement de deux divisions de l'armée von Kluck, soutenu par une artillerie puissante et encadrée de régiments de cavalerie.

Il n'avait jamais été question pour Maunoury de lancer son attaque dès le 5 septembre. Ses ordres étaient seulement d'avancer en direction de l'Ourcq pour prendre ses marques en vue de l'offensive. Il avait rencontré les Allemands plus vite qu'il n'était prévu. Ainsi s'engageait le prologue inattendu de la bataille de la Marne, appelé « bataille de l'Ourcq ».

Le mouvement de la 6e armée avait bien commencé le 5 septembre au matin, avec Dammartin comme centre et la rivière Ourcq pour but. Le 7e corps du général Vautier marchait au nord en direction d'Othis, petit village situé au nord-est vers Eve et Ver, les divisions de réserve du général de Lamaze progressaient au sud pour chercher seulement le contact de l'ennemi, de Saint-Mard à Saint-Mesmes en direction de Saint-Soupplets.

La 45e division d'Alger était précieusement tenue en réserve par le général Gallieni vers l'arrière. Elle venait de subir le gros des attaques allemandes autour du village d'Iverny, proche de Penchard. Gallieni voulait éviter de gaspiller cette bonne troupe sans profit. On comptait sur elle pour le 6 septembre.

Von Kluck n'attendait pas : il attaquait les Français le premier pour prévenir leur offensive, il s'assurait de positions solides sur son flanc droit en chargeant von Gronau de bousculer les troupes françaises avancées et menaçantes, dont il ignorait encore l'importance et la valeur combative. Il lui accordait de forts moyens d'artillerie pour tenir les Français à distance et les obliger à reculer. Il lui recommandait de construire à la hâte des positions défensives pour accueillir les assaillants par un feu nourri de mitrailleuses. L'armée Maunoury devait être reçue par un déluge de feu. Les Allemands avaient donc engagé les premiers, sur l'Ourcq, la bataille de la Marne, à la veille de l'ordre général n° 6 donné par Joffre.

*

Le canon tonne sur l'Ourcq, le 5 septembre 1914. Les deux divisions d'infanterie de réserve du groupe du général de Lamaze, la 55ᵉ de Leguay et la 56ᵉ, commandée par Dartein, disposent au nord, dans la direction de Montgé-Saint-Soupplets-Marcilly, leurs fantassins recrutés dans la région de Bar, de Reims et de Châlons, renforcés et précédés de trois bataillons de chasseurs qui s'infiltrent par les vallées dans la campagne pour rechercher le contact de l'ennemi vers l'avant.

Le lieutenant Péguy marche au sud, dans les rangs du 276ᵉ, avec les soldats de Seine-et-Marne complétés par des Parisiens, dans la 55ᵉ division du général Leguay. Les Marocains de la brigade Ditte les accompagnent.

Ils ont devant eux les hauteurs boisées de la colline de Penchard, à leur gauche le village élevé de Monthyon. Les deux régiments marocains expédiés en tête sont totalement dépourvus de sections de mitrailleuses et ne disposent d'aucune unité d'artillerie attachée à la brigade dite des « chasseurs indigènes à pied ». Ils ont d'abord cantonné, venant de Senlis, au Mesnil-Amelot, quartier général de Lamaze, où le lieutenant Juin a la surprise de trouver les maisons abandonnées pillées par des soldats français [1].

Paysage de collines boisées et de champs de blé couvrant la grande plaine débouchant de Crépy-en-Valois et de Nanteuil-le-Haudoin. Au loin, les officiers aperçoivent un nuage de poussière : sur les routes non goudronnées, les colonnes allemandes se hâtent en direction de Lizy-sur-Ourcq et de Coulommiers. Plusieurs grandes unités ennemies s'engagent sur cet itinéraire, suivies par leurs trains régimentaires, les convois de vivres et de munitions, des dizaines de milliers d'attelages qui se préparent à franchir la Marne, l'Ourcq, le Petit Morin, le Grand Morin, avant d'arriver sur la Seine.

1. Voir Juin, *op. cit.*, p. 57.

De la butte où il est en grand-garde, avec vue sur tout l'ouest du champ de bataille, le lieutenant Juin, des tabors marocains, voit approcher un convoi d'automobiles, il reconnaît Gallieni à son lorgnon, accompagné du général de Lamaze et du général Vautier, commandant le 7e corps situé plus au nord du dispositif, du côté de Puizieux.

Gallieni se repère sur la carte, examine l'horizon. La bataille n'est pas commencée et déjà le gouverneur de Paris est sur le terrain. Il est venu en voisin, une heure à peine d'automobile. Il repart aussitôt, sans doute pour convenir avec Maunoury, à son état-major, des dispositions arrêtées pour les premiers combats. « J'eus alors l'impression, dit Juin, qu'une grave décision s'élaborait. »

Il reçoit l'ordre d'abandonner la colline, de redescendre sur Le Mesnil-Amelot où le général de Lamaze a transporté son état-major. La compagnie a reculé, elle est postée plus au sud, vers Claye-Souilly, dans les villages de Messy et de Cressy et jusqu'à Mitry-Mory. Les deux régiments de Marocains ne sont pas ravitaillés, ils attendent avec impatience l'arrivée des charrettes de vivres.

Le général de Lamaze a reçu dans la nuit, vers 1 h 30, les directives de Joffre, la décision n° 6 du 4 septembre à 22 heures. Maunoury, dans son QG du Raincy, l'a reçue lui-même à minuit et aussitôt répercutée. Le général Ditte, commandant la brigade marocaine, a donné à 4 heures ses ordres aux colonels des régiments, aux commandants des bataillons de chasseurs. Tel est le long parcours des ordres à l'armée : délivrés par les officiers de liaison, les plis du GQG partis à 22 heures de Châtillon-sur-Seine arrivent deux heures plus tard au Raincy, et il faut encore quatre heures avant que les chefs d'unités les reçoivent : en tout, six heures.

Délai court si l'on songe que les ordres venus de Luxembourg étaient parfois inexécutables avant vingt-quatre heures dans l'armée allemande en raison des délais de transmission plus longs.

Juin doit partir en avant-garde avec sa compagnie du 2e régiment de la brigade marocaine vers Villeroy, Iverny et Plessis-l'Evêque pour y rejoindre la 55e division du général Leguay qui touche au nord les éléments de la 56e division de Dartein installée à Cuisy-la-Folie.

Le lieutenant français pousse sa compagnie en tête de colonne sur la route de Charny, où il peut à loisir découvrir le paysage de la bataille : un vaste plateau d'une centaine de mètres d'altitude avec des ondulations qui peuvent servir de caches pour les artilleurs, et des petites vallées où peut se faufiler l'infanterie à l'abri du canon, celle de la Thérouanne d'abord, de Douy-la-Ramée à Gué-à-Tresmes, où elle se jette dans la Marne, comme on peut le vérifier sur la carte. Des petits ruisseaux définissent des bosses et des creux, ainsi le ru de Viry, qui se jette dans le ru de Rutel.

Vers le nord et l'est, des collines de deux cents mètres dominent le plateau, comme une sorte de ligne de crête cachant l'horizon. Ainsi se succèdent, du nord au sud, les buttes de Penchard, d'où le lieutenant Juin avait aperçu pour la première fois, au cours d'un repérage, l'ensemble du paysage. Et la butte de Monthyon qui se détache, comme sa voisine, du massif boisé, assez impénétrable, des Tillières.

Entre ces collines, s'égrenant vers l'ouest, les villages d'Iverny, Villeroy, Charny, Neufmontiers et Chauconin. Des fermes fortes, dont les murs sont autant de remparts, dotées de portes en chêne épais ou en ferraille. Au loin vers l'est, derrière les collines, Juin identifie sur sa carte d'état-major les villages de Saint-Soupplets, Barcy, Marcilly et Chambry.

La plaine est nue, immense, moissonnée. Il est difficile de s'y dissimuler sinon à l'abri des meules de blé ou d'avoine, et dans les champs de betterave qui verdoient au milieu des chaumes. La troupe ne peut progresser sans danger qu'à l'ombre des saules et des peupliers qui bordent les ruisseaux. Mais l'ennemi peut aussi bien s'y retrancher et rendre les attaques françaises meurtrières.

Pour être maître du champ de bataille, il est essentiel de s'emparer des buttes de Monthyon et de Penchard, où des observatoires peuvent balayer toute la région, le cours de l'Ourcq vers l'est, et jusqu'à la banlieue parisienne vers le sud-ouest. Une action qui n'aurait pour objectif que la conquête de ces observatoires serait un prélude indispensable à la bataille de l'Ourcq, qu'aucun général ne compte engager, conformément aux ordres de Joffre, avant le 6 septembre.

*

Dès l'aube du 5 septembre, les chasseurs marocains du 2e régiment formant l'avant-garde de la 6e armée dans ce secteur occupent le village de Charny sans coup férir. La marche générale de la 6e armée vers l'est est donc amorcée, uniquement pour arriver au contact immédiat de l'ennemi, dont on ignore les positions exactes. Le commandant Poeymirau recommande la prudence : des tireurs allemands peuvent être embusqués dans les bosquets.

Le 2e régiment du commandant Auroux, légèrement au nord, s'est regroupé à Saint-Mesme pour engager une marche parallèle. Juin, sur sa gauche, aperçoit le nuage blanc dégagé par l'avance d'une troupe nombreuse : les régiments d'infanterie de la 55e division Leguay marchent de conserve vers l'est, deux brigades de 18 000 hommes accompagnés de la brigade de cavalerie Gillet, venue du camp retranché de Paris. Ces troupes occupent les villages de Messy et Gressy, sans hâte apparente.

Il faut croire cependant que Maunoury veut obtenir le plus vite possible la prise de contact avec le IVe corps de réserve allemand puisque la division Leguay reçoit à 10 heures l'ordre de porter ses avant-postes sur la ligne Crégy-Marcilly, à peu de distance des villages d'Etrépilly et de Vareddes situés immédiatement au nord de Meaux. Les fantassins débordent donc largement la butte de Penchard, recherchant toujours l'ennemi invisible.

La cavalerie part en avant, pour éclairer. Les dragons apprennent avec joie qu'ils sont à la pointe de l'offensive.

Leurs casques recouverts d'une housse kaki, la lance au poing, ils lâchent la bride aux chevaux qui trottinent sous le soleil éclatant. L'air est limpide. Le colonel fait reconnaître les villages les uns après les autres par le peloton de tête, qui lâche la lance pour la carabine. Les chevaux prennent à travers champs, dispersés en fourrageurs à grands intervalles. On fouille les fossés, les haies. On ne trouve pas âme qui vive. L'ennemi est-il si éloigné qu'on ne puisse apercevoir ses avant-gardes ?

Le silence est impressionnant à l'avant des colonnes d'infanterie immobilisées loin derrière, attendant le résultat des reconnaissances de cavalerie. Le pays semble désert, les champs abandonnés. Plus de réfugiés sur les routes, pas un civil dans les fermes. Les cavaliers du 32e dragons (recrutement de Versailles) parviennent jusqu'à la ferme du Chaillou, au sud de la butte de Penchard, sans essuyer un coup de feu. Ils reviennent au commandant Poeymirau pour lui affirmer que la région comprise entre la Marne au sud et la ligne Saint-Mesmes-Neufmontiers-Penchard est vide d'ennemis. On peut avancer sans crainte.

L'état-major de la 6e armée semble ignorer que le IVe corps de réserve de von Gronau, éclairé par la IVe division de cavalerie, s'apprête ce jour-là à marcher entre l'Ourcq et la Thérouanne, pour cantonner dans l'après-midi dans la région située au nord de Meaux.

Dans la course de vitesse engagée, les Français semblent arriver les premiers. Il est vrai que la cavalerie de von Gronau est épuisée par de trop longues étapes, qu'elle est incapable d'éclairer convenablement son chef de corps qui ignore la position des Français, comme ceux-ci ne savent pas où trouver les Allemands. Les deux armées marchent à tâtons l'une vers l'autre. Les Français ne se pressent pas, n'ayant pas reçu l'ordre de livrer bataille le 5 septembre.

A 7 h 30, ce matin-là, le lieutenant Alphonse Juin a fait la pause à l'avant-garde du 2e régiment marocain, sur la route de Charny à Villeroy. A 11 heures seulement, il reçoit l'ordre du commandant de reprendre la route vers Penchard, en éclaireur du 1er régiment, pendant que le 2e progressera au nord sur Neufmontiers. Les dragons ouvrent la marche. Le 1er bataillon avance résolument sur le bois de Penchard.

La chaleur est alors très forte et les Marocains sont fatigués par leur marche. Ils ont repris leurs tenues de toile kaki, pour ne pas étouffer dans les vestes de laine des chasseurs alpins qu'on leur a distribuées au départ. Le commandant reçoit alors le rapport d'un officier de dragons : l'ennemi est signalé en avant de Penchard, trois escadrons de uhlans et une centaine de cyclistes.

Ces éclaireurs se sont abrités dans le bois à l'ouest du village. Les dragons n'ont pu les attaquer, n'étant pas en nombre. Ils se sont repliés en vitesse sur la rive gauche du ru de Viry.

Le commandant Poeymirau décide aussitôt d'avancer. Ce « troupier-né », comme dit de lui le lieutenant Juin, entraînerait ses Marocains en enfer. Le général de brigade Ditte lui a donné carte blanche. Il en profite pour forcer la marche vers le bois de Penchard. Ditte n'a reçu aucun ordre formel de Maunoury, ni celui-ci de Gallieni, ni Gallieni de Joffre, pour engager précisément l'action ce jour-là. Mais le Français comme l'Allemand estiment de leur devoir de s'emparer des collines pour faciliter le lendemain le travail des artilleurs.

Von Gronau aurait pu se contenter de suivre ses ordres, et rester immobile au nord de Meaux. Il lance l'avant-garde de la XXIIe division de réserve sur Penchard, et la division saxonne sur Monthyon. Il veut occuper les buttes avant les Français. Il obligera ainsi l'ennemi à se découvrir, ignorant ce qu'il a devant lui au juste. Ces observatoires le renseigneront immédiatement sur le dispositif d'attaque de la 6e armée française qui le menace sur ses emplacements d'artillerie, sur ses itinéraires.

Il connaît l'existence de cette « armée de Paris » dont von Kluck parle avec mépris. Il veut en tester l'esprit offensif, la résistance au feu, et se donner les moyens de l'arrêter à coup sûr, grâce aux tirs de l'artillerie dont il a commencé la concentration et la mise en batteries.

*

Les shrapnells éclatent en gerbes dès que le premier bataillon des chasseurs marocains s'avance sur Chauconin, tout près de Penchard. A leur habitude, les Allemands ont fait disposer un groupe d'artillerie de 77 en toute première ligne, protégé seulement par l'extrême avant-garde de la 22e division de réserve.

Chaque pièce tire au moins dix obus à la minute : un feu d'enfer qui décourage les assaillants dont beaucoup tombent hachés par les éclats. Les Marocains se jettent dans les fossés, attendant la fin de l'orage. Aucun canon français en tir de contre-batterie.

Profitant du désordre dans le bataillon, le LXXXIIe IR [1] de réserve se dirige au pas de charge vers le bois de Penchard déjà occupé par les cavaliers, qui couvrent son approche par un feu de mousqueterie. La réaction de l'ennemi va devenir de plus en plus vive au fur et à mesure de l'attaque par échelons menée par les bataillons marocains.

Le premier s'avance prudemment en ordre dispersé, par demi-sections. Il est cloué sur place par les feux d'infanterie venant du bois et troublé par l'arrivée inopinée sur sa gauche des tirailleurs du 1er régiment dont le commandant, Auroux, avait décidé d'établir en priorité la liaison avec le 2e régiment de la brigade.

Alors entrent en action les mitrailleuses allemandes, sur le flanc des Marocains, pendant que les fusiliers du LXXXIIe IR poursuivent leurs tirs. La seule chance du commandant Poeymirau était de déborder l'ennemi par sa droite, en lançant à l'assaut, toujours sans aucun soutien d'artillerie, le 5e bataillon du légendaire capitaine de Richard d'Ivry.

Souffrant gravement d'une maladie tropicale contractée

1. IR : régiment d'infanterie allemand. ID : division d'infanterie.

au Maroc, cet officier courageux charge à cheval, pendant que la compagnie du lieutenant Juin est clouée au sol par les tirs de 77 et les balles de mauser. Les chasseurs enturbannés avancent par bonds, sans trop de grosses pertes, sur le flanc de l'ennemi qui se réfugie dans les villages et les vergers de Penchard. Les Marocains se battent au corps à corps, à l'arme blanche. Les batteries allemandes abandonnent la position, le village est en passe d'être pris grâce à l'élan des assaillants.

Mais le général von Gronau dépêche aussitôt quatre bataillons de la XXIIe division de réserve parfaitement reposés dans leur cantonnement de Chambry, puis le XXXIIe IR en entier. Ils partent en direction du bois de Penchard, dit du Télégraphe, où le feu reprend sur toute la ligne. Les Allemands débouchent en grand nombre de part et d'autre du village et entraînent dans leur contre-attaque le LXXXIIe IR de réserve dont certains bataillons viennent de se faire étriller par les Marocains.

Le 5e bataillon du capitaine de Richard d'Ivry ploie sous la décharge. Il se replie sur le village de Neufmontiers où il organise un barrage. Blessé de deux balles, il exige qu'on le porte au combat : il en reçoit neuf encore et tombe dans un chemin creux. Le commandant d'une autre compagnie, Hugot Derville, se défend jusqu'à la mort, revolver au poing. A la 8e compagnie, plus d'officiers : un simple sergent conduit les survivants dans leur retraite. A la 11e, le capitaine Fernet, un « vieux légionnaire », meurt d'une balle au ventre. Le futur général Dentz, alors simple lieutenant, prend sa place en tête de la compagnie.

Vers 16 heures, ce 5 septembre, il est clair que cette unité d'élite marocaine vient de perdre une grande partie de ses cadres français sans aucun résultat. La retraite se poursuit sous un feu d'une exceptionnelle densité. Juin se dit environné d'une « nappe de balles ». La survie des Marocains tient du miracle.

Les Allemands ne poursuivent pas, se contentant de renforcer leur ligne autour de Penchard conquis. Etaient-ils épuisés ? Leurs pertes étaient sérieuses, moins cependant que celles des Marocains dont Juin convient qu'on avait commis l'erreur « de les engager en spéculant uniquement sur leur bravoure et leur esprit de sacrifice, sans leur accorder le soutien d'un seul groupe d'artillerie de campagne[1] ». L'expérience des grandes défaites de Lorraine et de Charleroi n'avait apparemment rien appris aux chefs des grandes unités françaises. En vain le général Joffre avait-il multiplié les directives pour que l'infanterie ne fût plus lancée à l'assaut sans solide soutien d'artillerie.

Les Marocains étaient morts par « négligence ». Leur bravoure inutile n'avait pas permis d'obtenir le moindre résultat, devant des unités allemandes dotées de mitrailleuses et soutenues par des batteries de 77 tirant en première position. Les officiers de la coloniale avaient tenu à faire la preuve de leur bravoure en attaquant comme dans l'Atlas les tribus berbères, ignorant superbement la technique du feu de l'ennemi. Ils y avaient perdu la vie.

*

Le général Ditte avait appris à son PC le désastre des bataillons. Le repli des deux unités du commandant Auroux ouvrait une brèche dangereuse dans les rangs français entre Monthyon et Penchard. Il supplia le général de Lamaze de faire intervenir d'urgence une unité proche, le 276e d'infanterie, de la 55e division du général Leguay. Il obtint seulement l'appui d'un bataillon sacrifié pour cette mission impossible, le 5e, celui de Charles Péguy.

On lui demande de s'engager sans aucun soutien d'artillerie, sans renfort de mitrailleuses, dans un creux de terrain devant le village de Villeroy avec l'obligation de charger sur une pente, pendant cinq cents mètres à découvert. Les Marocains, explique-t-on au capitaine chargé de l'assaut, devaient être dispensés d'un nouvel effort. Ils n'en pouvaient plus. A la suite de ce carnage, sinistre prologue de la

1. Juin, *op. cit.*, p. 82.

bataille de la Marne, ils avaient perdu dans cette seule journée 19 officiers et 1 150 hommes. Le 2e régiment où servait le lieutenant Juin accusait 338 chasseurs tués et 9 officiers hors de combat.

Comment les pantalons rouges de Leguay auraient-ils pu faire mieux que les « chasseurs indigènes » de Ditte, alors que tout soutien d'artillerie vraiment efficace leur était également refusé ? Dès le 4 septembre, dans une ferme très vaste de Vémars, à l'ouest de Dammartin-en-Goële, la compagnie de Péguy est rassemblée : « Lecture nous est faite, dit Victor Boudon, de notes du Grand Quartier général qui nous indiquent enfin une prochaine offensive[1]. » Il est 20 heures : c'est une sorte de « veillée d'armes ».

A 7 heures, ce matin du 5 septembre, le régiment marchait vers Meaux, prenait la route comme s'il partait en manœuvres. La veille, pas un coup de canon, pas même un coup de fusil, le calme inquiétant qui précède les grandes batailles. Chacun ménageait ses munitions pour l'heure de l'action, et pour ne pas indiquer à l'ennemi la position des unités.

Dans les villages traversés par la troupe, de Moussy-le-Neuf à Moussy-le-Vieux, pas un habitant. Ils avaient tous fui la zone des combats, entraînés par leurs maires qui avaient reçu des ordres de l'armée. Rien n'indiquait, le 5 septembre à 10 heures, quand le régiment défila à Thieux devant le général de Lamaze, que la 55e de Leguay allait donner dans la journée.

Le général en campagne était entouré de ses divisionnaires, Leguay et Dartein, et du général de la brigade marocaine Ditte, venu pour prendre les ordres. Dans un champ, Boudon remarque au passage d'étranges antennes. Un officier lui annonce que le poste divisionnaire était désormais relié au grand état-major par la télégraphie sans fil. Les ordres arrivaient ainsi directement au groupement des divisions de réserve du général de Lamaze.

1. Victor Boudon, *op. cit.*

Les directives étaient justement de progresser vers l'est, pour la 56e division de Dartein, qui partait d'abord, prenant la direction de Juilly-Montgé vers Saint-Soupplets, éclairée par les dragons de la cavalerie du camp retranché de Paris. Dartein avait reçu l'ordre d'avancer jusqu'au contact de l'ennemi. De part et d'autre, on cherchait à constituer un front, les uns pour attaquer en lignes, selon les usages enseignés, les autres pour se défendre.

Les Allemands étaient rassemblés en ce lieu pour tenir et non pour progresser, se disait un colonel de dragons galopant dans la plaine. On n'apercevait pas leurs lignes. Il fallait les repérer et les fixer. Les éclaireurs précédant la 55e division de Leguay s'efforçaient de les débusquer. Les ordres donnés aux régiments d'infanterie étaient de gagner par Nantouillet, autre village désert, la butte de Monthyon qu'on apercevait dans les lointains. Il n'était pas encore midi, le combat n'avait pas commencé.

De Dammartin à Meaux, les Allemands étaient tapis dans les collines boisées de la Goële. Les dragons, retour de mission, assurèrent qu'ils avaient creusé des trous la nuit, construit des retranchements. Pas un Français n'avait eu le réflexe de sortir sa pelle. Il n'était pas question pour eux de s'enterrer, mais de disposer d'un front offensif pour chasser définitivement l'ennemi.

Le capitaine siffla pour annoncer la pause dans Nantouillet. Les pantalons rouges pouvaient s'étendre sur l'herbe du fossé, s'asseoir sur les bornes de la route poussiéreuse à l'ombre des maisons. Les barbes et les tignasses broussailleuses de ceux que l'on appelait déjà les poilus ruisselaient de sueur. La canicule de la marche sous le soleil asséchait les gosiers, mais les gourdes étaient encore pleines et l'ordre arriva très vite de détacher le bataillon vers Villeroy, où le canon tonnait.

La grande bataille était-elle commencée ? Chacun s'interrogeait. On n'entendait que le tir des pièces allemandes, et non le 75 rageur. L'ennemi cherchait-il à découvrir les Français dans leurs lignes, à les obliger à bouger ?

A midi juste, les 1 000 hommes aux casquettes rouges recouvertes d'un manchon bleu se suivaient à la file indienne sur le sentier d'une ferme dite de la Trace, en face de Villeroy. A l'abri des arbustes, invisibles de loin, ils s'arrêtèrent pour faire la soupe et arranger un cantonnement.

Ils n'eurent pas le temps d'allumer le feu. Les obus allemands pleuvaient autour d'eux dans les champs, comme s'ils les cherchaient. L'ennemi avait-il déjà installé un observatoire sur la butte de Monthyon que l'on apercevait vers l'ouest, bien détachée par temps clair ? Ou sur celle de Penchard, juste en face ?

Le capitaine Guérin ajusta ses jumelles : les pièces ennemies étaient là, à mi-côte de Monthyon et sur Penchard, à couvert du bois du Télégraphe. Elles n'étaient pas détruites. Les Allemands les avaient avancées en première ligne. L'assaut des pantalons rouges serait à coup sûr meurtrier si les 75 ne faisaient pas taire tout de suite ces batteries.

*

Les biffins réservistes du 276e applaudissent comme au spectacle les artilleurs aux tuniques noires, conduisant au grand galop une batterie de 75 qui dépasse le bataillon et va prendre position devant la ferme dans un dégagement de poussière : quatre canons, dont les caissons tirés par six chevaux sont abrités derrière une rangée de peupliers.

Les shrapnells des 77 allemands hachent les arbres, font exploser un caisson. Des cris, des surgissements de terre. Les artilleurs continuent leur tir et bientôt les batteries allemandes se taisent, cherchant sans doute ailleurs d'autres objectifs. Le lieutenant Péguy observe l'action. Il ne peut savoir que le premier assaut des Marocains sur Penchard, et non le tir de contre-batterie mal adapté des Français, a obligé les artilleurs prussiens à déguerpir[1].

1. Voir le récit de Boudon, *op. cit.*, p. 142 *sqq.*

Une nouvelle formation d'artilleurs passe au trot vers Plessis-l'Evêque, comme pour soutenir une attaque. Le bataillon a reçu des ordres. Le clairon sonne. Formation de combat : les hommes de la compagnie se déploient en tirailleurs, en lignes de section par quatre. Les baïonnettes sont au bout des fusils, comme si le signal de la charge était proche. La compagnie de Péguy avance à travers champs, dans les blés fraîchement coupés, complètement à découvert, en direction du gros village de Villeroy.

Une gerbe d'obus oblige les hommes à se coucher à terre, chacun plaçant sa tête protégée par le sac entre les jambes de celui qui précède. Le commandement veut éviter à tout prix les pertes inutiles, selon les instructions de Joffre et les enseignements des premières batailles. La volée d'obus éclate sans faire de victimes. Les fantassins se relèvent et partent en courant pour se mettre à l'abri d'un chemin creux, très proche du village.

De Villeroy, le général Ditte, monocle vissé à l'œil, moustache basse, attend encore à ce moment les résultats de l'action de ses « chasseurs indigènes » que Péguy et ses camarades appellent des *tabors*. Leurs groupes donnent immédiatement l'assaut au bois du Télégraphe.

Le bataillon des pantalons rouges assiste l'arme au pied à cet engagement. Ils voient défiler, après le début violent de l'action, les blessés enlevés par les chariots de la santé militaire, déposés aux postes de premier secours. Péguy comprend le sacrifice des Marocains : enlever le bois du Télégraphe peut être considéré comme essentiel, car il permet, par ses observatoires, de repérer toute l'armée prussienne déployée dans la plaine. De là partent les tirs des canons que nos quatre pièces de 75, trop peu nombreuses et du reste mal servies par des artilleurs inexpérimentés, ne parviennent pas à éteindre.

Il est 17 heures. L'assaut des Marocains a déjà échoué sur toute la ligne, mais les fantassins du 276e ne semblent pas en être informés. Ils peuvent cependant constater que les buttes de Monthyon et de Penchard restent aux mains des Allemands. Le 5e bataillon déployé en tirailleurs a pour mission d'occuper l'espace entre les Marocains défaits et l'aile droite du deuxième régiment de la brigade, le 246e du recrutement de Fontainebleau qui débouche du village d'Iverny, juste à l'ouest de Monthyon. Il est essentiel que le bataillon du lieutenant Charles Péguy se hâte, pour que les Allemands ne risquent pas une contre-attaque immédiate afin d'exterminer les Marocains.

La direction commune, explique au bataillon le capitaine, est la butte de Monthyon qu'il faut « enlever à tout prix ». Déjà l'obsession des positions élevées permettant d'installer des observatoires se manifeste avec force. Il est vrai que de ces hauteurs, les artilleurs allemands bien éclairés par leurs obervateurs postés loin de là vers l'arrière, hors de portée des 75, peuvent balayer de leurs pièces lourdes les lignes françaises avec une précision stupéfiante, de l'ordre d'une dizaine de mètres carrés par obus.

Enlever Monthyon, c'est mettre à l'abri tout un secteur, celui de la bataille du lendemain. Chacun peut saisir l'importance de l'objectif, mais on sait aussi que si les 75 ne détruisent pas les lignes allemandes rapprochées, les assaillants seront hachés par les tirs croisés de mitrailleuses. On le sait depuis la Lorraine.

Quand les premiers fantassins arrivent sur la crête, ils sont accueillis « par une terrible grêle de balles », dit Victor Boudon, qui voit tomber autour de lui les camarades. Les officiers commandent de maintenir l'alignement. A droite, le capitaine Guérin et le lieutenant Péguy, revolver au poing, à gauche les lieutenants Hamelin et de la Cornillère. Les officiers font passer le mot d'ordre : défense de tirer, les Marocains en retraite sont juste à l'avant. Ce sont eux qui prennent les rafales de mitrailleuses allemandes de plein fouet.

Les pantalons rouges aussi. Ils tombent dans le champ d'avoine, en poursuivant leur progression vers le sommet. Les survivants s'abritent derrière le talus de la route d'Iverny à Chauconin. Monthyon est encore loin, mais les

Allemands sont tout près, à cinq cents mètres. Les balles rasent les képis.

*

Les pantalons rouges n'avancent plus en ligne, mais par bonds successifs. Dans ce champ-là, les avoines n'ont pas été moissonnées, leurs tiges lourdes gênent les mouvements. Des hommes tombent, sans se relever. Il est difficile de riposter et de tirer sur les *Feldgrauen* : ils sont « presque invisibles », embusqués et « couleur de terre ». Leurs officiers hurlent des ordres précis, ils ont obligé leurs soldats à creuser des trous, protégés par une rangée de taillis épais. Ils ajustent leurs mausers et tirent en feu de peloton, méthodiquement, visant leur cible.

Charles Péguy voit les balles françaises se perdre, les cartouchières se vider sans résultats. Il donne la hausse, se lève pour repérer la ligne de tir à la jumelle, dirige le feu à cinq cents mètres, insensible au « bruit d'abeilles » des balles. Les assaillants ennemis escaladent la pente, mais bientôt reculent, les obus explosifs des quatre 75 leur causent des pertes, comme le tir mieux ajusté des fantassins.

Les pantalons rouges les poursuivent à la course, écrasés de chaleur dans leurs capotes bleu sombre, les yeux exorbités, le front ruisselant de sueur. A voir l'adversaire reculer, ils s'arrêtent un instant pour reprendre leur souffle. Est-ce enfin la victoire, sur cette parcelle de front, ce lopin de la Goële où tant de gens sont morts, de part et d'autre ? Les fantassins français vont-ils atteindre Monthyon, la butte rouge ? Le lieutenant s'abrite derrière un rouleau de ferme, pour reprendre haleine.

Le capitaine Guérin lui fait un signe de la main : il faut repartir. Les Marocains sont exterminés, ils demandent de l'aide. Un officier de liaison vient de réussir à porter un ordre de leur état-major, sous le feu, sans se faire tuer. Le capitaine et les lieutenants en tunique noire crient « en avant ! ».

Un champ de betteraves cette fois. Les godillots s'accrochent. Les hommes courent, pliés en deux pour offrir moins de prise aux balles, le lebel à la main. Guérin est blessé, bientôt tué. « La chanson de mort bourdonne », écrit Boudon. Deux cents mètres en deux bonds, la vague d'assaut progresse sans aucun soutien d'artillerie sur un terrain en pente, après la crête, où le tir ennemi de plein fouet est meurtrier. Les hommes n'avaient chacun que cent cinquante cartouches. Ils en manquent bientôt et se font tuer bravement, comme les Marocains.

— C'est une folie, un massacre général, nous n'arriverons pas dix ! se dit Boudon.

Péguy ordonne aux siens de se coucher. Lorgnette en main, il dirige le tir. « Feu à volonté ! », répond en écho le lieutenant de la Cornillère, s'adressant à son peloton. Le tac-tac des mitrailleuses leur répond. Une balle touche Péguy. L'adjudant Legrand se dresse pour lui porter secours. Il « tombe à son tour, foudroyé ».

— Le lieutenant est tué !

— Oui, râle-t-il, mais tirez toujours !

Le fusil brûle les doigts, les visages sont noircis de poudre. Les hommes s'enterrent, creusant avec leurs mains dans les betteraves des ébauches de trous. Beaucoup regrettent d'avoir perdu leur sac. Ils n'ont rien pour s'abriter. Ils veulent rentrer sous terre, échapper à la mort. Les blessés râlent sans arrêt. Les secours ne peuvent arriver sous la mitraille qui devient infernale, comme si les Allemands avaient reçu des renforts de mitrailleuses.

Péguy s'est redressé, pour montrer qu'il est vivant, rendre leur courage aux désespérés. Il arrive à tenir debout, la gorge en sang.

— Nous allons tous y passer, disent les hommes. Nous n'avons plus de sacs.

— Moi non plus, je n'en ai pas, voyez, tirez toujours ! répond le lieutenant.

Le tir ennemi s'intensifie, poursuit les derniers soldats bien visibles sous le soleil. Ils tombent encore. Péguy ne plie pas, il reste debout. Il ne veut pas accepter la défaite, défie la mort, au milieu des siens. Il est dur de mourir au début d'une offensive, sans en voir la fin, sans pouvoir espérer la victoire.

Une balle en plein front. Tué net. Non pas dans « les blés moissonnés » qu'il a chantés dans ses poèmes, mais dans les betteraves poussiéreuses et piétinées. Boudon s'approche. Il a décrit cet ultime instant :

« Je jette un regard derrière moi, j'aperçois là-bas, parmi les larges feuilles vertes, tache noire et rouge au milieu de tant d'autres, le corps de notre cher, de notre brave lieutenant. »

4

Les taxis

La bataille de la Marne commence vraiment le 6 septembre 1914, avec l'attaque générale des trois armées françaises de l'ouest et de l'*Expeditionary Force* qui partent à l'assaut de l'armée allemande de von Kluck, pour la tailler en pièces.

Ce jour-là, dès l'aube, les camarades des unités d'assaut de l'armée Maunoury, déjà engagés la veille dans une sorte de répétition, doivent repartir, mais cette fois pour le grand départ, celui que les colonels ont annoncé aux troupes en leur lisant l'ordre du jour du général Joffre.

De la 6e armée, un compte rendu sur les engagements de la veille est parvenu du Raincy à Châtillon-sur-Seine vers 23 h 30. Joffre, qui ne veut pas être réveillé la nuit pour des incidents de moindre importance, le lit seulement au matin du 6 septembre à 6 h 30.

Il est sans doute heureux d'apprendre que les avant-gardes du 7e corps d'armée de Vautier sont en place comme il était prévu sur la ligne Ver, Eve et Lessart, à l'est de Dammartin, et ne semble pas préoccupé par la « vive résistance » des Allemands sur les buttes. Maunoury ne parle pas du massacre des Marocains et des fantassins du 276e régiment de Briards. Il signale seulement qu'il compte reprendre l'attaque dès l'aube, avec le renfort de la 45e division d'Alger, considérée comme une troupe d'élite.

Il ne peut manquer de préciser, devant les récriminations de Lamaze, que ce général « a eu affaire à une artillerie supérieure à la sienne ». Les reconnaissances d'avions lui ont indiqué que les fantassins du IVe corps de réserve de von Gronau avaient pris position dans les villages aussitôt fortifiés de Chambry, Lizy et May-en-Multien, en avant de la ligne de l'Ourcq.

Joffre hoche la tête. Si von Gronau poursuit ses fortifications vers le nord, il devient plus difficile de le tourner pour l'encercler. Le 7e corps du général Vautier doit donc s'installer précisément à Lizy-sur-Ourcq, jusqu'à Neufchelles, c'est-à-dire plus au nord en suivant la rivière vers l'amont, s'il veut avoir la moindre chance de tourner la droite allemande. Tout dépend de ce corps Vautier, à qui échoit la double tâche de forcer les défenses ennemies vers l'est et de se porter au nord pour tenter de le déborder. En aura-t-il les moyens ? Ne faut-il pas, dès le début des opérations, renforcer l'aile gauche de la 6e armée ?

Les informations décisives sur les réactions allemandes devant les premiers effets de l'offensive de la 6e armée arrivent à Gallieni, puis à Joffre dans la matinée du 6 septembre. A midi, le général Gallieni fait déjà part de ses inquiétudes au colonel Huguet, à la mission de liaison auprès du maréchal French. Maunoury rencontre à l'évidence une résistance sérieuse. Deux colonnes ennemies de deux corps d'active de l'armée von Kluck (les IIe et IVe corps) ont déjà reçu l'ordre de remonter du sud et atteignent la Marne vers Vareddes et Lizy-sur-Ourcq depuis 9 heures de la matinée.

Décision capitale prise par la Direction suprême de Luxembourg. L'état-major français ne peut savoir que von Kluck a reçu à Rebais, à quinze kilomètres au sud de la Marne, un envoyé spécial de la Direction suprême, le lieutenant-colonel Hentsch. Celui-ci, mandaté par Moltke, a expliqué assez clairement au colonel-général que les quatre corps de la Ire armée ne peuvent continuer à poursuivre l'ennemi jusqu'à la Seine. La concentration de l'armée de Paris exige des mesures de précaution.

A 22 heures, le 5 septembre 1914, un ordre capital est rédigé par von Kluck, sous la dictée de l'envoyé de Moltke II : c'est le retrait général des unités aventurées au-delà de la Marne. Le IIe corps sera ramené de Coulommiers jusqu'à l'Ourcq ; le IVe reculera en direction de La Ferté-sous-Jouarre ; le IIIe se repliera vers La Ferté-Gaucher, sur le Grand Morin ; le IXe corps sera maintenu à Epernay pour aider la IIe armée de Bülow à tenir ses positions. Le QG de von Kluck sera ramené de Rebais à Charly-sur-Marne.

A minuit, le lieutenant-colonel Hentsch et von Kluck apprennent que le IVe corps de réserve de von Gronau a combattu pendant la journée du 5 septembre des pantalons rouges attaquant vers l'Ourcq et que son chef a jugé prudent de se replier derrière la rivière. Hentsch approuve immédiatement la décision de von Kluck de faire également repasser la Marne au IVe corps d'active. Il est désormais question d'anéantir par la « force brutale », selon la stratégie habituelle de l'état-major prussien, la 6e armée de Maunoury, avant tout autre objectif, et donc de l'enrouler par le nord.

Le général Gallieni ne peut avoir été informé de ces décisions. Mais il connaît par ses observateurs aériens le changement de marche du IIe corps allemand. Comment lui faire face ? Il n'a aucune confiance dans l'efficacité offensive des divisions de réservistes et demande déjà du secours pour l'aile droite de Maunoury comme si la première poussée de la 6e armée était déjà enrayée au milieu de la journée.

A 9 h 30, le dimanche 6 septembre, les Français étaient pourtant campés sans accrochage notable sur les buttes de Monthyon et de Penchard, ainsi qu'à Saint-Soupplets, où ils avaient pu installer des observatoires d'artillerie. Pourquoi l'ennemi avait-il abandonné aussi facilement des positions qu'il avait emportées la veille au prix de pertes si élevées ? Le communiqué très sec du télégramme de Gallieni au GQG[1] établissait que l'assaut donné par les

1. *AFGG*, t. I, 3e vol., Annexes, 1er vol., n° 252.

Français, le 6 septembre, n'avait pas rencontré de résistance. Que conclure ? Les soldats de Maunoury avaient réussi sans efforts le but qu'ils n'avaient pu atteindre la veille pour une raison simple : les Allemands s'étaient retirés pour ne pas être tournés, plus au nord, par l'attaque du 7e corps de Vautier.

Gallieni, en regardant sa carte, comprit aussitôt que la vraie bataille était déjà reportée du sud vers le nord du champ de bataille de l'Ourcq : von Kluck avait donné l'ordre à ses corps d'active de tourner l'armée Maunoury par le nord, alors que les Français comptaient, eux aussi, envelopper von Gronau et les renforts allemands.

Une course de vitesse était engagée. Le gouverneur militaire de Paris prit conscience qu'il lui fallait expédier par tous les moyens possibles les renforts disponibles du camp retranché vers le nord du champ de bataille. Le salut de l'armée Maunoury, menacée brusquement par deux corps d'armée d'active supplémentaires bien dotés d'artillerie lourde, dépendait de sa vigilance et de sa capacité d'improviser : les taxis de la Marne entraient en scène.

*

Les ordres donnés pour la journée du 6 septembre par von Kluck à von Gronau, chef du IVe corps de réserve en position le long de l'Ourcq, sont désormais de se retrancher solidement sur la Thérouanne et d'éviter les pertes inutiles comme celles de la veille, où de trop nombreux blessés allemands ont dû être laissés sans soins sur le terrain. Même pour la conquête d'observatoires, le commandement allemand estime qu'il ne faut pas sacrifier trop de troupes.

Devant l'attaque massive de la 6e armée française, von Kluck a promis à von Gronau de lui envoyer au plus tôt des renforts de très bonnes troupes venues du sud de la Marne. Le IIe corps d'armée prussien du général von Linsingen, qui compte dans ses rangs des soldats de régiments d'élite de la garde, a reçu l'ordre de marcher sur Vareddes, petit village clé de la bataille de l'Ourcq.

Le IVe corps de réserve, en attendant l'arrivée de ces renforts, doit tenir absolument la position Vareddes-Puisieux. On lui a, de plus, annoncé la mise en route en supplément vers le nord du IVe corps d'active de von Arnim, des troupes aguerries et infatigables qui vont, elles aussi, repasser la Marne, on ne sait encore pour quelle destination.

Ces mouvements n'ont pas échappé au service français des observations aériennes. Des pilotes vêtus et casqués de cuir viennent en informer le général Gallieni, qui triomphe :

— C'est, dit-il, le commencement de la retraite des armées allemandes, c'est-à-dire l'arrêt de l'offensive allemande et de l'invasion de notre pays.

A partir du 6 septembre, en effet, l'infanterie adverse cesse de progresser. Elle doit s'arrêter pour accepter le combat.

Von Kluck manœuvre donc, dès le 6 septembre au matin, pour déborder l'armée de Maunoury vers le nord tout en s'opposant à la poussée venue de l'Ourcq sur son flanc. Il remanie profondément son dispositif.

Fébrilement, jour et nuit, les officiers d'état-major français reportent sur la carte les renseignements parvenus de diverses sources à Châtillon. Le calme de Joffre les impressionne et parfois les irrite. Le patron est frais, reposé. Il a décidé de ne plus quitter son quartier général pour être au centre de tous les renseignements des armées. Il sort du « château Marmont », prêté par le colonel Maître, où il a passé une bonne nuit. Il vient de faire sa promenade de trois kilomètres dans les bois. Les nouvelles du changement de dispositif de von Kluck ne l'inquiètent nullement. L'invasion des trois armées allemandes de l'ouest est arrêtée. N'est-ce pas ce qu'il souhaitait ?

Il faut parer au plus pressé : Maunoury est bloqué par la résistance acharnée de von Gronau et il ne peut lui envoyer d'artillerie lourde de renfort pour soutenir la percée. Les batteries de 75, si ardentes et mobiles soient-elles, n'y suffisent pas. La seule issue est donc la manœuvre, le contournement des forces allemandes par le nord-ouest. Il doit expédier les troupes disponibles dans cette direction. Lui en reste-t-il ?

Il songe d'abord aux cavaliers, les plus faciles à déplacer sans utiliser les transports ferroviaires surencombrés. Le corps de Sordet est en mauvaise posture, mais on peut le reformer pour l'expédier à l'ouest de la 6e armée, d'où il pourra manœuvrer. Le général Maunoury est informé par télégraphe qu'il peut disposer du 1er corps de cavalerie Sordet. Il empêchera les uhlans de déborder les troupes françaises. Les cavaliers doivent se regrouper autour de Dammartin-en-Goële.

Des trois divisions engagées à l'origine dans ce corps, les cuirassiers et les dragons de Paris et de Versailles sont exténués et cherchent dans les villages, chez les maréchaux-ferrants, des fers pour leurs chevaux. Le colonel Halna du Fretet, à la tête du 2e régiment, est cependant prêt à repartir, tout comme le colonel de Boissieu commandant le 32e dragons de Versailles. La 2e division de Compiègne, la 3e de Reims ont perdu beaucoup de chevaux et de dragons, mais le 5e chasseurs de Châlons du général de Cornulier-Lucinière est encore capable de charger les uhlans.

Ces cavaliers combattront à pied s'il le faut, pour éviter le mouvement de débordement du IIe corps allemand par le nord. Le corps de cavalerie de Sordet sera porté, pendant la journée du 6 septembre et la nuit du 6 au 7 au sud de la forêt de Villers-Cotterêts, pour attaquer sur La Ferté-Milon en déployant ses batteries de 75 et ses mitrailleuses.

Joffre pressent-il qu'il risque de manquer de troupes fraîches ? Il donne l'ordre au général d'Amade, à son QG de Bois-Guillaume près de Rouen, d'inquiéter sur Beauvais avec ses régiments de territoriaux les lignes de communication allemandes, pour se prémunir d'un enveloppement éventuel par l'ouest de l'armée Maunoury. La 92e division territoriale sort du camp retranché de Paris pour prendre position à hauteur de Roissy-en-France, à l'ouest de la brigade du Maroc ramenée en arrière. Elle est chargée de préparer des retranchements, au cas où les Allemands bouleverseraient les lignes françaises du général de Lamaze.

Joffre a prévu l'envoi vers l'armée Maunoury du 4e corps de l'armée Sarrail. Il sait qu'au 6 septembre, les deux divisions de cette grande unité venues de Saint-Mihiel par voie ferrée n'ont pas fini de débarquer en gare du Bourget avec leurs trains d'artillerie de campagne et que la division de cavalerie du corps Sordet vient tout juste de partir de Versailles.

Le QG du 4e corps du général Boëlle ne s'installe à Villemomble qu'à partir de 14 heures le 6 septembre. La 6e armée engage la bataille avec des effectifs incomplets et Joffre est le premier à le regretter, d'autant que l'adversaire s'est constamment renforcé. Tout dépend, ce jour-là dans l'ouest, de la pugnacité du 7e corps d'armée du général Vautier.

*

Ce 7e corps est encadré à droite par le groupe de divisions de réserve de Lamaze. La troupe de choc de l'offensive de Vautier est l'excellente 14e division du général de Villaret, avec ses régiments de Belfort, de Besançon et de Lons-le-Saunier, renforcés de solides bataillons de chasseurs utilisés comme troupes de l'avant, ou comme renforts dans les coups durs.

Parallèlement, la 63e division du général Lombard, recrutée en Auvergne, marchera à partir de Machemoret directement vers l'est, toujours en direction de May-en-Multien sur l'Ourcq.

Ces deux divisions seront accompagnées d'équipages de pont pour franchir la rivière, et pourvues chacune de deux groupes d'artillerie de campagne dotés de canons de 75. Ces groupes suffiront-ils à la tâche ? Personne ne semble s'en préoccuper.

Il est établi que Vautier aura son QG à Dammartin à partir de 5 heures du matin, qu'il le portera à Brégy aux sources de la Thérouanne à partir de 7 heures, puis à Rozoy-en-Multien tout près de l'Ourcq vers 10 heures, une avancée sur le papier qui témoigne d'un bel optimisme.

La bataille sur l'Ourcq du 7e corps, le 6 septembre, est décevante : le général Vautier se rend compte trop tard que les troupes engagées, si elles sont assez nombreuses devant le seul IVe corps de réserve de von Gronau, ne sont pas assez aguerries ni dotées en mitrailleuses et en canons. Ce qui leur manque surtout, c'est la tactique de guerre de l'adversaire, prompt à s'enterrer et à tirer le meilleur parti de sa puissance de feu. En fait, ces unités embusquées du IVe corps de réserve suffiront ce jour-là à bloquer l'offensive sur l'ouest de la 6e armée dont Joffre attendait tout.

Les Français ont reçu l'ordre d'attaquer à fond « tout ce qu'on trouverait dans la direction générale de Château-Thierry », mais les troupes combattant effectivement le 6 septembre sont celles qui étaient engagées la veille. Elles étaient ardentes au combat, malgré les pertes subies : les régiments du 7e corps de Vautier et le groupe des 55e et 56e divisions de réserve de Lamaze, renforcées par les quelques compagnies intactes de la brigade marocaine de Ditte comptaient déjà leurs morts. Les renforts demandés par Maunoury à Gallieni, et notamment la très efficace 45e division d'active du recrutement d'Alger, des zouaves et des tirailleurs aux ordres du général Drude, ne pourraient monter en ligne que le lendemain.

Les Marocains repartent, à longues enjambées, à l'aube du 6 septembre, en direction de Penchard où la surprise est de taille : les Allemands sont partis. Les morts et les blessés de la veille sont encore en place. Les tabors enterrent les leurs à leur manière, la tête orientée vers La Mecque, les corps enfouis dans des suaires de fortune, entièrement fermés et sans cercueil. Ils n'ont pas le temps

Foch est mis par Joffre à la tête de la 9e armée, chargée, dans la bataille de la Marne, de défendre les marais de Saint-Gond.
© *L'Illustration*

Franchet d'Espèrey observe l'ennemi. En donnant des assurances sur l'état moral de sa 5e armée, il a permis à Joffre d'engager, le 6 septembre, la bataille de la Marne.
© Sélection Images

Durant la bataille de la Marne, on creuse aussi des tranchées en raison du feu de l'artillerie très fort. © Branger/Roger-Viollet

Joffre au cantonnement. Contrairement à von Moltke, le général en chef français veut voir de ses yeux les combattants. © Sélection Images

La retraite avant la Marne. Hommes et chevaux sont exténués. © Coll. Roger-Viollet

Après les premiers engagements, les fantassins allemands, eux-mêmes épuisés par la poursuite, se rendent aux cavaliers français. © Branger/Roger-Viollet

Varreddes est pris au dernier moment de la bataille. La grosse artillerie allemande y tenait position, menaçant de ses pièces lourdes les lignes françaises. © *L'Illustration*

Les morts dans la plaine : une aubaine pour les charognards, des civils venus de partout pour dépouiller les corps. © *L'Illustration*

de s'attarder : les avant-gardes de leur brigade sont déjà au sud du village de Chambry, après une progression sans pertes d'environ trois kilomètres.

Gallieni a envoyé aux Marocains des renforts utiles, mais non proportionnés au parc d'artillerie allemand mis en batterie à l'arrière immédiat du front : deux groupes de canons de 75 servis par des réservistes du camp retranché de Paris. Soit, à trois batteries par groupe, vingt-quatre pièces.

Les Allemands ont installé sur les hauteurs de Vareddes et de Gué-à-Tresmes, et jusqu'à Chambry, une position d'artillerie légère et lourde d'une puissance de feu redoutable. Les Français reçoivent non seulement des obus de 77 provenant des positions de tir avancées, par exemple du village d'Etrépilly, mais des 105 et même des 150 de grande puissance, capables d'arrêter les colonnes de renforts jusqu'à dix kilomètres. Les artilleurs adverses ont assez de munitions pour tirer pendant trois jours sans discontinuer.

La supériorité du feu allemand tient à la répartition plus souple des pièces dans les unités : elles sont entièrement distribuées au niveau de la division et non, comme en France, du corps d'armée et de l'armée pour l'artillerie lourde. Chaque division d'active, dont chacun des quatre régiments est équipée d'une section de six mitrailleuses, est régulièrement dotée de neuf batteries à six pièces de 77 (soit cinquante-quatre canons contre trente-six aux Français) et de trois batteries à six pièces de canons lourds de 105 (dix-huit pièces). Les divisions de réserve disposent de trente-six canons de 77.

Les quatre batteries de gros obusiers de 150 sont en principe réservées aux corps d'armée d'active et distribuées par le général responsable de l'artillerie. Von Gronau, commandant d'un corps de réserve, a dû demander et obtenir des renforts en pièces lourdes pour être sûr de tenir solidement la position, en dépit de son infériorité provisoire en effectifs. Grâce à ce soutien, il a pu matraquer efficacement les unités d'assaut de Vautier.

*

Cette supériorité du feu allemand est vivement ressentie par les colonnes d'attaque françaises dès la matinée du 6 septembre. Maunoury s'en plaint à Gallieni. Une fois encore, on demande un sacrifice à l'infanterie qui part à la charge, sans soutien suffisant, de positions enterrées.

Les Allemands ont pris l'habitude de creuser pour se protéger du feu d'artillerie, dès qu'ils prennent un secteur en charge. Le redoutable obus explosif des 75 leur a causé assez de pertes pour qu'ils soient devenus prudents.

« Ah ! Ces satanés canons de 75, dit un Alsacien, soldat dans l'armée allemande. Ces projectiles arrivent à une allure diabolique. On n'avait pas même le temps de se jeter par terre. En une seconde, tir, sifflement et impact[1]. »

La tranchée est une solution immédiate, imposée par le commandement. Les Français se contentent de se jeter à terre, de se cacher dans les trous d'obus. A quoi bon perdre du temps et de l'énergie à se retrancher, puisqu'il s'agit de bondir très vite en avant, pour chasser l'ennemi ?

Les Allemands creusent, à perte de vue, le long de la rivière, à coups de pelles et de pioches, ils enterrent leurs mitrailleuses, leurs dépôts de munitions. Les feldwebels hurlent des ordres, pour faire creuser plus vite. Les soldats exténués s'acharnent sans protester, pour échapper aux éclats d'obus qui les harcèlent. Les Français déplacent sans cesse leurs batteries légères, échappant ainsi aux conséquences des repérages par les observateurs et aux tirs de contre-batterie des pièces lourdes.

Il n'importe : l'infanterie allemande repousse les assauts des 55e et 56e divisions de réserve du général de Lamaze. Elles attaquent pourtant résolument pour prendre pied sur les hauteurs qui dominent Vareddes, afin d'écraser sous le tir des 75 rapprochés le parc d'artillerie de von Gronau et

1. Voir Dominique Richert, *Cahiers d'un survivant*, Strasbourg, La Nuée bleue, 1998.

d'attaquer de flanc les colonnes de secours venant du sud. Mais comment déloger sans lourdes pertes les détachements allemands incrustés dans les villages briards de Chambry, Marcy et Marcilly, première ligne de défense allemande au nord immédiat de Meaux ? Les pantalons rouges de Leguay (55e division) se battent à l'arme blanche dans les rues de Chambry, un corps-à-corps à la baïonnette.

Rude expérience pour les biffins de Paris ou de Coulommiers : « On est comme des fous, dit l'un de ces fantassins de vingt ans, on tape, on tape, mais la première fois qu'on sent sa baïonnette entrer dans un ventre, ça fait quelque chose. C'est mou, il n'y a qu'à enfoncer. Seulement, c'est pour la retirer après ! J'y allais si peu fort que j'en ai piqué un par terre… Je ne pouvais plus ravoir ma baïonnette. J'ai été obligé de lui mettre le pied sur le ventre. Je le sentais remuer sous mon pied. » Le soldat arrache une touffe d'herbe pour nettoyer la lame « rouge jusqu'au quillon[1] ».

Cette mêlée sanglante, où les Français se renforcent constamment, oblige les *Feldgrauen* à reculer dans le cimetière du village, clos de murs solides, où ils ont dégagé des meurtrières. Les mitrailleuses Maxim et les mausers arrosent les assaillants qui ne sont pas soutenus par l'artillerie. Comment tirer dans une mêlée sans risquer de tuer les siens ? Les Allemands sont enfin chassés du sinistre cimetière. Ils reculent en bon ordre sur une position défensive préparée, et leur artillerie entre aussitôt en action, elle bouleverse les sépultures, abat les murs, écrase ce petit espace facilement repérable.

Les Français en sortent pour se cacher dans les fossés du chemin. Ils évitent ainsi les grêles de balles de mitrailleuses. Des cadavres de tirailleurs algériens jonchent le sol. Les fantassins de la 55e division bondissent au coup de sifflet des capitaines, poursuivent leur charge malgré la mitraille, avec une sorte de furie.

1. *In* Paul Lintier, *Ma pièce. Souvenirs d'un canonnier*, Paris, Plon-Nourrit, 1917.

Les Allemands sont installés plus à l'est, à moins de trois kilomètres, sur la ligne d'Etrépilly à Vareddes forte en canons de 77. Des tranchées fraîchement creusées sont garnies de mitrailleuses. Feu plongeant sur le terrain découvert de l'attaque. Impossible de progresser. Les fantassins de Leguay sont accablés par les batteries lourdes allemandes, hors de portée des 75.

Plus au nord, les Français de la 56e division réussissent à enlever le village fortifié de Barcy, mais à un prix très élevé. Le 246e RI de Fontainebleau mène l'assaut. Son colonel est tué, avec vingt de ses officiers : les pertes sont de 60 %, ainsi qu'aux pires jours des désastres de Lorraine. Le 289e régiment de Sens repart trois fois à l'assaut. Il subit des pertes considérables.

Ces soldats ne sont que des réservistes du groupe de Lamaze, et pourtant ils se battent avec autant d'acharnement que les unités d'active. Une fois maîtres du village, les survivants tentent de s'y retrancher. Ils sont bombardés sans interruption pendant trois jours et trois nuits par les pièces lourdes qui réduisent la position à l'état de ruine et abattent le clocher de l'église.

Encore plus au nord, les Allemands ont évacué Marcilly pour ne pas être débordés par les bataillons de la 55e division du général de Dartein. Les Français l'occupent, mais ils sont aussitôt bombardés et massacrés dans les maisons réduites en cendres. Sur un tableau noir de l'école, un chasseur à pied blessé à mort a eu le temps d'écrire : « Le 23e bataillon de chasseurs, le 350e d'infanterie, le 361e de Reims ont battu les Prussiens ici. Vive la France ! » Cette inscription était montrée aux visiteurs sur le champ de bataille après la fin de la guerre[1]. Les réservistes qui sont morts ici n'étaient pas une troupe d'élite, mais l'armée de la nation. Ils ont été conscients d'être sacrifiés.

Les Marocains, ce jour-là, n'ont pas été plus heureux. Ils n'ont reçu le soutien des zouaves et des tirailleurs de la division d'Alger qu'en fin de journée. Jusque-là, ils ont

1. Voir *Guide des champs de bataille de la Marne*, Presses du Village, 1984.

attaqué au sud de la 55e division, flanqués de la cavalerie de Gillet. Le 1er régiment a participé à l'attaque de Chambry, soutenu par le tir maladroit des batteries de 75 dont les artilleurs, venus du camp retranché, étaient encore inexpérimentés. Heureusement, les pièces de la brigade Gillet, mieux servies par les cavaliers, se mettent en batterie et soutiennent les Marocains qui ne peuvent cependant se maintenir dans la place, sous le tir dru des canons adverses.

*

Les pièces de 75 de la cavalerie, appelées en renfort, sont incapables de le contrebattre, malgré leur savoir-faire. Ce n'est pas faute de ficher en terre la flèche de leurs canons. Les officiers du 2e régiment marocain ont alors la surprise de découvrir qu'ils sont arrosés par les batteries lourdes des canons de 150 dont le corps de réserve de von Gronau était jusque-là dépourvu. Il vient assurément de recevoir le renfort de l'artillerie du IIe corps d'active poméranien venu du sud, tirant calmement ses salves hors de la portée des canons français. Dans le village de Barcy, la 55e division s'est fait hacher par les mêmes canons. « Rien ne peut briser la résistance des Allemands », conclut le lieutenant Juin au soir de la bataille du 6 septembre.

A la même heure, l'attaque du 7e corps de Vautier vient également d'être arrêtée, malgré l'allant des soldats de l'Est de la 14e division du général de Villaret. En fin d'après-midi, Maunoury donne à Vautier l'ordre d'avancer une unité vers le sud-est où il craint une reculade de la 56e division du général de Dartein, de Champ-Fleury vers Forfry. Son quartier général est à Brégy, à moins de quatre kilomètres de Forfry, et il ne sait pas ce qui s'y passe.

Impatienté, Maunoury apprend que toutes les unités de Vautier ont été arrêtées par le feu nourri du IVe corps de réserve, dont les batteries de 77 sont au plus près. Les

Français n'ont progressé que sur la ligne Acy-Puisieux-Marcilly-Chambry. Impossible d'avancer au-delà.

A 20 heures, le général suspend l'offensive jusqu'à 4 heures du matin. Il donne l'ordre au corps de Vautier de déborder par le nord la droite allemande. Les réservistes de Lamaze doivent se retrancher sur la ligne avancée de trois à quatre kilomètres qu'ils ont douloureusement conquise en vue d'un nouvel effort, prévu pour le 7 septembre.

La 61e division de réserve des *ch'timis* du général Deprez, au repos vers Pontoise après les hécatombes subies près de Sailly-Saillisel au cours de la retraite du mois d'août en Picardie, est en principe destinée à rester en seconde ligne avec la 45e d'Alger. Le général Vautier portera son état-major vers le sud, à Monthyon. Aucun renfort d'artillerie n'est attendu, en dehors des batteries divisionnaires normales des nouvelles unités.

Tout se bloque et se fige sur le front de l'Ourcq où les Français n'ont progressé, au prix de pertes sensibles, que de quelques kilomètres. Il est clair aux yeux de Maunoury comme de Gallieni que le seul moyen de vaincre est de déborder par le nord les défenses de von Gronau.

On compte sur les cavaliers pour décider rapidement du sort de la bataille en attaquant dans cette direction. A 20 heures, Maunoury croyait encore pouvoir réussir l'opération. Il apprend deux heures plus tard, par des reconnaissances, que c'est lui qui risque d'être tourné, par Etavigny et le bois de Montrolle[1]. Il compte donc que l'aile gauche du 7e corps se portera encore plus vite au nord, avec l'aide des cavaliers de la 5e division chargés d'attaquer « dès le point du jour ».

La 61e division de réserve du général Deprez surgira à la rescousse, au besoin embarquée par chemin de fer pour gagner du temps. Il n'est plus question de laisser ses Bretons à l'arrière de la bataille : un régiment d'infanterie se portera sur Betz, immédiatement. L'unité sera suivie de

1. Voir *AFGG*, t. I, 3e vol., Annexes, 1er vol., n° 374.

deux autres divisions de cavalerie du corps Sordet portées à hauteur de Nanteuil-le-Haudouin. Il s'agit de « canonner l'ennemi sur ses arrières ». La bataille prend de l'ampleur. Elle s'est reportée d'une vingtaine de kilomètres vers le nord.

Encore faut-il poursuivre le mouvement amorcé au sud en direction de l'est, vers l'Ourcq, le 7 septembre. Impossible, les Français restent cloués au sol par l'artillerie lourde allemande et ne parviennent pas à déboucher, en dépit de la reprise de combats furieux dans les villages réduits à l'état de ruines de Marcilly, Barcy et Chambry.

Les Allemands restent inexpugnables sur la ligne d'Etrépilly à Vareddes. Une seule attaque atteint leurs tranchées devant Chambry, mais elle est bousculée par des réserves fraîches de l'ennemi. Ces positions vont rester inébranlables jusqu'au 9 septembre en raison du tir des pièces lourdes et des nids de mitrailleuses multipliant les pertes dans les bataillons français d'attaque.

La 56e division de réserve connaît là un véritable calvaire et laisse sur le terrain beaucoup de ses Champenois des régiments de Reims, Châlons et Troyes. Il n'y a pas de « miracle de la Marne » sur la route de Vareddes, la place forte allemande, mais un douloureux chemin de croix à Etrépilly et sur le plateau au nord du village.

Etrépilly était protégé sur les hauteurs, dans la campagne proche, par les fermes fortes de Poligny, de Nogeon et de Champfleury, constituant d'énormes redoutes aux murs épais. Ces vastes exploitations de plusieurs centaines d'hectares pouvaient abriter des bataillons entiers. Les Allemands s'y étaient retranchés et bravaient les assauts avec aisance.

Les pantalons rouges devaient grimper sous le feu ennemi pour atteindre Champfleury, à partir de la Thérouanne. La 56e division du général de Dartein y perdit beaucoup des siens, et quand la ferme fut prise, nul ne put en sortir en raison de la violence des tirs d'artillerie adverses. Impossible aux Français d'enfoncer le front Etrépilly-Vincy, inexpugnable. Les Allemands, le 7 septembre, venaient de transformer le secteur principal de l'offensive de Joffre en enfer d'acier dans les champs de betteraves.

*

Les Français furent d'un courage insensé, les Allemands d'une résistance incroyable. Les tubes de leurs canons de 77 rougissaient sous l'effet de la cadence du tir. Ils subissaient d'énormes pertes par le feu des 75 qui devaient cependant se raréfier, contrariés par les 150 et les 105 lourds de Vareddes qui les faisaient sauter pièce par pièce. Les tirailleurs ne quittaient pas leurs trous individuels ni les mitrailleurs leurs abris, en dépit de leur extrême fatigue.

Et les pantalons rouges continuaient leurs assauts, baïonnette au canon. Les Champenois de la 56e, les Auvergnats de la 63e enlevaient de haute lutte les fermes de Nogeon et de Poligny, mais n'en débouchaient pas. L'artillerie redoutable du plateau de Trocy, une hauteur au nord d'Etrépilly, les en empêchait. Leurs 105, d'une singulière efficacité, prenaient leurs objectifs sous le feu depuis la ferme de Nogeon, réduite en amas de pierraille, jusqu'à Barcy, Puisieux, Marcilly. Les Français devaient s'enterrer pour tenir sur leurs maigres conquêtes si chèrement acquises.

Au matin du 7 septembre, en suivant la Thérouanne, les Soissonnais du 350e régiment réussirent à s'infiltrer entre les lourdes bâtisses de pierres d'Etrépilly, mais ils durent se replier quelques heures plus tard. Ils étaient repartis la nuit, atteignant le plateau, avant d'être surpris par des rafales de mitrailleuses. Le colonel du régiment ordonnait une charge à la baïonnette, sans le moindre secours de l'artillerie incapable de repérer ses cibles dans l'obscurité. Les poilus se croyaient-ils à l'abri du canon ennemi ? Ils découvrirent très vite les positions des mitrailleuses qui les fauchaient en rafales serrées. Ils en prirent deux d'assaut. D'autres se démasquèrent. Ils durent redescendre la pente, sans pouvoir enlever leurs blessés.

Cette nuit-là, les zouaves du 2e régiment attaquent le cimetière d'Etrépilly où les Allemands se sont retranchés. Ils commencent par enlever à la baïonnette, dans un combat obscur et sanglant, les rues du village. Les mitrailleuses les balayent depuis les meurtrières du mur du cimetière. Des renforts arrivent à l'adversaire, marchant de nuit au son des balles, guidés seulement par les cris et les signaux intermittents des lampes-tempête des feldwebels. La mêlée est effroyable. Les zouaves se défendent à l'arme blanche. Les Allemands perdent du monde, mais le régiment de zouaves n'a plus que la moitié des siens. Le lieutenant-colonel Dubujadoux tombe à leur tête. Ses proches évacuent son corps sur un brancard. Les trois quarts des officiers sont tués.

Les Allemands constituent un bûcher de cadavres pour éliminer l'infection, tant les morts sont nombreux, dans la position conquise, sous un hangar bientôt canonné par les 75. Les zouaves n'ont pu se maintenir, ils ont dû se terrer, pour échapper à la poursuite du feu d'artillerie, dans leurs tranchées de Barcy.

Les horreurs du champ de bataille d'Etrépilly auraient dû être un enseignement pour le haut commandement. Il n'était plus possible d'imaginer une offensive sans une supériorité absolue de l'artillerie. Les Allemands venaient de réduire les assaillants grâce au feu de leurs canons lourds et des pièces de 77 amenées à l'avant, grâce surtout à l'enfouissement systématique de leurs défenses. Ils avaient mis au point la future guerre des tranchées dans cet épisode limité mais significatif de la bataille de la Marne.

La position de Vareddes était essentielle à leur résistance victorieuse. Sur ces hauteurs bordées de tranchées de mitrailleuses, le prévoyant von Gronau soutenait l'assaut des 45e et 55e divisions françaises, sans compter la brigade marocaine, par le feu de son artillerie inaccessible. Avant d'aborder la ligne principale de résistance, les Français devaient parcourir un terrain nu de deux kilomètres : c'était marcher à la mort. Dans l'une de ces attaques insensées avait été engagé un autre régiment de zouaves, aussi héroïque que le premier, dont le chef de bataillon, d'Urbal, devait mourir au combat. Il fut enterré dans un trou d'obus.

Les batteries lourdes et légères allemandes n'étaient nullement installées sur les hauteurs, mais dans la cuvette, sur les pentes ouest, à l'abri des observateurs français et hors de portée des canons de 75. Elles étaient protégées par des tranchées creusées sur les crêtes autour de Vareddes et garnies de nids de mitrailleuses.

Un autre gîte de canons lourds avait été minutieusement organisé, avec ses réseaux de téléphones enterrés et ses stocks d'obus, près d'un village, Gué-à-Tresmes, où était par ailleurs installé un centre sanitaire : c'est dire si les artilleurs prussiens étaient à l'abri, bien dissimulés par le relief. Les batteries lourdes étaient également disposées dans une dépression, et reliées par fil aux guetteurs et régleurs de tir des hauteurs.

Ainsi l'ensemble défensif constitué devant l'Ourcq, et qui interdisait la route de Meaux, par où parvenaient les renforts et les munitions, était-il inexpugnable. Ce nœud sensible de la bataille devait rester presque jusqu'au bout aux mains de l'adversaire, en dépit des efforts héroïques mais forcément inefficaces des assaillants.

*

Maunoury faisait-il déjà son deuil de la réussite de l'offensive sur cette partie du front ? Il avait pourtant réussi à progresser le 6 au matin à la cadence prévue, mais devant la résistance acharnée de l'ennemi et impressionné par le déchaînement de l'artillerie lourde auquel il ne pouvait faire face, il ne songeait, comme Gallieni, qu'à tourner la position vers le nord, en tout cas pour éviter d'être lui-même enveloppé par les renforts venus du sud que von Kluck portait systématiquement à l'extrême nord du champ de bataille.

Où sont les troupes de renfort ? Le 4e corps dérobé à l'armée Sarrail est long à venir. Le 101e d'infanterie du recrutement de Dreux, embarqué le 3 septembre à Sainte-Menehould en fin d'après-midi, est attendu dans la caserne de Saint-Cloud, d'où il est parti pour la bataille. Son voyage est interminable : les hommes restent entassés dans les wagons les 4 et 5 septembre. Le convoi est retardé par un accident près de Brienne, par un déraillement avant Montereau. Les voies surchargées s'écrasent, les ponts fléchissent, des éboulis encombrent les tunnels. La voie doit être surveillée comme le lait au feu.

Les quais de débarquement sont improvisés, éclairés par des lanternes à pétrole, souillés de paille sale. Faute de passerelle, on ne peut décharger les chevaux d'artillerie qu'en les contraignant à sauter à terre, au risque de fractures. Les hommes sont trente par wagons, parfois plus. Le train avance souvent à la vitesse d'un homme au pas.

La 8e division du général de Lartigue, embarquée le 2 septembre dans l'Est, atteint les gares parisiennes de petite ceinture le 6 seulement. Les quatre régiments de Laval, Mayenne, Mamers et Vannes sont épuisés par le voyage et doivent être recomplétés.

Ils accueillent des hommes venus des dépôts des circonscriptions de recrutement et qui doivent, séance tenante, devenir des soldats. Issus de la deuxième réforme, des centres accélérés de formation de conscrits, ces effectifs de complément sont les bienvenus dans les unités où les officiers tués commencent à être remplacés par des gradés venus de la cavalerie. En quelques heures, les nouveaux chefs doivent se faire accepter de la troupe, l'aristocratique officier de dragon par les maraîchers de Montreuil, le lieutenant sorti de Saumur par les fripiers de Nanterre. Les blessés légers affluent, chassés des salles de soin, et les planqués des bureaux parisiens. La division Lartigue a perdu du monde dans les combats des Ardennes et des passages de Meuse. Elle a besoin de toucher des recrues et même de recevoir du pays, de Mamers, de Vannes ou de Laval, les nouveaux élus des conseils de réforme et des commissions sanitaires.

Tout cela prend du temps, et crée de la confusion. C'est une chance pour l'armée en retraite que de pouvoir toucher plus de 10 000 hommes de renfort fraîchement arrivés des dépôts. Après la « bataille des frontières », on décomptait dans ses rangs 250 000 manquants, morts, blessés ou prisonniers. Les Allemands n'avaient pas eu cette possibilité de combler rapidement leurs 200 000 pertes. Ils n'étaient capables d'aligner sur leur front (compte tenu des départs en Russie et du siège de Maubeuge) que 750 000 mausers, contre un million de lebels. Ils étaient donc en infériorité numérique. Il est vrai que les assaillants, épuisés par les marches et les combats, étaient rompus au dur métier de la guerre, alors que l'amalgame des anciens et des nouveaux venus créait du désordre dans les bataillons français. Les *bleus* ignoraient tout du combat, ils ne savaient pas reconnaître au son les balles des fusils et celles des mitrailleuses, distinguer les éclatements des divers canons. Ils apportaient seulement leur bonne volonté et leur ardeur patriotique. Nombreux étaient parmi eux les volontaires de dix-huit ans.

La 8e division du général de Lartigue débarque en gare de Pantin. Par Saint-Denis, elle marche au pas sur la chaussée défoncée qui conduit à Bois-Colombes et Gennevilliers. Ces paysans de la Sarthe traversent le paysage industriel le plus sinistre de la banlieue. Ils arrivent enfin à Asnières où ils sont cantonnés dans les maisons et les villas, les convois et l'artillerie divisionnaire sur les places publiques.

Gallieni leur rend visite. Les habitants d'Asnières l'acclament. Le général de Lartigue lui explique que beaucoup de ses compagnies n'ont plus à leur tête qu'un officier, souvent un simple sous-lieutenant ou parfois un sergent-major. Elles ont besoin de repos. Elles ne disposent d'aucun outillage pour creuser des retranchements et n'en ont du reste nulle envie, considérant ce travail comme celui des territoriaux.

Il n'est pas question d'organiser la défense. Ils doivent repartir très vite en campagne. Maunoury les attend au nord du champ de bataille. Leur marche vers l'ouest de Paris a été inutile ! L'ennemi ne se présente pas sur l'Oise. Gallieni a redouté en vain une attaque l'obligeant à couvrir l'ouest de la capitale et même le nord-ouest. Les poilus doivent reprendre la marche en sens inverse, pour être embarqués en direction de l'Ourcq. Ils ont perdu des heures précieuses et Maunoury s'impatiente.

La 7e division du général de Trentinian est encore plus en retard que celle de Lartigue. Elle a perdu beaucoup des siens à Ethe, dans les Ardennes, puis à Marville sur la Meuse, et encore aux combats de Beauclair et de Tailly. Elle a embarqué avec ses effectifs très incomplets à Sainte-Menehould, dotée de ses trois groupes de 75.

Le général de Trentinian s'impatiente de la lenteur des débarquements en gare de Villemomble. Les pantalons rouges, fêtés par l'habitant, restent l'arme au pied, attendant encore des nouvelles de leur destination le 7 septembre au matin, alors que la bataille fait rage pour contourner l'ennemi au nord de l'Ourcq, et que les Français n'y sont pas, si l'on en croit la rumeur, à leur avantage.

Les régiments qui composent cette 7e division, du recrutement de Dreux, d'Alençon ou d'Argentan, puisent dans les dépôts parisiens des effectifs de complément, mais personne ne songe à transporter au front cette troupe disparate, en partie épuisée par une retraite fertile en combats, en partie inexpérimentée. Où donnera le 4e corps du général Boëlle ? Nul ne semble pressé d'en informer son général, ni Gallieni ni Maunoury.

*

Les bureaux s'ingénient à dérégler les mouvements. La multiplicité des commandements contrarie sur le terrain les desseins de Joffre. Le corps de cavalerie de Sordet est à ses yeux essentiel pour amorcer le mouvement de débordement par le nord des renforts allemands, le 7 septembre. Il est la seule troupe immédiatement disponible sur les cartons de l'état-major.

Or ces cavaliers ont été pris en main par Gallieni, et placés par lui au sud de la Seine, face à l'ouest. Par ordre du 5 septembre, l'état-major de Maunoury fait savoir au gouverneur de Paris que Joffre vient de lui attribuer les cavaliers et qu'il entend les récupérer sur-le-champ. Le colonel Halna du Fretay, le lieutenant Tony de Vibraye, du 2e cuirassiers, s'impatientent. Comment engager une longue marche avec des animaux épuisés ? Ils sellent de nouveau leurs chevaux fourbus pour rejoindre, le 7 septembre seulement, la 6e armée dans la région de Nanteuil-le-Haudouin. Ils ne sont pas en état d'attaquer immédiatement et mettent pied à terre, attendant de nouveaux ordres.

Les renseignements sur le front allemand parvenus à l'état-major de Maunoury concordent : le lundi 7 septembre au matin, von Kluck n'est plus à Charly-sur-Marne. Il s'est installé à Vendrest, à l'est de l'Ourcq, à hauteur de May-en-Multien. Privé de téléphone, il n'a lu que tardivement l'ordre du jour de Joffre distribué aux officiers français et saisi sur des prisonniers. Il ne peut douter que la mêlée ne devienne générale. Quand il en prend conscience, il choisit clairement. Il veut livrer au nord de l'Ourcq une bataille d'enveloppement comme il les aime.

Il a déjà décidé la remontée des corps d'active II et IV. Les Prussiens du Brandebourg, les soldats du Schleswig-Holstein du IIe corps ont accompli une marche exténuante de cent kilomètres sans nuit de repos. Le IVe corps de Magdebourg suit, pour grimper au nord jusqu'à Betz. Il y trouve le détachement Schulenburg, rassemblé avec les compagnies de garde des routes et des voies ferrées. Von Kluck fait flèche de tout bois pour encercler les Français. Il décide encore que les IIIe et IXe corps, les seuls qui restent en place au sud de la Marne, quitteront leur position pour attaquer devant Paris. Il compte sur ses Prussiens pour emporter la décision.

Maunoury patauge. Au général de Lartigue qui demande des ordres, il indique la direction de la Marne au sud de Meaux, dans la boucle de Montceaux, d'où les Allemands marchant vers le nord ont disparu depuis longtemps. Pour rassurer les Britanniques sur leur flanc gauche, il oblige Lartigue à faire de la figuration. Le général de Trentinian cantonne sur le plateau proche de Rosny-sous-Bois où ses unités, étrillées au combat d'Ethe au mois d'août, se morfondent dans leur inaction. La vie n'a pas changé dans la petite ville dont les cafés sont pleins de consommateurs en uniforme, dans les pâtisseries et boulangeries où les civils font la queue, on peut même trouver une place dans un établissement de bains et les coiffeurs ne chôment pas. Le canon gronde à trente kilomètres. Nul ne semble pressé de partir. Les officiers envoient une voiture pour se procurer des cartes de la région au service géographique de la rue de Grenelle. Les ordres de la 6e armée semblent avoir oublié la 7e division.

Pourtant le combat fait rage depuis l'aube du 7 septembre sur le champ de bataille de l'Ourcq et surtout des collines et du plateau du Multien. Marcilly, Barcy, Chambry sont toujours l'objet d'âpres contre-attaques : un front s'y est constitué, immobilisé par les défenses allemandes et par les positions françaises installées en face. Les régiments du 7e corps ont pris pied au nord sur le plateau d'Etavigny pendant que le groupe des deux divisions du général de Lamaze s'est aligné autour de Puisieux.

Maunoury espère encore déborder le IIe corps allemand par le nord. Il a expédié vers Villers-Saint-Genest la 61e division de réserve du général Deprez jusque-là cantonnée à Pontoise. Elle est si épuisée que le commandement a organisé son transport par voie ferrée sur Nanteuil-le-Haudouin dès le 7 septembre.

Le combat s'engage férocement sur cette ligne de

l'Ourcq prolongée vers le nord, longue de quarante-cinq kilomètres, toutes artilleries engagées d'Etrépilly-Marcilly jusqu'à Etavigny et Betz. Les troupes de la 56e division s'efforcent encore d'enlever Etrépilly. Du plateau dominé par la ferme de Nogeon, les canons français se déplacent sans cesse pour tenter d'éliminer les batteries ennemies par un tir précis, où se distingue Robert Nivelle, le colonel du 5e régiment.

Ceux du 7e corps, partant de Puisieux, ont enlevé au prix de beaucoup de pertes la ferme de Poligny et des batteries françaises s'y installent aussitôt. De part et d'autre, les soldats s'enterrent. Les batteries allemandes de 77 tirent depuis la ligne Vincy-Etrépilly et les obusiers lourds sont mis en batterie sur le plateau de Trocy-en-Multien. A Vincy, le 298e régiment de Roanne a été réduit de moitié. Au 60e de Besançon, il ne reste que dix officiers et 900 hommes à peine sur 3 000.

Plus au nord, les batteries de 75 ont pris position en grand nombre entre Fosse-Martin et Acy-en-Multien. Toute l'artillerie du 7e corps est ici rassemblée en vue d'une action décisive. Nivelle tente d'écraser complètement le feu des 77 d'Etavigny. Les morts sont nombreux sur le plateau d'Acy et de Vincy, où partent à l'assaut les régiments du 7e corps. La 63e division des Auvergnats de Lombard marche sur Fosse-Martin, la 14e de Villaret sur Bouillancy. Les bataillons n'avancent que sous la protection du feu des 75, très actifs dans la région. Ils ont abattu le clocher du village, observatoire allemand.

L'état-major de Maunoury, totalement ignorant du terrain, croit que les attaquants n'ont devant eux que des pelotons de cyclistes, de la cavalerie et de l'artillerie à cheval. En fait, les biffins, aidés par plusieurs bataillons de chasseurs à pied, se heurtent à l'avant-garde de la redoutable infanterie du IIe corps. A 18 heures, le 6 septembre, la 14e division commence à pénétrer dans le village d'Acy-en Multien, la 63e attaque une ferme fortifiée près de Vincy.

Enfin l'adversaire est rejeté, à force d'attaques sanglantes, sur le plateau d'Etavigny, mais il reçoit de constants renforts et garde les moyens de revenir sans cesse à la charge. Un bataillon de chasseurs alpins de Montbéliard recule, accablé par le feu.

Le général Vautier proteste contre cette reculade : les ordres sont de maintenir la poussée vers l'est coûte que coûte[1]. Un véritable front s'organise des deux côtés, avec tranchées et nids de mitrailleuses. Vautier a fini par se résigner à l'immobilité, « en raison de l'effort fourni par la troupe et de son état de fatigue », pas d'attaque de nuit, décide-t-il. Les munitions commencent à manquer et les pertes sont « sérieuses ». Il n'est pourtant pas question de reculer, mais plutôt et plus que jamais de se « faire tuer sur place ». L'attaque de débordement a donc échoué.

La vraie bataille de mouvement s'engage encore plus au nord, dans la grande plaine de Betz à Nanteuil-le-Haudouin, où le IVe corps d'active allemand attaque furieusement, avec l'aide de ses canons lourds. Dès 14 heures, le 6 septembre, la présence de cavaliers ennemis est signalée dans Betz. Ils avancent vers Nanteuil. On apprend qu'il s'agit de fuyards. La 5e division de cavalerie du corps Sordet est mise en état d'alerte ainsi que les autres unités pour prêter main-forte aux fantassins.

Les batteries de 75 tirent à vue sur les fusiliers allemands qui engagent le fer avec les biffins de la 61e division. Le combat est sauvage. Il est encore indécis. Les ordres de Maunoury, depuis son nouveau QG de Campans le 7 septembre à 18 h 50, sont de maintenir la 61e division dans les bois de Montrolles, de pousser la 7e de Trentinian avec l'artillerie du corps d'armée jusqu'à Betz. Le but est de franchir l'Ourcq et de tourner l'ennemi, pendant que le corps de cavalerie battra la région de La Ferté-Milon.

La manœuvre est décisive. Elle suppose que la 7e division d'infanterie dispose de ses deux brigades. Elle n'en a qu'une en ligne, acheminée par voie ferrée. La seconde

1. Voir *AFGG*, t. I, 3e vol., Annexes, 1er vol., n° 441.

manque à l'appel. Gallieni le sait. Les renforts doivent arriver à tout prix si l'on veut que l'offensive réussisse. La 7e division de Trentinian doit être jetée tout entière d'extrême urgence dans la bataille de contournement. Le gouverneur de Paris, qui vient d'être pratiquement dépossédé de son commandement par Joffre[1], pense alors aux taxis.

*

Comment ne pas évoquer cet épisode, qui a rendu célèbre la victoire de la Marne et crédibilisé la légende du miracle ? Tout semblait perdu du côté de Nanteuil-le-Haudouin, mais les taxis auraient changé le sort de la bataille.

Gallieni les utilisait déjà, pour transporter des obus, contre des bons de réquisition. Il n'avait pas sauté d'enthousiasme quand son collaborateur Clergerie avait suggéré l'enlèvement d'une brigade de la 7e division, soit de 5 000 à 6 000 hommes, pour hâter son transport vers le nord. Il n'aimait pas recourir à des services civils. C'était l'affaire de l'armée de transporter les siens. Elle avait réquisitionné 8 500 véhicules civils et 1 500 conducteurs en août 1914, dont 1 500 voitures de tourisme, dans ses quatre centres de Dijon, Lyon, Reims et Versailles. Le nouveau service automobile, saturé, ne pouvait pourtant pas faire face aux demandes de l'état-major.

Aussi le général Clergerie insiste-t-il. Les taxis parisiens marchant à la course au tarif de 2,50 francs l'heure au drapeau pour plus de deux personnes chargées sont très nombreux dans la capitale. Douze mille circulaient en ville avant la guerre, trois sur quatre étaient des Renault. Compte tenu des réquisitions antérieures, et des départs

---

1. Par message téléphoné du 7 septembre à 9 heures, le général en chef a fait savoir à Gallieni qu'il prend directement la 6e armée sous ses ordres : « En raison éloignement 6e armée, et intérêt qu'il y a à ce qu'elle reçoive directement les instructions qui lui sont destinées, j'ai décidé de les lui faire parvenir directement. » Voir *AFGG*, t. I, 3e vol., Annexes, 1er vol., n° 772.

des chauffeurs au front, il est encore permis d'en espérer douze cents, capables de transporter en deux fois 6 000 hommes, soit une brigade d'infanterie.

Gallieni hésite. Il connaît le général de Trentinian, « chef énergique » aux « plus belles qualités militaires », qu'il a eu sous ses ordres à Madagascar. Mais cette 7e division n'est pas en état : martyrisée à Ethe, décimée sur la Meuse, ses soldats n'ont pas le moral des troupes intactes, ils viennent de Paris et de sa région et n'ont aucune ardeur à en découdre. Elle a été, écrit Gallieni, « très éprouvée dans sa retraite sur Verdun et les hommes étaient littéralement épuisés et incapables d'aucun effort ». Ils ont lanterné quatre jours dans les trains, et se morfondent inoccupés sur les trottoirs de Villemomble, dans la banlieue la plus sinistre. Les Allemands, pour réussir la manœuvre au nord de l'Ourcq, ont envoyé leurs meilleures troupes. Joffre a désigné cette 7e division de réservistes, à peine bonne à tenir un secteur, et la 61e division également de réserve, avec des cavaliers dépareillés, accablés par les marches et contremarches, pour faire face aux meilleurs régiments prussiens. Comment espérer un succès ?

Si l'on ne gagne pas, il faut ne pas perdre, tenir à tout prix le terrain, les empêcher de passer. L'état-major a massé dans la zone dangereuse tout le canon disponible et les artilleurs réussissent des miracles, massacrant les troupes d'assaut à la mitraille, comme en 1793. Il faut des biffins pour faire nombre, couvrir le terrain, viser chacun son homme. Envoyer des renforts, quels qu'ils soient, pourvu qu'ils partent vite, en taxi.

Gallieni s'y résigne, et ne s'en fait pas gloire : il signe l'ordre de réquisition des « taxis-autos ». Les agents de police reçoivent l'ordre de les arrêter dans les rues, et de les libérer immédiatement de leurs voyageurs pour les expédier, vides, vers l'École militaire ou l'esplanade des Invalides. Ils doivent être réunis par groupes de cent sous les ordres d'un officier. Ils chargeront les soldats de la

7e division en banlieue où ils attendent, faisceaux formés, pour les conduire à Nanteuil-le-Haudouin.

Telle quelle, l'opération semble simple. Le premier problème est de rassembler assez de taxis. On en souhaite au moins mille. Clergerie est loin du compte. Selon le rapport du lieutenant Lefas, chef de convoi, au commandant chef d'état-major de la direction des transports du camp retranché, la demande de Clergerie a été formulée le 6 septembre à 11 heures du soir. La nuit est tombée quand on traque les voitures dans les garages de Levallois-Perret. On ne trouve que 10 conducteurs disponibles immédiatement, au lieu des 150 constituant une « réserve permanente ». Le premier convoi comptera donc moins de deux cents voitures réunies à grand-peine. Il sera rejoint sur la route par une deuxième file d'automobiles militaires (et non de taxis) conduite par le capitaine Roy.

Les convois sont restés sans ordres jusqu'à 4 heures du matin, dans la nuit du 6 au 7 septembre. Ils ont alors effectué un premier voyage au front dont ils sont rentrés à 16 heures pour faire demi-tour vers Livry-Gargan et charger à 19 heures un second convoi vers Nanteuil-le-Haudouin. L'opération s'est déroulée dans l'improvisation, et non sans une certaine confusion [1].

Maunoury lui-même a signé l'ordre : « La 7e division d'infanterie sera transportée par les moyens les plus rapides fournis par le camp retranché de Paris, pendant la nuit du 7 au 8 septembre de la région de Gagny vers Nanteuil-le-Haudouin. La route Le Bourget, Le Mesnil-Amelot, Dammartin et Nanteuil devra être complètement dégagée toute la nuit pour le transport de cette unité [2]. »

*

1. Le rapport Lefas est cité dans le livre publié par les éditions La Chasse au Snark : *L'Epopée des taxis de la Marne*, 1999.

2. Cité par le commandant Carré, *La Véritable Histoire des taxis de la Marne*, Paris, 1921.

Il ne reste dans Paris que 5 000 chauffeurs, les plus âgés ou les réformés. Sept mille ont été mobilisés. Cinq cents voitures sont théoriquement disponibles. Beaucoup ont été engagées dans les transports de vivres au front et même d'obus aux batteries du camp retranché. Lefas et le sous-lieutenant Le Chambre organisent un premier convoi de cent cinquante voitures qu'ils lancent sur La Villette, et quatre cents autres de civils et militaires gagnent Le Bourget. Le capitaine Roy expédie un deuxième convoi de 250 autos militarisées et d'autant de véhicules de toutes sortes, rassemblés par réquisition mais qui ne sont pas des taxis.

Ils ne partent pas tout de suite. Les dragons du général de Mitry et les convois d'artillerie encombrent la route du front pour arriver au plus vite au nord. A 17 heures, le 7 septembre, le général Laude, chef du service des transports, rengagé à soixante-huit ans, vient inspecter les voitures et s'assurer des provisions de pneus de rechange et d'essence en bidons. Les chauffeurs doivent partir à vide de Paris vers Villemomble et Gagny afin de charger les combattants tout juste débarqués des gares pour les transporter au nord, à hauteur de Nanteuil-le-Haudouin.

Une partie de la 7e division monte en ligne par chemin de fer avec toute son artillerie, soit trois groupes de 75. Pour couvrir les cinquante kilomètres, l'autre brigade, la 14e du général Felineau comprenant les 103e et 104e régiments d'infanterie. Les hommes sont cantonnés à Villemomble et à Gagny, renforcés de Parisiens levés dans les dépôts pour combler les pertes.

Un concours de foule les environne aussitôt. Les femmes, les badauds, les parents. Ils sont « entourés, assiégés par des cohortes féminines venues reconnaître les leurs ». On dit aux soldats « que nous avions remporté une grande victoire et que nous avions fait cent mille prisonniers[1] ». Gallieni paraît, acclamé à son habitude.

1. *Op. cit.*, p. 54. Article de Christian de Bartillat, ancien maire d'Etrépilly.

Les soldats se redressent, bombent le torse, reçoivent des vivats, comme défenseurs de la patrie. Les taxis donnent un puissant sursaut au moral : voilà les biffins exténués transformés en héros avant d'avoir combattu. Ils sont les sauveurs de Paris.

Les sections se rangent le long des voitures immobiles, chargent les sacs, les armes, et les pantalons rouges embarquent, à cinq par taxi, le cinquième sur le garde-boue, *flingot* en main, casquette de guingois. Encore des vivats, sous l'œil attendri du général Laude.

La file de taxis démarre, lourdement. Manquant d'expérience pour la marche en colonnes, « les chauffeurs faisaient des parcours individuels, des arrêts inopinés aux carrefours, d'où la vitesse irrégulière, l'allure désordonnée, les pannes et les embouteillages, les accidents qui se multiplient ». Les cahots sur les pavés de la route bousculent les passagers, font chuter les lebels, pourtant les hommes épuisés s'endorment, les têtes dodelinent sur les poitrines. Ils se réveillent en sursaut quand la voiture crève un pneu ou verse dans le fossé. Les conducteurs n'ont pas droit aux phares, ils avancent à tâtons dans la nuit noire.

A partir du Plessis-Belleville, les voitures roulent au pas, gênées par les accidents et le désordre. Les soldats se réveillent au croisement de la route de Nanteuil et de celle de Silly-le-Long. Les chauffeurs attendent les ordres. Ils entendent distinctement les salves d'artillerie incessantes, même de nuit, et des éclairs trouent le ciel. S'ils avancent un peu plus loin, ils seront au cœur de la bataille.

Pas un coup de canon des pièces lourdes allemandes ne vient contrarier ce transport, pas un obus n'éclate sur la route elle-même. Les éclatements explosent plus loin vers le nord, invisibles. Les pantalons rouges ont retrouvé le moral. Il est plus confortable de se rendre au front en taxi qu'à pied.

Il faut croire que les soldats de la 7e sont tenus en haute estime pour qu'on mobilise à leur intention tant de bonnes volontés. Les officiers s'interrogent : quelle situation trouveront-ils vers le nord ? Les ordres sont-ils de poursuivre jusqu'à Nanteuil ? Les Allemands ne sont-ils pas rentrés dans la ville ?

Les officiers se précipitent, à bout de souffle, déchiffrant leurs cartes au falot. Il vaut mieux descendre ici. La ville de Nanteuil-le-Haudouin, terme désigné du voyage, doit être éclairée par des patrouilles. Lourdement, les hommes descendent, se dégourdissent les jambes au bord du chemin. Les chauffeurs font demi-tour, un regard attendri pour les pantalons rouges. Ils portent l'espoir de la capitale.

Les conducteurs chenus rentrent dans Paris, avec la satisfaction d'avoir vu le feu. Ils n'ont reçu ni vivres ni café, sinon de la générosité de la population. On a limité leur remboursement à 27 % du tarif compteur. Mais ils ont entendu siffler les balles et ils ont avancé leurs guimbardes jusqu'au seuil des combats. Cette parcelle de gloire qui leur revient n'est-elle pas le plus beau des salaires ?

*

Nanteuil-le-Haudouin est-il ou non libre de troupes allemandes ? Les chauffeurs se sont posé la question et le lieutenant Alexandre Mathurin Lefas n'en sait rien. Député de Fougères, père de famille nombreuse, ce juriste chargé des transports au QG de Gallieni n'a rien d'un guerrier.

On lui dit que Nanteuil a été occupé par l'adversaire le 2 septembre, après avoir vu défiler des dizaines de milliers de réfugiés venus du nord. Beaucoup d'habitants ont commencé à faire leurs bagages et à prendre les trains d'assaut dès qu'ils ont appris que Senlis et Compiègne étaient menacés.

Depuis le 22 août, la ville s'est vidée. Les partants ont été remplacés par des arrivants, des Belges ou des gens du Nord qui veulent aussi prendre le train, épuisés par leur longue marche. Quand la compagnie annonce que la voie est coupée et que des convois se forment à Crépy-en-Valois, l'exode reprend, à pied. Les atrocités allemandes en Belgique font l'objet de tous les commentaires. Bientôt l'on ne compte plus dans ce gros bourg rural qu'une centaine d'habitants sur 1 500.

Les religieuses de Saint-Joseph de Cluny restent à l'hôpital, près du pont de chemin de fer, pour accueillir blessés et malades. Dans les champs, les moissons sont souvent restées sur pied, le moulin ne tourne plus, la cavalerie a réquisitionné les chevaux, empêchant ainsi tout travail agricole. Les 185 mobilisables de Nanteuil ont depuis longtemps pris la route de Verdun[1], incorporés au 103e d'infanterie de la division de Trentinian. Ils ont été ramenés par chemin de fer à la bataille. Combien en reviendront ? Les gendarmes n'ont pas encore commencé dans les villages la tournée des deuils. Les familles sont sans nouvelles des pertes, elles n'ont reçu aucun courrier depuis le début des opérations. Aussi sont-elles pressées de revoir les leurs, qu'on leur livre en taxi.

Au 1er septembre, la ville jusque-là libre de troupes a dû accueillir des Ecossais entrant en colonnes au son des *bagpipes*. Pas de trains en circulation. Les convois de marchandises s'allongent immobiles le long des voies. Les soldats croisent les faisceaux sur les places, dressent des tentes sur la promenade, boivent du thé ou fument la pipe. C'est un campement de l'armée en retraite vers le sud. Il incite encore plus les habitants restés sur place à partir. Les Ecossais disparus, la ville ne sera plus défendue.

Dans la nuit du 1er au 2 septembre sont arrivées les hordes de civils fuyant Senlis mis à feu et à sang. Les émigrés campent dans les maisons désertes, racontent aux habitants restés sur place le massacre des otages et du maire Odent. Les derniers soldats anglais ont quitté Nanteuil avant le jour. Les convois ferroviaires immobilisés sont refoulés à grand-peine sur Dammartin, en marche arrière. Aucune troupe n'a en charge la défense de Nanteuil, devenu ville ouverte.

---

1. *Op. cit.* Voir l'article de Bernard Hébert.

Les cloches sonnent le tocsin, les habitants « clouent les fenêtres », creusent des caches de vivres secs, enfouissent les meubles et les objets précieux dans les souterrains. Le conseil municipal siège, mais il n'est plus au complet : le maire, son adjoint, le secrétaire de mairie sont partis. Un notable non élu, comme partout ailleurs, se dévoue pour sauvegarder les intérêts de la commune. Cet Octave Thuillier sait parfaitement qu'il risque le peloton, avec le curé et quelques autres propriétaires ou fonctionnaires.

Au téléphone, ni Senlis ni Beauvais ne répondent plus dans la nuit du 2 au 3 septembre. Inutile d'appeler Paris, les lignes sont saturées. Le poste de l'aérodrome, resté en place, renseigne : les Allemands sont bien dans les parages, et personne ne les contrarie, ni Anglais ni Français.

Les premiers soldats allemands parcourent les rues, des cyclistes et des cavaliers qui ont comme première mission de couper les lignes du télégraphe et du téléphone. La gare est bombardée, les vitres des maisons brisées. Les Allemands ignorent qu'aucune troupe n'occupe le bourg. Les soldats se mettent à piller les maisons abandonnées. Pas de carnage. Retour à l'ordre vers 18 heures, quand surgit en automobile un officier supérieur.

Le 3 septembre, le drapeau impérial flotte sur la place de l'hôtel de ville. Nanteuil est bel et bien allemand. Les charrois suivent, par les routes de Crépy et de Senlis. Une armée entière défile pendant deux jours et deux nuits. Thuillier a organisé l'hébergement des troupes à l'étape, ainsi que le ramassage de vivres exigé par l'occupant. Il a fait rétablir l'eau coupée pour alimenter les fontaines où les chevaux des conducteurs d'artillerie vont boire. Un général de cavalerie, Karnovski, menace de représailles les notables en cas d'attentat.

Le 5 septembre, les habitants comprennent que les Allemands commencent à battre en retraite. On assure que les Français sont déjà au Plessis-Belleville et les avions à cocarde tiennent le ciel. L'ennemi évacue ses blessés à l'hôpital et regroupe ses chevaux. Dans la nuit, il part vers l'est, en direction de Betz, vers Ognes et Brégy au sud-est. Là se situerait la bataille de débordement.

Le prince de Saxe-Weimar, en grand uniforme de uhlan, descend d'une voiture, très en colère, escorté de hussards *Totenkopf*. Il n'a pas reçu d'ordres. On l'entraîne vers l'est au galop. Les premiers Français arrivent, annoncent aux habitants une grande bataille pour le lendemain 7 septembre. Le 8, les soldats de la 7e division du général de Trentinian sortis des trains et des taxis s'empressent de prendre position sans prendre le temps de réoccuper Nanteuil. Ils marchent aussi vers l'est, vers la bataille.

*

Leur intervention est attendue. Sera-t-elle efficace ? Les unités d'assaut au nord ne comportent pas une seule bonne troupe d'active en état de combattre. La 61e et la 7e division ont été parmi les plus éprouvées de l'armée depuis la Meuse et le Nord jusqu'à la Marne. La cavalerie est à peine en état de charger.

Il est vrai que les uhlans et les brillants hussards de la mort ne montrent plus beaucoup d'agressivité, épuisés eux-mêmes par leurs longues randonnées. Ces adversaires qui cherchent à se déborder l'un l'autre dans la région de Betz-La Ferté-Milon, où s'est reportée la bataille, sont trop las de leurs précédents efforts pour s'engager dans une course dont le succès dépend de la rapidité de réflexes de guerre, et de la brutalité des coups frappés. Aussi laisse-t-on à la disposition des divisions de réserve des troupes de choc, chasseurs alpins et chasseurs à pied.

Le corps de cavalerie français du général Sordet a déjà, le 7 au soir, sa 5e division vers Mareuil, pendant que la 1re et la 3e ont dépassé Cuvergnon au nord de Betz, à l'orée de la forêt de Villers-Cotterêts. Nul aviateur ne peut dire, dans ces parages, quel hameau est aux Français ou aux Allemands, le front n'est pas fixé.

Les ordres du 7 septembre en fin de journée sont déjà seulement de « déjouer toute manœuvre débordante de l'ennemi vers le nord ». De son PC de Brégy, le général Vautier parle le 7 septembre au soir d'un « dernier effort à fournir », comme si l'ennemi était à bout et battait en retraite, alors qu'il manœuvre pour écraser la 6ᵉ armée.

Conscient de sa faiblesse, le général Vautier recommande « une intervention aussi puissante que possible de toute l'artillerie, y compris toute celle de la 61ᵉ division de réserve ». Le général Bridoux, qui vient de remplacer Sordet limogé en pleine bataille à la tête d'un corps de cavalerie très réduit, a promis de joindre sa propre artillerie au concert pour repousser l'ennemi vers l'est et permettre à l'équipage de pont de préparer le passage de l'Ourcq. A cette grande entreprise doit participer la 7ᵉ division de renfort du général de Trentinian.

Mais les batteries lourdes allemandes sont en place. Un tir très violent de 150 affecte sur les hauteurs au nord d'Acy-en-Multien la 61ᵉ division dont les sections d'assaut sont décimées avant d'avoir rencontré les *Feldgrauen*. Une violente attaque par l'ennemi du bois de Montrolles cloue les Français sur place et oblige leur artillerie légère à faire des prodiges pour concentrer le tir sur l'assaillant et détruire les obusiers ennemis enfin repérés à l'est du bois de Montrolles. Le général Deprez, secondé par les 75, relance son attaque avec l'aide de la cavalerie.

Plus au sud, en face d'Etavigny, la 14ᵉ division du général de Villaret est accablée par les tirs d'artillerie lourde « extrêmement violents et bien repérés ». Il demande d'urgence le secours de la 61ᵉ, elle-même bombardée, et surtout des renforts d'artillerie. Le général, furieux, accuse les réservistes de la 61ᵉ d'avoir facilité, par leur « peu de tenue au feu », l'attaque meurtrière de l'ennemi contre les positions de la 14ᵉ, une division d'active composée de gens de l'Est qui ne passe certes pas pour plier au moindre choc.

Le même général explique à Maunoury que « les pertes en officiers, gradés et hommes sont très sensibles ». Les troupes sont exténuées. Il pourra les reconstituer s'il leur donne quelques heures de repos et, la moindre des choses, « un repas chaud et des vivres ». Il n'est plus sûr des siens. Il demande des sanctions contre les responsables des convois qui laissent les hommes sans vivres depuis trois jours et trois nuits.

Il n'est pas question de franchir l'Ourcq avant longtemps, si la meilleure division du front n'est plus en état d'attaquer. Ceux qui commandaient des équipages de pont perdent leurs illusions. Le service des renseignements établit grâce aux numéros de régiments repérés sur les cadavres ennemis que l'on se trouve en face non plus seulement du IIe corps prussien, mais du IVe corps d'active revenu précipitamment du front de la Marne avec toute son artillerie lourde et opérant en force sur la ligne Betz-Etavigny en direction de Villers-Saint-Genest où les pantalons rouges de la 7e division sont arrivés en taxi, au secours de la 61e enfoncée par le canon.

Curieusement, les comptes rendus français d'opérations des unités de la 6e armée donnent l'impression d'assister à une retraite générale de l'armée allemande. Ils ne soupçonnent pas la manœuvre d'encerclement de von Kluck, faite à front inversé, remontant vers le nord pour mieux se rabattre à l'ouest. Ils peuvent cependant se rendre compte que le IVe corps de réserve de von Gronau ne lâche pas d'une semelle ses défenses alignées nord-sud devant l'Ourcq et que le verrou de Vareddes reste très solidement tenu par l'artillerie lourde. Les meilleures troupes d'assaut, la brigade marocaine Ditte soutenue par la 45e division d'Alger, ne peuvent progresser vers l'est, clouées au sol par le canon et les mitrailleuses. L'ennemi tient donc à rester sur l'Ourcq, même s'il repasse la Marne. L'énormité de la manœuvre de von Kluck n'est pas encore apparente.

*

L'artillerie sauve la mise de la 6e armée. Elle ne progresse pas d'un iota devant von Gronau. Les villages sont pris et repris sans cesse, jour après jour, dans une guerre de positions qui semble s'éterniser. La manœuvre de débordement au nord vient d'échouer. Tout l'effort des Français, qui interprètent mal le mouvement de recul des Allemands, est d'empêcher le contournement de leurs lignes par le nord. Ils ont perdu l'initiative de la manœuvre depuis l'entrée dans la bataille des deux corps d'active allemands dotés d'artillerie lourde, menant une bataille d'anéantissement.

Devant ce rouleau compresseur, la brigade véhiculée par les taxis ne pouvait être que d'un secours limité. L'artillerie lourde du IVe corps la prenait pour cible, éparpillant les pantalons rouges dans les champs de betteraves.

Mais de toutes parts, les batteries à cheval surgissaient. Celle de Paul Lintier, du 44e du Mans, venait de l'Argonne d'où elle avait retraité sans arrêt sur Sainte-Menehould[1], derrière la 7e division de Trentinian. Elle l'accompagnait dans son chemin de croix vers l'Ourcq. Bousculant les civils de l'exode sur les routes poussiéreuses, elle avait fini par embarquer dans la nuit du 4 au 5 septembre, « le long d'un quai morne où rien ne bougeait plus », à trente par wagons. Le train « qui n'allait pas plus vite qu'un homme au pas » avait débarqué les artilleurs à Pantin, le dimanche 6 septembre, à l'heure de la grand-messe. En position de parc sur le plateau de Rosny-sous-Bois, ils avaient entendu au loin le canon de l'Ourcq.

En route pour la plaine de Brie, le 7 septembre, toujours vers le nord : une étape de dix heures, sans arrêts, dans la poussière suffocante. Les pavés font cahoter les équipages, blessent les chevaux qui prennent le trot sous le fouet à la nuit tombante. On est pressé, à la 7e division, de les voir s'installer sur la position. Des batteries les rejoignent, venues de partout, une énorme masse d'artillerie qui remonte vers le nord.

---

1. Paul Lintier, *op. cit.*

Le 7 septembre, sous la lune, les artilleurs sont entourés par une foule compacte de biffins qui descendent péniblement des taxis.

— Des blessés ?

— Non, dit un vieil homme à la casquette de toile cirée : c'est la 7e division qui monte en ligne.

La bataille est pour le 8 septembre : elle est menée par les canons. Les artilleurs croisent, en prenant position, des files de blessés de la 7e division déjà hors de combat qui clopinent en petites troupes et se rafraîchissent en cueillant des pommes vertes. Les obus de 150 n'ont fait qu'une bouchée des attaquants. D'autres prennent la relève, des bataillons de réserve. « Ils surgissent du sein de la terre et fourmillent, les pantalons, à l'infini, tachent de rouge le vert sombre des champs. » Encore une attaque meurtrière. De nouveau des troupeaux de blessés défilent, se soutenant les uns les autres quand ils peuvent marcher. Ceux qui geignent à terre sont perdus. Les secours tardent à les enlever. Partout des hommes et des chevaux morts.

Position de tir pour les batteries cachées sous des gerbes de paille : aboiements secs des 75 jaillis de partout, en batteries concentrées. On aperçoit les feux des pièces ennemies, tirant à cinq mille mètres. Il faut prendre le risque de rapprocher les canons, gagner en portée, et tirer sans relâche. Les obus ennemis éclatent, manquent leurs cibles, partant de trop loin. La batterie de Lintier, intacte, s'écarte de la ligne de tir des obusiers qu'on aperçoit à la jumelle, jusqu'à neuf mille mètres. Inaccessibles !

Il n'importe. Les 75 changent de position. Il faut empêcher à tout prix l'infanterie ennemie d'attaquer. La nôtre fait mouvement vers le nord, des compagnies sortent des bois pour marcher vers Nanteuil-le-Haudouin, pour ne pas se laisser déborder. Ainsi l'ennemi nous tourne, se disent les artilleurs.

— Au trot. Prendre position à l'arrière de l'infanterie qui semble se replier. Empêcher la ruée du IVe corps allemand retourné vers le sud-ouest, prêt à envelopper l'ensemble de la 6ᵉ armée, interdire à von Kluck cette victoire de la dernière heure.

Non, l'introduction rapide d'une brigade de la 7ᵉ division de Trentinian n'a pu permettre de lutter contre les régiments d'active du IVᵉ corps allemand engagé massivement. Il n'y a pas eu, sur le terrain, de miracle des taxis de la Marne.

Pas davantage de victoire allemande. Un officier de l'armée du Kaiser note sur son carnet le 8 septembre : « Le colonel-général von Kluck a inspecté les avant-postes. Je l'ai aperçu. Ses yeux, si brillants d'ordinaire, sont ternes. Lui, si énergique dans toute son attitude, parle d'une voix molle. Il est tout à fait abattu. »

*

Qui donc peut chanter victoire, sur l'Ourcq ? Les cavaliers peut-être, qui réussissent des coups de main dans le désordre inouï du champ de bataille où l'inversion de la marche des corps allemands a créé, même chez l'ennemi, le plus grand désordre. Et l'action aventurée des cavaleries vers le nord a engendré chez les Français une telle incertitude qu'on a recours aux aviateurs pour tenter d'identifier les combattants dans les villages. Von Kluck lui-même cherche les siens à la lanterne.

Les cavaliers français ne peuvent emporter la décision. Le corps de Sordet a perdu la moitié de ses montures. Ses débris ont constitué une seule division vraiment opérationnelle, confiée au général Bridoux. Il reste à engager les cavaliers dans la bataille, avec leurs canons et leurs mitrailleuses, et à les faire tirer à la carabine, embusqués dans des trous.

Cette guerre de fantassins n'est pas du goût des dragons qui rêvent d'exploits, quand les deux armées s'enterrent déjà le long de l'Ourcq. Un escadron commandé par le lieutenant de Gironde reçoit la mission heureuse de s'aventurer à l'arrière des lignes ennemies. Les opérations de ce genre sont encore possibles, car les tranchées ne sont pas continues, le front est lâche, on peut passer de nuit d'un camp à l'autre sans difficulté, à condition d'avoir les moyens de se repérer sur le terrain. Personne n'est vraiment sûr de sa position, et les villages détruits, déserts, ne donnent pas d'indications quand on ne dispose pas de cartes d'état-major. Von Kluck en personne a échappé à la capture dans les bois à l'est de La Ferté-Milon. Un parti de cavaliers français l'avait manqué de peu. Son état-major l'avait dégagé au pistolet.

On peut encore monter les chevaux qui gardent leurs fers. Ils se sont reposés pendant des heures d'inaction. Un peloton attaque ainsi un convoi automobile allemand et le détruit dans la forêt de Villers-Cotterêts. Chaque officier brûle de s'illustrer dans des exploits de ce genre. Le lieutenant de Gironde part à la fraîche à la tête de son peloton, repère chez l'ennemi, près de Vivières, l'enceinte et les balises d'un camp d'aviation [1]. Il donne ses ordres à voix basse : lance au poing, les dragons du 16e régiment de Reims attaquent les gardiens du camp et détruisent les huit *aviatiks* alignés au sol en s'emparant dans un hangar de haches et de scies.

On leur donne la chasse. Ils franchissent les rivières à gué à l'arrière des lignes allemandes, marchent en s'orientant à la boussole derrière leurs montures qui se reposent la nuit en dormant debout, l'encolure basse, le museau dans l'herbe. Mais les Allemands ont reçu des renforts. Les fantassins grouillent dans les bois. De jour, la moindre route est encombrée par les unités des IVe et IIe corps marchant vers le nord. Les convois d'artillerie se succèdent, des voitures ramènent les blessés vers les hôpitaux. L'armée allemande tourne sur elle-même, à peine guidée par des feld-gendarmes débordés qui consultent leurs cartes et déplorent leur impuissance.

Pour éviter la capture, ou les représailles sanglantes, Gironde estime que le plus sûr est d'attendre le résultat de l'offensive française en cours et de se cacher dans un

1. René Chambe, *op. cit.*

bâtiment rural, en espérant l'arrivée prochaine des pantalons rouges. Il faut noter qu'il bénéficie du soutien et de la complicité de la population restée sur place. Un vieil instituteur, un curé de village, un fermier protègent ses dragons, les hébergent, les nourrissent, les informent. Ils finissent par être surpris et doivent organiser une sortie mortelle. Ils tombent sous les balles des mitrailleuses, Gironde le premier, après avoir réussi l'un des plus beaux exploits de la cavalerie. Cette mission de sacrifice passe naturellement inaperçue. Bridoux lui avait seulement demandé de faire entendre le canon français sur les rives de l'Ourcq.

Il était peu réaliste, chez Moltke comme à l'état-major de Joffre, de demander aux cavaliers à bout de forces et manquant de montures des missions de débordement qu'ils étaient incapables d'assumer. L'artillerie lourde allemande avait une fois de plus sauvé la mise de von Kluck au nord de l'Ourcq et sur le champ de bataille quasiment fixe de von Gronau. L'artillerie française avait empêché par sa concentration efficace le désastre au nord, retardé, sans l'éviter tout à fait, la manœuvre de débordement.

Il n'y avait pas eu, sur l'Ourcq, de miracle en ces journées tragiques, mais une succession de batailles coûteuses, entraînant du côté français des troupes d'inégale valeur dans des assauts toujours repoussés. Il manquait aux Allemands comme aux Français les effectifs que leurs états-majors avaient détournés à d'autres fins : les divisions allemandes arrachées à von Kluck pour le front de l'Est, la 8e division française du 4e corps détachée vers Meaux pour rassurer l'armée anglaise, et qui n'avait pas tiré un coup de fusil.

*

Si von Kluck avait pu si facilement transformer son dispositif et combattre à front renversé, c'est qu'il ne craignait plus rien de la petite armée anglaise qu'il jugeait définitivement hors jeu. Il pensait qu'il lui suffisait de disposer devant elle un rideau de cavalerie pour la dissuader d'avancer, et retirer tranquillement ses troupes d'assaut pour aller réduire en miettes la 6e armée de Maunoury.

De fait, les soldats de sir John French demeuraient dangereusement immobiles, au matin du 6 septembre. Les bataillons des trois divisions sont installés de Rozay-Tournan à Ozoir-la-Ferrière, le long de la route nationale 4, dans les bois du baron de Rothschild où Bismarck, en 1871, aimait à se promener à cheval. Joffre les imaginait, le 6 septembre, marchant résolument au nord, franchissant le Grand Morin à Coulommiers pour atteindre le Petit Morin à Changis et réaliser ainsi une conversion vers l'est, dans le but d'attaquer Montmirail, conjointement avec la 5e armée française et le dos protégé par les cavaliers du corps Conneau.

La crainte obsessionnelle de sir John était en effet d'avancer sans assurer ses flancs, de rester « en l'air », exposé aux attaques d'enveloppement, spécialité de l'état-major allemand. Avant de se risquer, il préférait attendre des nouvelles des armées sœurs, la 6e sur sa gauche et la 5e sur sa droite, *wait and see.*

Ses avions grimpaient dans le ciel sans nuage, attentifs aux mouvements des colonnes alliées et ennemies. Ses cavaliers partaient en patrouille. Sir Hubert Gough, chargé ce matin-là de deux brigades, leur donnait l'ordre d'avancer. Les fantassins installés dans leurs popotes s'étonnaient de cette ardeur matinale.

— L'ennemi est en retraite, répondait le général. Nous les poursuivons. Venez avec nous !

Le bataillon d'Ecossais se redresse, crie des hourras !

— Les Allemands s'en vont ! Vive le roi George ! « Ce fut un instant émouvant, dit Gough. La retraite, le regret, la crainte, se transformaient en avance, en espoir, en victoire. » Si French, dans son état-major de Melun, reste réservé et circonspect, dans les escadrons l'espoir renaît spontanément. Les Allemands s'en vont !

Rien dans les ordres venus de Melun ne permet aux

généraux de brigade de cavalerie de penser que la stratégie allemande est changée. Il est toujours question d'une marche de l'ennemi vers le sud-est. Pas d'inversion du sens de marche.

Sir Hubert Gough est informé que le 12e lanciers, en position d'arrière-garde autour de Pézarches, vers le nord, vient de recevoir une grêle d'obus, vers 8 h 30, et qu'il a dû se replier devant une attaque d'infanterie. Il a gagné précipitamment la seconde position occupée par le 5e lanciers, qui arrose immédiatement l'ennemi de tirs de mitrailleuses et de canons légers.

Les *Feldgrauen* se retranchent sur la crête. Un tir d'artillerie est ordonné par les généraux britanniques. Pas de réplique. Les canons lourds allemands sont manifestement muets. Les tirs anglais se poursuivent, sans effets. Les lanciers s'enhardissent, partent en reconnaissance. La crête est vide. Les *Feldgrauen* ont disparu, en retraite vers le nord. Sir Hubert Gough, du moins le pense-t-il, a été sans doute l'un des premiers Anglais à deviner, sur le terrain, que l'ennemi avait changé de stratégie. Il n'avançait plus vers le sud.

Il donne l'ordre aux brigades d'aller de l'avant, direction nord, pour rechercher le contact avec l'adversaire. Défilant devant le QG du général Haig, chargé du 1er corps d'infanterie, il se détache d'un galop pour l'informer. A sa surprise, Haig répond qu'il sait déjà. L'état-major lui a envoyé des renseignements. Il demande à Gough de prendre son temps : l'espace entre les deux Morin est truffé de vallées encaissées, de petits bois garnis de mitrailleuses. Eviter les pertes, nettoyer les points de résistance, n'avancer qu'en nettoyant soigneusement le terrain : voilà qui modère les enthousiasmes.

Le 7 septembre, la cavalerie anglaise poursuit son entreprise de nettoyage. Par terrain découvert, sir Hubert Gough aperçoit « de fortes colonnes ennemies qui battent en retraite dans des nuages de poussière ». Elles sont bombardées au canon, sans pertes graves. Elles ne se donnent pas la peine de répliquer. Le 8 septembre seulement, les avant-gardes de la cavalerie du roi atteignent le Petit Morin, où elles sont prises sous le feu vigoureux d'une forte arrière-garde d'infanterie et bombardées par une batterie allemande installée juste au-dessous du clocher d'une église servant d'observatoire. La retraite de l'ennemi se confirme. C'est seulement un changement de front.

*

Cette lente remontée de l'armée anglaise vers le Petit Morin correspond aux intentions de l'état-major de Melun, toujours soucieux de ne pas précipiter le mouvement sans être sûr de ses flancs. Il suit de près, par reconnaissances aériennes, les difficultés des Français qui ne progressent pas vers l'Ourcq et sont bloqués devant Etrepilly-Vareddes. Il ne peut attendre de ce côté-là aucun soutien. Aussi demande-t-il des renforts à Joffre.

Le *field marshal* J.D.P. French, « commandant de l'armée anglaise en campagne », sait depuis la nuit du 6 au 7 septembre que le IIe corps allemand a repassé le Grand Morin et se trouve au sud-est de Meaux. Aussi Joffre lui demande-t-il, le 7 septembre à 15 heures, de prendre pied au-delà du Petit Morin et de la Marne. French va recevoir le renfort d'une 6e division britannique attendue à Saint-Nazaire entre le 9 et le 10. Pourquoi tarde-t-il tant ?

Il réclame avec insistance à Joffre l'installation d'une division française sur sa gauche, à hauteur de la Marne. Gallieni et Joffre cèdent. Ils expédient dans ce secteur la 8e division du général de Lartigue, appartenant au 4e corps de Boëlle. Les fantassins du recrutement de la Sarthe et de la Mayenne sont seulement chargés d'une mission de protection sans contacts avec l'ennemi. Ils sont les anges gardiens de la gauche de l'armée anglaise. French n'en précipite pas pour autant son avance. Il est prévu le 7 septembre à 8 heures que deux heures plus tard les têtes de colonne ne dépasseront pas Coulommiers. « Elles s'y arrêteront et attendront des ordres ultérieurs[1]. »

Deux colonnes de cavalerie française sont de plus chargées de maintenir les contacts, et d'éviter toute rupture du front : à gauche une brigade de Sordet, à droite le corps Conneau. Ce général paraît devant ses troupes, escorté de spahis, pour amorcer la poursuite. Il couvre l'armée anglaise, marche à son pas, sans se presser. Il ne montre pas dans la poursuite plus d'ardeur que les lanciers de Gough.

Les cavaliers français ont d'abord explosé de joie en apprenant la retraite des Allemands, saluée comme une défaite. « Atmosphère de joie et d'enthousiasme », note au matin du 6 septembre René Chambe, le dragon du 20e régiment.

Il selle son cheval et part le 7 septembre à 6 heures du matin. « Nous avons l'impression, dit-il, que l'ennemi bat en retraite[2]. » Il remonte vers le nord.

« Cette fois enfin, on ne va plus lui montrer nos crinières, mais nos cimiers. »

Les bruits les plus fous circulent, colportés parfois par les officiers eux-mêmes. Les Allemands sont pris de flanc partout. Par la 6e armée bien sûr, sur l'Ourcq, mais aussi dans le Nord, par un débarquement de Belges et d'Anglais entre Calais et Anvers. C'est la victoire assurée.

Les trois divisions de cavalerie de Conneau partent, face au nord, entre les Anglais et la 5e armée de Franchet d'Espèrey. Six mille chevaux dotés d'artillerie, de mitrailleuses, de chasseurs cyclistes, et d'un bataillon du 45e d'infanterie transporté en autobus.

Après trois cents mètres, pied à terre. On remonte à cheval, de nouveau pour trois cents mètres. Les cavaliers français sont encore plus lents que les britanniques. Ils pestent de marcher derrière l'infanterie, à son pas. Ils sont rattrapés par les lourds chariots des trains régimentaires.

1. *AFGG*, t. I, 2e vol., Annexes, 1er vol., n° 796.
2. René Chambe, *op. cit.*, p. 71 *sqq.*

On avance bien vers Montmirail, mais l'ennemi n'est nullement en déroute.

Les officiers ignorent la raison de cette retraite. Pourquoi von Kluck dégarnit-il ses avants ? Pour les reporter à l'ouest, sur l'Ourcq. Mais il laisse en place, devant les Anglais et la 5e armée française, deux corps d'active, et toute l'armée de von Bülow. D'où la prudence des états-majors. A quel nouveau piège stratégique sont-ils confrontés ?

A 16 heures, le 7 septembre, la division remonte à cheval. René Chambe suit la file des dragons de son régiment le long d'un ruisseau appelé l'Aubétin et franchit les rues ruinées du village de Courtacon. Les maisons ont été incendiées, la chaussée pavée de tessons de bouteilles. Dans un jardin, un drap de lit étendu sur un billard a servi de nappe pour un repas d'officiers. Les rares habitants sortis des abris assurent que l'ennemi a assommé deux prisonniers avant de partir, et fusillé pour espionnage un jeune de quinze ans « attaché, les bras en croix, à un cep de vigne, contre un mur ». Un convoi de blessés et de prisonniers allemands redescend la route d'Esternay à Paris. Les blessés sont chargés sur des charrettes de foin.

Les dragons escaladent la crête au-dessus de l'Aubétin. Pas une rafale. Pas d'ennemi en vue. Conneau défile, à cheval, escorté de ses spahis marocains.

— Ce n'est pas une poursuite, c'est une suite, gronde le capitaine.

Sur les collines au-dessus du Grand Morin, pas davantage d'ennemis. Le long de la route, les scories de la retraite, chevaux morts, objets abandonnés, bouteilles vides, sacs éventrés, lapins et poulets étripés mais abandonnés dans les fossés. On s'arrête au soir pour cantonner et l'on traverse, le 8 septembre, le Grand Morin sur un pont de bois laissé intact par l'adversaire. On passe de nuit le Petit Morin sur des ponts réparés par le génie. Enfin une résistance. L'artillerie allemande bombarde de nuit les passages. Les canons français répliquent. L'ennemi se tait. Les Français l'ont chassé du « goulet de Montmirail ». Ils peuvent reprendre la poursuite.

*

Personne n'y songe. Les régiments anglais ne se pressent nullement. Ils ont découvert, dès le 6 septembre, qu'ils n'avaient pas plus de troupes devant eux que le rideau de cavalerie des deux corps de von der Marwitz et de von Richthofen. Au télégramme empressé de Gallieni, French ne répond que par une avance prudente. Il se borne à occuper dans l'après-midi la rive sud du Grand Morin, sur la ligne Villiers-Coulommiers-Marolles. Il a seulement pivoté face à l'est et au nord-est. Les plus avancés de ses bataillons ont ainsi parcouru dix-sept kilomètres dans la journée.

A partir de midi, le 7 septembre, les cavaliers de von der Marwitz disparaissent totalement. On ne voit plus l'ombre d'une lance de uhlan prussien. La IXe division de cavalerie a aussi été rappelée par von Kluck pour opérer sur la Marne, autour du pont de Trilport. Quant à la IVe division, elle a depuis longtemps pris la route du nord de l'Ourcq, pour envelopper la 6e armée française. La IIe division, restée seule devant les Anglais sur le Petit Morin, passe à son tour la Marne à La Ferté-sous-Jouarre.

La voie est libre : mais l'armée franchit sans se hâter le Grand Morin et s'arrête à une faible distance. L'infanterie ne progresse que de sept kilomètres dans la journée et, comme chez les Français, la cavalerie s'aligne. Le 3e corps d'armée du général Pulteney est installé le soir à trois kilomètres seulement au nord du Grand Morin. Le 2e de Smith-Dorien n'a pas progressé de plus de deux kilomètres, et la droite de sir Douglas Haig reste établie pour popoter le long de la rivière.

« Mon désir d'en finir avec l'ennemi, expliquera plus tard le maréchal French, était mitigé par le fait que les deux armées françaises sur les flancs étaient aux prises avec des forces supérieures. »

Il se sent donc bonne conscience à ne pas progresser. Ses consignes ne sont-elles pas de coller à la 5e armée, toujours arrêtée par l'artillerie redoutable de von Bülow, à peine installée autour de La Ferté-Gaucher ? Le colonel Huguet, très au courant des réactions du maréchal, n'est pas surpris de sa prudence :

— Depuis Mons et le Cateau, dit-il, le maréchal French et son chef d'état-major étaient hantés par la crainte de se trouver en première ligne avec des flancs découverts.

Cependant, entre la 6e et la 5e armée française, un trou se creuse au milieu des deux armées allemandes. Un compte rendu de renseignements parvenu au GQG de Joffre l'établit formellement le 7 septembre à 18 heures : « De l'ensemble des renseignements recueillis sur la situation de la Ire armée allemande – renforcements sur l'Ourcq constatés par notre 6e armée, avion, dédoublement des postes de TSF Ire armée (RS) qui seraient, l'une à Charly-sur-Marne, l'autre à Montreuil-aux-Lions, faible résistance sur le front des Anglais, renseignements RS sur la situation des divisions de cavalerie, il semble résulter que la Ire armée a détaché vers le nord un échelon sur l'Ourcq (IVe corps de réserve et IIe corps) créant ainsi un trou entre les fractions engagées contre la 5e armée (IVe corps, IIIe corps et XVIIIe division) et celles engagées contre la 6e, trou bouché par des forces importantes de cavalerie. »

On sait qu'au matin du 8 septembre 1914 ce rideau de cavalerie s'était en grande partie dissipé. Le trou existait, il s'élargissait. Toute l'issue de la bataille dépendait du traitement de ce trou.

5

Le trou

Il n'est pas certain que Joffre, dans sa cellule de moine de Châtillon-sur-Seine, ait eu, dès le 7 septembre 1914, la claire perception du *trou.* Son souci majeur est encore d'éviter le débordement de la 6e armée sur l'Ourcq par les impressionnants renforts de von Kluck. Si la gauche de l'armée française s'écroule, la route de Paris est de nouveau ouverte et la bataille perdue. Gallieni l'a averti amplement que le camp retranché ne pouvait en aucune manière être un rempart contre une offensive de l'ennemi. Joffre écrit dans ses *Mémoires*, rédigés longtemps après l'événement, qu'il s'est rendu compte au soir de cette journée du 7 septembre qu'un « vide venait de se produire en face des Anglais ». Il dit encore : « Une brèche masquée par des forces de cavalerie. »

Dès le 7 septembre au soir ? L'information ne peut venir que de la 5e armée du général Franchet d'Espèrey, le seul en mesure, avec les Anglais, de percevoir sur le terrain la réalité d'une brèche. Les cavaliers anglais de reconnaissance parlent seulement dans leurs rapports d'un recul de l'ennemi, sans en connaître les causes. C'est aussi le cas de Franchet d'Espèrey. Il annonce au GQG dès 11 heures, ce 7 septembre, que « la Ire armée allemande est en pleine retraite vers le nord sur le front Esternay-Courtacon ». Il n'est aucunement question de *trou.*

Les avant-postes de la 5e armée sont pourtant aux premières loges : ses escadrons du 6e chasseurs tâtent la cavalerie allemande et font des prisonniers. Ils ont eu devant eux, le 6 septembre, les unités de choc des forces d'invasion les plus puissantes, vers Esternay et Coulommiers.

Ils s'attendaient au coup de bélier de l'armée ennemie, ils ignoraient qu'ils en étaient la proie désignée : toute la manœuvre de la Direction suprême était en effet de prendre dans la nasse, en priorité, les unités de l'ancienne armée Lanrezac, jugée la plus affaiblie, la plus tentante. Cette force une fois anéantie, on ne ferait qu'une bouchée de l'armée de Paris. La 5e armée part donc au combat comme enjeu majeur de la bataille du point de vue des Allemands, et son chef n'est nullement certain de pouvoir soutenir le choc.

Le premier miracle de la Marne, c'est qu'il n'a pas à le subir. Le 6 septembre, on s'attend encore au pire. Le 18e corps, composé uniquement de soldats du Sud-Ouest et commandé par le général de Maud'huy [1], « est attaqué vivement de face et de flanc, dès 10 heures du matin, par deux ou trois corps d'armée allemands » sur le front de Coulommiers à Faremoutiers.

Au GQG de Châtillon, Joffre en est informé, sans plus de détails, par télégramme. Berthelot lève les bras au ciel, sort une fiche de la blouse de moujik qui lui tient lieu de tunique et masque son excessif embonpoint : les soldats du centre de recrutement de Pau ont déjà donné des signes de découragement. Tiendront-ils ? Joffre, perplexe mais résolu et lucide, songe à aligner des renforts d'artillerie pour étoffer les groupes de batteries insuffisants du 18e corps et remonter ainsi le moral très abattu des biffins. Il ne faut pas qu'ils puissent penser : voilà que tout recommence, comme en Lorraine, comme à Charleroi, on nous envoie au casse-pipe sans protection aucune.

Les aviateurs signalent que les batteries françaises sont entrées en action, et qu'elles gênent l'attaque ennemie,

1. La 35e division de Marjoulet a été levée dans la région de La Rochelle-Saintes-Bordeaux, la 36e division de Jouannic à Mont-de-Marsan, Tarbes, Pau et Bayonne.

bousculant en un seul lieu, par un bombardement subit et massif, un rassemblement de dix-huit pièces allemandes. Comme sur l'Ourcq, les canons de 75 de Franchet se sont avancés au plus près. Mais les aviateurs signalent une « mer de nuages » de poussière sur La Ferté-Gaucher et de grosses colonnes en *feldgrau* marchant vers Esternay, avec de l'artillerie enlevée à vive allure. Esternay est en flammes, mais l'on aperçoit un groupe d'obusiers allemands « muselé par les batteries françaises ».

Franchet fait donner le canon sur toute l'étendue de son front, d'Esternay à Montmirail. Il a devant lui le IIIe et le IXe corps de l'armée von Kluck, soutenus par un corps de cavalerie des régiments d'élite de la garde. Le renseignement est formel : des prisonniers de ces trois unités ont été capturés. Les Allemands combattent encore sur ce lieu névralgique à trois contre un. Joffre s'inquiète, demande des explications à Berthelot. Les aviateurs affirment que les adversaires viennent de mettre en batterie seize pièces lourdes entourées de huit canons de 77 à deux kilomètres au nord d'Esternay, que l'ennemi se prépare à occuper.

— Cela signifie, répond Berthelot, que von Kluck poursuit ses assauts dans ce sens, et que notre offensive sur l'Ourcq reste possible.

C'est encore vrai au soir du 6 septembre : mais Franchet d'Espèrey s'impatiente. Que fait Maunoury ? S'il ne pousse pas son attaque sur Château-Thierry, la 5e aura devant elle toute l'armée de von Kluck. Il n'en donne pas moins l'ordre d'attaque à ses quatre corps réunis[1], et les Allemands soudain se retranchent, préparant manifeste-

1. La 5e armée se compose en effet de quatre corps d'infanterie :
— le 18e de Maud'huy, déjà cité, qui tient la gauche du front, à l'ouest d'Esternay ;
— le 3e de Hache, comprenant les 5e et 6e DI, à hauteur de Montceaux-les-Provins ;
— le 1er de Deligny, devant Esternay (1re et 2e divisions d'infanterie) ;
— le 10e de Defforges (10e, 19e – jusqu'au 9 septembre – et 20e divisions) relié vers l'est à la 42e division, qui fait la jonction avec la 9e armée de Foch ;
— enfin le corps de cavalerie Conneau, établissant à l'aile gauche la liaison avec les Anglais.

ment une réplique. Ils n'ont plus à opposer à l'offensive française que les trois corps de von Kluck, renforcés, mais mal reliés, aux deux corps de l'aile droite de la IIe armée de von Bülow (VIIe et Xe de réserve).

Berthelot fait observer à Joffre que les forces sont ainsi relativement équilibrées, si toutefois la 5e armée soutient le choc de l'ennemi. Il ajoute que, d'après les missions aériennes, les colonnes de von Bülow avancent vers le sud-ouest, vers Vertus, comme pour s'attaquer au flanc gauche de Foch, alors que les trois corps de von Kluck attaquent résolument vers le sud. La direction n'est donc pas exactement la même. On ne peut pas parler encore de *trou*, mais d'une légère divergence.

— C'est à suivre de près, songe Joffre, toujours inquiet de la capacité de résistance de la 5e armée.

Et pourtant elle attaque, elle ne donne pas de signes de découragement. « Le moral de tous les officiers et des hommes s'améliore très notablement », dit le capitaine Leget, l'un des *missi dominici* de Joffre au 3e corps du général Hache. Les anciens combattants de Charleroi et de Guise sont retournés bravement à l'assaut. Dans son QG de Romilly-sur-Seine, Franchet d'Espèrey semble avoir gagné sur le front le plus important, celui du moral. Il vient de donner l'ordre à toutes les divisions de « résister avec la dernière énergie ».

*

Il n'a qu'un souci, au soir du 6 septembre : la pugnacité de l'armée anglaise lui paraît douteuse. Il envoie un télégramme à French pour lui demander d'attaquer le plus tôt possible sur Montmirail par La Ferté-Gaucher et Rebais. Il ne peut savoir que le maréchal a exigé de Joffre, avant toute chose, l'affectation d'une nouvelle division d'infanterie française à son aile gauche. La communication entre les armées fonctionne si mal que Franchet peut garder toutes ses illusions et croire encore que French tiendra ses engagements, même s'il n'a reçu de lui aucune réponse.

La deuxième inquiétude du général Franchet d'Espèrey, chargé de son commandement depuis quelques jours seulement, provient des rapports des aviateurs de la 5e armée, le 6 septembre à 11 heures : dès l'aube, des colonnes allemandes nombreuses marchent vers le nord à partir du Grand Morin, affirment-ils d'une seule voix. Ils estiment ces renforts à un corps d'armée au moins. Déjà von Kluck modifie son dispositif pour renforcer sur son flanc droit le IVe corps de réserve. Ainsi l'interprète Joffre.

Il ne s'agit pas encore d'une retraite. A preuve, au même moment, une autre colonne allemande, forte également d'un corps d'armée, marche du nord au sud entre l'armée anglaise et la 5e armée, de La Ferté-Gaucher vers Courtacon : cette attaque est refoulée par la cavalerie française du corps Conneau. Franchet regrette que les Anglais n'aient pu intervenir pour attaquer de flanc cette colonne en retraite.

Joffre, qui ne quitte plus son état-major de Châtillon-sur-Seine, continue à donner des consignes de prudence aux généraux de corps d'armée : qu'ils n'attaquent jamais sans forte préparation d'artillerie. Il dépêche des officiers de liaison à cheval pour s'assurer sur le terrain que les consignes sont bien suivies. Le capitaine Leget est ainsi envoyé en mission au 3e corps de Hache, considéré par Franchet comme le plus inquiétant au point de vue du moral. Leget confirme que les chefs d'unités « continuent à employer l'infanterie avec la plus grande parcimonie, et la plus grande prudence ». C'est l'artillerie qui « donne à plein ».

Franchet s'étonne du peu d'agressivité des Allemands. On lui montre les comptes rendus des interrogatoires de prisonniers faits par la 18e division entre 16 heures et 20 heures du côté d'Esternay. Ces hommes sont à bout. Ils ont marché sans cesse, et « n'ont pas mangé depuis six jours ». Ils sont au moins aussi épuisés que les fantassins de l'ancienne armée Lanrezac, celle de tous les coups durs, celle dont Franchet vient d'hériter.

L'inquiétude du nouveau commandant de la 5e armée

se porte aussi sur son aile droite, où la liaison avec Foch n'est pas assurée. Les Allemands attaquent également sur cet axe fragile. Deux compagnies du 25e régiment de Cherbourg ont lâché pied à la 20e division du général Rogerie. L'intervention de deux groupes d'artillerie[1] tenus jusque-là en réserve a rétabli la situation. Les batteries ont accablé les Allemands d'un tir à dix-huit coups/minute, d'une pluie d'obus explosifs, et les deux régiments de la brigade française d'infanterie ont pu ensuite attaquer Esternay sans risquer de marcher au massacre. Cette aide puissante du canon contribue à rétablir le moral des biffins, d'autant que les positions allemandes, même enterrées, ne sont pas encore vraiment organisées pour la guerre de forteresse.

L'état-major de Franchet multiplie les conseils de prudence. L'avance doit se faire « par bonds », les positions conquises doivent être aussitôt « organisées ». Lardemelle, le chef d'état-major de la 5e armée, multiplie les ordres particuliers à chaque unité, avec le souci majeur de constituer un front continu, d'assurer les liaisons pour une action concertée, de ne pas se laisser manœuvrer.

Il veut éviter de risquer des troupes peu sûres dans des attaques aventurées, d'autant qu'il est mal renseigné sur les mouvements et les intentions de l'adversaire. Il s'attache à préciser jusqu'à l'angle de tir des batteries avancées toujours au plus près et recommande l'usage économe des munitions. La 5e armée est prise en main par des professionnels de la manœuvre, des maniaques de l'ordre précis, des tacticiens appliquant strictement la règle de l'avance minutieusement programmée de l'infanterie et des batteries de soutien.

Cette tactique est encore nouvelle (si l'on se réfère aux attaques menées au mois d'août) pour les armées françaises. L'offensive menée par la 2e division d'infanterie du général Duplessis avec le 33e régiment d'Arras et les

1. Un groupe français de 75 comprend généralement trois batteries de quatre pièces, soit douze pièces.

autres unités recrutées dans le Nord-Pas-de-Calais est conforme au scénario ordonnancé par le GQG et repris dans chacune des armées d'assaut.

La position organisée des Allemands autour du château d'Esternay est attaquée dans les règles, au moindre coût, grâce à l'intervention brutale, toujours décisive des 75. Dès que les obusiers de 150 allemands commencent leur tir systématique, les Français s'enterrent et ne poursuivent pas. Les ordres sont d'économiser les fantassins, de ne pas les engager à la légère. Pas d'assaut si l'on n'est assuré de la supériorité du feu des canons.

Les conseilleurs ont-ils raison ? Sur le terrain, la pratique dément cruellement la théorie. Les batteries de 75 prises à partie par l'artillerie lourde allemande « ont énormément souffert ». On a dû « laisser le matériel sur place. On essayera de le retirer dans la nuit ». Un autre groupe de 75 doit être mis en place pour parer à une contre-attaque allemande.

Les résultats obtenus par cette méthode sont forcément modestes et « l'offensive » de la 5e armée est loin d'être spectaculaire. Le commandant du 1er corps, Deligny, résume bien la situation en écrivant dans la nuit du 6 au 7 septembre : « Il s'agit, tout en refoulant l'ennemi, de prendre avec lui un contact étroit de manière à le retenir pendant le temps nécessaire à l'intervention dans son flanc des armées voisines. » Les ordres sont de tenir « dans des conditions d'économie permettant de durer encore 48 heures au moins ».

Le général Hache, informé des résultats très décevants des contre-batteries de 75, obtient de la réserve d'armée quelques pièces de 120 pour contrebattre les 150 allemands, entre Montceaux et Courgivaux, sur le front de son 3e corps. Ainsi cette unité réussit-elle à progresser, et le 1er corps de Deligny à franchir le Grand Morin. L'avance reste mesurée, presque tâtonnante. Le 18e corps atteint seulement l'Aubétin. Il n'importe ! Le moral de ces troupes considérées au GQG de Châtillon comme parmi les moins sûres, les plus rebelles, s'est très vite raffermi. Les pertes sont réduites au minimum. Franchet d'Espèrey n'a pas à rechercher la décision, mais à soutenir le choc.

*

Il y réussit d'autant mieux que les Allemands de l'armée von Kluck, dès le 7 au matin, semblent avoir renoncé à progresser vers le sud-ouest. Le 10e corps du général Defforges, au contact avec la 42e division de l'armée Foch sur sa droite, réussit même à avancer au nord de Sézanne, entre Esternay et Fère-Champenoise. Les Allemands résistent de leur mieux et réunissent les effectifs d'une contre-attaque. Defforges demande et obtient deux groupes de 75 pour appuyer la brigade du général Passaga qui fait ici ses premières armes de fantassin d'élite [1], à la fois fonceur énergique et respectueux des hommes, convaincu qu'une attaque sans canon est un coup d'épée dans l'eau.

Les positions conquises doivent être tenues, tant il est vrai que Franchet d'Espèrey ne s'attend pas à un recul des Allemands, mais bien à une reprise de l'offensive von Kluck. Il demande à Passaga, submergé par la puissance de la contre-attaque allemande, de s'enterrer. Le général Defforges s'attend à l'attaque d'une lourde colonne allemande.

— Il faut, dit-il à Passaga le 6 septembre au soir, tenir la ligne à tout prix, cette nuit et demain matin.

Dans son poste de commandement de la Tuilerie, à trois kilomètres à l'ouest de Sézanne, Defforges se tient à proximité du front et ses courriers peuvent distribuer les ordres sans retard à toutes les unités. Son souci majeur est l'alignement, sa hantise d'être tourné par l'ennemi. Il attribue au général Passaga, outre ses trois groupes d'artillerie divisionnaire, deux groupes de 75 supplémentaires

1. Le général Passaga, à la tête de la division « la Gauloise », reprendra le fort de Douaumont en octobre 1916 à Verdun. Les 37e et 38e brigades constituent le 6 septembre 1914 la 19e division du général Bailly engagée dans la bataille dite des Deux Morins.

pour résister, soit cinquante pièces au moins. Il garde en réserve deux nouveaux groupes pour intervenir en cas de débordement. Il est clair que la 5e armée compte d'abord sur ses artilleurs pour arrêter von Kluck.

L'opération du 18e corps de Maud'huy, marchant à l'ouest d'Esternay, est aussi fortement soutenue par l'artillerie. On connaît l'enthousiasme facile de l'ancien colonial, on veut lui éviter toute mauvaise surprise. Pour attaquer Montceaux-les-Provins, on lui attribue en renfort des pièces appartenant à des divisions de réserve, d'autres prélevées sur le 3e corps d'armée, comprenant de l'artillerie lourde. Les batteries de 75 sont invitées à pousser le plus près possible de l'ennemi. Maud'huy précise que les attaques d'infanterie seront faites « en lignes minces de tirailleurs » et qu'elles ne devront pas dépasser une position fixée d'avance sur la carte. Aussitôt parvenues sur cette ligne, elles devront s'y retrancher en attendant les ordres, l'artillerie étant prestement abritée dans un ravin.

Cette artillerie parvient à réduire au silence les batteries ennemies quand elle réussit à s'en rapprocher et à concentrer son tir, même s'il s'agit d'obusiers de 150. Mais une batterie allemande non repérée de dix-huit pièces protégées par de l'infanterie crée la surprise et arrête net par son feu meurtrier la progression du 18e corps sur Montceaux-les-Provins. Maud'huy estime indispensable de la réduire avant de lancer son infanterie. Les rapports d'aviation lui ont appris que les *Feldgrauen* étaient embusqués dans des lignes de tranchées. Ils sont donc eux-mêmes sur la défensive et se retranchent dans les villages fortifiés.

Les généraux de la 5e armée savent que l'armée anglaise s'est avancée avec lenteur de Coulommiers en direction de Rebais et qu'elle couvre le flanc gauche de Franchet d'Espèrey. Elle semble capable d'intervenir dans la bataille en cours, étant bien orientée face à l'est, sur le flanc des divisions allemandes. Les quatre chefs de corps comptent aussi sur la cavalerie de Conneau pour envelopper les corps allemands faisant face aux divisions d'infanterie du général de Maud'huy.

Le dragon Conneau proteste avec violence : de son QG de Chenoise, il écrit à Maud'huy que l'on ne peut traiter la cavalerie comme si elle n'avait pas de chevaux. Les siens ont soif. S'ils ne peuvent s'abreuver dans l'Aubétin à sec, qu'on les laisse rétrograder jusqu'au sud-ouest de Provins, où ils trouveront des points d'eau. Il faut que les fantassins sachent bien que « les chevaux épuisés ont passé une journée en plein soleil et qu'un régiment a perdu cinquante chevaux qui ne pouvaient plus suivre, même au pas ». Conneau considère comme un devoir de signaler « que les divisions seront incapables de marcher demain ».

Les officiers du GQG de Châtillon-sur-Seine ignorent l 'état de la cavalerie. Ils en disposent comme si elle était réellement disponible. Elle ne l'est que sur le papier. Le débordement de l'ennemi par la cavalerie française du corps Conneau, attendu par le 18ᵉ corps, ne pourra se faire.

Cela n'empêche pas le 1ᵉʳ corps du général Deligny de partir à l'assaut des fortes positions allemandes d'Esternay. Là encore, le recours à l'artillerie est systématique. Le 127ᵉ régiment d'infanterie est-il pris à partie, au sortir d'un bois, par des cyclistes tirailleurs ? Le général de division Gallet ordonne aussitôt au général d'artillerie Bro de prendre sous le feu de ses canons la position ennemie. L'artillerie divisionnaire et deux groupes de 75 sont immédiatement mis en batterie pour précéder l'attaque. La brigade Sauret, du corps de droite de la 1ʳᵉ division d'infanterie, est-elle lancée à l'assaut ? Elle est aussitôt appuyée par quatre groupes d'artillerie préparant le terrain de la course en avant des pantalons rouges. Sans ce recours continuel, massif, à l'artillerie, voulu et ordonné par Joffre, la 5ᵉ armée n'aurait jamais pu prétendre à la moindre velléité offensive.

*

Elle n'a toujours pas percé les intentions de l'ennemi, qui défend ses positions avec acharnement, mais ne semble pas reprendre sa progression vers le sud-ouest. Dans le duel d'artillerie, les Allemands confirment leur supériorité. Le général Duplessis, de la 2e division, explique au corps d'armée qu'un bombardement de deux heures des pièces lourdes allemandes a « annihilé » deux groupes entiers de 75 en quelques minutes. Les blessés sont nombreux, les caissons du 10e corps de Defforges ont sauté. Le général combat vers Sézanne, à l'est de la 5e armée. Ses pièces sont détruites ou endommagées. Sans le secours de cette artillerie, la division Duplessis est clouée au sol, car son chef ne peut risquer son infanterie sans protection.

Même impuissance de Grossetti, commandant la 42e division à l'est du front de la 5e armée et placé sous le commandement de Foch. Le général corse a pour tâche d'établir coûte que coûte la liaison avec le 10e corps de Defforges. Il se plaint des bombardements de pièces lourdes ennemies non repérées, tirant de plus de six kilomètres. Ses fantassins gardent le moral, mais accusent des pertes. La fatigue et le besoin de sommeil sont « extrêmes ». Les mitrailleuses allemandes ont dissocié les régiments, créé de l'instabilité dans les bataillons. « Notre artillerie, écrit-il à Foch, se tient trop loin, voit mal le terrain et tire souvent sur nos propres troupes. » Il signale des tués et des blessés dus à ce genre d'erreurs dans un bataillon du 94e régiment qui a lâché pied pour cette raison.

Après une avance mesurée, la 5e armée piétine quand le Grand Quartier général apprend le retrait de plusieurs corps allemands en direction de l'Ourcq. Rien dans les comptes rendus des unités en opération ne permettait de conclure à ce mouvement inattendu. La surprise de la 5e armée est complète au soir du 7 septembre.

Le renseignement sur le retrait des corps allemands est

parvenu au GQG de Joffre par des observations de l'aviation anglaise qui ont signalé les colonnes en *feldgrau* marchant vers le nord. Les reconnaissances envoyées par Franchet d'Espèrey ont confirmé l'information une heure plus tard. Quant aux Anglais, ils n'ont apparemment devant eux que le seul corps de cavalerie de von der Marwitz.

Raison de plus pour continuer leur marche en direction de la Marne, avec une sage lenteur. Les aviateurs de Franchet signalent qu'un corps allemand s'apprête à franchir la Marne en direction du nord, entre La Ferté-sous-Jouarre et Dormans. Ils ont identifié sur toute la ligne du front les colonnes de retraite du IXe corps dans la région d'Esternay, du IIIe à hauteur de Montceaux-les-Provins, mais aussi du IVe corps d'active entre Courtacon et La Ferté-Gaucher. A l'ouest de Courtacon, même la cavalerie ennemie se retire. On est donc convaincu à l'état-major de Joffre « que la première armée allemande est en pleine retraite ».

Retraite, en langage militaire, signifie défaite. Ainsi s'expriment aussi les cavaliers anglais de sir Hubert Gough. Faut-il redouter une ruse de l'ennemi ? Pourquoi retraite-t-il sans avoir été battu ? On ne signale aucune avancée victorieuse des armées françaises, et surtout pas sur la ligne de l'Ourcq. Les observateurs en avion signalent que la IIe armée allemande renforce sa pression contre la 9e de Foch. On peut sans doute parler de mouvement stratégique, plus que de retraite.

Les civils qui renseignent les patrouilles avancées de cavalerie ne s'y trompent pas. Les unités allemandes remontent vers le nord dans un ordre parfait. Les reconnaissances de hussards et de chasseurs à cheval permettent de découvrir les emplacements abandonnés de batteries lourdes ennemies. Elles sont protégées par des ouvrages de terrassement qui les rendent invisibles. On découvre aussi les lignes de tranchées creusées par les *Feldgrauen*.

Pourquoi ne pas attaquer vigoureusement les corps de von Kluck dans leur retraite ? La stratégie de l'alignement en empêche Franchet d'Espèrey. Il recommande constamment d'être prudent sur l'aile droite, où l'armée de von Bülow reste en place, menaçant Foch. Il est imprudent d'avancer sans maintenir très étroitement la liaison avec la 9e armée, si l'on ne veut pas être surpris.

Pour Franchet d'Espèrey, seul l'alignement permet un succès durable. Il déplore les errements des journées des 6 et 7 septembre dans sa propre armée : les artilleurs ignorent trop souvent si les villages tenus dans leur ligne de mire sont occupés par des Français ou des Allemands. L'absence de renseignements d'un corps d'armée à l'autre est la cause d'erreurs dramatiques des artilleries divisionnaires.

« Toute unité, dit Franchet, a le devoir absolu de venir en aide aux troupes voisines. » Une position enlevée doit être immédiatement organisée, même si cet effort retarde la poursuite. L'ennemi a montré qu'il se gardait constamment les moyens de contre-attaquer. « Il est indispensable de ne reprendre aucune action offensive qu'après avoir aidé, par tous les moyens, la progression des corps voisins. » Autant de principes de prudence qui retardent singulièrement la poursuite.

Pourtant, la 5e armée approche désormais de Montmirail, non sans s'être attardée devant Esternay où résistaient les arrière-gardes adverses. Franchet a demandé à Foch de couvrir sa droite pour ne pas être surpris. Mais la 42e division de Grossetti est en si mauvais état que l'on peut douter de son efficacité. Elle est bientôt attaquée très violemment par l'armée von Bülow. Franchet modifie aussitôt ses ordres. Il ne peut s'engager plus avant sans être sûr de son flanc droit. Le 10e corps de Defforges renoncera à la poursuite pour soutenir la 42e division en difficulté. Cette action est prioritaire aux yeux du chef de la 5e armée.

Il ne peut pas davantage poursuivre von Kluck en retraite sans le soutien des Anglais à sa gauche. « Il est extrêmement urgent, a télégraphié Franchet à French de son quartier général de Romilly, que l'armée anglaise agisse sur le flanc des colonnes allemandes en retraite. » La 5e armée se donne ambitieusement pour but le Petit Morin déjà franchi par les Allemands. Elle ne veut pas y arriver seule.

Que fera French ? Il progresse avec une prudence manifeste, atteignant seulement au soir du 7 septembre le Petit Morin, en même temps que des éléments avancés du 10e corps français. La marche des Britanniques a été retardée par les postes de mitrailleuses installés dans les vallées encaissées et par une forte résistance dévoilée brusquement sur la droite de leur premier corps. Les Allemands peuvent poursuivre leur mouvement stratégique. Il n'est pas contrarié par la poursuite des armées alliées.

*

Ont-elles conscience du *trou* entre les Ire et IIe armées allemandes ? Pas encore, à l'aube du 8 septembre. L'ordre général rédigé dans la nuit par Franchet d'Espèrey sonne comme un bulletin de victoire : « Aujourd'hui, la 5e armée *a rejeté* vers le nord des fractions des Ire et IIe armées allemandes[1]. » Le général n'a nullement le sentiment d'un espace vide d'ennemis puisqu'il précise : « Il faut s'attendre à une résistance vigoureuse sur le Grand Morin et prendre toutes les mesures en conséquence. »

Les aviateurs sont plus utiles que jamais à l'information du GQG et des différents états-majors d'armée dont les demandes de reconnaissances indiquent suffisamment l'ignorance où ils se trouvent des mouvements de l'ennemi. Les avions sont malheureusement trop rares pour obtenir les renseignements complets que souhaitent les états-majors, ceux de Joffre, de Maunoury, de French et de Franchet. Des colonnes allemandes disparaissent, d'autres se manifestent sans qu'on puisse préciser leur destination.

Maunoury supplie qu'on l'éclaire sur la marche des

1. Voir *AFGG*, t. I, 2e vol., Annexes, 1er vol., n° 903, p. 635.

armées von Kluck et von Bülow. Il demande aux aviateurs de Franchet d'Espèrey et aux Anglais : « Ces armées se retirent-elles vers le nord ou se maintiennent-elles sur place ? » Les pilotes de Farman et de Voisin, groupés en une vingtaine d'escadrilles pour toute l'armée, prennent l'air, suivent les routes, piquent aux carrefours ou dans les gares sur les rassemblements de troupes, au risque d'être arrosés par les mitrailleuses. Ils tiennent l'air à la limite de leurs forces, et de leurs réserves d'essence, sûrs désormais d'être attendus et entendus dans les états-majors. Ils sont les seuls, dans l'inaptitude de la cavalerie, à pouvoir suivre dans leur ampleur, loin à l'arrière des lignes, les mouvements des corps d'armée ennemis.

Leurs appareils de toile et de bois menacent ruine, percés de balles, alourdis de poussière : les Farman et les Voisin grimpent à deux mille mètres et piquent sur les routes pour observer les colonnes ennemies et déjà les accabler d'obus chargés à bord et de fléchettes d'acier qui minent le moral des Prussiens. Les pilotes formés au centre de Buc, près de Versailles, multiplient les rapports d'observation. Ces brevetés de l'aviation civile sont rejoints à l'escadrille par des volontaires souvent venus de la cavalerie. Le lieutenant Hügel est attaché à la 6e armée, le capitaine Capitrel à la 5e.

Les vols peuvent se prolonger trois heures. Le lieutenant Hügel, le 7 septembre, décolle de Compans pour survoler Meaux, Coulommiers, Rebais, La Ferté-sous-Jouarre, il pique sur Château-Thierry occupé par l'ennemi, redresse pour mettre le cap sur La Ferté-Milon et Crouy. Le vol dure ce jour-là une heure et demie seulement, en raison de l'urgence des informations à communiquer, l'officier signale les gros rassemblements de troupes surtout à Château-Thierry, il a « la sensation très nette d'une retraite de l'infanterie prussienne sortie des tranchées et se repliant vers Lizy-sur-Ourcq et Congis ».

Imprécision de l'observateur qui parle d'une « retraite ». Maunoury est sans doute déçu. Il veut savoir si ces Prussiens marchant vers le nord vont déborder ou non sa

6e armée. Le pilote ne le dit pas, il n'est pas en mesure de l'affirmer.

Maunoury demande alors au général de cavalerie Baratier, commandant la 8e division affectée au corps de Conneau (dont les trois prédécesseurs ont déjà été limogés), d'opérer en liaison avec les Anglais marchant sur Rebais. Pas question de transmettre des observations : « En raison de la rupture des ponts de la Marne, dit Maunoury, vous pouvez vous trouver momentanément privé de communications rapides avec moi. » Il n'importe : dans l'esprit du général, la cavalerie n'est plus faite pour renseigner (l'aviation est bien plus efficace) mais pour « agir offensivement », pour remplacer l'infanterie absente sur un secteur totalement démuni de troupes.

Ainsi René Chambe, de la 10e division de dragons du corps Conneau, attend sous la lune, dans la nuit du 7 au 8 septembre, l'ordre d'avancer en escadron sur le Grand Morin qu'il franchit sans difficulté sur un pont de bois construit par les Allemands.

Il les suit « à la trace », comme un « chien de chasse ». Dans le village de Saint-Barthélemy, un charnier, une insupportable odeur de charogne. Les cuirassiers français tués par le canon ont été « enterrés pieusement » par les habitants. On peut lire leurs noms gravés sur des croix. Mais les cadavres d'une cinquantaine de chevaux sont restés sur place, « gonflés, ballonnés, les jambes raidies vers le ciel, des torrents de mouches ! ». Partant de la vallée du Grand Morin, l'escadron a parcouru le paysage vallonné de Meilleray, Montdauphin, avant d'aborder le Petit Morin dont les ponts sont réparés par les sapeurs du génie.

Il s'approche de la grande route droite de Montmirail à Meaux, qui se prolonge vers Châlons à l'est. Une voie romaine, traversant une campagne plate et déserte à l'infini, croisée à Montmirail par une autre route droite qui remonte sur Dormans et la Marne. Lieu stratégique arrosé par l'artillerie allemande en même temps que le bourg voisin de Marchais-en-Brie.

— Le général Franchet d'Espèrey a la manière, lui, commente le dragon Chambe, il fait avancer les canons.

Pied à terre dans une terre labourée sur la rive droite du Petit Morin, la 10e division de cavalerie est tenue en réserve. Les dragons déroulent leurs grands manteaux noirs pour s'abriter de la pluie d'orage. Un combat d'arrière-garde, violent, où l'infanterie charge à la baïonnette. Franchet n'a pas besoin de faire donner les cavaliers.

*

Il ne veut rien précipiter, et n'a pas encore le sentiment de pouvoir avancer sans risques. Il a donc le plus grand besoin de son artillerie, pour contrebalancer les batteries ennemies chargées de protéger les mouvements des corps d'armée. Les Allemands livrent, grâce aux 150, aux 105 et même aux obusiers de 220, des combats féroces de retardement, et les bataillons d'assaut des divisions de Franchet ne sont pas à abri du canon, même français quand il leur tire dessus par erreur.

Chacun reconnaît l'utilité de l'artillerie et la hardiesse des artilleurs, et cependant les plaintes remontent jusqu'au grand état-major. On n'a pas oublié à la 2e division du général Duplessis le massacre d'Esternay, le 6 septembre. Ce jour-là, le 73e régiment du recrutement de Béthune marchait à l'assaut du château derrière le 33e d'infanterie d'Arras. Deux bataillons furent lancés à l'attaque d'un bois situé au sud du château. Impossible d'en sortir. Les tirs de l'artillerie française l'interdisaient. Les pertes étaient sensibles. Des émissaires eurent du mal à alerter les généraux de l'artillerie, de la brigade et de la division pour arrêter ce feu fratricide.

Les bataillons, après la cessation du tir, partirent en direction des positions ennemies. A trois reprises l'artillerie française les reprit à partie, avec une sorte d'acharnement. Alors les Allemands lancèrent leur contre-attaque, ouvrant un feu d'enfer. Impossible de répondre : les *Feldgrauen* étaient dissimulés par les taillis épais du bois.

Après une fusillade efficace, ils donnèrent l'assaut qui fut arrêté au prix de lourdes pertes. Le régiment de Béthune, meurtri, rentra dans les lignes en se plaçant à l'aile gauche du 33e. Tous les officiers des deux premiers bataillons avaient disparu ou presque.

Selon le bilan établi en fin de journée, 18 officiers et 943 soldats manquaient à l'appel, à la suite de cette sinistre affaire. Les lourdes pertes étaient dues en partie au tir de l'artillerie française. Un bataillon et une compagnie avaient disparu et les brancardiers étaient loin d'avoir pu secourir tous les blessés.

Le chef de bataillon Truffert, commandant le régiment, écrivit pour sa part dans son rapport : « La marche en arrière s'est faite dans un ordre admirable, au pas, et aucun soldat n'a cherché à gagner à la main, chacun est resté à son rang[1]. » Le commandant se croyait-il à Waterloo ? N'avait-il pas perdu assez d'hommes de par les erreurs de coordination entre batteries et bataillons ? A la brigade, le général Bernay osa écrire : « Il y a lieu de blâmer l'excès de bravoure des officiers qui, malgré les ordres, persistèrent à diriger les hommes, debout, sous le feu ennemi. » Le retard pris dans l'enlèvement de la position d'Esternay, en raison de cette malheureuse affaire, était considérable.

Franchet d'Espèrey, informé, semonça les artilleurs et exigea une communication plus précise avec les unités d'infanterie. On imposa fermement aux servants des 75 qu'ils participassent de si près à la bataille que des erreurs fussent rendues impossibles, quand les troupes étaient au contact.

Avancés au plus près des lignes pour tirer à vue sur l'ennemi, les artilleurs étaient mal protégés contre les assauts d'infanterie en *feldgrau*. Ils tiraient fréquemment à cinq cents mètres sur des assaillants. Aussi, pris de panique, leur arrivait-il d'abandonner leurs pièces pour sauver leur peau. Que pouvaient-ils, avec leurs carabines,

1. *AFGG*, t. I, vol. 3, Annexes, 1er vol., n° 1310.

contre les baïonnettes des Prussiens ? « Le général n'hésiterait pas à faire fusiller un chef d'artillerie qui se retirerait sans ordres », avertissait un colonel de l'artillerie divisionnaire. Contrebattues par les pièces lourdes allemandes, les batteries de 75, quand elles voulaient échapper à la destruction totale, devaient changer constamment de position. Seuls les officiers les moins clairvoyants s'y opposaient, sacrifiant ainsi canons et effectifs.

Les généraux prenaient le plus grand soin des rares pièces d'artillerie lourde. La marche de ce matériel était minutieusement réglée pour éviter toute surprise. La 5e armée disposait de trop peu de pièces pour les exposer à des attaques de cavalerie. Il était prévu de les faire avancer derrière les colonnes d'infanterie du 18e corps de Maud'huy.

Leur marche était très lente : les deux batteries de 120 L d'un modèle déjà ancien (huit pièces) montées sur « ceintures de roues » disposaient pour chaque canon de dix chevaux d'attelage. Il n'avait pas été possible d'acheminer sur le front les autres batteries à plate-forme, restées à Nogent-sur-Seine. L'efficacité de ces canons était limitée par l'absence de coordination réelle avec l'aviation trop peu nombreuse, encore incapable de donner des indications assez précises sur les positions ennemies. Deux avions de reconnaissance d'artillerie seulement étaient affectés à chaque corps d'armée.

*

Le 7 septembre, la 1re division d'infanterie du général Deligny en est encore à franchir le Grand Morin, au sud du champ de bataille. Le château d'Esternay n'a été pris qu'autour de midi. Malgré le courage de ses régiments d'élite, la 1re division a été arrêtée, toute la matinée, devant les tranchées de la place. Elle a reçu l'ordre d'avancer vers le Petit Morin, suivant les Allemands en retraite, en s'alignant sur un front de deux divisions *accolées*, pour ne pas offrir la moindre prise à une contre-attaque. Des voitures de réquisition ont été prévues pour le transport des sacs des fantassins, afin de faciliter la *poursuite*. La marche programmée sur Montmirail aligne comme à la parade les quatre régiments de la division sur la petite route départementale d'Esternay à Champguyon et à Morsains.

Vers l'est, grimpant sur la route de Sézanne à Vauchamps, les 19e et 20e divisions du 10e corps de Defforges prennent leur rang dans la procession. Leur remontée doit se faire en ordre, sous la surveillance des batteries de 75 postées le long du parcours. Le 10e corps est, à l'aile droite de la 5e armée, le plus proche de la 42e division de Foch. Les ordres sont de se tenir en liaison avec la 42e dans la région de Charleville. Il n'est pas question de la perdre de vue, mais bien au contraire de lui prêter main-forte en cas de nécessité, à la première demande et sans discussion possible.

Vers l'ouest, le 1er corps d'armée de Deligny est bordé par le 3e du général Hache, remontant de Montceaux-les-Provins et de Courgivaux. Sa progression vers le nord est lente, méthodique, écrit le chef de l'état-major Geismar. Hache veille à s'aligner parfaitement sur le corps voisin de droite, dans une avancée parallèle, et sur sa gauche avec le 18e corps du général de Maud'huy, soumis aux mêmes contraintes, également surveillé par les *missi dominici* de Franchet d'Espèrey, pour le dissuader de faire cavalier seul.

Les soldats entrent dans des villages pillés de fond en comble par les Prussiens en retraite, qui viennent seulement de quitter leurs cantonnements en bon ordre. On trouve les bagages oubliés du duc Ernst Gunther zu Schleswig-Holstein, général de cavalerie chargé de l'arrière-garde dans le village de Neuvy où Hache installe son quartier général provisoire. Selon les habitants sortis des caves, les Allemands ont dit en partant qu'ils seraient de retour dans trois jours. Une fausse retraite ?

Vers 17 heures, le 7 septembre, les avant-gardes des corps d'armée de la 5e sont encore au niveau de Champguyon et de Joiselle, à six kilomètres seulement au nord d'Esternay. La marche en avant est très lente. Les officiers de liaison vérifient sans cesse l'alignement des unités. Ils signalent le retard de la 6e division du général Pétain[1] encore au niveau de Courgivaux vers 15 heures. Hache envoie sur place le capitaine Luccioni, de son état-major, inquiet de voir Pétain traîner des pieds. L'envoyé spécial rassure : « Le retard de la division provient de ce qu'elle opère méthodiquement et lentement. »

Maud'huy a demandé aux chasseurs d'Afrique et aux hussards du 10e régiment de Tarbes de s'infiltrer jusqu'au Petit Morin pour préparer l'avance des colonnes et signaler les points de résistance. Chaque village est reconnu par la cavalerie, avant d'être occupé par les premières troupes d'assaut. A plusieurs reprises, les hussards ou les chasseurs ont été attaqués par des mitrailleuses postées par les Allemands en retraite, particulièrement en lisière des bois.

Le général Franchet d'Espèrey peut-il savoir quels sont les corps allemands capables de résister à l'avance de son armée ? Les reconnaissances du corps de cavalerie Conneau le laissent perplexe. Il n'a rencontré sur les routes du Nord que des cavaliers allemands, uhlans, dragons et hussards de la garde prussienne, jamais de corps d'infanterie. Une division entière, affirme-t-il sans pouvoir le certifier, aurait fait mouvement vers le nord à partir du bourg de Courtacon. Les Anglais ont fait boire leurs chevaux dans le Grand Morin mais ils ont été accablés, à hauteur du village de Choisy, par le feu d'une batterie d'obusiers allemands. Conneau ignore le nombre de corps allemands en retraite. Il est impossible au commandement de compter sur la cavalerie pour être éclairé.

Franchet d'Espèrey, qui ne reçoit aucune information ni même d'ordres du Grand Quartier général de Joffre, poursuit donc à l'aveuglette, avec prudence, son avance vers le nord. Il ordonne au corps Conneau de se porter vers La Ferté-Gaucher, et de transporter en camion les

1. La 6e division est intégrée au 3e corps d'armée du général Hache.

fantassins du 45e régiment qui doivent soutenir l'action de sa division. Ses dragons peuvent pester tant qu'ils veulent contre le genre de guerre qu'ils sont obligés de faire : il leur est interdit de prendre le trot. L'alignement doit être à tout prix respecté avec les Anglais vers l'ouest, le 18e corps de Maud'huy vers l'est.

Ainsi la 5e armée devine qu'elle avance dans un *trou*, mais ne s'y précipite pas pour autant. Son rôle n'est pas, selon Joffre, d'être le fer de lance d'une attaque massive au cœur des armées allemandes, mais de veiller scrupuleusement à ce que le centre français ne risque pas d'être enfoncé par un retour en force des corps d'infanterie allemands, dont on ignore encore, au soir du 7 septembre, la localisation exacte.

*

Pourtant, ces corps allemands se défilent, remontent à marche forcée vers le nord. Il a été décidé le 7 septembre par la Direction suprême que le IXe corps continuerait à combattre sur ses positions en liaison avec la IIe armée de von Bülow qui ne recule pas, mais poursuit ses opérations contre la 9e armée française de Foch. Quant au IIIe corps allemand, il doit assurer la protection du flanc droit du IXe corps.

Mais à partir de midi, les messages radio accablent le colonel-général von Kluck. La bataille a pris de l'ampleur sur l'Ourcq et s'est allongée considérablement vers le nord. On considère comme « instamment désirable » l'engagement des IXe et IIIe corps dans cette partie de la bataille. L'ordre est donné de les mettre en marche en direction de La Ferté-Milon et Crouy.

Von Bülow prend alors conscience qu'une brèche s'élargit entre son armée et celle de von Kluck. Sa IIe armée très engagée au sud de la Marne risque de se trouver en position difficile. On n'ignore pas à la Direction suprême que les Français interprètent comme une *retraite* le mouvement des unités allemandes vers le nord, et que les régiments exténués, démoralisés, de la 5e armée risquent de devenir une force au moral regonflé par le succès, sans doute capable d'envelopper l'armée von Kluck. « L'abandon du champ de bataille en plein jour devait être forcément interprété par les Français comme une victoire et élever puissamment le moral de la cinquième armée », écrit von Bülow[1].

En s'obstinant à livrer la bataille de l'Ourcq pour anéantir la 6e armée du général Maunoury, von Kluck prétendait forcer la victoire. Se retirer sur le flanc de von Bülow aurait été conforme à sa mission initiale, mais aurait plus encore donné aux Français le sentiment d'un succès. Ils auraient pu prétendre avoir gagné la bataille de l'Ourcq, en obligeant l'ennemi à se retirer.

Ainsi von Bülow eut-il l'occasion de regretter, le 7 septembre à midi, le retrait du IIIe corps porté immédiatement sur Nogent-l'Artaud et La Ferté-Milon. Engagé fortement près d'Esternay, le IXe corps ne pouvait disparaître derrière la Marne aussi rapidement sans provoquer des secousses très graves. Aussi donna-t-on pour direction générale de retraite à toutes les divisions fourbues la région située au sud de Château-Thierry.

L'aile droite de von Bülow était à découvert. Il décida de coller le VIIe corps au IXe en retraite pour colmater la brèche en s'installant dans la « coupure » de la rivière Dolloir, au sud de Château-Thierry, de Fontenelle-sur-Brie à Montmirail, sur le cours du Grand Morin. Une division serait maintenue en réserve au nord de Montmirail, en cas de remontée brusque de la 5e armée.

En fin d'après-midi, le 7 septembre, von Bülow reçoit un nouveau radio de von Kluck. Il a besoin d'urgence des IIIe et IXe corps. La IIe armée de von Bülow doit donc tenir seule le front de Montmirail avec la droite du Xe corps de réserve. Le Ier corps de cavalerie est aussitôt lancé contre les Anglais pour défendre le Petit Morin menacé du côté de Coulommiers et de Choisy. Seuls la

1. *Documents allemands*, *op. cit.*, p. 63.

XIIIe division d'infanterie et le Xe corps de réserve font donc face, au soir du 7 septembre, à la 5e armée de Franchet d'Espèrey.

L'état de la troupe commence ce soir-là à donner au commandement allemand des inquiétudes. La chaleur du jour, la longueur des étapes ont raison des plus robustes. Le caporal Renn a marché toute la journée du 7 « dans un nuage de poussière[1] ». Il se plaint des routes monotones, rectilignes, où les compagnies se suivent. Les mains sont gonflées par la chaleur, les pieds en sang, les « jambes en coton ». On se bouscule autour des seaux d'eau apportés au bord de la chaussée par les fermières requises des villages traversés. Elles sont encore là, les Champenoises, elles n'ont pas toutes pris la route de l'exode.

Les soldats secouent les poiriers. Ils souffrent tous de dysenterie et n'ont plus de pain. Les boules livrées par l'intendance sont vertes, et l'intérieur blanc : du pain moisi. On ne peut manger que des conserves. Heureusement les roulantes suivent la troupe, délivrant aux compagnies une soupe sans saveur et sans matières grasses.

Les haltes dans les villages sont courtes. Les compagnies se disputent le soir les granges en cantonnement. Quelques heures de repos seulement. On repart longtemps avant l'aube. Les marches de nuit sont les plus pénibles, les traînards se multiplient, mêlant en un magma confus les effectifs égarés d'unités différentes. Une compagnie entière disparaît devant Renn. Ses hommes sont tombés de fatigue dans le fossé.

La faim tenaille les *Feldgrauen* aux tenues couvertes de poussière dans les marches de nuit, et la soif dans les marches de jour. Les haltes sont rares : les soldats jettent leurs casques à pointe et s'étendent derrière des talus avant de repartir au coup de sifflet. Les obus éclatent dans les bois de pin, les fourrés de genévriers. Les officiers hurlent des ordres : serrer les rangs, allonger le pas. Il faut réussir à tout prix le changement de front, sur-

1. Renn, *op. cit.*, p. 84. Chapitre « La bataille de la Marne ».

prendre l'ennemi par la marche forcée. Les soldats qui arrivent de nuit sur le front de l'Ourcq sont morts de fatigue. Ils doivent encore, cependant, creuser pour s'enterrer, s'ils veulent échapper au feu dense de l'artillerie française.

*

Les camarades qui résistent à l'avance des Français et des Britanniques doivent sans cesse manier la pelle et la pioche pour établir des points d'appui provisoires, le temps de conduire une bataille de retardement. Les attelages de 75 suivent de près les avant-gardes de l'armée française en pleine poursuite, et leurs obus éclatent sans répit. Beaucoup de *Feldgrauen* s'enterrent pour bondir aussitôt après l'éclatement. Deux obus sur trois n'explosent pas et les artilleurs tirent souvent trop court. Quand ils corrigent la hausse, les éclats accablent des colonnes entières.

Les attaquants français serrent souvent l'ennemi de trop près. Les Allemands doivent se hâter de placer leurs mitrailleuses en batteries. Les officiers choisissent généralement les bois ou les bosquets pour installer une position d'arrêt. En quelques heures, un vrai retranchement se creuse en lisière d'un bois. Renn manque de pelles dans sa compagnie et la terre est dure. Une seule pioche par escouade pour percer la croûte desséchée. La tranchée est juste assez profonde pour permettre le tir « à demi couché et à demi agenouillé ».

Les Français attaquent à deux cent cinquante mètres. La compagnie d'arrêt doit empêcher leur progression pour protéger le bataillon qui marche sur la route. Le soleil se lève. L'ennemi l'a dans les yeux, il avance et vise avec difficulté. Les Allemands en profitent pour faire feu à cent mètres, visant chacun son homme.

— Tirez plus posément, ordonnent les officiers.

Le canon français rend les hommes nerveux. Les officiers blessés sont évacués lourdement, dans la terre remuée. Les mitrailleuses allemandes crépitent. Les marmites de l'artillerie lourde passent au-dessus de la tête des fantassins en *feldgrau* et vont frapper, plus loin, les renforts de pantalons rouges. L'assaut de l'infanterie française est arrêté.

Des obus de 75 soulèvent alors des gerbes de terre, juste avant l'assaut. Au commandement, les Allemands abandonnent la position, se reforment sur la route et marchent en colonne, pendant que les mitrailleuses de l'arrière arrêtent l'ennemi et plient aussitôt bagage. Seules les pièces lourdes, installées loin, cherchent encore les batteries françaises.

Point de traînards dans la colonne. Les hommes ont peur d'être faits prisonniers. « Le ciel s'est couvert, dit Renn, devant nous s'étend une vaste plaine chauve. L'herbe des prairies est brune, presque rouge. Il fait lourd. »

Pas de répit dans la marche. A l'arrière, d'autres unités prennent le relais, profitant du moindre repli de terrain pour installer une position d'arrêt. L'artillerie lourde semble reprendre ses tirs pour décourager les poursuivants. « Je ne sais combien de jours nous avons marché et n'ai plus souvenir d'un incident, dit Renn, nous sommes devenus taciturnes. »

Derrière, loin derrière les marcheurs de l'armée von Kluck, le Xe corps de réserve et la XIIIe division d'infanterie de von Bülow se sacrifient pour permettre la retraite accélérée des grandes unités. Ceux qui restent en position accusent de lourdes pertes devant les tirs français de 75. « Notre troisième bataillon est mis en ligne et revient dans la nuit avec peu d'hommes et sans officiers. »

De la colère dans le cœur des fantassins. Qu'on ne confonde pas retraite et défaite !

« Je ne souhaite pas aux Français de pouvoir nous rejoindre maintenant comme s'ils avaient remporté la victoire. »

Sans doute, mais personne n'explique à la troupe la nécessité du mouvement de recul. Les hommes du

IVe corps d'active de von Kluck se suivent dans la nuit et sous la torpeur moite du jour sans savoir où ils vont. Les officiers restent muets sur leur destination. Ils demandent seulement à leurs hommes de presser le pas. Derrière eux, les fantassins de von Bülow font le nécessaire pour arrêter ou ralentir les Français et les Britanniques.

Ceux-là ne sont pas menaçants, peu pressés de poursuivre. « Tard dans l'après-midi [du 7 septembre], explique le général Gough, les gros de l'ennemi s'était déjà retiré, nous étions encore accrochés avant l'orée de plusieurs bois où se dissimulaient des mitrailleuses. » Et le caporal Renn ajoute malicieusement : « Les Français flairent probablement chaque buisson pour voir s'il n'y a pas un Allemand couché dessous. »

Les Anglais n'ont devant eux que le Ier corps de cavalerie déployé pied à terre pour tenir la coupure du Petit Morin, mitrailleuses en batterie et fort soutien d'artillerie lourde. Ils restent prudents parce qu'ils sont soumis aux tirs des 105 et craignent les embuscades qui leur tuent des cavaliers à l'orée des bois.

La droite du Xe corps de réserve défend toujours Montmirail et tient en respect les Français, les *Feldgrauen* donnent l'illusion qu'ils disposent toujours d'une troupe nombreuse et agressive. De la sorte, l'avance dans le *trou* creusé devant la 5e armée, et replâtré en vitesse par un rideau de cavalerie, n'est pas de nature à mettre en danger les deux armées allemandes. Von Kluck compte bien anéantir la 6e armée française avant de revenir sur la Marne. Von Bülow entend pour sa part poursuivre la manœuvre en tenaille avec les armées de l'est, et foncer en direction du sud, vers les marais de Saint-Gond.

*

Pour von Kluck, la journée du 8 septembre est décisive. Il doit tomber sur les Français avec toutes ses forces, en finir une fois pour toutes grâce à la supériorité de sa puissance de feu.

Le IVe corps d'active est en ligne dès l'aube, au nord d'Etavigny et bien au-delà de Betz, pour entreprendre la manœuvre de débordement. Le IIe corps est plus au sud, devant Acy-en-Multien et Puisieux, pour en finir avec le 7e corps du général Vautier déjà très éprouvé. Le IVe corps de réserve de von Gronau tient toujours tête aux divisions de réserve du groupe de Lamaze, renforcées par la 45e division d'Afrique du Nord. La vraie bataille va se jouer sur cette ligne.

En face du renforcement considérable de la présence allemande sur l'Ourcq, sur quels renforts peut compter Maunoury ? Uniquement sur la 7e division réduite et sur la 61e de réserve récemment complétée de bribes de sections venues des dépôts, d'officiers sortis de l'hôpital, de cavaliers à pied aux chevaux fourbus.

Le ministre de la Guerre avait promis deux nouveaux régiments de la Légion étrangère. Arrivés d'Oran, ils sont en dépôt en métropole, au front le 15 septembre seulement. Le ministre fait savoir qu'il passe au peigne fin les services de l'arrière pour expédier au front les « secrétaires, automobilistes, plantons et manutentionnaires ».

Il ne faut pas les attendre en ligne avant longtemps. Pas de prélèvements possibles en Algérie. Les zouaves qui restent dans les dépôts sont « chétifs et peu guerriers ». Maunoury peut tout juste compter sur le renfort de la 62e division du camp retranché de Paris expédiée en urgence par Gallieni sur Dammartin-Montgé. Il avertit Maunoury que la résistance de cette unité « ne peut pas être bien grande ». Elle ne peut servir « que de soutien éventuel en cas de repli ».

Dès le matin à 8 heures, Joffre demande à Gallieni de négocier avec French pour lui retirer la 8e division du 4e corps dont il a besoin sur l'Ourcq. Il adresse le même ordre à Maunoury, qui vient de transporter son QG à Claye-Souilly. Cette unité est en effet dirigée sur Trilport, où elle subit un bombardement d'artillerie destiné à protéger le passage des colonnes allemandes sur des ponts de bateaux.

Joffre supplie French de bien vouloir franchir au plus tôt le Petit Morin pour « rendre difficile la retraite de l'ennemi » et d'attaquer en direction de La Ferté-sous-Jouarre. Il souhaite ardemment que les Anglais, franchissant la Marne, tombent aussitôt sur les arrières des corps allemands garnissant le cours de l'Ourcq.

Le colonel Huguet reste optimiste. Il indique à Joffre que si les Français subissent de fortes attaques sur la ligne de l'Ourcq, l'offensive de la 8e division française du général de Lartigue peut les dégager. Elle a les moyens de s'attaquer aux concentrations de troupes allemandes dans la boucle de la Marne entre Trilport et Changis. Ainsi les Britanniques du 3e corps, rassurés sur leur aile gauche, pourront-ils attaquer eux-mêmes en direction de La Ferté-sous-Jouarre, avec l'aide d'un groupe d'artillerie de Lartigue. Les canons et obusiers lourds de l'armée anglaise ont concentré leur tir sur le pont de La Ferté-sous-Jouarre, par où s'écoule le flux de l'armée allemande vers le nord.

Le colonel Huguet rassure Joffre de son mieux :

— On peut compter absolument sur l'armée britannique pour pousser en avant avec toute la promptitude et l'activité voulues.

L'intervention de la 8e division française sur la ligne de bataille était d'autant plus urgente que la place forte de Maubeuge venait de se rendre avec ses 50 000 défenseurs, dont une partie seulement avait pu s'échapper. La chute de cette place offrait aux Allemands le renfort immédiat d'un corps d'armée au moins, qui pouvait surgir sur le front par la voie ferrée de Maubeuge à Soissons.

Encore une mission pour la cavalerie française exténuée : multiplier les coups de main sur les convois et opérer les destructions de voies ferrées indispensables, entre Compiègne et Soissons, pour que cette ligne ne puisse être utilisée par l'ennemi.

Reste l'artillerie. Joffre demande instamment au ministre Millerand de dresser l'état des pièces de siège disponibles pour les expédier au front, notamment des groupes de 120 court immobilisés à Valence. Il redoute la supériorité des 150 allemands.

De fait, toutes les offensives françaises de la journée du 8 septembre ont été bloquées par les tirs des batteries lourdes. La 45e division en est accablée, la 56e division de Lamaze ne peut sortir de la ferme de Champfleury, à l'est de Marcilly, sans être écrasée de marmites. L'intensité du tir est telle qu'elle décourage toute tentative de l'infanterie.

Vers le nord, le village de Betz est aux mains des Allemands et l'attaque de la 61e division a échoué. Le capitaine d'aviation Balsan signale au GQG, à 8 h 40, qu'une division allemande à tout le moins occupe la localité ruinée par le canon, et qu'elle y creuse des retranchements. La cavalerie n'a pas été en mesure de contourner les positions ennemies tenues par le IVe corps d'active et sa redoutable artillerie.

Les attaques françaises sont d'autant plus inefficaces qu'elles se heurtent à de véritables positions de forteresse, tranchées profondes et mitrailleuses enterrées, bases de départ solides pour les attaques de refuges imprenables en cas d'échec. Dans la nuit, Maunoury apprend que la 61e division engagée au nord a dû reculer et que la cavalerie de Sordet se replie sur Nanteuil-le-Haudouin. « Il est indispensable, télégraphie-t-il, que ce mouvement de recul soit réparé dès les premiers points du jour. »

La 7e division doit contre-attaquer en direction de Saint-Quentin et reprendre le bois de Montrolles. Et Maunoury d'ajouter, à destination des chefs de corps qui se plaignent des pertes subies : « La situation est telle que toutes les considérations relatives à la conservation des effectifs doivent céder le pas à la nécessité de gagner la bataille aujourd'hui même, au prix de tous les sacrifices. »

Pour tout renfort contre les tirs de l'artillerie lourde allemande, le général compte sur le 4e corps de Boëlle, et par toute l'artillerie du corps pour attaquer en même temps que le 7e corps du général Vautier et prendre l'ennemi de flanc. Il estime que les cavaliers du corps de

Sordet ont les moyens de se placer de façon à pouvoir « canonner les derrières de l'armée allemande ». Il entend que « toutes les batteries doivent être au feu ». Une fois encore, on compte sur le 75 pour éviter un désastre, à défaut de pouvoir envelopper l'ennemi.

*

L'artillerie disponible est entièrement engagée, pendant toute la journée du 8 septembre, sur l'ensemble du front de l'Ourcq. A l'aube du 7 septembre, la batterie de Paul Lintier, du 44e régiment du Mans, s'ébranle pour marcher au canon[1]. Les attelages font grincer leurs roues sur le pavé de la chaussée pendant dix heures sans arrêt : pas de répit pour l'artillerie, elle doit arriver à temps pour la bataille.

Le convoi débouche à la nuit, dans une poussière suffocante, « formant le parc » en plein champ, près du mur de clôture d'un château. La batterie de l'artilleur Lintier est au nord du champ de bataille de l'Ourcq.

Réveil avant l'aube le 8 septembre : on attelle pour « marcher au feu ». La colonne traverse la ville de Dammartin-en-Goële dans un « grand bruit lourd du canon qui semble venir du fond de la terre ». Les pièces à longue portée de l'ennemi tonnent en effet sans arrêt. La route est jalonnée de cadavres de chevaux tués par les éclats d'obus.

La batterie prend le trot, elle approche. Lintier croise des convois de blessés, marchant par petits groupes, de toutes les unités de l'infanterie y compris les « marsouins » de la coloniale ou les chasseurs alpins des bataillons de rupture. A la tête, à l'épaule, au bras, des pansements rouges de sang affligent les artilleurs en marche. Les biffins ont beaucoup trinqué. Certains ont encore la force de secouer les pommiers pour faire tomber les fruits qui étanchent la soif.

1. *Op. cit.*, p. 102 *sqq.*

Beaucoup de pertes parmi les soldats engagés. Les villages sont incendiés, les nuages blancs des shrapnells balisent le ciel. La batterie, dont un cheval s'est écroulé, épuisé, prend à travers champ pour rejoindre son emplacement. Elle traverse un village entièrement détruit et pillé, Sennevières, avant de s'arrêter dans une plaine de blés coupés et de betteraves à l'abri d'un hangar et de meules de foin.

La bataille gronde, toute proche, sans que l'on en aperçoive les combattants. Et pour cause : les artilleurs prennent position les premiers. L'infanterie va suivre. Elle n'a pas encore attaqué les Allemands qui restent tapis dans les taillis et retiennent leur souffle. Les pantalons rouges débouchent soudain des bois, par centaines, par milliers, et marchent vers les lignes ennemies pendant qu'en sens inverse les convois de blessés ne cessent de défiler.

Tout près de la position de la batterie, un cantonnement de cuirassiers sans cuirasses et sans bottes, qui débitent des chevaux tués pour les faire cuire à la broche. Abrités par une énorme ronceraie, mais cependant visibles par les *Drachen* élevés au loin dans la plaine nue, quand les pièces crachent le feu, les artilleurs camouflent de gerbes de paille leurs quatre canons distants d'une douzaine de mètres les uns des autres.

Le capitaine ordonne le feu, à cinq mille mètres en avant, sur une masse sombre, non identifiable, au pied de collines boisées. Tire-t-on sur des 77 prenant position ? On ne sait. Le feu est relayé d'une batterie à l'autre, un groupe entier gronde de tonnerre. De gros obus répondent, précédés par un sifflement modulé, caractéristique, disent les anciens. Ils font voler la terre à quelques pas. Les 150 de l'ennemi se suivent dans la même direction. Ils dessinent dans les betteraves une ligne de cratères. La batterie voisine a des pertes. Celle de Lintier reste intacte.

Le pointeur a pu repérer les feux de départ des pièces ennemies, à neuf mille mètres, estime-t-il. Impossible de répliquer. Mais on peut atteler, changer de position.

— Inutile de se faire tuer tant qu'on ne tire pas, dit le commandant.

Les pièces sont au complet, abritées derrière les meules. Deux volées d'obus les poursuivent sans les atteindre. On attelle les avant-trains. Les canons adverses se sont tus. On change de position de nuit, pour se rapprocher de l'ennemi. Le 75 ne peut rien contre le tir des obusiers lourds.

Mais il est souverain contre les assauts des *Feldgrauen*. Il les accable des petites boules d'acier des shrapnells, les éclats d'obus des explosifs qui coupent comme du verre. Ils éclatent en arrivant sur l'obstacle et non, comme les fusants, à hauteur d'homme. Le 5e régiment du colonel Nivelle fait merveille. En deux heures, ses 75 anéantissent une brigade de la garde prussienne, 5 000 hommes montant à l'assaut.

— Jamais je n'avais vu un aussi magnifique objectif, dit-il[1].

Pour l'artilleur Nordmann, le « coup de hache » du 75, qui fauche et déchiquette tout ce qu'il trouve dans son cône d'action, est le plus redoutable des explosifs. Pas d'angle mort pour s'en protéger. Ces obus noircissent le visage de l'ennemi et lui retirent la vie sans qu'il soit touché, par un effet de choc, de raréfaction brutale de l'air, d'une hausse brusque de la pression atmosphérique. La terrifiante déflagration cause la mort instantanée, fait éclater la tête ou les poumons.

Nordmann regarde avec pitié les batteries d'anciens canons de 90 et de 95 sorties des arsenaux qui nous tiennent lieu d'artillerie lourde. Ils ne lâchent qu'un coup à la minute et n'ont pas de frein. La pièce tout entière recule à chaque décharge. Mais il faut faire flèche de tout bois pour compenser l'infériorité du feu français.

Pour l'artilleur Jean Ernest Tucoo-Chala[2] du 14e d'artillerie de Tarbes, la journée du 8 septembre est une des

1. Voir Charles Nordmann, *A coups de canon*, Perrin, 1917, p. 17.
2. Jean Ernest Tucoo-Chala, *Carnets de route d'un artilleur*, Ed. J. et D. Biarritz, 1996.

plus tendues de la guerre. Il était jusqu'alors en réserve. Il a tiré à cinq mille mètres une centaine de coups par pièce ; pendant quinze jours, il ne dormira plus que deux heures de suite. Il a mis vingt fois en batterie, réglé les tirs avant de « repartir, encore et toujours ».

Echappant ainsi aux contre-batteries allemandes, les 75 ont permis à l'infanterie de tenir sur tout le champ de bataille de l'Ourcq. Ils ont causé aux *Feldgrauen* des pertes sensibles au moment des assauts. Ils ont répondu à l'attente de Joffre qui avait massé une grande partie des réserves d'artillerie sur ce champ de bataille décisif. Ainsi s'explique sans doute l'échec des trois corps allemands qui n'ont pas réussi à déborder les Français sur la ligne de l'Ourcq, en dépit de la supériorité de leur artillerie lourde et de la qualité de leur infanterie d'assaut. Mais la résistance française était due aussi au véritable esprit de sacrifice de l'infanterie, à l'obstination de tous ceux qui, en dépit des pertes, tenaient la position avec le sentiment que cette bataille devait à toute force être gagnée pour sauver le pays.

*

Cette résistance victorieuse, qui annule le plan allemand, est mal perçue des officiers supérieurs, humiliés par l'insuccès manifeste de leur propre projet offensif. Le 8 septembre, dès 19 heures, Maunoury connaît son échec. Il n'est plus question pour lui de bousculer victorieusement le flanc de von Kluck.

Il télégraphie à Joffre : « J'ai toutes mes forces engagées. Ma manœuvre enveloppante par le nord n'est plus possible par suite de l'extension du front ennemi jusqu'à Thury et Cuvergnon[1]... Je résiste sur place. Si trop vivement attaqué, je refuserai peu à peu ma gauche, de manière à pouvoir ensuite marcher vers le nord, quand j'aurai été dégagé par l'offensive de l'armée anglaise et de la 5e armée. Les pertes sont importantes. »

1. Nom de villages à deux ou trois kilomètres au nord-est de Betz.

L'attaque de la 7e division du général de Trentinian, sur le front de Nanteuil-le-Haudouin à Villers-Saint-Genest, a échoué. L'artillerie du 47e régiment de Besançon qui devait soutenir cette attaque a été neutralisée par une pluie d'obus lourds. Le général Boëlle, chef du 4e corps, a dû réitérer son ordre d'attaque à Trentinian pour que la 7e division reparte, malgré ses pertes [1]. Des compagnies du génie sont priées de s'équiper pour organiser des points d'appui consolidant l'avance des unités.

Une heure plus tard, la 14e division, la meilleure du 7e corps de Vautier, fait savoir qu'elle doit reculer sous le feu terrifiant de l'ennemi, à la droite immédiate de l'attaque de la division Trentinian. Un officier envoyé sur place par le GQG rapporte que la 14e division « n'a plus aucune réserve », que les groupes d'artillerie sont à court de munitions, que les pertes de la division « sont très importantes » et qu'elle a perdu toute liaison sur sa gauche avec la 61e.

Les courageux soldats de Belfort et de Besançon se trouvent ainsi « dans une situation précaire ». Ils n'ont pas mangé depuis deux jours « et n'ont aucune espèce de vivres en réserve ». Il est impossible de faire relever les blessés, dont plusieurs officiers, perdus dans le bois de Montrolles. Et cependant, les hommes résistent encore.

Le général Boëlle apprend que la 61e division a subi également de lourdes pertes en tentant de s'emparer de Betz, que l'ennemi a installé ses batteries d'artillerie lourde tout à fait au nord du front, vers Cuvergnon. Trentinian a averti que son avant-garde ne pouvait franchir le terrain au sud du bois de Montrolles. Il est « balayé par de l'artillerie que mes batteries n'arrivent pas à déterminer », écrit-il.

Il ne peut savoir qu'une division de cavalerie allemande, des pelotons de cyclistes et des chasseurs à pied protègent des obusiers lourds qui commencent leur tir à partir de Thury-en-Valois, défilés de telle sorte que les 75

1. *AFGG*, t. I, vol. 3, Annexes, 2e vol., n° 1573.

ne peuvent les atteindre, ni même les apercevoir. Dans ces conditions, l'ordre de « se cramponner au terrain coûte que coûte » est transmis à Trentinian par le général Boëlle chargé de ce secteur névralgique.

Le seul espoir de Maunoury, qui vient de perdre sa bataille, est désormais l'avance de French et de Franchet d'Espèrey dans le *trou* creusé entre les deux armées allemandes. Il a renoncé à sa manœuvre de débordement. De son nouveau PC de Saint-Soupplets, il écrit encore que « la 6e armée ne peut espérer, à moins d'une lourde faute de l'ennemi, entamer sa flanc-garde. Mais elle peut chercher à se maintenir devant elle, à se cramponner fermement au terrain ». En cas « d'une pression trop vive de l'adversaire », il en est à prévoir des lignes de retraite pour ses unités.

Cette « instruction secrète » aux chefs de corps leur demande de dresser à son intention exclusive « un état approximatif des pertes » ainsi qu'un « compte rendu sommaire des approvisionnements en munitions d'artillerie ». Il prévoit l'évacuation des trains sanitaires, pour les très nombreux blessés. L'action de la division de cavalerie au nord du dispositif français n'a donné aucun résultat, en dépit de changements dans le commandement et de la nomination du général Bridoux. Maunoury, au soir du 8 septembre, est en train de passer la main.

La 62e division de réserve, au lieu de participer à l'attaque, est priée d'organiser une « position de repli ». Des « centres de résistance » devront être organisés, des tranchées creusées par les territoriaux, à Dammartin, Monthyon, Saint-Soupplets. Des positions de batteries seront reconnues, leurs objectifs repérés.

Cette réaction pessimiste de Maunoury s'explique non seulement par l'échec de sa manœuvre de débordement au nord, mais aussi par le recul du 7e corps de Vautier sur la partie centrale du front de l'Ourcq. Les Auvergnats de la 63e sont tombés sous le feu de la puissante artillerie lourde ennemie. Les obus explosifs, massacrant les pantalons rouges, ont engendré une panique à la ferme

Nogeon, que l'on dit à l'état-major « rapidement maîtrisée », sans que l'on sache dans quelles conditions [1].

La division n'a plus qu'un chétif bataillon de réserve et elle a dû renoncer à toute avance sur le front Acy-Etrépilly. Elle doit « réorganiser ses unités privées d'un grand nombre de leurs chefs ». Les pantalons rouges de la 56e division de Lamaze n'ont pu approcher de Trocy. Le général a demandé un secours à l'artillerie. Refusé faute de moyens.

Les troupes de Lamaze n'ont pas réussi à sortir de leurs positions et ont été invitées à se retrancher pour résister au tir des « marmites » allemandes. La 45e division d'Alger n'est plus opérationnelle. Elle a subi des pertes si lourdes qu'elle a été retirée du front. La brigade Ditte a perdu 2 000 de ses Marocains en deux jours. La 45e a trouvé devant elle « de nombreuses mitrailleuses enterrées et recouvertes de gerbes de blé ». Elle était sous le feu de quatre batteries lourdes et de huit de 77.

Cette supériorité de l'artillerie ennemie rend l'état-major perplexe, sans doute parce qu'il ne l'avait pas prévue, ou prise en compte. Il veut savoir de combien de batteries au juste disposent les Allemands. Les aviateurs sont envoyés aux renseignements. Pourquoi le feu de l'ennemi est-il si efficace ?

Le capitaine aviateur Bellanger, considéré par l'état-major comme « absolument sûr », fait son rapport une heure plus tard. Le général Boëlle est informé : les Allemands ont douze pièces de 150 en batterie à l'est de Trocy, dix pièces à Gué-à-Tresmes, tirant jusqu'à dix kilomètres. D'autres canons sont en batterie dans un ravin à douze cents mètres au nord-est d'Acy-en-Multien, et d'autres encore dans le ravin au sud de Betz. Le général von Kluck a employé les grands moyens pour en finir avec Maunoury. Mais que fait donc Franchet d'Espèrey ?

1. Rien ne transparaît dans les archives sur les conditions de cette reprise en main. On peut toutefois imaginer les méthodes utilisées grâce à l'annexe 1805 (*AFGG*, t. I, 3e vol., p. 317) concernant un bataillon de chasseurs de la 29e division du 15e corps de la 3e armée Sarrail, datée du 8 septembre : « Dans chaque bataillon, une section composée d'hommes choisis sous le commandement d'un officier aura pour mission de tirer sur les fuyards. Il sera interdit de s'arrêter près des blessés, sauf aux infirmiers et brancardiers. »

*

Il avance dans le *trou*, un peu plus rapidement seulement que les Britanniques, et sans inquiéter réellement la Direction suprême. La journée du 8 septembre, pour ces troupes pourtant dégagées du gros des corps d'armée ennemis, est étonnamment lente.

Il faut dire que l'ennemi occupe les positions dominantes sur le plateau de Sézanne, et qu'il s'est très solidement retranché. Von Kluck a longtemps laissé en place, avant de les retirer, deux corps d'armée d'active, le IIIe et le IXe, flanqués par la cavalerie, de Courtacon jusqu'à la forêt de Gault, à l'est d'Esternay.

Ces troupes solides ont donné beaucoup de tablature aux unités de Franchet d'Espèrey parties à l'assaut, aux quatre corps alignés de Provins à Sézanne : le 18e de Maud'huy autour de Voulton, le 3e de Hache à Louan, du Grand Morin au Meix le 1er corps du général Deligny, portant monocle et moustaches blanches en crocs. Enfin, en demi-cercle à l'ouest de Sézanne, le 10e corps du général Defforges, à cheval sur la route d'Esternay dont il avait eu, avec le 1er corps, le plus grand mal à s'emparer.

Les Allemands se retiraient, sans doute, mais en laissant sur place des arrières solides, qui luttaient pas à pas. En profondeur, deux corps supplémentaires, appartenant à la IIe armée von Bülow, défendaient Montmirail, le Xe de réserve et le VIIe corps d'active. Ces grandes unités restaient dotées d'une artillerie lourde capable d'écraser dans l'œuf les rassemblements de troupes et de repousser les assaillants.

Ardent et soucieux de tenir ses objectifs, Franchet d'Espèrey poussait ses généraux à l'offensive, renforçant l'infanterie de batteries mobiles, et même des quelques pièces lourdes d'ancien modèle qu'il avait pu arracher à Joffre.

Il avait insisté sur la coordination nécessaire de l'infanterie et de l'artillerie, interdit toute attaque non soutenue par le canon. Ses régiments, les plus aguerris de l'armée, les vainqueurs du combat de Guise (seul succès de l'armée française depuis le début de la campagne), s'étaient miraculeusement remis en route vers le nord, oubliant leur fatigue pour en découdre, régler enfin son compte au poursuivant qui se croyait déjà en pays conquis.

Franchet d'Espèrey (bec d'aigle, regard dur, sourcil autoritaire, moustaches cirées à l'anglaise, visage glabre et lisse sous le képi planté droit) espérait mieux des journées des 6 et 7 septembre. Il avait réussi à rendre à la troupe un esprit offensif et à dynamiser ses généraux. Le 18ᵉ corps de Maud'huy l'Africain (barbichu, moustachu et fumeur de pipe) s'était heurté aux puissantes défenses du IIIᵉ corps allemand devant Montceaux. Les divisions du recrutement du Sud-Ouest, commandées par Marjoulet et Jouannic, avaient subi les tirs des 150, encaissé les énormes « marmites », affronté les nids de mitrailleuses, subi toute la nuit une contre-attaque allemande. Le 3ᵉ corps de Hache avait livré à Escardes un combat meurtrier et il s'était battu jusqu'au jour pour conserver le village de Courgivaux, conquis de haute lutte.

Le 1ᵉʳ corps du général Deligny avait tout autant souffert dans le siège d'Esternay. Ses troupes s'étaient battues de jour et de nuit, avec le plus grand acharnement. Les gens du Nord de la 2ᵉ division Duplessis avaient subi pendant plusieurs heures le feu ravageur des obusiers lourds. Le 10ᵉ corps de Defforges n'avait dû son salut, après une féroce bataille dans le village des Essarts, qu'à son retranchement nocturne dans la forêt du Gault.

Le premier enjeu de la bataille était de franchir le Grand Morin, dont Esternay tenait la clé, et de repousser l'ennemi vers le nord jusqu'au Petit Morin, dont Montmirail était la forteresse : autant de positions puissamment défendues par des retranchements solides, autant de plateaux et de forêts battus par le tir lointain, mais sûr, des obusiers lourds de von Kluck. L'avance dans le *trou* ne paraissait facile que sur les cartes des officiers du grand état-major. Sur le terrain, on en mesurait vite les obstacles.

Les Anglais, sur la gauche de la 5e armée, avaient pareillement découvert qu'ils n'avaient pas devant eux qu'un rideau de cavalerie. Von Kluck avait truffé le terrain de nids de résistance et laissé, de place en place, ses batteries meurtrières sur les principaux itinéraires, de sorte que les Britanniques avançaient d'un piège à l'autre, perdant des hommes à chaque obstacle. La cavalerie allemande était renforcée de bataillons empruntés aux IIIe et IXe corps d'armée, et de batteries lourdes capables d'écraser les colonnes en marche.

Ainsi s'expliquait la lenteur de la progression des alliés : le 7 septembre, von Kluck avait lancé des coups de boutoir offensifs bien préparés par un feu violent d'artillerie. Pour défendre Montceaux devant cette contre-attaque, les Français avaient encore accusé des pertes au 18e corps. Même attaque du corps de Hache à Courgivaux, et du 1er corps sur Esternay.

Ces brusques coups de boutoir de l'ennemi préparaient en fait le retrait des corps d'armée allemands au-delà du Grand Morin, dont l'accès restait puissamment défendu devant Montmirail. A l'aube du 8 septembre, les Français s'en étaient pourtant rapprochés et tentaient d'organiser une ligne de défense depuis La Ferté-Gaucher, où étaient entrées les troupes du général de Maud'huy, jusqu'à Charleville, petit village au sud-est de Montmirail, où campait de nuit le 10e corps de Defforges.

Les Allemands avaient l'art de rationaliser leur retraite, de rendre la poursuite impossible. Les Français avançaient juste dans l'espace qui leur était concédé après d'âpres combats. Les communiqués, prudents, ne chantaient pas victoire, parlaient seulement d'une avance appréciable. Il est vrai qu'elle pouvait se chiffrer déjà à plusieurs dizaines de milliers de pertes. Dans le souci de ménager leurs effectifs, ni French ni Franchet ne se hâtaient, tâchant d'amortir, par l'emploi massif et constant du canon, l'effet dévastateur de l'artillerie lourde ennemie.

*

Le 8 septembre n'apporte pas de résultats notables à la 5e armée dont le général Maunoury attend anxieusement le salut de sa propre armée. Son avance sur le Petit Morin lui permet d'atteindre Marchais-en-Brie, et d'aligner ses troupes sur celles des Anglais engagés légèrement au nord de cette rivière. Mais cette progression n'est pas de nature à soulager la 6e armée Maunoury qui semble devoir succomber inéluctablement aux coups de massue des trois corps offensifs de von Kluck.

« Nous progressons, explique Joffre à Millerand le 8 septembre, bien que péniblement sur les plateaux au nord de Sézanne. » Il n'attend pas plus de miracles sur cette partie du front que sur l'Ourcq. C'est dire si l'offensive est mal engagée. Gallieni n'est pas plus optimiste. Il a envoyé Clergerie en repérage du front. Il l'informe que « les Anglais ne mordent pas et se contentent de suivre ».

Leurs renforts arrivent au front avec une exaspérante lenteur. L'état-major de French est déçu d'apprendre que deux divisions indiennes, de 17 000 hommes et de 4 000 animaux chacune, attendues au front, n'ont pas encore débarqué à Marseille : après trente-cinq jours de navigation, elles déchargeront leurs unités sur les quais le 12 septembre au plus tôt. Il ne faut pas compter sur elles pour renforcer le front du maréchal French, pas plus que sur les 2 200 chevaux de la brigade de cavalerie d'accompagnement. Gallieni est convaincu, il l'écrit à Joffre, « que si les Anglais n'aident pas plus vite et plus fort, la bataille est perdue[1] ».

Pourtant, on apprend le 8 septembre que la 8e division française et 15 000 fantassins anglais marchent en deux colonnes avec le soutien, il est vrai insuffisant, de vingt canons en direction de La Ferté-sous-Jouarre. French semble remplir son contrat. La 8e division cherche des équipages de pont pour franchir la Marne. Elle ignore

1. *AFGG*, t. I, 3e vol., Annexes, 2e vol., n° 1406, p. 36.

si le pont de Saint-Jean-les-Deux-Jumeaux est praticable. Un équipage a été repéré à Pomponne, mais il a disparu. Le général Boëlle, qui a devant lui la IIIe division du IIe corps allemand, voit parfaitement dans ses jumelles l'ennemi se retrancher sur la rive et il n'a pas les moyens matériels de l'attaquer. Qui est responsable de ce désordre ?

La 5e armée n'est pas plus rapide dans la « poursuite » que la force expéditionnaire britannique. Le 18e corps est le seul qui ait réussi à franchir le Petit Morin, du côté de Marchais-en-Brie. Joffre se plaint-il à Franchet de son avance trop lente ? Un ordre à tous les corps d'armée diffusé le 8 septembre en fin de journée annonce : « L'ennemi est en pleine retraite. Il n'y a pas à se laisser arrêter par des résistances d'arrière-garde qui se sacrifient pour retarder notre marche. Ces arrière-gardes doivent être écrasées sous un feu violent d'artillerie, tournées par l'infanterie et poursuivies par la cavalerie. Seule une poursuite vigoureuse permettra de recueillir les bénéfices de la situation actuelle. »

Cet ordre martial du chef d'état-major de la 5e armée Hély d'Oissel est-il exécutable ? Le 3e corps de Hache progresse « très lentement » vers le Petit Morin, il est gêné par l'artillerie lourde ennemie. Renforcé sur ses arrières par la 37e division Comby de zouaves et de tirailleurs venus d'Algérie, qui ne donnera pas ce jour-là, il ne parvient pas à progresser sensiblement.

Et Montmirail constitue un bastion redoutable, auquel se heurte le 1er corps. L'attaque est lancée, bien que les aviateurs aient signalé une forte concentration d'artillerie lourde. Le général Bro, commandant l'artillerie du 1er corps, a reçu communication de l'emplacement des batteries. Il est prévu que les deux premières divisions de l'armée française attaquent Montmirail par l'est, en direction de Vauchamps. On imagine un mouvement tournant, avec le 73e régiment de Béthune, pour s'emparer du village de Bergères où se sont retranchés les Allemands.

Une batterie escortée par un régiment de chasseurs à

cheval sera chargée d'arroser l'ennemi. Une seule batterie. Mais deux groupes d'artillerie divisionnaire interviennent bientôt pour tenter de contrebattre les obusiers allemands installés à la lisière d'un bois, repérés par avion dans la forêt de Beaumont, à deux kilomètres et demi des lignes françaises, donc à portée de 75.

Les effets de cette préparation ne sont pas suffisants : quand la 1re division du général Gallet s'avance, elle est arrêtée à flanc de coteau par le tir des mitrailleuses enterrées dans les lignes de tranchées au nord de Courbetaux. Beaucoup de pantalons rouges des régiments de Lille et de Valenciennes laissent la vie dans cette attaque manquée.

Ceux de la 2e division Duplessis approchent du château de Bergères, mais l'artillerie lourde canonne le village et les Français ne peuvent s'y maintenir. Les ordres donnés aux plus avancés sont de creuser le sol et de s'embusquer sur place. Ils ne peuvent progresser. Selon les *missi dominici* de Franchet, dans un bataillon du premier régiment de France, le capitaine commandant une compagnie dont des éléments ont été faits prisonniers aurait décidé de retraiter. « Ce mouvement fut accompli dans des conditions meurtrières, sous le feu de fantassins allemands établis dans les tranchées. »

Le général Deligny s'en plaint amèrement. Son 1er corps a été, dit-il, « abandonné à ses seules forces ». Hache ne l'a pas soutenu sur sa gauche. Et pas davantage Defforges sur sa droite. Ses deux divisions, fortement accrochées, « restées au combat toute la journée après l'engagement du 6 et la marche en poursuite du 7 sont très fatiguées. Le bivouac de cette nuit, qui aurait pu être évité par une aide plus efficace des corps voisins, va encore diminuer leur capacité d'effort ». Il ne faut pas compter sur le 1er corps pour enlever Montmirail.

Pourtant, les ordres donnés le 8 septembre par le général Deligny à ses régiments sont de « continuer la poursuite », comme si la forteresse de Montmirail ne restait pas avec son réseau de tranchées et d'abris de mitrailleuses aux mains de l'ennemi. On pense la contourner par Vauchamps « à travers champs et en formation semi-déployée de manière à culbuter rapidement les arrière-gardes de Kluck ». A 8 h 45 seulement, le général est informé que « Montmirail aurait été fortifié » et que de grosses formations d'artillerie lourde sont mises en batterie. Cette insuffisance manifeste du renseignement avant une attaque décisive rend fort aléatoire la progression de la 5e armée.

*

La prudence des chefs d'unités s'explique par leur ignorance du terrain et leur méconnaissance des forces ennemies. Le chef d'état-major du 18e corps de Maud'huy, chargé d'attaquer à l'ouest de l'armée sur le Grand Morin, multiplie les mises en garde : des batteries lourdes et des positions organisées ont été signalées, on ne sait pas où exactement : « On devra s'approcher avec précaution des positions qui pourraient être occupées par l'ennemi sur la rive nord du Morin. On ne les attaquera qu'après des reconnaissances, une vigoureuse préparation d'artillerie et surtout en attendant l'action de flanc des troupes qui auraient déjà passé la rivière. »

Cet ordre donne le ton de la méfiance des états-majors de terrain, et des difficultés de la « poursuite ». En fait, les Français s'arrêtent dès que les Allemands en retraite ont organisé une position de résistance, sans chercher à se défiler pour avancer plus vite et plus loin.

Les désordres sont constamment signalés par les observateurs de Franchet d'Espèrey : par exemple, l'avant-garde de la 35e division Marjoulet qui a réussi à franchir sans pertes le Grand Morin est arrêtée sur l'autre rive par une colonne du corps de Hache, qui s'est trompée d'itinéraire. Une incroyable pagaille en résulte.

Le 18e corps tout entier remonte dans le vide à l'ouest de Montmirail, vers le plateau de Montdauphin que l'ennemi n'occupe pas. A croire qu'il protège seulement le flanc de la IIe armée von Bülow, au lieu de chercher à colmater le *trou* entre les deux armées allemandes. Une telle attitude peut donner aux généraux français le sentiment qu'on leur prépare un piège éventuellement comparable à celui de la bataille de Morhange. Les divisionnaires de Maud'huy s'inquiètent. Marjoulet, qui entend le canon dans les lointains, est soudain perdu. Jouannic envoie la cavalerie en reconnaissance dans tous les sens. Où sont passés les Allemands ?

Franchet d'Espèrey a recours aux cavaliers. Le général Conneau a poussé ses pelotons loin vers le nord. Lissant ses cheveux blancs taillés en brosse, il pénètre dans le bureau de Franchet l'Olympien, son rapport à la main : les unités du IIIe et du IXe corps sont déjà alignées en colonne sur la grande route rectiligne, la départementale n° 1, de Fontenelle à Château-Thierry. Les parcs d'artillerie et les hangars d'aviation sont concentrés autour de la ville protégée sur le plateau par de très fortes tranchées. Une division s'apprête à offrir de la résistance sur le plateau de Montdauphin. Elle est laissée en arrière seulement pour protéger la retraite. Son artillerie bien défilée peut surprendre les divisions avancées sans méfiance.

Ainsi, Marjoulet s'est laissé piéger « par des batteries que l'on croyait disparues ou mises hors de combat ». Il demande immédiatement des secours d'artillerie avant de poursuivre sa marche. Son collègue Jouannic est encore plus surpris : son 18e régiment de Pau vient d'enlever par une attaque de nuit un retranchement ennemi installé sur un croisement de routes. Il s'apprête à prendre le village de Marchais, à l'ouest de Montmirail, quand on l'informe *in extremis* que les Français l'occupent déjà. Personne ne lui en a rendu compte.

Comment aurait-il pu être rapidement informé ? L'officier de jour lui signale que le téléphone ne marche pas. Cette absence de liaisons entre les unités, que Franchet d'Espèrey déplore et condamne fermement, est la cause de nombreux désordres et de pertes inutiles. Quand le 8e régiment de Saint-Omer [1] s'empare de haute lutte du

1. Le 8e RI appartient à la 2e division Duplessis du 1er corps de Deligny.

village de Bergères, à l'est de Montmirail, le colonel rend compte « qu'il y a de nombreux blessés » mais que « le service sanitaire du régiment s'est égaré ». Il demande d'urgence des brancardiers divisionnaires.

Un colonel de chasseurs du 1er corps d'armée s'indigne. Un bataillon d'infanterie qui devait lui servir de flanc-garde manque au moment de l'attaque, dans le secteur meurtrier de Montmirail. Il avait reçu l'ordre de se replier. Le colonel n'en savait rien. Il a dû suivre lui-même sans ordre supérieur le mouvement de repli, pour ne pas être débordé par l'ennemi.

Même surprise au corps Hache, quand le colonel du 43e d'infanterie, s'avançant sans méfiance, subit une vive fusillade des Allemands embusqués dans un village non reconnu par la cavalerie et décroche difficilement sous des tirs d'artillerie dont les batteries étaient défilées. Un colonel de chasseurs explique qu'il est « pourchassé par l'artillerie » dans sa retraite. On découvre avec surprise combien les Allemands sont adroits dans la retraite organisée. Il est vrai que, jusqu'ici, on ne les avait jamais vus que de face.

D'où la prudence accrue des unités de « poursuite » et les recommandations de Franchet d'éclairer le plus possible les régiments en marche. Au soir du 8 septembre, la 5e armée a surtout gagné sur son aile gauche, où la résistance de l'ennemi était moindre : bonnes nouvelles dans ce secteur, même de la cavalerie ; la 4e division, en liaison avec les Britanniques, a rencontré les chasseurs de la garde prussienne à Bellot et les a rejetés.

Malgré les erreurs et les ordres approximatifs, le 18e corps a réussi à franchir le Petit Morin à La Celle. Il a subi sur le plateau tous les accrochages organisés par l'ennemi et perdu beaucoup de monde pour s'emparer du village stratégique de Marchais-en-Brie, à l'ouest de Montmirail.

Le 3e corps du général Hache, parti à l'attaque frontale de Montmirail dès 3 heures du matin, n'a pas réussi à dépasser le village de Rieux, défendu par les troupes du

IXe corps allemand et accablé d'obus par l'artillerie lourde, des obusiers de 220 défilés dans une position inaccessible. Les têtes de colonne de Hache ont perdu leurs officiers et leurs effectifs ont fondu.

Le 1er corps du général Deligny tentait de déborder la position de Montmirail par l'est, en direction de Vauchamps. Sa 1re division parvenait sans trop de casse à rejoindre la rivière ; mais la droite était arrêtée par un feu meurtrier en début d'après-midi dans le village de Courbetaux pris d'assaut. La 2e division perdait son monde du côté de Bergères. Les prisonniers allemands capturés expliquaient aux officiers du renseignement qu'un nouveau corps était entré en ligne dans le secteur : le VIIe corps venait au secours des IXe et X^e de réserve, pour protéger le flanc de l'armée von Bülow.

Deligny se plaignait à bon escient : ni le corps Hache ni le 10e corps de Defforges ne l'avaient soutenu. Comment l'auraient-ils pu ? Le dernier avait été arrêté à Soigny, devant Saint-Prix, sans pouvoir tenter une liaison quelconque avec le flanc du 1er corps, désormais aventuré et vulnérable. L'attaque de Montmirail avait échoué. La ville aux retranchements redoutables devenait le point d'appui de la défense allemande sur l'aile droite de la 5e armée française.

Alors que les Allemands ne cherchaient nullement à colmater le *trou,* les alliés ne pouvaient y progresser efficacement en raison des opérations de retardement assez fructueuses entreprises par l'ennemi, qui avait laissé en place assez d'artillerie lourde pour contrarier la prétendue « poursuite » des unités françaises et britanniques. En aucun cas Joffre ne pouvait considérer cette attaque frontale de la 5e armée comme un secours efficace à la 6e armée en difficulté sur l'Ourcq. Il n'avait de ce côté qu'une satisfaction : l'armée anglaise avançait en ligne, comme French l'avait promis.

Son inquiétude venait de la droite, où la 9e armée de Foch subissait une redoutable pression de deux armées allemandes. La manœuvre en pince de la Direction suprême risquait de réussir : von Bülow en tenait une branche, les Kronprinz de Prusse et de Bavière en serraient une autre. Foch tiendrait-il ? De lui dépendait, le 9 septembre, le sort de la bataille devenue, des deux côtés, largement défensive.

6

Les marais de Saint-Gond

Le champ de bataille de la Marne court sur cent cinq kilomètres de Meaux au camp de Mailly. Aux confins de la Brie et de la Champagne pouilleuse, la 9e armée de Foch est campée autour des cinq mille hectares des marais de Saint-Gond, qui sont une survivance : les cultures mordent sur leurs pourtours asséchés et amendés, ils sont hachés en diagonales par les grandes routes bordées de peupliers. Point d'espaces infinis de joncs et de roseaux. On n'y patauge pas dans la glaise, surtout au début de septembre. Des eaux mortes pleines de crapauds, d'où se lève la brume du soir, fort basses après un mois d'août brûlant. Un relief qui n'est pas uniformément plat, mais ponctué de terrains relevés, couverts d'une maigre végétation, dominant des tourbières aux eaux glauques mêlées de terre grise.

Plus allongés que profonds, de dix-huit kilomètres pour quatre ou cinq, les marais commencent à l'est de la route de Champaubert à Soisy, près de Villevenard, au sud du Petit Morin, et s'étendent en une longue bande sinistre orientée ouest-est jusqu'à la route de Bergères-les-Vertus à Fère-Champenoise et même au-delà, jusqu'à Ecury-le-Repos. Il est difficile pour une troupe en campagne de s'accrocher à ce terrain moite et d'y creuser des tranchées ou de profiter des vagues ondulations pour avancer des batteries dont les attelages s'enfonceraient jusqu'aux moyeux. Pas un village, pas une culture, pas un mouton. Aussi la bataille ne pouvait-elle que contourner cet espace, et laisser en paix les batraciens vivant dans l'eau polluée, seulement dérangés par le bruit assourdissant de la canonnade qui tonnait jour et nuit sur les pourtours.

La population était en partie restée sur place, même à Fère-Champenoise, gros bourg de 2 000 habitants. Sans doute l'exode emplissait-il les routes de charrettes et de brouettes, les gens venaient de loin, par dizaines de milliers, des Ardennes ou de l'Argonne. Ils n'avaient cessé de demander de l'eau et des vivres dans les villages traversés, quarante-huit heures durant. Les Champenois avaient été prévenus par avis des gardes champêtres et tambours de ville qu'ils devaient livrer leurs armes de chasse à la mairie, pour éviter les représailles de l'ennemi. Le personnel des Postes devait se replier sur Sézanne. Chacun attendait l'invasion. Personne ne croyait à la victoire des Français. Aurait-on laissé entrer les Teutons, les Pruscos, les Boches jusque-là, si l'on avait dû les battre ? Mais aucun ordre ne demandait aux civils de partir.

Aussi les habitants des villages étaient-ils partagés. Si beaucoup avaient sellé les chevaux ou attelé les charrettes pour se joindre au grand flot, les autres songeaient plutôt à s'abriter des bombardements dans les lieux naturels. Un curé avait imaginé de mettre à l'abri les jeunes filles de sa paroisse dans un couvent[1]. Seuls les villages occupés par la troupe se vidaient. Ailleurs, les paroissiens se terraient avec le curé, toujours sur place, dans les caves champenoises très salubres. Les « chambres sépulcrales », mises au jour par le baron de Baye, étaient ouvertes aux villageois.

Pour permettre aux réfugiés de marcher sans gêner les mouvements de troupe, Foch avait fait dégager les routes de minuit à 15 heures, obligeant alors les civils à camper dans les champs. A la veille de la bataille, cette longue chenille humaine s'écoulait encore vers le sud et les troupes étaient loin, le 5 septembre, d'avoir occupé leurs

1. Voir Charles Le Goffic, *Les Marais de Saint-Gond*, Plon, 1916.

positions. Les cavaliers en patrouilles de reconnaissance n'avaient pas fini de repérer les lignes tenues par l'ennemi. L'ordre de Joffre venait tout juste d'être expédié.

De l'éperon de Saint-Prix, un observateur d'artillerie pouvait, à la longue-vue, jeter un œil sur les marais de Saint-Gond, cette étendue réfractaire à tout mouvement de troupes, et conclure son tour d'horizon en renonçant à utiliser cette zone inhospitalière, sauf à la traverser de part en part sur les routes aux profonds fossés, empierrées mais fort étroites, dangereuses pour les convois d'artillerie qui ne devaient en aucun cas sortir de la chaussée sous risque d'enlisement.

Ici devait tenir l'armée Foch. Les références historiques ne manquaient pas. Jadis, les soldats de Blücher s'y seraient, disait-on, enlisés pendant la campagne de 1814. On souhaitait le même sort aux grenadiers de la garde prussienne cent ans plus tard. Mais assurément, les officiers sortis de la *Kriegsakademie* connaissaient l'histoire et les maléfices du lieu. Ils se garderaient de s'y laisser prendre. La défense française ne pouvait s'organiser qu'au nord ou au sud des marais. Il n'était pas nécessaire de les faire entrer en ligne de compte dans les calculs d'état-major. On ne pouvait que les contourner.

A l'ouest des marais, la côte calcaire de l'Ile-de-France, des buttes, des plateaux découpés dominant de soixante mètres le marécage et le Petit Morin qui le drainait médiocrement. Les villages de Villeneuve-les-Charleville, Soizy, Mondement, bâtis sur ces escarpements, devaient être tenus à tout prix et abriter des observatoires précieux. En bas s'étendait la plaine de la Champagne pouilleuse, jusqu'au camp militaire de Mailly, crochetée par le coude de la rivière Somme, pas plus large qu'un ruisseau mais creusée dans la craie.

Le général Foch, prenant le commandement de la 9e armée, avait fait son deuil de cette zone d'ombres des marais de Saint-Gond. L'ancien professeur et directeur de l'Ecole de guerre trouvait enfin un commandement à sa mesure sur un terrain difficile, avec des moyens mesurés. Il lui appartenait de faire la preuve qu'il était aussi bon tacticien de terrain que stratège en chambre.

En le nommant, Joffre avait reconnu ses qualités de sang-froid pendant la retraite. Il comptait sur lui pour tenir coûte que coûte devant les coups de boutoir des IIe et IIIe armées allemandes. Il ne souffrait pas d'une infériorité d'effectifs puisqu'il commandait, avec le renfort de la 18e division, huit grandes unités contre six aux Allemands aux débuts de la bataille (ils seraient renforcés plus tard), quatre de von Bülow, deux de von Hausen. Foch comptait chez lui quatre-vingt-dix-neuf batteries de 75 contre soixante-dix-huit batteries de 77 à l'adversaire. La supériorité allemande tenait dans ses quarante tubes d'artillerie lourde qui pouvaient faire la différence en mobilité et en puissance.

Joffre avait d'abord confié à Foch, le 29 août 1914, un détachement d'armée, rattaché à la 4e armée du général de Langle de Cary, pour tenir trente-cinq kilomètres de front sur l'Aisne autour de Rethel, entre les 5e et 4e armées. A l'origine, deux corps d'armée (le 9e de Dubois et le 11e d'Eydoux) et deux divisions seulement lui étaient assignés, la 42e commandée à partir du 30 août par l'énergique Grossetti et d'abord composée d'un seul régiment, la 94e de Bar-le-Duc et de Verdun, ainsi que de trois bataillons de chasseurs.

L'autre division rattachée au groupement de Foch était la 52e de réserve : trois régiments recrutés dans les régions de Mézières, Sedan et Rocroi, toujours accompagnés de bataillons de chasseurs. La 9e division de cavalerie éclairait l'ensemble dans la retraite qui avait porté successivement le détachement de l'Aisne à la Retourne, puis à la Suippe le 1er septembre, à la Vesle le 3, enfin sur la Marne le 4, soit quatre-vingt-dix kilomètres en six jours.

Le 5 septembre, Joffre avait décidé que ce détachement, dont la conduite dans la retraite avait été convenable, deviendrait une armée autonome, la 9e, gardant ses deux corps d'origine et ses deux divisions d'appoint ainsi que sa cavalerie lourde, les dragons et les cuirassiers du général de l'Espée.

Maxime Weygand était son chef d'état-major : un hussard auprès d'un artilleur. Le 5e régiment de hussards était depuis la mobilisation attaché au 20e corps qu'avait commandé Foch. Il avait donc jaugé Weygand à la guerre comme adjoint du colonel de Lavilléon, à qui le jeune officier avait rendu les plus grands services depuis le début de la campagne, dans les missions de liaison et de reconnaissance des champs de bataille. Il servait alors au 20e corps commandé par Foch. Son stage au Centre des hautes études le désignait-il pour le travail d'état-major ? Il avait accompagné Joffre à Saint-Pétersbourg en 1913 pour scruter l'état de l'armée du tsar. Le général en chef l'avait-il recommandé ?

Foch l'avait convoqué à la ferme « les Œufs-durs », sur la route de Lunéville à Nancy. Il lui annonça sa promotion à son état-major de délégation d'armée, bien qu'il ne fût pas breveté de l'Ecole de guerre. Il eut tout juste le temps de charger ses sacoches de son bagage personnel et du « carnet multicopiste » qui lui rendrait les plus grands services en l'absence de tout secrétariat. Il planta là sa jument la Houzarde et partit en *torpedo* en compagnie d'un autre lieutenant-colonel, Devaux, ancien chef du 3e bureau des opérations de la 2e armée Castelnau également affecté à l'état-major de Foch. Ils suivaient la limousine où avaient pris place Foch et son officier d'ordonnance, le lieutenant Férasson.

A Vitry-le-François, Foch rencontra Joffre en tête à tête. Le général ressortit après quelques minutes et dit à Weygand, en allumant un cigare, marchant « de son pas de montagnard pyrénéen dans le long corridor[1] », qu'il était désormais son chef d'état-major.

*

Il devait le rester quand la délégation devint une armée à part entière, à la veille de la bataille de la Marne. Les

1. Maxime Weygand, *Mémoires*, t. I, *Idéal vécu*, Flammarion, 1953, p. 88.

effectifs restaient sensiblement les mêmes [1], soit huit divisions d'infanterie – dont six d'active – et une de cavalerie, avec une artillerie de vingt-huit groupes de trois batteries chacun, soit trois cent trente-six pièces de 75 divisionnaires, l'artillerie de corps d'armée et d'armée (douze batteries de quatre pièces) étant répartie selon les besoins du feu dans les divisions. L'artillerie lourde devait intervenir en renfort spécial, sur ordre exprès du général en chef, en fonction de ses maigres disponibilités.

Le rôle de Foch était de tenir à tout prix son secteur avec ses huit divisions, et d'abord la lisière sud des marais de Saint-Gond, de La Villeneuve à Sommesous, de l'ouest de Vertus (aux mains des Allemands) jusqu'à Mailly. Il faudrait s'ancrer dans la terre ferme, dans les pierrailles des villages détruits de Oyes jusqu'à Bannes, alors que les Allemands du Xe corps actif et le corps de la garde s'installeront en face, au nord, de Corfélix à Morains.

A l'est de la ligne Morains-Fère-Champenoise, le XIIe corps saxon de réserve fait face au 11e corps français d'Eydoux, puis à la 60e division de Joppé protégée sur son flanc droit par la cavalerie du général de l'Espée. Ainsi le 9e corps de Dubois est à gauche, prolongé vers la 5e armée de Franchet par la 42e division, et le 11e corps est à droite, le long de la rivière Somme. Le général Dubois, très amaigri et épuisé par la retraite, a pour ordre « d'appuyer l'offensive de la 5e armée vers le nord-ouest [2] » et de pousser au nord des marais dans la direction de Champaubert, en suivant la route. L'offensive de Foch doit être orientée de ce côté-là.

A droite du champ de bataille de la 9e armée, le corps Eydoux n'est pas brillant. Ses effectifs sont très réduits, surtout en cadres, et son chef est à bout de forces. Heureusement, il n'a pour mission que de « tenir intégralement le front » contre l'armée de von Hausen. Eydoux

1. Voir Annexe 3, p. 383.
2. Ordre général d'opérations n° 34 du 9e corps pour la journée du 6 septembre, voir *AFGG*, t. I, 3e vol., Annexes, 1er vol., n° 143.

prévoit pour chaque division « dix gendarmes de la prévôté du corps d'armée affectés spécialement à la surveillance du champ de bataille », pour parler clair à la traque des espions et des fuyards, ce qui montre le peu de confiance qu'il a dans ses unités.

Les divisions de réserve affectées à la 9e armée ne suscitent pas davantage d'enthousiasme à l'état-major. Les officiers de l'entourage de Foch récemment nommés découvrent difficilement l'emplacement de ces unités, la 60e paraît être, dit Weygand, « dans un assez pauvre état matériel et moral », tout comme la 52e de Battesti. Ces unités dépenaillées de réservistes de trente à quarante ans ont mal vécu les défaites et la retraite. Le chef d'état-major ne fait fond que sur la 42e, ses chasseurs à pied, et son régiment d'infanterie d'active recruté à Bar et à Verdun.

L'état-major de Foch ignore à peu près tout des forces ennemies à l'aube du 6 septembre. Les troupes viennent de recevoir l'ordre du jour de Joffre, elles savent que la bataille va s'engager, mais où ? contre qui ? Le renseignement a seulement signalé la présence d'une division prussienne dans la région de Vertus, de la cavalerie appuyée par des convois d'artillerie et d'infanterie sur la route d'Epernay.

La journée du 6 septembre a été pour l'armée de Foch une surprise : l'initiative venait de l'ennemi, deux armées allemandes dont on ignorait les effectifs attaquaient avec une puissante artillerie, tentant de forcer le passage à l'ouest sur Sézanne, à l'est sur Fère-Champenoise. Un compte rendu de renseignements distribué à 6 heures du matin seulement informait Foch que « deux ou trois corps d'armée », soit six divisions, avaient franchi la Marne entre Dormans et Epernay, marchant vers le sud. Trois autres corps (de l'armée von Hausen) étaient signalés du côté de Châlons. Foch risquait donc de se trouver devant des forces très supérieures. Il ne pouvait toujours pas les évaluer au juste.

Les communications sont si lâches que Joffre lui-même, le 6 septembre à 17 h 30, ignore les opérations de la 9e armée. A cette heure, grâce à des interrogatoires de prisonniers, Foch apprend enfin qu'il trouve devant lui le Xe corps recruté dans le Hanovre. Toutes ses actions offensives de la journée ont tourné court.

Son armée tenait trois fronts fort distincts : à l'ouest, la 42e division du recrutement de Verdun, rassemblée sur le plateau montueux au nord de Sézanne, devait suivre la bataille de la 5e armée sa voisine, celle de Franchet d'Espèrey, et la soutenir sur un terrain accidenté, truffé de bois touffus. Au centre, le 9e corps du général Dubois devait maîtriser les quatre petites routes traversant les marais de Saint-Gond et en interdire l'accès à l'ennemi. Vers le sud de ces marais, sa ligne avait dans le dos une crête accidentée qu'il importait de dominer à tout prix, l'arête Mondement-Allemant, ligne de partage des eaux entre la Marne au nord et la Seine au sud.

A droite s'étendait la plaine de Champagne pouilleuse : le 11e corps d'Eydoux défendait le cours de la Somme, petite rivière, ruisseau plutôt, qui n'était pas un véritable obstacle à l'avance des Allemands. A l'extrême droite, Foch comptait sur les dragons et les cuirassiers du général de l'Espée pour maintenir le contact avec la 4e armée de Langle de Cary.

La mission d'Eydoux était essentiellement de barrer les routes venant de Châlons et de Vertus, encombrées des bataillons de l'armée d'invasion repérés par les aviateurs. Foch était inquiet pour sa droite que protégeait insuffisamment la cavalerie, si l'ennemi poussait de ce côté-là. Il devait se rassurer : les Allemands n'attaqueraient que sa gauche et son centre, pour se rendre maîtres des voies d'accès ou de contournement des marais de Saint-Gond dont l'étendue glauque et mystérieuse semblait les fasciner. Il n'y eut aucune tentative de percée entre la 9e et la 4e armée, sur le grand vide de quinze kilomètres uniquement tenu par les escadrons de cavalerie lourde du général de l'Espée.

Les opérations prévues par l'état-major de Foch pendant la journée du 6 septembre ont toutes échoué, et pourtant le front a été tenu. Le Xe corps hanovrien a obligé à reculer la 42e division du général Grossetti l'indomptable. Des combats furieux se sont déroulés dans le village de La Villeneuve, qui marquait la limite entre les 5e et 9e armées françaises. Au matin du 6 septembre, les Français s'y étaient retranchés, avec ordre de Grossetti de tenir jusqu'au bout.

Impossible : une batterie d'obusiers installée au-delà du Petit Morin, à plus de cinq kilomètres, détruisait le village perdu par les Français à 8 heures du matin, repris à 9 heures, reperdu à midi et reconquis dans la nuit au prix de pertes énormes. Grossetti ne cachait pas son mécontentement : « Pertes sérieuses pour l'infanterie, télégraphiait-il à Foch en fin de journée. Etat physique : fatigue et besoin de sommeil extrêmes. Très grande instabilité des unités : effet produit par les mitrailleuses allemandes. Notre artillerie se tient trop loin, voit mal le terrain, et tire souvent sur nos propres troupes. » Un bataillon a lâché pied pour cette raison. Malgré cela, Grossetti affirme que l'état moral est bon.

Le 9e corps de Jean-Baptiste Dubois n'avait pas eu plus de succès au centre du champ de bataille : Foch comptait sur les coloniaux d'Humbert pour mener une attaque vigoureuse, mais sa brigade de gauche se heurtait devant Saint-Prix à une vive résistance allemande. Quant à la brigade du colonial Blondlat, elle essayait sans succès d'enlever le village de Congy. Elle avait devant elle les troupes d'élite de la garde prussienne et parvint tout juste à dépasser Courjeonnet. Les pièces lourdes placées sur les hauteurs dominant Congy, invisibles par les Français, accablaient les coloniaux qui devaient se retirer en transportant difficilement leurs blessés au-delà des marais.

Force était à Blondlat de faire creuser des trous, des tranchées par ses tirailleurs et de tenir sous l'ouragan du feu pendant l'après-midi de ce 6 septembre. Sur sa gauche, une bataille infernale opposait les tirailleurs marocains et les Allemands pour la possession d'une crête dite du Poirier. Le lieu était férocement battu par les batteries allemandes qui rendaient difficile la survie des tirailleurs, même embusqués dans leurs tranchées. Les Allemands franchirent le Petit Morin sur le pont de Saint-Prix, ils s'infiltrèrent dans les bois pour contourner la butte qu'ils attaquèrent en force. Les tirailleurs se cramponnaient à la pente sud, abrités dans des trous individuels.

La brigade Blondlat était « en l'air » sur sa droite en raison d'un recul de la 17e division d'infanterie, dont une brigade aux ordres du général Guignabaudet était totalement bouleversée par un bombardement et bousculée par une attaque violente. La IIe division de la garde renforcée des unités saxonnes que suivaient, assez près derrière, la première division de la garde, puis les Westphaliens et les Hanovriens, semblait tout emporter sur son passage.

Von Bülow cherchait manifestement à déboucher de nuit au sud des marais. Jusque-là engagés dans des corps-à-corps à l'arme blanche, les pantalons rouges s'étaient avancés à l'aube sur la chaussée où les avaient fauchés les mitrailleuses adverses. Ils avaient cependant continué leur marche, enfoncés jusqu'à la ceinture dans l'eau des marais. Certains disparaissaient, enfouis pour l'éternité dans les trous de vase. Ces vétérans de la retraite avaient pris le village de Coizard qu'ils avaient dû abandonner après un combat de sept heures.

Ils avaient dès lors reculé en désordre, poursuivis par les Allemands qui devaient à leur tour subir un barrage dense de mitrailleuses et un tir de 75 en enfilade. Les *Feldgrauen* avaient réussi à atteindre le village en ruine de Bannes, mais l'artillerie française postée sur les flancs d'une hauteur, le mont Août, avait arrêté leur progression. De justesse, les poilus du 9e corps du corpulent Dubois avaient réussi à contenir l'offensive ennemie au prix d'un abandon des positions au nord des marais, qui obligeait la division coloniale à reculer à son tour, et grâce au feu des 75 constamment attelés et dételés pour lâcher leurs obus explosifs sur les assaillants. Le colonel Besse, commandant l'artillerie de la 17e division, maître de ce jeu de cache-cache, avait été particulièrement efficace.

*

Le général Eydoux n'avait pas été plus heureux, ce 6 septembre, que son collègue Dubois, « douloureusement impressionné, écrit Weygand, des souffrances et des pertes de ses troupes ». L'artillerie lourde allemande avait pris pour cibles ses unités échelonnées, leur causant de grands dommages. Les villages de Normée et de Lenharrée, qui tenaient sur le Petit Morin, ne pourraient résister longtemps : les ruines de Normée furent évacuées dans la journée. Les biffins s'étaient repliés dans les bois du voisinage où ils avaient creusé des tranchées.

Lenharrée était construit sur la rive droite du Morin. Eydoux voulait s'y maintenir à toutes forces pour garder au moins une tête de pont. Il dut l'abandonner. Ses pertes étaient telles qu'il accueillit le soir, avec soulagement, les tout premiers éléments de la 18e division venant de Lorraine qui renforçait opportunément ses effectifs. Foch, pour hâter le mouvement, l'avait fait transporter en camions.

Le compte rendu envoyé par le général de la 9e armée de son QG de Pleurs à Châtillon-sur-Seine le 6 au soir faisait sobrement état de la résistance difficile de ses divisions, dont les attaques avaient toutes été repoussées. Elles se cramponnaient désormais au sud des marais de Saint-Gond. Elles n'avaient réussi aucun bond en avant. Foch le fonceur avait été cloué sur place. Joffre en attendait-il autre chose, dans le secteur pourri des marais ?

Foch le Tarbais, le Gascon, ne disait pas tout. Weygand le confesse, longtemps après : « Les troupes du 11e corps donnent des signes de grande fatigue. » Les Bretons de Vannes et de Lorient sont accablés, ils pleurent leurs morts. De son PC de Fère-Champenoise, le général Eydoux se demandait s'ils pourraient combattre le lendemain. Il avait fait renforcer l'artillerie des divisions par les batteries de son corps d'armée pour organiser « une puissante ligne de feu ». Il comptait sur ses artilleurs pour tenir.

« Avec toute cette artillerie, télégraphie-t-il au général Pambet, de la 22e division, vous aurez les moyens d'arrêter l'adversaire, de l'écraser et de soutenir la confiance de votre infanterie qu'il faut terrer pour l'accrocher au terrain. Tous les moyens, même les plus extrêmes, sont à employer pour maintenir les troupes en place, car, je le répète, le succès de la manœuvre de l'armée repose sur la résistance du 11e corps[1]. »

Eydoux interdit aux combattants de quitter la ligne pour accompagner les blessés : « Ce n'est que trop souvent un prétexte pour fuir le champ de bataille », assure-t-il. Il donne l'ordre, pour éviter les pertes, de n'ouvrir le feu « que lorsque l'infanterie ennemie est à bonne portée ». Défense absolue de faire des feux. Interdit de parler, de tirer et de crier. Acheminer aux premières lignes des centaines de pics et de pelles pour creuser. Une attaque de nuit est possible, c'est la nouvelle tactique allemande pour éviter les tirs meurtriers des 75 : laisser les culasses des lebels ouvertes. Si l'on tire dans la nuit, on se fusille mutuellement et il en résulte de terribles paniques. La seule arme autorisée est la baïonnette.

Les Bretons d'Eydoux tiennent leurs lignes au prix d'efforts désespérés. Le général annonçait à Foch, en fin d'après-midi, que le mouvement offensif imposé pour le lendemain serait « délicat ». Il avait résisté pendant toute la journée du 7 septembre, grâce à son artillerie divisionnaire toujours en mouvement, aux assauts de la garde prussienne, sans pouvoir toutefois gagner un pouce de terrain. Ses troupes avaient creusé des tranchées très sommaires, de simples fossés tout le long de la rivière, pas large, mais assez profonde pour en interdire le franchissement. Les pièces de 75 étaient soigneusement camouflées et très mobiles. Elles étaient prestement mises en batterie au moment des assauts des *Feldgrauen*. Elles répandaient alors la mort. Au soir du 7 septembre, le général Eydoux se disait prêt, malgré ses pertes, à imposer à ses poilus la reprise des attaques le lendemain.

Cette journée du 7 septembre n'avait pas été plus heu-

1. *AFGG*, t. I, 3e vol., Annexes, 1er vol., n° 471.

reuse que la précédente pour Foch, engoncé dans sa mission de résistance désespérée, souffrant de ne pouvoir manœuvrer sur ce front étroit, plein de pièges et de mauvaises surprises.

Il prend soin d'informer Joffre, seulement vers midi, qu'il est « fortement attaqué par la IIe armée allemande » au moment où von Kluck oriente déjà les corps de sa Ire armée vers l'Ourcq. Joffre donne aussitôt l'ordre à Franchet d'Espèrey, chef de la 5e armée, « d'employer ses forces de droite à soutenir la 9e armée », qu'il compte également conforter par l'affectation de divisions de réserve prises à la 4e armée de Langle. Il lui paraît essentiel que le général de Langle de Cary « appuie la droite de la 9e armée et travaille à réduire le vide par où peut s'infiltrer l'ennemi ». Il pressent que la grande offensive allemande se porte désormais sur cette partie du front. Il veille à resserrer son dispositif, en rapprochant aussi la 3e armée Sarrail de la 4e. Joffre travaille en chambre, sans sortir de son bureau, disposant et redisposant sans cesse ses unités sur la carte, en fonction des informations qui lui parviennent. Il ne sent pas l'odeur des cadavres enfouis pêle-mêle dans le fossé de la Somme ou sur les pentes du mont Poirier, une odeur insupportable pour les poilus.

Les reconnaissances aériennes sont inquiétantes : trois corps d'armée en casques à pointe marchent vers le sud dotés d'une artillerie puissante. Des batteries d'obusiers prennent position installées en face du corps Eydoux et de gros parcs ont été repérés dans les environs de Bergères ainsi que dans la région de Montmort-Champaubert. Trois corps de Saxons sont en marche. Von Hausen emploie des moyens lourds pour emporter la décision. Toutes les unités de von Bülow (celles de la garde, une partie du Xe corps) se préparent à donner l'assaut aux alentours des marais de Saint-Gond pour s'ouvrir la route de Sézanne. Devant l'insuffisance des routes pour accueillir des batteries et des attelages aussi nombreux, l'aviateur Chapelet a repéré que l'ennemi traçait des pistes à travers champs.

Du moins l'ouest du front a tenu ce jour-là, au prix des

plus grands sacrifices, et grâce au renfort du 10e corps de l'armée Franchet. Pour donner une idée des pertes, il faut savoir que, au 10e corps, en position d'attaque seulement l'après-midi, le 2e régiment de Granville[1] engagé devant Charleville avait perdu son colonel, la moitié de ses officiers et les deux tiers de ses effectifs. Mais les pertes de l'adversaire, grâce aux mitrailleuses et aux 75, étaient encore plus lourdes. La Marne risquait de devenir le tombeau de l'armée allemande.

Vers 17 heures, une attaque menée sur l'aile gauche – ordonnée par Foch – avait engagé le 10e corps prêté par Franchet d'Espèrey, la 42e de Grossetti et le renfort du 77e régiment de Cholet, le premier arrivé en ligne de la 18e division juste débarquée en renfort de Lorraine sur l'ordre de Joffre. Beaucoup de soldats de valeur ont été sacrifiés dans cet inutile assaut qui s'est heurté à un mur d'acier, toutes les pièces allemandes tirant ensemble. Pour défendre Mondement, le général Humbert avait improvisé une position avec les deux bataillons Sautel et Lachèze de la brigade marocaine de Blondlat. Les zouaves et les tirailleurs avaient perdu dans cette action les cinq sixièmes de leur effectif.

Les Français, à ce prix élevé, n'avaient pu que contenir les assauts furieux de l'ennemi, haché par les tirs de mitrailleuses et les éclats des obus explosifs, mais qui risquait d'attaquer le lendemain en force, avec d'autres bataillons frais. Déjà les Français avaient évacué Morains, ce qui permettait une attaque ennemie à l'est des marais de Saint-Gond, sur la charnière entre Dubois et Eydoux (9e et 11e corps). Les *Feldgrauen* courbés en deux avançaient en courant leurs lourdes mitrailleuses Maxim le long de la voie ferrée.

Pour répondre à ces menaces, Foch prévoit dans son ordre général d'opérations diffusé dans la nuit du 7 au 8 septembre à 4 heures du matin des lignes d'*offensive*

1. Le 2e régiment est compris dans les effectifs de la 20e division du général Rogerie.

pour chacune de ses unités. Il emploie encore le mot sans trop y croire, puisqu'il précise à la fin : « Les troupes ont déployé la plus grande activité et la plus forte énergie pour étendre et maintenir d'une façon indiscutable les résultats obtenus sur un ennemi fortement éprouvé et aventuré. Dans ce but, ajoute-t-il, engager l'infanterie en faible proportion, l'artillerie sans compter, et transformer immédiatement toute occupation en organisation défensive. » Il aperçoit donc parfaitement les limites de son action. Pour lui, l'essentiel est de tenir. Mais, pour tenir, il reste partisan de l'attaque.

*

L'aide de la 5e armée sur son aile gauche avait permis à la 42e division de Grossetti d'éviter la percée allemande, au prix d'un effort coûteux de l'infanterie, et même de menacer le flanc droit de l'armée von Bülow. Il a l'ordre, le 8 septembre, de s'emparer de Soisy.

Soisy-aux-Bois est un village stratégique, situé sur la grande route de Sézanne. S'il tombe aux mains des Allemands, ils peuvent percer vers le sud. Ils sont déjà maîtres de Saint-Prix, il est difficile de les en déloger. Mais les fantassins de Grossetti tiennent vers l'ouest La Villeneuve, qu'ils ont reprise, et les tirailleurs de Humbert gardent la ligne des villages de Mongivroux, Oyes, Reuves, Broussy-le-Petit jusqu'au sud des marais de Saint-Gond.

Humbert, commandant de la division marocaine, met en garde Foch sur la faiblesse de ses effectifs : les bataillons d'attaque ne peuvent plus aligner que 500 ou 600 hommes (au lieu de 1 000). Il lui reste deux bons bataillons et trois compagnies de zouaves intactes sur la position Montgivroux-Mondement. Il est sans nouvelles de sa brigade Blondlat, chargée de la défense de Broussy.

Von Bülow et von Hausen ont déclenché en pleine nuit une attaque sur la gauche de Foch, lançant en avant le Xe corps hanovrien de von Hemmich renforcé par des régiments de la garde prussienne, en direction d'Oyes et de Montgivroux. Humbert et Grossetti attaquent le flanc de cette armée allemande vers Saint-Prix après une forte préparation d'artillerie. Leurs poilus montent à l'assaut des villages et de la crête du Poirier. Mais les Allemands reçoivent des renforts, pilonnent Mondement de leur artillerie lourde. Les zouaves et les tirailleurs s'emparent du Poirier, reprennent le village détruit d'Oyes. Soisy est enlevé à la baïonnette par les soldats de Grossetti qui les lance à la charge au clairon. Le 94e de Verdun-Bar et le 19e bataillon de chasseurs d'Epernay abandonnent nombre de leurs morts dans les ruines où ils se retranchent sans tarder. Des 75 sont hissés sur la crête par des attelages renforcés de huit chevaux. Tout va bien sur la gauche de l'armée, dit-on à Foch, Grossetti et Humbert ont réussi, mais où est donc passé le général Blondlat ?

Il devait faire savoir à 18 h 15 seulement qu'il s'était « replié en bon ordre, bien qu'écrasé par un feu d'artillerie qui avait donné toute la journée » dans la direction d'Allemant. Il recevait alors l'ordre de défendre à tout prix Mondement avec une « artillerie éprouvée », celle du groupe du corps d'armée. Au-delà, devant Bannes, restaient enterrés dans des tranchées à hauteur d'homme les soldats du 9e corps Dubois [1], des réservistes ordinaires mais patriotes de Parthenay ou Châtellerault, de Lille ou de Mézières, qui devaient résister aux assauts de la garde prussienne.

La bataille, pour les Français, est des plus simples, en ce jour du 8 septembre où ils ont subi déjà des pertes lourdes : survivre aux feux de l'artillerie lourde et tenir dans les trous d'obus et les ruines des villages. Les attaques les plus violentes ont été lancées par l'adversaire à l'ouest, contre la 42e division et le corps marocain. Elles ont échoué et les Français ont même pu légèrement progresser. Les réservistes du 162e de Cambrai ont résisté courageusement aux assauts de l'ennemi qui attaquait de nouveau sur Soisy, mais ne parvenait pas à chasser les Français des lisières et des bois d'où ils improvisaient des

1. 17e division Guignabaudet et 52e division du général Battesti.

contre-attaques meurtrières, soutenues par le feu d'artillerie renforcé des batteries du 10e corps. La ferme de Montalard, le Signal du Poirier étaient les enjeux de combats féroces, de même que Villeneuve-les-Charleville, où la liaison de la 42e division et du 10e corps de l'armée voisine de Franchet d'Espèrey était vitale.

Ces combats à l'arme blanche épuisent les soldats qui en reviennent assoiffés de poussière, les yeux rendus fous par l'hystérie du corps-à-corps. Les poilus du colonel Deville (151e d'infanterie de Saint-Quentin) tenaient encore La Villeneuve qu'ils avaient réoccupée. Une batterie de quatre pièces répondant aux ordres du colonel Boichut tirait presque à bout portant sur l'ennemi. Elle déménageait rapidement, sous le tir lourd des obusiers. Mais les renforts du 10e corps permettaient aux Français de tenir. En revanche, les soldats de Cambrai, retranchés dans les ruines, devaient affronter seuls une marée de *Feldgrauen* en marche vers la coulée de Montgivroux qui cherchaient à isoler, pour la réduire, la 42e division.

Là, vers l'ouest, se livraient les corps-à-corps, les assauts à la baïonnette. Le centre du front, la ligne longeant les marais, était seulement accablé par le tir des batteries lourdes postées dans les plissements de terrain recouverts par les bois. Impossible de distinguer, même d'avion, les obusiers allemands embusqués dans les bosquets de Congy ou de Toulon. Les marmites effrayaient les crapauds des marais et tombaient sur les tranchées françaises en répandant des nuages noirs. Un témoin assure que les « gros noirs » arrivaient par milliers [1], faisant un bruit « de sirènes tournoyantes ». Les 75 français étaient trop courts pour répliquer. Mais ils pouvaient surveiller vers l'ouest le débouché des villages et des bois, et massacrer les bataillons d'assaut.

Les Allemands attaquaient le ventre plein. Ils avaient organisé le pillage méthodique des maisons abandonnées. La supérieure d'Andecy affirme que les officiers leur

1. Voir Le Goffic, *op. cit.*, p. 87.

avaient dit : « Cherchez à manger. » Depuis des jours et des nuits, ces hommes marchaient presque sans repos et les roulantes ne pouvaient pas suivre. À Villevenard, le pillage avait été systématique, les maisons dévalisées. Le château de Patenôtre à Congy avait été mis à sac, comme celui de Baye, où était née Marion Delorme et qui fut occupé par le duc de Brunswick, gendre du Kaiser. Les riverains racontèrent après la bataille que « les officiers allemands se faisaient suivre par des brouettes, des voitures d'enfants pleines de bouteilles de champagne, qu'ils vidaient le long de la route ». Peu de violences contre les gens, mais un pillage en règle pour nourrir et abreuver l'armée. Les curés et les instituteurs en ont témoigné dans une commission d'enquête réunie par les Français en 1915, dans le but évident de relever les crimes de guerre allemands à des fins de propagande.

Le temps du pillage était limité, car la bataille faisait rage. La 42e division était de plus en plus soutenue par les soldats du 10e corps de Defforges. Le 2e régiment de Granville avait payé cher son intervention[1]. Mais la 42e division avait été sauvée.

Plus à l'est, le général Dubois déplaçait, en soutien aux Marocains d'Humbert qui venaient de perdre au sud du marais le village d'Oyes, le 77e régiment de Cholet, de la 18e division de Justinien Lefèvre arrivée enfin au complet sur le front. Vers 17 heures, les Français contre-attaquaient sur toute l'aile gauche de leur ligne. La préparation d'artillerie était violente, mais insuffisante. Le général se plaignait à Foch de la lenteur et de l'inexpérience de l'artillerie de renfort qui n'avait même pas réussi à se mettre en batterie. Les Allemands envoyaient cinq fois plus d'obus.

Les Français devaient de nouveau s'enterrer pour résister. Il avait été possible de s'emparer au prix de lourdes pertes de la crête du Poirier, percée de tranchées profondes, avec un observatoire bétonné, mais on avait dû

1. 20e division Rogerie.

l'abandonner. Humbert devait quitter le château de Mondement bombardé pour s'installer à Broyes, vaste demeure encore appelée château des Pucelles. Les Français avaient reperdu Oyes, mais ils tenaient encore Reuve et plus loin Broussy et Bannes. Les Allemands n'avaient pas réussi à s'emparer entièrement de la rive sud des marais de Saint-Gond.

*

Au centre du front de la 9e armée, qui courait sur trente-cinq kilomètres, Foch avait demandé au général Dubois de reprendre l'offensive. Il l'avait donc chargé de traverser les marais pour créer une diversion vers le nord, susceptible de contrarier les attaques sur les ailes des trois corps d'armée allemands.

Un bataillon du 90e régiment du recrutement de Châteauroux était donc parti de Bannes pour s'engager sur une route étroite et enlever au nord, à la baïonnette, le village d'Aulnizieux. Les ordres étaient de s'y retrancher solidement. Mais l'artillerie lourde camouflée à six kilomètres écrasait bientôt les ruines et rendait la position intenable. Les survivants du régiment de Châteauroux devaient retremper leurs godillots dans la gadoue pour sauver leur peau.

Le général Dubois, à 14 heures, faisait savoir à Eydoux que « l'ordre du commandant de l'armée était de ne pas reculer d'une semelle, en y employant jusqu'au dernier homme ». S'il s'autorisait à rappeler en ces termes les ordres de Foch à son collègue, c'est à l'évidence qu'il craignait qu'Eydoux, en reculant devant la poussée ennemie, ne découvrît son flanc droit à hauteur du village de Morains-le-Petit, très attaqué par l'ennemi, et ne l'obligeât à lâcher sa position.

Le corps Eydoux, le long de la Somme, avait tenu ses lignes vaille que vaille, malgré un bombardement continu. Il avait dû mendier les secours d'un avion au quartier général de Foch pour tenter de repérer les départs d'obusiers ennemis qui lui causaient tant de pertes[1].

Les Allemands avaient attaqué à 3 heures du matin, après avoir avancé leur artillerie lourde. Le corps actif de la garde commandé par le général baron von Plettenberg et les deux corps saxons (XIIe d'active et XIIe de réserve) s'avançaient à la jonction des 9e et 11e corps français (généraux Dumas et Eydoux), bien décidés à rompre ce front.

A 7 heures du matin, ils avaient enfoncé le corps Eydoux sur une profondeur de quatre kilomètres. Les Français battaient en retraite dans le désordre sur Connantray. L'aile droite du 9e corps était compromise dans l'affaire et reculait à son tour. Sommesous était pris et repris plusieurs fois à l'arme blanche. Les Français finissaient par l'abandonner.

A Fère-Champenoise où entrait l'ennemi, un bataillon français, surpris dans son sommeil, était exterminé. Les soldats criaient à la trahison. Ils racontaient qu'une brigade de la 18e division de Justinien Lefèvre avait mis bas les armes, pendant que l'autre s'enfuyait. Il est vrai que les batteries lourdes allemandes avaient massacré les survivants du 93e régiment de La Roche-sur-Yon sur la cote 141 (le régiment était réduit à 750 hommes) et que deux compagnies du 347e de Sedan avaient eu les deux tiers des leurs et tous leurs officiers mis hors de combat. Ils avaient dû abandonner leurs blessés allongés près de la voie ferrée, entre Fère-Champenoise et Connantre. Tardieu, attaché à l'état-major de Joffre, notait que les canons des batteries avaient été déculassés avant d'être laissés sur place.

A la 35e brigade de la division Justinien Lefèvre, toutes les unités étaient mélangées. Un petit groupe du 66e de Tours et du 32e de Châtellerault s'était laissé cerner dans un petit bois. Un sergent-major, prenant le commandement en l'absence de tout gradé, avait sauvé le drapeau du 32e avant de se faire tuer par une rafale de mitrailleuse. Les officiers étaient morts. Trente survivants sur 120 sol-

1. Par message téléphoné du 7 septembre à 7 h 40.

dats. La garde prussienne avait pu faire son entrée dans Fère au son des fifres et des tambours plats, en signe de victoire. Foch avait dû reculer son QG de Pleurs à Plancy.

Les Allemands avaient eux aussi subi de fortes pertes. Leurs blessés étaient évacués jusqu'à Dormans, au bord de la Marne. Marguerite Faivre, l'infirmière bénévole, était réveillée le 8 septembre à 6 heures du matin par un aide de camp qui lui demandait de se lever immédiatement : le général voulait lui parler.

« Le général, très galonné, très chamarré de médailles, raconte-t-elle, me dit brusquement : Madame nous allons fous tonner de l'aufrache ! Nous allons fous amener teux cents plessés [1]. »

Elle répond qu'elle ne dispose que de trente lits. Le général fait évacuer les dortoirs du pensionnat inoccupé. Les soldats transportent en un rien de temps non seulement les matelas du pensionnat, mais ceux des maisons abandonnées de la ville, sans égard pour les résidences des notables absents. Les ambulances automobiles déchargent les blessés de la IIe armée.

Beaucoup sont mutilés. Sur leurs torses nus, les plaies sont « maculées de boue et de poussière collée avec le sang ». Le médecin français opère les plus gravement atteints, avec l'aide de Marguerite. Les blessures les plus graves sont celles des éclats de 75. L'armée allemande ne dispose pas d'assez de chirurgiens pour les opérer tous.

De 6 heures du matin à 8 heures du soir, Marguerite et son médecin civil français doivent se dévouer pour ne pas laisser mourir ceux qui peuvent être sauvés. Beaucoup présentent des blessures de baïonnettes, et même de couteaux de tranchée, résultats de la tuerie à l'arme blanche. Dans la nuit, un major allemand fait son entrée dans l'hôpital avec ses infirmiers. Le médecin français en profite pour retourner à ses malades isolés dans les villages. Marguerite est réquisitionnée et travaille avec des infirmiers allemands. Sa petite fille ne la quitte pas. Le soir, elle prie Dieu que les Français reviennent, et surtout que la guerre finisse.

1. *Sic*, dans le manuscrit de Marguerite Faivre.

Dans le ciel, les moteurs des *Tauben*, plus nombreux, vrombissent. Le champ de bataille doit se rapprocher. Ils multiplient les raids d'observation. Dans les lointains, le bruit du canon, et ces convois de blessés qui se succèdent. Les civils restés sur place retrouvent les caves, les souterrains, l'humidité des abris. Se cacher en vitesse, attendre dans l'obscurité, prier. Le cauchemar ne s'est pas éloigné de Dormans. A beaucoup de signes, Marguerite comprend que l'armée allemande ne l'a pas emporté. Moins de renforts montent au front, et chaque jour plus de blessés.

*

Au 9e corps de Jean-Baptiste Dubois, certains régiments de réserve de la 17e division du général Guignabaudet n'avaient pas trop souffert dans la journée du 7 septembre. Au 114e régiment de Saint-Maixent-Parthenay, le lieutenant-colonel Benoît faisait vérifier les circuits téléphoniques par le sous-lieutenant de réserve Pierre Petit[1].

Le régiment avait d'abord combattu en Lorraine. Il avait livré bataille, chargeant au clairon, drapeau en tête, à Réméréville, près de Nancy, sous les ordres du général Guignabaudet, alors commandant d'une simple brigade, qui avait demandé à Petit d'être son agent de liaison : 400 tués ou blessés en un seul jour.

Mais le régiment avait reçu des renforts de son dépôt de Parthenay. Recomplété, il avait dû creuser hâtivement des tranchées pour résister aux assauts allemands en pleine bataille du Grand Couronné – et surtout aux « gros noirs », les « marmites », qui pleuvaient sans discontinuer. Il avait donc une première expérience assez complète des malheurs de la guerre.

Il avait connu, comme toute la division, l'accablement de la retraite, les angoisses des réfugiés sur les routes, les camarades du 2e bataillon pris de panique sous le feu très dense des canons lourds, marchant sans ordre, « en fuyards ».

1. Pierre Petit, *Souvenirs de guerre*, Académie européenne du Livre, 1989.

Le régiment avait reçu l'ordre impératif de décrocher en pleine bataille pour être embarqué sur-le-champ en direction de l'ouest. Les hommes avaient sauté de leurs wagons à bestiaux près de Troyes. Ils avaient été chargés sur des camions en direction du front. Ils arrivaient « blancs de poussière » à Gourgançon, au sud de Fère-Champenoise, rattachés à 9e armée de Foch et au 9e corps du général Jean-Baptiste Dumas.

Pierre Petit, le 6 septembre, découvrait les arrières immédiats de la grande bataille déjà engagée sous de sombres auspices : « Un encombrement indescriptible, dit-il, convois d'artillerie, voitures civiles, brouettes chargées de hardes, fuyards emmenant leurs bestiaux. » Il buvait « à la victoire » du champagne envoyé par le général au colonel Briand, ancien titulaire qui venait de reprendre son commandement.

Le 7 septembre, le régiment marchait vers le front, appelé en renfort immédiat. Partis à 4 heures, les hommes avaient vu se lever l'aube sur des chemins de terre, des petits bois, sous des nuages blancs d'obus. Ils creusaient des tranchées sur la cote 140 près de Fère-Champenoise, avant d'être expédiés en renfort sur la route de Fère-Champenoise à Normée où la bataille faisait rage, derrière le 68e régiment du Blanc qui gardait la voie ferrée.

Petit et ses téléphonistes bivouaquaient dans une clairière. Les hommes étaient encore tenus en réserve, ils s'allongeaient sur la mousse, attendant les ordres. Il leur était interdit de faire du feu, aussi mangeaient-ils des sardines et du singe. Leur droite était bombardée, mais, dans l'immédiat, ils semblaient oubliés du commandement et ne recevaient pas d'ordres.

Le 8 septembre, à 4 heures du matin, le sous-lieutenant Petit se réveille au bruit des roues cerclées de fer qui approchent du cantonnement. Les voitures de ravitaillement sont arrivées. Du pain et du pinard. Le bataillon reprend le moral, malgré les balles qui commencent à siffler dans les branches des sapins.

Aucune liaison avec les régiments de l'avant. Le colonel

s'inquiète. Le commandant de la compagnie s'interroge. Il fait reculer ses poilus sur une crête, vers l'arrière. Les mitrailleuses allemandes interrompent le mouvement. Les sections prennent le pas de course, ne gardent plus l'alignement. On ne croyait pas l'ennemi si près : le front est-il percé ?

Voilà que les mitrailleuses sortent du bois. Les blessés pullulent, les morts chutent en grappes, comme en Lorraine. Vite, à la crête ! « Ma section met genou en terre, raconte Petit, impossible de tirer, les camarades sont devant nous, avec les Boches derrière. Il faut repartir en courant vers l'arrière pour ne pas être pris. »

Petit saute dans une tranchée avec quatre hommes. Il ne peut toujours pas tirer. Les camarades suivent. Il court sous les balles des mitrailleuses allemandes, de toutes ses forces, sûr d'y laisser la peau. Abrité par une haie, rejoint par son équipe de téléphonistes, il doit repartir sous les rafales qui hachent les arbustes. Croisant un aumônier au bras blessé, il ne voit sur les crêtes « que des fantassins en débandade, pantalons rouges en fuite ».

Enfin les Allemands s'arrêtent, regagnent leurs lignes. Ils n'étaient pas l'avant-garde d'une puissante offensive, ils obéissaient seulement à un chef trop zélé. Une forte patrouille aventurée avait suffi pour débander un bataillon surpris en pleine marche. Les pantalons rouges ont reculé jusqu'à Euvy, petit village situé à quatre kilomètres au sud-est de Fère-Champenoise. Les rues sont encombrées d'ambulances et de convois qui gagnent le sud. Est-ce de nouveau la retraite de l'armée ?

Il est 7 heures du matin. Les téléphonistes se reposent, avec la vingtaine de soldats qui les accompagnent. Le sous-lieutenant leur fait distribuer « un seau d'alcool ». Aucune nouvelle du régiment, ni du général. Un capitaine du génie se réjouit : il a une balle dans le mollet. « Il est content, la guerre est finie pour lui. » Un officier d'état-major dit à Petit que le régiment se reforme plus au sud, à Gourgançon. Les poilus reprennent le sac. Ils ont bu, mais rien mangé, et les quatre kilomètres d'une route « encombrée de blessés et de fuyards » sont exténuants.

Le chef de bataillon est tué. Petit doit prendre sa place. La pagaille, comme en Lorraine. Un gendarme lui offre du quinquina « volé à un voleur ». Il n'a plus le courage d'arrêter les soldats débandés. Ils sont trop nombreux et il n'a pas d'ordres de ses supérieurs, comme s'ils étaient eux-mêmes débordés. Personne ne peut dire ce qui se passe en première ligne. C'est l'arrière de l'armée qui recule, il fuit les camps de prisonniers allemands et surtout les marmites.

Du général Guignabaudet viennent enfin ordres et contre-ordres. Les rescapés s'installent d'abord sur une hauteur, au sud de Semoine, puis sur la crête de Gourgançon, pour couvrir une batterie d'artillerie. Petit n'a pas de nouvelles de la bataille. On lui raconte seulement la mort du commandant Kieffer : blessé de trois balles, cet Alsacien ne voulait être fait prisonnier à aucun prix, il a déchargé son revolver sur les Allemands, il en a tué six avant de tomber transpercé de coups de baïonnette. Le régiment se regroupe par petits paquets. Il en manque la moitié environ. Les soldats ont été tués surtout par le canon.

*

Le général Guignabaudet commande encore la 34e brigade de la 17e division, bien que déjà nommé à la tête de cette unité. Il prend ses ordres au PC du 9e corps du général Dubois. Ses régiments, recrutés dans le Centre-Ouest, ont été installés, le 6 septembre, derrière les marais de Saint-Gond, à la corne sud-est, en compagnie de la 52e division de réserve. Ils ont été appelés à maintenir la liaison, le 7 septembre, par la voie ferrée et le cours coudé de la Somme, avec le 11e corps du général Eydoux qui tenait la rivière vers l'est.

A ce titre, la 17e division a subi les attaques massives de la garde prussienne et d'un corps saxon vers Morains-le-Petit. Elle a perdu le contact sur son aile gauche avec le corps marocain qu'elle a laissé, dans sa retraite, à découvert. A sa droite, le 11e corps a été durement frappé, le 8 septembre : les Allemands ont attaqué avant l'aube, avec une violence extrême, bousculant comme des fétus les avant-postes en position devant les ruines de Normée et de Lenharrée.

La 42e brigade de Chouans de la division Radiguet, du corps Eydoux, a subi les pertes les plus cruelles. Une demi-heure avant le départ de son attaque prévue contre Ecury-le-Repos, village de la petite rivière Somme, les Allemands ont assailli, après une vive canonnade, les tranchées du 137e régiment de Fontenay, des Vendéens solides mais surpris en pleins préparatifs, en pleine nuit. L'agresseur a traversé les lignes avant d'être repoussé par les fantassins de Justinien Lefèvre, de la 18e division appelée hâtivement en renfort.

Les Allemands se sont alors repliés au sud-ouest, en suivant la Somme, sur le village de Normée, et ils ont garni les tranchées creusées et abandonnées par les Français, tirant ainsi dans le dos des soldats du 137e qui les contournaient, croyant avoir derrière eux des camarades. La même mésaventure tragique est arrivée aux biffins de La Roche-sur-Yon. « Les résultats sont lamentables », commente Radiguet, qui est sans nouvelles du 64e régiment d'Ancenis. Le colonel commandant la brigade est mort, tous les autres officiers ont été tués ou blessés, souvent par des balles françaises. Loin de pouvoir participer à une contre-attaque avec sa 21e division, Radiguet demande qu'on lui désigne « un point à l'arrière » où il puisse « rassembler les débris ».

Les autres unités du 11e corps n'ont pu tenir leurs tranchées creusées dans les bois avoisinants, elles se sont repliées en direction de Fère-Champenoise et de Connantre, poursuivies par les unités de la garde prussienne, accablées par l'artillerie. Elles ont reculé encore en direction d'Euvy, et contre-attaqué grâce à des renforts de 75 qui ont pris les assaillants en enfilade.

Foch, marchant à grands pas dans son jardin de curé,

dicte à Weygand une note à Joffre signalant que le 11ᵉ corps se trouve « dans une situation critique », qu'il n'est pas en mesure de défendre Fère-Champenoise et qu'il ne faut pas compter sur l'aide du 9ᵉ corps de Dubois, lui-même gravement atteint. Foch suggère aussitôt que la 4ᵉ armée de Langle de Cary lui vienne immédiatement en aide en attaquant dans la direction de Sommesous.

Interrogé, Langle répond à Joffre que, sur sa gauche, son 17ᵉ corps a été violemment attaqué au matin du 8 septembre et qu'il est « sur le point de fléchir ». Sa 13ᵉ division est partie à pied, en soutien. Elle devra parcourir sous le feu de pièces lourdes trente-deux kilomètres pour atteindre Sompuis. Il est exclu qu'elle puisse intervenir sur Sommesous dans la journée. Le 21ᵉ corps ne pourra attaquer sur cette direction que le lendemain. Foch est donc averti qu'il doit tenir ce secteur pendant vingt-quatre heures seul, contre un ennemi renforcé et devenu très supérieur en moyens.

Le 11ᵉ corps a cherché à s'établir sur la rivière la Maurienne, à Carroy, Gourgançon et Semoine. Il a relié son aile gauche aux éléments de renforts avancés par la 9ᵉ armée du général Dubois. Dans ces conditions, le sous-lieutenant Petit a vécu la retraite de ce 11ᵉ corps qui entraînait celle de sa propre unité, la 17ᵉ division. Il ne pouvait savoir que Foch avait donné l'ordre à son corps, celui de Dubois, de venir en aide avec toutes ses unités encore disponibles, même décimées, au 11ᵉ corps d'Eydoux en difficulté. Foch estimait qu'il n'y avait plus lieu de masser des forces au centre, alors que la gauche tenait ses positions et que les Allemands avaient disposé l'essentiel de leurs bataillons sur la trouée de Morains. Les régiments du 9ᵉ corps de Dubois devaient riper vers la droite. D'où le désordre dans les unités.

Les pertes étaient sévères dans ces bataillons appelés en renfort du 11ᵉ corps, car les pièces lourdes des Allemands les accablaient pour les empêcher d'entrer en ligne. Ils lançaient contre eux des coups de boutoir pour les débander. Toute la droite du 9ᵉ corps avait été entraînée dans la retraite du 11e. Le 90e régiment de Châteauroux s'était sacrifié pour permettre aux autres unités de se retirer jusqu'aux pentes du mont Août.

Foch commande une contre-attaque à 16 h 50 vers Fère-Champenoise, avec des effectifs insuffisants : cinq bataillons de Dubois et quatre d'Eydoux, soutenus il est vrai par sept groupes d'artillerie, soit 72 pièces. Le général Eydoux envoyait un ordre demandant aux troupes de « réparer les fautes commises ce matin, de faire oublier les actes de faiblesse qui se sont produits ». Les effectifs engagés n'étaient pas suffisants pour reprendre la ville, mais ils pouvaient dissuader l'ennemi de poursuivre son offensive. « La fatigue m'a paru grande dans certaines unités, rapportait Dubois, particulièrement dans l'artillerie, dont les attelages ont été éprouvés au cours de ces trois journées, et où les chevaux commencent à peiner. » De fait, la contre-attaque française, insuffisamment soutenue par les groupes pourtant nombreux de 75, devait échouer.

La droite de l'armée Foch était presque enfoncée le 8 septembre au soir. Ses unités se reformaient douloureusement, loin derrière la rivière Somme, et abandonnaient Fère-Champenoise à l'ennemi. A l'aile gauche, la division marocaine avait ce jour-là attaqué vigoureusement en direction de Saint-Prix, elle avait reconquis le Signal du Poirier, mais l'artillerie lourde ennemie avait rendu la position intenable. A ce moment, le général Dubois lui avait malencontreusement retiré la 77e division, qui soutenait jusqu'alors les Marocains, pour l'envoyer au secours de son aile droite en grand péril.

Les Marocains, laissés « en l'air », avaient dû rétrograder en abandonnant leurs morts sur le terrain. Ils s'étaient reformés au sud des bois de Soisy, pendant que, sur leur droite, la brigade Blondlat avait été contrainte d'évacuer ses positions d'Oyes et de Reuves pour se replier sur Allemant. « Les effectifs de cette division sont extrêmement réduits », écrivait à 20 heures le chef d'état-major Nourrisson. Elle ne pouvait tenir qu'un tout petit front. Sur leur gauche, les Marocains assuraient cependant le contact avec la 42e division qui avait attaqué avec fougue le matin, mais avait dû plier devant les forces considérables employées par les Allemands.

Au soir du 8 septembre, Foch, impavide, rédige un ordre dans son QG de Plancy, diffusé à 22 heures. Il compte faire attaquer sa gauche, renforcée du 10e corps laissé à sa disposition par Franchet d'Espèrey et mis sous ses ordres directs pour assurer la position jusqu'à Mondement, pivot de la défense. Une heure auparavant, Weygand a donné Fère-Champenoise comme objectif au 11e corps renforcé par la 18e division du général Lefèvre, destinée à rentrer en ligne bien que ce général soit fort inquiet sur le ralliement de ses troupes.

« Je suis, écrit-il le 8 septembre à 8 h 30 à Eydoux, sans nouvelles de la 35e brigade[1]. »

On lui en a signalé des éléments sur une crête au sud de Fère-Champenoise. Le général manque d'officiers de liaison. Les deux capitaines dont il utilise les services ont l'un et l'autre disparu, et le lieutenant commandant l'escorte a été évacué sanitaire. Il tente de signaler sa position au général Guignabaudet, le chef de la 34e brigade nommé à la tête de la 17e division d'infanterie, mais il ignore l'emplacement de son PC.

Lui-même se tient près de Connantray. Il craint que Guignabaudet ne se soit trop exposé au nord, sans protection. Il ne demande sans doute qu'à s'aligner, mais où sont les lignes ? Foch n'a pas non plus de nouvelles de la 22e division des Bretons du général Pambet qui aurait dû se tenir à l'aile droite de Guignabaudet. La contre-offensive se prépare dans des conditions effroyables de désordre, les brigades ignorant leurs positions réciproques, et même les divisions, au matin du 8 septembre.

A 10 heures, le général Lefèvre retrouve enfin le colonel commandant la 35e brigade. Il n'a à disposition que quatre compagnies (soit 1 000 soldats) et ne peut qu'or-

1. La 35e brigade comprenait alors le 32e régiment de Châtellerault et le 66e de Tours.

donner de faire creuser des tranchées et des nids de mitrailleuses sur une crête.

Quant à la 34e brigade de la 17e division, celle de Guignabaudet, elle se trouve réduite à six bataillons seulement, deux pour chacun de ses trois régiments. Pourquoi ce désordre ? Un bataillon du 114e (celui de Pierre Petit) a été « entraîné dans la retraite de la 35e brigade ». Un autre, affecté à la défense de la ferme de la Maltournée, n'a plus donné de ses nouvelles.

Le général Lefèvre signale à Foch qu'il a besoin d'au moins quatre bataillons et quatre compagnies, simplement pour tenir sa crête autour de Connantray. Pour l'offensive vers Fère-Champenoise projetée par l'état-major de Foch, il ne dispose que de deux bataillons, 2 000 pantalons rouges à peine, peut-être seulement un millier d'hommes, « sa dernière réserve perdue », écrit-il, et probablement condamnée d'avance, puisque l'attaque serait prise de face et de flanc par les feux puissants de l'artillerie lourde ennemie dans le ruisseau de Vaure.

Pas mieux informé sur le reste des unités disponibles, mais inquiet pour la droite de son armée, Weygand ordonne à la 9e division de cavalerie du général de l'Espée de faire la liaison avec la gauche du général de Langle de Cary aux environs du camp de Mailly. Il estime en effet qu'un trou peut être créé et agrandi par les efforts d'un ennemi entreprenant dans l'espace compris entre la 9e et la 4e armée, uniquement garni d'escadrons de cavalerie. Il ignore que les Allemands ont aussi laissé un trou se creuser entre leurs corps d'armée exactement en face, et qu'il n'y a donc pas péril.

Un message du général de l'Espée avait fait savoir à 12 h 15 que ses chasseurs cyclistes armés de mitrailleuses et une brigade de dragons démontés tenaient encore Mailly et les bois environnants. Mais des éléments d'infanterie ennemis cherchaient à progresser vers l'est et une batterie d'obusiers causait de grands dégâts chez les cavaliers. Il était temps de pousser vers l'ouest, à la rencontre de de l'Espée, une division de l'armée de Langle de Cary. Joffre et Foch en étaient fort préoccupés.

*

Joffre estimait-il la bataille compromise, au soir du 8 septembre ? S'il est relativement rassuré par sa gauche, les trois armées de droite, celles de Foch, de Langle de Cary et de Sarrail lui donnent de la tablature : la vision d'ensemble de la bataille fait apparaître deux trous possibles, l'un entre la 9e et la 4e armée, l'autre entre la 3e et la 4e. Le recul de douze kilomètres du corps Eydoux est préoccupant, ainsi que la prise de Fère-Champenoise, « parce qu'il augmente l'intervalle déjà grand qui sépare la droite de Foch de la gauche de l'armée de Langle de Cary ».

Le général en chef a d'abord le souci de l'alignement des armées, il redoute les percées inopinées, les mouvements tournants qui enveloppent, corrodent, minent le moral et obtiennent les victoires stratégiques. Il s'emploie à presser Langle de Cary, malgré les assauts dont il est lui-même victime de la part des IIIe et IVe armées allemandes, d'expédier à l'ouest, sur Sompuis, les bataillons de son 21e corps pour aider Foch, comme il demande à Sarrail de presser son 15e corps de venir sur sa gauche au secours de Langle.

Il revient cependant sur Foch, dans ses conversations avec Berthelot au soir du 8 septembre. Il se demande si l'aide du 21e corps pourra intervenir à temps pour conforter le corps Eydoux. Que sait-il de la bataille ? Il retient seulement la volonté de Foch de contre-attaquer sans cesse, malgré ses pertes. Il estime que c'est le seul moyen de faire obstacle aux plans de l'ennemi, qui cherche manifestement la décision au centre, où il emploie ses meilleures troupes, celles de la garde prussienne et les Saxons, dans un grand concert d'artillerie lourde.

Imagine-t-il encore la manœuvre « en pince » de la Direction suprême, avec une attaque en Champagne, et l'autre de Verdun à Nancy ? Moltke, que l'on dit malade et mal informé, y a-t-il déjà renoncé ? Le général en chef français reçoit des nouvelles alarmantes de Sarrail et de Langle, mais aussi, en Lorraine, de Castelnau. Sarrail indique que les Allemands marchent le long de la Meuse vers Saint-Mihiel et que la bataille s'étend, au-delà de la Meuse, jusque dans la plaine de Woëvre. Le 7 septembre, le grand état-major a reçu de mauvaises nouvelles de Nancy. Le général de Castelnau a demandé aux autorités civiles de préparer l'évacuation de la ville. Si la 2e armée se retire du Grand Couronné, la 1re du général Dubail sera contrainte d'abandonner la Franche-Comté, peut-être de chercher refuge en Suisse. Seules tiennent les places fortes de Belfort et d'Epinal.

Cette vision catastrophe est rapidement combattue : Joffre appelle Castelnau au téléphone, signe de grande préoccupation pour un chef qui écrit beaucoup mais parle peu. Il refuse toute idée de repli derrière la Meurthe, même si certaines troupes se sont débandées. Castelnau doit tenir. Joffre lui envoie le commandant Bel pour s'assurer qu'il obéira aux instructions et ne cédera pas à la tentation de la retraite. Quant à Sarrail, il doit renoncer plutôt à défendre Verdun qu'à abandonner sa liaison avec la 4e armée, autrement vitale.

La Direction suprême de Luxembourg n'ignore pas l'esprit nouveau de résistance des Français. Elle ne s'en étonne plus, elle l'a intégré dans sa révision du plan de bataille. Puisque les Français attaquent sur l'Ourcq, il faut manœuvrer pour les envelopper et les réduire. Puisque Joffre a dégarni ses armées de l'Est, il est urgent d'attaquer dans cette direction pour dissoudre sa ligne de résistance et rendre à la stratégie son champ d'application.

Pourtant, dès le soir du 7 septembre, le rapport de Moltke au Kaiser laisse planer un doute : l'offensive française a du mordant, elle risque de déséquilibrer la Ire armée. « Qu'on attaque, répond Guillaume II, qu'on attaque tant qu'on pourra. »

Ainsi se développe, les 7 et 8 septembre, l'assaut sur

Nancy des Bavarois du prince Rupprecht. Le général Léon Durand, avec deux divisions, fléchit. L'ennemi arrive par la trouée de Champenoux, à moins de dix kilomètres de Nancy. Castelnau sauve la ville une seconde fois en faisant donner le 20e corps de Balfourier où s'illustre la 70e division de Fayolle, un général qui ne risque pas son infanterie sans déblayer le terrain par les 75. Les deux divisions de Balfourier, en attaquant le flanc gauche de la poussée bavaroise, la contraignent à la retraite. L'ennemi ne pourra pas remonter la Meurthe et la Moselle pour atteindre la trouée de Charmes.

Même impuissance du Kronprinz de Prusse, plus à l'ouest, contre la 3e armée de Sarrail. Le 8 septembre, la IIIe armée de von Hausen, la IVe du duc de Wurtemberg, la Ve du Kronprinz de Prusse et la VIe de Rupprecht s'engagent à fond pour percer le front français et amorcer la tenaille qui permettra de prendre au filet, avec la IIe armée de von Bülow sur la droite allemande, les armées françaises du centre, les moins garnies de divisions.

Mais Sarrail tient bon, il garde les Hauts de Meuse contre le Kronprinz. Il a les moyens, sans se mettre en difficulté, d'expédier son 15e corps à l'ouest pour aider Langle, entre Saulx et Ornains. Langle tient aussi, d'autant mieux qu'il ne subit pas d'attaque grave mettant sa ligne en danger. Les officiers d'état-major de Moltke, à Luxembourg, constatent l'échec de toutes les offensives, sauf l'avancée des Saxons et des Prussiens sur la droite de l'armée de Foch. Mais, à sa gauche, les attaques du 10e corps français et de la 42e division soutenue par le corps colonial d'Humbert avaient menacé sur sa droite l'armée von Bülow.

*

Ce soir du 8 septembre, à Luxembourg, Moltke commence à prendre des décisions de sauvegarde. Il ordonne à la VIIe armée de von Heeringen d'abandonner plus ou moins les Vosges et l'Alsace pour débarquer *via* Bruxelles à Saint-Quentin. Le VIIe corps de réserve jusque-là retenu à Maubeuge est diligenté sur Laon. La Direction suprême prévoit déjà l'installation, à l'arrière des armées en opérations, d'une ligne de repli fortement constituée.

La deuxième décision est de combler le trou creusé entre la Ire et la IIe armée. Comme Joffre, Moltke a toujours eu recours aux *missi dominici* pour analyser les situations sur le terrain et imposer ses décisions. Il a choisi le lieutenant-colonel Hentsch pour prendre contact avec von Kluck et von Bülow dans leurs états-majors, et coordonner leurs actions. Hentsch croyait rencontrer un Bülow triomphant. En fait, le vieux *Junker* se dérobe, refuse de recevoir l'envoyé de Moltke II. Son chef d'état-major s'en charge et il se montre très préoccupé par la menace qui pèse sur son flanc droit en raison de l'appui fourni par le 10e corps de Franchet d'Espèrey aux héroïques assaillants de la 42e division de Grossetti.

Chez les Français, l'enthousiasme n'était plus de mise : à l'ouest du front, Maunoury avait renoncé à sa manœuvre d'enveloppement et se contentait de résister aux coups de boutoir de von Kluck. Au centre, Britanniques et pantalons rouges remontaient lentement dans la direction du Petit Morin, sans prendre le risque d'être trop sévèrement bousculés par l'ennemi, capable encore de mordre. Sir Hubert Gough en fit l'expérience, ayant avancé une batterie trop près des lignes allemandes. Les servants furent tués et les canons détruits. A Saint-Cyr, à Saint-Ouen, il était impossible de forcer le passage du Petit Morin.

On laissa faire les fantassins de la 5e division. Sur l'étendue du front britannique, les Black Watch, les Irish Guards, les Colstream Guards qui avaient combattu cent ans plus tôt à Waterloo, les Cameron Highlanders exécutaient les ordres comme s'ils obéissaient encore au duc de Wellington, avec sûreté et prudence. Les liaisons faisaient défaut. Comment marcher vers la Marne alors que sir Charles Fergusson était sans nouvelles du 3e corps, qui devait couvrir sa gauche ? La cavalerie finit par trouver cette unité dont le chef était très préoccupé par la rupture du pont sur la Marne à La Ferté-sous-Jouarre, où jadis von Kluck avait tenu son état-major.

Sir John French vint en automobile juger en personne de la marche de la bataille. Il prit Gough à part pour lui expliquer combien la situation était favorable. La progression des Britanniques devait se faire dans la direction générale du nord-est. Mais le 1er corps avait rencontré sur sa droite une résistance forcenée. Le maréchal visita le front de quinze *miles* qu'il avait fait protéger en creusant des tranchées, depuis Meaux jusqu'aux abords de Montmirail. Pas question d'imprudence : les Allemands gardaient leur supériorité en artillerie lourde. French reconnaissait l'avance rapide de la 5e armée sur sa droite, mais sa gauche l'inquiétait : les régiments de l'armée Maunoury les plus proches de lui avaient été rejetés au-delà de l'Ourcq. Il avait perdu, de ce côté, sur son aile gauche, tout contact avec les Français. N'était-il pas imprudent de poursuivre la montée vers la Marne dans ces conditions ?

Les fantassins de la 42e division avaient aussi atteint le Petit Morin, loin de la droite des Anglais, au nord-ouest de Mondement. Ils ne pouvaient guère progresser en raison du recul du corps Eydoux sur leur droite.

Ce général malheureux avait établi ses positions de repli sur la ligne Semoine-Gourgançon-Corroy. Les renforts de Langle de Cary tardaient à survenir. Joffre savait que, depuis le 7 septembre, sa 4e armée se trouvait aux prises avec les Wurtembergeois. Ils attaquaient sur le point faible de la ligne française, tenue par l'infanterie du 12e corps[1] et déjà en partie évacuée pour être reconstituée.

Quelques bataillons de ce corps tenaient les tranchées creusées au sud de Vitry-le-François, renforcés par de l'artillerie. Les Allemands attaquaient vivement sur la droite

1. Le 12e corps, commandé par le général Roques, se compose des 23e et 24e divisions.

de l'armée de Langle et l'empêchaient de riper des divisions de renfort vers sa gauche. Le 17e corps du général Jean-Baptiste Dumas [1], « très fatigué lui aussi », dit Joffre, s'est reconstitué sur l'Aube à hauteur de Ramerupt et il commence son mouvement vers Mailly, où il devrait rencontrer les cavaliers du général de l'Espée, à l'aile droite de l'armée Foch.

Pour soutenir Foch en difficulté, Joffre ne comptait guère que sur l'infanterie du 21e corps de l'armée de Langle, qui avait reçu l'ordre de marcher le plus vite possible sur Sompuis [2], et d'établir une liaison solide avec la 9e armée. Tout dépendait, pour le sauvetage, de la rapidité de la manœuvre, à son aile droite comme à son aile gauche. Joffre voulait obtenir de Langle de Cary qu'il vînt au secours de Foch, comme l'avait fait efficacement, sur l'autre aile, Franchet d'Espèrey.

A l'aile droite de l'armée de Langle de Cary, le général Sarrail (3e armée) et plus loin Castelnau (2e armée) devaient faire face aux attaques furieuses des Saxons, des Wurtembergeois, des Bavarois et des Prussiens du prince héritier, tous soucieux de profiter de l'engagement des divisions françaises à l'ouest pour tenter à nouveau de percer le front à hauteur de Verdun et de Nancy.

Joffre comprenait que l'effort principal de l'ennemi porterait sur le centre, où la 9e armée de Foch semblait en difficulté. Von Bülow et von Hausen savaient qu'ils pouvaient forcer la ligne française en accentuant la pression. Foch était en grand péril. Il était alors le perdant de la bataille de la Marne.

Seule son aile gauche lui donnait de la satisfaction. Grâce au renfort du 10e corps, la division Grossetti avait atteint le Petit Morin et semblait en mesure de progresser.

---

1. Le 17e corps de J.-B. Dumas comprend les 33e et 34e divisions des généraux Guillaumat et Alby.

2. Le 21e corps du général Legrand (en poste jusqu'au 12 septembre) comprenait la 13e division du général Baquet, avec ses régiments de Lyon, Brienne, Langres et Chaumont, et la 43e division de Lanquetot, venue d'Epinal et de Lyon, et comprenant une brigade de quatre bataillons de chasseurs à pied.

Le corps Eydoux, sur l'aile droite, avait dû reculer devant les Saxons et les régiments de la garde, bien dotés d'artillerie lourde.

Foch devait tenir à tout prix. Les télégrammes affluaient sur le bureau de Joffre. La 5e armée de Franchet d'Espèrey poursuivait son avance avec prudence, mais sans difficulté, dans le trou creusé entre les deux armées allemandes. Le corps de gauche de Franchey, le 18e de Maud'huy, avait atteint Marchais-en-Brie. Il avait dépassé le Petit Morin, dernier obstacle avant la Marne. Joffre harcelait les Anglais de messages pour qu'ils accentuent leur avance. Il était conscient « que la manœuvre changeait de caractère » et que tout devait concourir à élargir la brèche que von Bülow et von Kluck avaient laissé se creuser entre eux. Il n'y avait plus une minute à perdre.

*

Au moment où les Allemands préparent leurs plans d'attaque du 9 septembre et jouent leurs dernières cartes, Joffre adresse à ses trois armées de gauche (6e de Maunoury, 5e de Franchet et 9e de Foch) une « instruction particulière » expédiée à 19 heures. Ils doivent agir de conserve pour arracher la victoire, qui tient à un fil. Les Allemands aussi sont épuisés et comptent leurs morts. Ils ne disposent pas de renforts immédiats. Il n'est pas question de contenir l'ennemi, mais de l'obliger à se retirer.

Les ordres ne sont pas exempts d'arrière-pensées stratégiques. L'avance des Anglais sur la Marne doit les porter « sur la gauche et derrière l'armée von Kluck ». Le « gros des forces » de Franchet d'Espèrey doit remonter « face au nord », refouler l'ennemi au-delà de la Marne, séparant ainsi les deux armées.

Joffre se trompe. Il ignore encore que les IIIe et IXe corps allemands ont quitté la droite de l'armée von Bülow pour marcher de nuit et reprendre, au nord du front, le mouvement d'enveloppement de la 6e armée. Les Anglais et les Français de Franchet risquent donc de les rencontrer, et de s'arrêter en chemin. Ils n'ont aucun moyen de dégager la 6e armée, accablée par des forces trop importantes. Maunoury, tout comme Foch, est en grand danger ce 9 septembre.

Joffre ordonne à la 8e division, qui flanquait l'aile gauche anglaise, de voler au secours de Maunoury en marche de nuit. Il prélève sur la 5e armée, qui dispose de treize divisions contre trois unités allemandes, une division entière, qu'il fait acheminer par chemin de fer sur Dammarie-en-Goële. Il ralentit d'autant l'avance vers le nord, entre les deux armées allemandes, des Anglais inquiets et de Franchet amputé d'une unité. Mais il faut d'abord tenir sur l'Ourcq. Sinon les Allemands ont de nouveau les moyens, grâce à la victoire de von Kluck, d'envelopper l'ensemble des trois armées françaises épuisées par leur effort et dont certains régiments ont perdu la moitié, voire les deux tiers de leurs soldats.

Les généraux allemands ne sont nullement dans l'état d'esprit offensif que les états-majors français leur prêtent. Von Bülow raconte dans ses *Mémoires* qu'il espère seulement, le 9 septembre, que la Ire armée de von Kluck « réussira à décrocher et à se rapprocher de la IIe armée ». Il affirme que ce jour-là le corps d'armée de la garde et la XXXIIe division d'infanterie, les XXIIIe et XXIVe divisions de réserve saxonnes « entamèrent leur mouvement [de retraite] à 13 heures ». Pour tromper l'ennemi, le général von Bülow laissait sur le terrain « des arrière-gardes dotées d'une puissante artillerie ». Ainsi, les Français s'attendaient à des attaques décisives des deux armées allemandes le jour même où celles-ci avaient reçu de Luxembourg l'ordre de décrocher pour se réunir. Une fois de plus, le renseignement allié était en défaut.

Sur l'Ourcq, le général Maunoury croyait atteindre le point culminant de sa bataille. L'avance des Britanniques et des Français de la 5e armée avait obligé l'adversaire à évacuer le sud de la ligne de l'Ourcq, parce qu'il était menacé d'être attaqué par l'arrière. Il avait abandonné la ligne Etrépilly-Vareddes que les Français des 63e et

56e divisions, attaquant furieusement la veille, n'avaient pas réussi à entamer. L'artillerie lourde du plateau de Trocy était attelée et conduite à coups de fouet vers le nord. La batterie qui bombardait Meaux à partir de Germigny avait été évacuée. Le 9 septembre, les pontonniers britanniques avaient lancé sous le feu de l'ennemi un pont de bateaux sur la Marne qui devait permettre à l'artillerie alliée de précipiter la retraite allemande.

Les Français se demandaient les raisons de cette retraite vers le nord du champ de bataille de l'Ourcq, au moment où von Kluck avait fait attaquer violemment la gauche de la 6e armée sur Betz. Dans la grande plaine de Betz à Nanteuil, les 7e et 61e divisions françaises se firent tuer sans reculer sous le feu très dense des canons du IVe corps actif allemand et repoussèrent ses bataillons à l'arme blanche. Les pertes ennemies étaient lourdes, car les 75 approchaient à moins de cinq cents mètres pour accabler les assaillants. Les survivants de la 61e division meurtrie trouvèrent refuge dans les bois, les vivres épuisés, les blessés abandonnés sur le terrain.

La 8e division de renfort arrivait à peine au contact de l'ennemi, ainsi que la 62e que Gallieni avait expédiée du camp retranché de Paris. Les troupes décimées, exténuées, semblaient incapables de tout effort. Gallieni pourrait-il s'en servir pour défendre la capitale, si elles lâchaient le front ? Il se refusait à envisager cette hypothèse et donnait comme consigne aux pantalons rouges de « se faire tuer sur place ». Il se souvenait de la confession de Joffre à son quartier général : « J'ai bon espoir, mais ce sera dur ! » Maunoury, à son QG de Saint-Soupplets, ne faiblissait pas, gardait lui aussi l'espoir. Il devait tenir jusqu'à l'arrivée sur l'Ourcq des armées alliées et faire monter en ligne à l'extrême nord la 8e division cantonnée sur la Marne, à Trilport.

Le IVe corps allemand attaquait fermement la 61e division, ainsi que le 7e corps de Vautier et les restes de la 7e division du général de Trentinian. Vers le sud, le IIe corps allemand avait pris la relève de von Gronau, attaquant les divisions de réserve du général de Lamaze. Le IVe corps d'active avait fini par franchir l'Ourcq à hauteur de Lizy, paré pour la bataille.

Gallieni avait été tenu au courant de ces mouvements par Maunoury. Il savait qu'une brigade de la *Landwehr*, jusqu'alors ignorée, débouchait de Villers-Cotterêts pour se joindre à l'attaque sur Nanteuil-le-Haudouin. Il n'ignorait rien de l'enjeu de la journée pour la 6e armée. Elle devait tenir à tout prix contre trois corps allemands.

Vautier avait signalé vers 15 heures le ralentissement des attaques allemandes dans son secteur. Le canon de Trocy ne répondait plus aux tirs français. Et pour cause : il avait été évacué. Les tranchées allemandes devant Puisieux étaient vides. C'est au nord que se déroulait la bataille de la journée. Les divisions de réserve du général de Lamaze avaient dû reculer vers l'ouest sous la pression du IIe corps allemand.

Les 8e et 62e divisions de renfort arriveraient-elles à temps ? On pouvait craindre le pire : le front était enfoncé au nord, les Allemands rentraient en vainqueurs dans Nanteuil-le-Haudouin et Villers-Saint-Genest où les populations civiles se terraient dans les caves. Le contournement de l'armée française semblait enfin près de réussir. La 6e armée de Maunoury était à bout de forces.

*

Foch était la deuxième victime désignée de la journée du 9 septembre. Von Bülow n'était pas satisfait des résultats de la veille. Son attaque en liaison avec von Hausen contre la droite de la 9e armée française n'était pas un « succès décisif » et le colonel-général de la IIe armée avait dû surveiller son aile droite « ramenée en arrière » dans la nuit « pour ne pas être enveloppée » par l'avance des Français.

Quand Foch croyait encore à la victoire, et le disait à son état-major pour que cela fût répété aux chefs de corps et de divisions, il n'était pas loin de voir juste, même s'il ignorait tout des intentions et des ordres reçus par les Prussiens et les Saxons qui l'accablaient, et naturellement des réflexions de von Bülow et de von Hausen. Ceux-ci s'attendaient dans la journée du 9 septembre au décrochage de von Kluck. Pour que ce mouvement fût réussi, von Bülow devait se lancer à l'attaque, et attirer sur lui le maximum de forces ennemies. Il avait, en somme, renoncé à une victoire stratégique.

« J'ordonnai encore, écrit-il [1], de continuer à attaquer avec l'aile gauche [c'est-à-dire la droite de Foch], d'autant plus que cette aile avait reçu un nouveau renfort dans la journée du 8, à savoir la XXXIVe division de réserve de la IIIe armée. »

La bataille est donc déjà gagnée par Joffre quand les unités françaises et anglaises traversent la Marne le 9 septembre au matin. Von Bülow estime alors « la retraite de la Ire armée inévitable », il croit devoir « épauler von Kluck au nord de la Marne » et donc retraiter lui-même. Il évoque « le plan du haut commandement français qui visait à envelopper l'aile droite des armées allemandes ».

La décision de retraite de l'armée von Bülow est prise dès le 9 au matin. Toutefois, il ordonne au centre et à l'aile gauche de poursuivre leur offensive « de toute sa puissance », pour ne pas être contrés dans leur mouvement général de repli des armées. Foch va donc subir les derniers soubresauts offensifs d'une armée décidée à se retirer plus au nord, pour se rassembler et reformer un front continu.

Lucidité de Foch : dans son compte rendu à l'intention du général en chef dicté à Weygand le 8 septembre au soir [2], il conclut : « L'attaque dirigée contre la 9e armée est le moyen pour les Allemands d'assurer leur retraite. » A condition qu'il résiste pendant toute la journée du 9 septembre aux assauts furieux de l'ennemi, la bataille peut être gagnée.

1. *Documents allemands*, *op. cit.*, p. 65.
2. Maxime Weygand, *op. cit.*, p. 111.

Dans l'état physique et moral diminué où se trouve l'aile droite de la 9e armée, le seul moyen de rétablir un climat de confiance est de préparer une attaque avec des moyens nouveaux. L'unité la plus éprouvée, mais aussi la plus ardente dont dispose Foch est la 42e division de Grossetti. Ses régiments viennent de l'Est solide, mais surtout du Nord occupé. Les poilus de Saint-Omer, de Lille, de Cambrai et de Saint-Quentin veulent revoir leurs familles et leurs maisons. Ils ont montré du côté de Saint-Prix qu'ils étaient capables d'aller jusqu'au bout de leurs forces pour en finir avec l'armée d'invasion.

Pendant la nuit, Foch organise une manœuvre en deux temps : il enlève la 42e dans ses cantonnements et la fait marcher dans le plus grand silence devant Fère-Champenoise, sur l'aile droite, avec mission de prendre la ville et de montrer l'exemple aux pantalons rouges exténués, décimés, découragés, du 11e corps d'Eydoux. Une marche de travers de douze kilomètres traversant le front dans des conditions difficiles.

Deuxième précaution : un appel au téléphone de Foch à Franchet d'Espèrey. Le commandant de la 5e armée peut être bon prince : il avance dans le *trou*, sans être vraiment attaqué. Il confirme qu'il abandonne à Foch tout son corps de droite, le 10e, pour lui faire prendre, à lui seul, les emplacements de combat qu'il partageait avec la 42e division retirée de ce front. Manœuvre décisive, Foch sait que la matinée sera dure, mais que l'unité de Grossetti pourra entrer en ligne à partir de midi et renverser la situation. Tel est son calcul pour la dernière journée.

Joffre, pour sa part, reçoit un message téléphonique du ministre Millerand, toujours à Bordeaux, qui le félicite comme s'il venait déjà de remporter une victoire « avec un calme, un sang-froid et une décision au-dessus de tout éloge ». Joffre s'inquiète non pour l'exploitation du recul allemand, mais pour l'extension possible du front vers l'ouest. Il demande à Gallieni de se renseigner auprès du préfet de la Seine-Inférieure, lui-même ne disposant pas de renseignements militaires.

Il apprend que le préfet du Nord est toujours dans ses locaux de Lille abandonné par l'ennemi, qu'il évacue tranquillement le matériel militaire sur Dunkerque. Douai est aussi évacué et probablement Arras. Doullens et Saint-Pol seraient occupés, Abbeville est libre. Les Allemands sont dans Amiens aux effectifs d'un régiment d'infanterie. Leurs officiers chassent dans la baie de Somme. Les seuls ennemis aperçus dans les campagnes sont des uhlans en patrouille. La cavalerie française mène des rondes autour de Beauvais et de Senlis. Le nord de la Picardie n'est pas encore une zone de guerre. Dans sa cellule de moine de Châtillon-sur-Seine, Joffre se demande si cette région ne sera pas le prochain objectif des Allemands.

*

Le général en chef fait confiance à Foch pour régler seul la résistance acharnée à l'attaque de von Bülow. Il se contente de doubler la division de l'Espée d'une unité de cavalerie supplémentaire – qui arrivera du reste après la bataille – pour attendre aisément les renforts de l'armée de Langle.

Il redoute beaucoup plus les derniers assauts de von Kluck contre la 6e armée. Il espère encore faire jouer à cette unité un rôle décisif dans la dernière manœuvre. La preuve, il demande à Dubail, chef de la 1re armée d'Alsace et des Vosges, de « transporter encore un corps vers Paris ». Soit le 8e, soit le 13e du général Allix. Il songe à retirer une nouvelle division à Franchet (du 3e corps de Hache) pour l'orienter immédiatement vers l'armée Maunoury. Il compte « dégager la 9e armée » en lançant la 6e dans une nouvelle offensive. Il demande à Maunoury de « progresser vigoureusement vers le nord-ouest » grâce aux renforts qu'il doit recevoir.

Se détourne-t-il de la 9e armée de Foch ? Dès l'aube, le combat est engagé sur tout son front, et la résistance française fortement compromise. Les nouvelles parvenues à l'état-major de Plancy annoncent à Foch que le 11e corps d'Eydoux recule encore, qu'il a perdu le bourg proche du camp de Mailly vers midi. Foch tiendra-t-il ? Joffre ne semble pas s'en inquiéter. Il a donné les ordres nécessaires pour qu'il soit renforcé.

— Qu'on se retranche, dit Eydoux, que les hommes se terrent, pour ne se montrer que si l'ennemi apparaît à bonne portée.

Il a perdu trop de pantalons rouges sous les obus de l'artillerie lourde adverse. Il faut s'en protéger en entrant sous terre, pour n'en sortir qu'au dernier moment, ménager les hommes au maximum. Eydoux ne peut compter sur aucun renfort d'artillerie lourde. Il doit laisser passer l'orage d'acier.

La droite du 9e corps de Dubois était chargée de contre-attaquer sur Fère-Champenoise. Elle n'en a pas le temps : les Allemands attaquent les premiers et la garde prussienne réussit à s'emparer de la butte du mont Août qui domine la région du sud des marais de Saint-Gond. Pourtant, Dubois avait demandé aux biffins d'occuper constamment les tranchées. « Les hommes qui en sortiraient, disait-il, devront être fusillés séance tenante. » Ils s'étaient fait tuer par milliers sur la position, sans pouvoir résister au feu accablant des marmites. Les quelques survivants de la 104e brigade avaient dû évacuer le mont Août. « Nos pertes paraissent très élevées », rapporte Dubois.

Le second fils du Kaiser, le prince Eitel Frédéric de Hohenzollern, pouvait à loisir suivre à la jumelle de son observatoire du mont Août les colonnes de son régiment très aristocratique, le Ier *Zu Fuss* de Potsdam, qui avait remporté la victoire. Pouvait-il se douter qu'il perdrait sous le feu français, quelques instants plus tard, 1 000 tués et blessés, et la IIe division de la garde 6 000 des siens ?

Rien ne laisse présager l'arrêt de l'offensive allemande dans ce secteur. Les crêtes au sud des marais de Saint-Gond semblent emportées par la bourrasque. La division marocaine du général Humbert a été chassée du château de Mondement, ainsi que du village. Pour l'heure, elle se cramponne en haut de l'éperon sans avoir même les moyens de relever ses blessés. La bataille sur ce point crucial semble très compromise.

Les troupes de première ligne combattent seules, sans recevoir aucun renfort. Dubois a promis à Humbert, sur le front de Mondement, l'entrée en ligne du 77e d'infanterie de Cholet, sa dernière réserve. Les Vendéens héroïques d'un des meilleurs régiments de l'armée ne sont pas arrivés, et le général Eydoux, sur le front de Fère-Champenoise, n'a pas vu déboucher la 42e division, en retard dans son déplacement.

Grossetti, qui manœuvre pour retrouver les lignes d'Eydoux, a donné à son camarade de la coloniale Humbert, le voyant en grande difficulté, deux bataillons de ses chasseurs d'avant-garde et deux groupes d'artillerie pour lui permettre de résister à l'anéantissement. Il a fait savoir au général Eydoux qu'il ne pourrait pas attaquer sur son front avant 16 heures. Un retard de quatre heures sur les prévisions de Foch. D'ici là, la ligne du 11e corps peut être enfoncée.

Au 114e d'infanterie, le sous-lieutenant Petit a dormi sur une botte de paille jetée sur un brancard. Réveillé à 4 heures du matin, il a surveillé ses hommes qui creusent des trous pour s'abriter face à Euvy. Son bataillon part très vite vers le sud, s'installe dans un chemin creux sur les bords de la Maurienne[1]. Les brancardiers rencontrés en chemin sont accablés. Ils ont enterré les morts et convoyé les blessés toute la nuit.

Le bombardement allemand commence à 10 heures. Encore des morts sous les obus lourds, les « gros noirs ». Le régiment voisin commence à flotter. « Quelques sections du 125e [de Poitiers] passent en désordre au milieu de nous. » Le bataillon quitte les bords de la rivière pour se cacher derrière un bosquet. Dans sa section, Petit se retrouve seul. Les voisins ont reculé. « Les camarades n'ont qu'un seul désir, ne pas être repérés par l'ennemi. »

1. Pierre Petit, *op. cit.*, p. 27 *sqq.*

La retraite se fait en ordre. Les artilleurs reculent aussi. Ils reculeront de vingt-cinq kilomètres dans la journée, sans voir l'ennemi. Ils sont tenus en réserve, à Plancy. Quand il rejoint enfin son régiment, Petit apprend qu'il défile devant l'état-major de Foch. « J'ai envie de descendre [de cheval] pour lui demander mon chemin », ironise-t-il.

Les soldats d'Eydoux, comme l'aile droite de Dubois, sont de nouveau perdus. Ils ont le sentiment d'être une proie pour l'artillerie lourde allemande. Une débandade affecte la 21e division, surprise par l'impétuosité de l'attaque ennemie. Les soldats en retraite sont protégés par le sacrifice de la 52e division de réserve, qui combat sans discontinuer entre Connantre et Pleurs, sur la gauche, et par les régiments bretons d'Eydoux qui ont défendu les hauteurs d'Euvy à la baïonnette dès 8 heures du matin, avant de succomber sous le nombre.

Ils ont reculé, pressés par les Saxons, sur la ligne Corroy-Salon, retrouvant loin vers le sud, à Villiers-Herbisse, les éléments de la 60e division chassés de Mailly, en plein désordre. Le sous-lieutenant Petit, sans être engagé dans les opérations, a subi les contrecoups de ce combat désespéré qui l'a conduit, avec l'armée en retraite désordonnée, sous les fenêtres du général d'armée.

« Impassible, calme, le général Foch encaisse et veille à tous les grains », dit Weygand. Il ne songe nullement à déplacer son PC, il veut rester près de la bataille. Les nouvelles qui lui parviennent du 11e corps ne l'inquiètent pas trop. Il rédige de sa main l'ordre d'attaque pour la 42e division qui doit rétablir l'alignement dans cette partie du front. Il écrit à 10 h 15, alors que Grossetti est loin d'être en place : « La 42e division va arriver sur le front Linthes-Pleurs. Quelle que soit la situation plus ou moins reculée du 11e corps, nous comptons reprendre l'offensive avec cette division par Connantre et Euvy vers 4 heures. »

*

Plus préoccupant est le centre de la 9e armée, que la prise du mont Août met en danger. Les Marocains d'Humbert risquent d'être attaqués dans le dos. La chute de Mondement est un sinistre avertissement. L'ennemi compte nettoyer ces hauteurs pour être maître de la plaine, celle où se battent à l'aile droite les régiments de Dubois et d'Eydoux. A Mondement, Humbert lance un appel de détresse. Son infanterie a subi des pertes énormes, « l'artillerie divisionnaire est réduite à quatre batteries ».

En vain Foch a-t-il recommandé au 10e corps attaquant vers l'ouest une attitude plus offensive pour détourner l'ennemi de Mondement, et demandé à la 51e division de réserve d'attaquer le verrou de Saint-Prix. L'ennemi tient bon dans ce secteur. La contre-attaque française le laisse de marbre. Il la combat au canon et à la mitrailleuse, dans des abris aménagés.

L'objectif majeur est pour l'heure de reprendre Mondement que les régiments allemands de la garde ont attaqué au petit jour et qu'ils ont déjà mis en état de défense. En quelques heures, ils ont creusé des créneaux dans les murs, posté des mitrailleuses dans les tours et dans les fenêtres des étages, protégées par des sacs de terre.

Le colonel Lestoquoi du 77e régiment de Cholet, mis à la disposition du général Humbert, reformé autour de Saint-Loup, est chargé de reprendre l'éperon. Un bataillon s'engage en file indienne de chaque côté de la route de Broyes et prend position dans les bois proches du potager du château, sans se faire remarquer par l'ennemi.

De l'autre côté, face à la cour d'honneur, doivent attaquer les zouaves du colonel Eon et les tirailleurs de la division du Maroc également cachés dans les bois. Les canons de la division marocaine reçoivent en renfort deux groupes de la 42e division obligeamment prêtés au passage par Grossetti qui se déplace avec tous les siens vers la plaine pour soutenir le corps d'Eydoux.

Les Vendéens attaquent les premiers, dès que les tirs d'artillerie sur le château ont cessé. L'aumônier a donné l'absolution à ceux du bataillon de Beaufort. Les Chouans prennent la course au son du clairon, à l'heure où la montre du commandant indique précisément 14 h 30. Au pas de charge, ils s'engouffrent dans la seule brèche que les 75 aient réussi à ouvrir dans le mur d'enceinte.

Le commandant de Beaufort est tué d'une balle au front. Les assaillants sont hachés par les rafales de mitrailleuses qui sortent des ouvertures du château et des communs. Il faut tenter de franchir le mur, s'offrir comme cible aux tirs précis de l'ennemi. Ce premier assaut est un carnage.

Sur l'autre face du château, zouaves et tirailleurs sont également cloués au sol, accablés par les tirs des Maxim, visés presque à bout portant par les mausers sortant des créneaux, contraints de chercher abri derrière les troncs d'arbres de la route. Impossible d'avancer sans se faire tuer aussitôt.

Lestoquoi comprend que le seul moyen d'emporter la position sans y laisser tout son monde est de rapprocher l'artillerie. A bras, sous les giclées de balles qui n'épargnent pas les artilleurs, on traîne les 75 jusqu'à trois cents mètres. En quelques salves, ils ouvrent assez de brèches pour que l'infanterie puisse s'élancer. Quand la grille s'effondre, les poilus s'engouffrent, baïonnette haute, à la nuit tombante. Ils entrent presque sans coup férir dans un château dévasté. Les soldats de la garde ont reçu l'ordre de retraite. Il n'y a plus sur place que les morts et les blessés.

Quand Mondement est repris, les unités de la 9e armée ont contre-attaqué avec efficacité tout au long du front. « L'armée allemande, hurlait Humbert à ses hommes épuisés, est arrivée à l'extrême limite de la fatigue. » Pour leur remonter le moral, Foch avait fait lire aux soldats une proclamation : il faut « tenir jusqu'au moment où, épuisé, l'ennemi va reculer ». Et de développer sans emphase le thème du dernier quart d'heure : « Il faut que chacun soit bien convaincu que le succès appartiendra à celui qui durera le plus. »

Si Ferdinand Foch reste à Plancy, à portée du canon allemand, c'est pour être près de la troupe, pour démentir par sa présence tout bruit de retraite ou de défaite. Weygand, presque sous ses yeux, remet dans le bon sens une batterie d'artillerie qui marchait vers le sud, croyant la bataille perdue.

La 18e division résiste de son mieux sur les crêtes de Gourgançon. Le général Lefèvre, qui la commande, a fait savoir à Foch que pour passer à l'offensive, suivant les ordres reçus, il devait d'abord résister à l'attaque lancée par les Allemands. L'infanterie a reçu l'ordre de ne pas reculer jusqu'à « l'abordage à la baïonnette ». Et Lefèvre de préciser : « J'ai déjà dû renvoyer au feu, sous la menace du revolver, pas mal de fuyards. »

La division décimée réussit à tenir, grâce à l'action très vigoureuse des batteries volantes de 75. Le soir, quand les artilleurs font boire leurs chevaux et touchent le pain et le vin de l'intendance, ils comptent leurs pertes. Ils n'osent se plaindre : les ambulances installées à Salon regorgent de biffins blessés, et ils sont loin d'avoir été tous recueillis.

En fin de journée, la charge de la 42e division donne le ton du retour des succès. Après une longue marche de travers, ses soldats entrent en ligne au point de rencontre entre les IIe et IIIe armées allemandes. L'avance de cette division permet aux unités voisines de reconstituer leurs lignes, de regrouper leurs unités. Les Allemands n'ont plus de renforts à opposer à cette troupe d'élite, qui marche sur Connantre, sauvant ainsi la situation de l'aile droite.

Le 9e corps de Dumas s'oriente au centre vers Morains, le 10e corps opérant à l'ouest s'empare à la nuit tombée de Corfélix, pendant que la 51e division de réserve, remplaçant sur son terrain la 42e, bivouaque le soir dans

Saint-Prix. Les Allemands résistent encore, mais la victoire est en vue.

*

A 15 h 45, le 9 septembre[1], le général Boëlle commandant le 4e corps sur l'Ourcq reçoit de Trentinian ce message angoissé : « Le général commandant la 7e division dispose toutes ses troupes entre Silly, Ognes et Chèvreville, avec ordre de s'y défendre jusqu'au bout. »

En fait, le général a été contraint de reculer devant la violence de l'attaque de von Kluck. Il a annoncé dès 13 h 30 à la 14e division voisine que la retraite était inévitable et que les deux unités devaient se concerter. Trentinian a demandé l'appui de la 3e division de cavalerie de Lastours. Un message du colonel Favroit à Trentinian signale que le 161e régiment qui tient les bois de Montrolles n'a reçu qu'un seul jour de vivres depuis le 3 septembre et qu'il est à bout de résistance.

Il est temps pour la 8e division du corps Boëlle de venir au secours des troupes épuisées qui tiennent la ligne derrière la rivière Ourcq. Une brigade nettoie la boucle de la Marne, attaquant par le sud. Dès le matin du 9 septembre, le contact a été pris entre la 8e division, recours suprême, et la droite de l'armée Maunoury en grand péril. La position de Vareddes est évacuée par les Allemands, mais le canon tonne encore, achevant les blessés de l'ambulance de Barcy. Impossible de faire boire les chevaux dans les rivières, elles sont polluées par les cadavres.

Drude est inquiet : la 45e division d'Alger n'a plus en réserve qu'un bataillon de tirailleurs. Pour tenir Penchard, il faut y creuser des tranchées. Il demande l'aide de quatre bataillons très éprouvés de la 62e division de réserve. Il redoute une nouvelle attaque allemande. Le front de la 6e armée n'est pas sûr. Il estime que « le recul cache peut-être un piège ».

1. Voir *AFGG*, t. I, 3e vol., Annexes, 2e vol., n° 2392, p. 723.

La gauche de la 6e armée n'a jamais été aussi menacée. Von Kluck accentue son mouvement tournant, multiplic les tirs d'artillerie lourde en même temps qu'il continue à évacuer dans l'ordre la boucle de la Marne et le sud des positions de l'Ourcq. La 8e division de secours a dû être portée d'urgence à l'extrême gauche de l'armée, au sud de Nanteuil-le-Haudouin réoccupé par l'ennemi. La 61e division de réserve la flanque sur l'aile droite, faisant face au IVe corps d'active qui attaque à partir de Villers-Saint-Genest. La 7e division de Trentinian lui fait suite jusqu'à Acy-en-Multien qu'elle défend courageusement.

Le recul français est si inquiétant qu'on fait monter la 62e division de réserve, peu opérationnelle, au nord d'Oissery pour protéger Paris. Les Allemands tiennent toujours la ligne May-en-Multien-Lizy, interdisant aux Français, par le tir continu de leurs pièces lourdes du IIe corps, l'accès à l'Ourcq. Jamais, estime Gallieni, la situation n'a été plus dangereuse pour le camp retranché de Paris où il peut voir déboucher, d'une heure à l'autre, les troupes débandées du nord.

Cette petite armée reçoit de plein fouet le choc de trois corps allemands décidés à en finir, aux ordres d'un général, von Kluck, qui a montré ses qualités manœuvrières. Gallieni redoute un piège, comme Drude, et l'arrivée en renfort sur l'aile droite allemande du corps d'armée libéré de Maubeuge[1]. C'est l'apparition subite d'une nouvelle brigade de la *Landwehr* qui a obligé le 4e corps français à reculer.

— Rien ne permet de discerner encore, dit-il à ses officiers d'état-major, si l'ennemi retire ses forces pour les porter plus au nord et tenter de nouveau l'enveloppement de l'aile gauche, ou si les troupes envoyées sur le front nord constituent un simple rideau, destiné à masquer la retraite définitive des armées.

Pour en être sûr, il faudrait disposer d'informations

1. Gallieni, *op. cit.*, p. 171.

précises sur l'avance dans le *trou* des Anglais et de la 5e armée de Franchet d'Espèrey. Gallieni, au vu des dépêches en provenance du GQG, garde son optimisme. L'avance au centre se poursuit, les renforts sont programmés. Le général Maunoury ne manquera pas de soutiens.

Reste la 9e armée, point noir de la bataille, où l'ennemi n'a pas renoncé à ses attaques. Foch et Weygand sont confiants. Ils ont subi et contenu, au prix de pertes importantes, le plus gros du choc de l'armée von Bülow et de l'armée von Hausen réunies : les bonnes nouvelles leur arrivent dans la nuit. Ils savent déjà que Mondement a été repris et les marais de Saint-Gond traversés sur les chaussées libérées par l'ennemi. Est-il déjà en retraite ?

Ils viennent d'apprendre la libération de Fère-Champenoise par la 42e division de Grossetti, attaquant avec un appui important de canons de 75, mais ne rencontrant plus de résistance notable.

« Pour la 9e armée, dit son chef d'état-major Maxime Weygand, c'était la victoire. A 23 heures nous ne pouvions pas douter qu'elle ne fût générale. »

Dans la nuit, Foch réglait les ordres de poursuite pour le lendemain. Les estafettes partaient à cheval. Foch devait encore connaître avec précision les positions des deux armées du centre pour être sûr de la victoire. Dans les lignes, les soldats n'osaient y croire.

7

La poursuite

L'aube du 10 septembre se lève sur les abris croulants, les trous d'obus remplis d'eau stagnante, les tranchées très provisoires où se sont tapis les Français accablés de fatigue après les longues heures de combats, de marches et de contre-marches, de reculs et de bonds mesurés vers l'avant. Les guetteurs se frottent les yeux. Il faut se rendre à l'évidence : l'ennemi n'est plus là.

On déculasse les lebels pour ne pas être tenté de tirer et de s'attirer une mortelle réplique. Des patrouilles de chasseurs partent en rampant vers les positions ennemies. Surpris par le silence impressionnant, les officiers observent à la jumelle l'orée des bois, les abords des fermes fortifiées, les puits fréquentés par les corvées ennemies, les ruines des villages encore fumantes où tant de leurs soldats ont trouvé la mort les jours précédents. Rien ne bouge.

Rien ne vit de l'autre côté des lignes, on n'entend d'autre bruit que les plaintes des vaches aux pis gonflés, rougis, que les sabots des chevaux blessés heurtant les pierres de Lenharrée, le village d'au-delà de la Somme qui semble pétrifié. Des chiens affamés se disputent les cadavres des chevaux, des corbeaux tournent en escadrilles très bas dans la plaine, piquetant les yeux restés ouverts des victimes abandonnées de la bataille.

Les brancardiers ont sauvé les blessés, mais personne n'a pu enterrer les morts, si nombreux en si peu de temps, quatre jours de combats, presque sur les mêmes lieux : la ligne de la Somme, étroit fossé regorgeant de cadavres, celle de la Maurienne, et plus loin, vers l'Ourcq, les rivières tragiques aux noms d'opérette, la Thérouanne, la Grivette, la Bergogne où tant de braves gens sont tombés la face défigurée, les *Feldgrauen* couleur de terre, les pantalons rouges aux couleurs de parade dans cette danse macabre, où les corps disloqués, mutilés, sont déterrés, repris, éparpillés par le canon aux quatre coins des champs de bataille.

Le clairon sonne la diane, repris par les trompettes de cavalerie, comme pour réveiller les morts. Des blessés oubliés geignent, appellent faiblement au secours. Des camarades se précipitent, jurant contre les brancardiers absents. On accuse le sanitaire d'avoir failli à sa mission, laissé les blessés sans soins pendant deux jours ou plus. Les majors et leurs aides ont été débordés. Comment engager les territoriaux comme brancardiers, alors qu'ils étaient hier encore réquisitionnés pour creuser les tranchées sous le feu, et faisaient feu eux-mêmes au lebel, comme des lignards de vingt ans, parce que tout le monde devait contribuer à tenir les positions « à n'importe quel prix » ?

L'ennemi n'a pas tout emporté, faute de chevaux sans doute : on distingue à l'œil nu, près des positions de batteries, des chariots en souffrance, brancards vides. Les artilleurs, vers l'arrière, lancent une salve de 75. Pas de réponse d'en face. Les hommes, d'instinct, rentrent la tête dans les épaules, attendant les « gros noirs ». Rien ne vient.

La surprise est telle que pas un soldat ne bouge, aucun n'ose sortir de son trou. Il faut répéter les sonneries pour que les pantalons rouges, les zouaves à chéchia, les coloniaux en kaki s'alignent enfin devant les tonnes qui charrient l'eau potable, pour faire du café. Ils boivent, sans échanger une parole.

— Ils sont partis, nous sommes vainqueurs, disent les officiers.

Combien ont la force de s'en réjouir, après les nuits sans sommeil, les jours et les nuits de combats permanents, sans nourriture pour certains, et des milliers et des milliers d'hommes à terre, gisant encore sur les lieux de leur mort ?

Sur les arrières de l'armée se mettent en place des pelotons de la prévôté, renforcés par des gendarmes chenus à l'aiguillette blanche. Ceux-là viennent de loin, des villes de l'arrière sans doute. Ils barrent les routes. Ont-ils peur des fuyards, des déserteurs, de ceux que la mitrailleuse a rendus fous ? Non, leurs cordons sont dirigés vers l'extérieur, comme s'ils voulaient isoler le champ de bataille de l'arrière.

— Il faut bien protéger nos morts, dit un capitaine.

De Paris où la nouvelle de la victoire s'est répandue comme une traînée de poudre, les trains partent remplis de civils pour les villes les plus proches du front où les gares sont encore ouvertes. Quand les pandores les repoussent, ils gagnent le champ de bataille à bicyclette, en voitures à cheval, à dos d'ânes ou de mules.

— Ils ne viennent pas pour enterrer leurs morts, mais pour les dépouiller, dit un prévôt qui les refoule rudement.

— Une rafale de mitrailleuse suffirait, répond un biffin indigné qu'on ménage ces charognards.

Ils sont arrêtés la main dans le sac, les besaces pleines de montres, de portefeuilles, d'alliances en or, de porte-cigarettes. Ils vont de corps en corps, les pillards du petit matin, les détrousseurs de cadavres. Les prévôts ont l'habitude, depuis que la guerre existe, on leur enseigne que la fin d'une bataille marque le début du pillage. Des réfugiés sortent des caves des villages détruits pour voler. Allemands, Français, tout leur est bon. Ils ne respectent ni le garance des pantalons, ni le bleu ciel des dolmans, encore moins les brandebourgs des hussards noirs. Ils se couchent à terre, immobiles comme des morts, pour ne pas être vus, attendant peut-être la nuit prochaine pour piller à l'aise.

Seuls casqués dans l'armée française, les trois cents gendarmes récupérés des régions envahies sont engagés sur le champ de bataille pour en assurer la police, ramasser les armes, arrêter les chevaux divagants [1]. Mais ils sont surtout occupés à interdire l'accès des champs aux charognards, qui peuvent aussi venir de Paris par les bords de la Marne. Les poilus n'aiment guère les gendarmes, et pourtant, pour une fois, ils les soutiennent. Les prévôts ont fait fusiller des inconnus accusés d'espionnage pour moins que cela, et même des biffins en cavale. Qu'ils exécutent les chacals ne serait que justice.

— Cette fois, dit un Parisien de la 7e division en voyant arriver les pandores, c'est bien la victoire !

*

Les colonnes se forment, pendant que les territoriaux creusent des fosses pour enterrer les morts rassemblés sur des bâches, des toiles cirées ou des couvertures de chevaux. Les ordres de Joffre sont déjà délivrés aux PC d'armées, de corps et de divisions : organiser aussitôt la poursuite.

Sur quelques points précis du champ de bataille, les engagements n'ont pas cessé : il n'est pas question de former les bataillons sur les routes pour leur faire prendre la cadence de marche, barda aux épaules. Les hommes restent aux aguets, terrés dans leurs abris. La 6e armée de Maunoury est la plus incrédule de toutes : elle s'attend en effet à une reprise générale des combats le 10 septembre.

L'armée Foch est la plus mal traitée, comme si l'adversaire voulait lui faire payer sa belle résistance, cause de l'échec final de von Bülow. Si Maunoury peut faire lire une déclaration de victoire sur le front des troupes sans être démenti par le canon, il n'en est pas de même dans les unités martyrisées de la 9e armée.

Seul le 10e corps du général Defforges, aidé par la

1. Sur la gendarmerie pendant la guerre, voir P. Miquel, *Les Gendarmes*, Orban, 1990.

51e division de réserve, peut déboucher tranquillement à l'aile gauche du village si disputé de Soisy pour entrer dans Champaubert et Baye sans échanger un coup de feu avec un ennemi absent. Il avance de dix kilomètres sur la rive nord des marais de Saint-Gond, sans rien rencontrer que des blessés, des infirmeries ou des centres de ravitaillement en munitions abandonnés ou dûment déménagés.

Au 9e corps du général Dubois, la division du Maroc était prête à partir dès l'aube. Humbert et Blondlat ne se sentaient plus de joie du frémissement de la victoire qui touchait un PC après l'autre. Ils durent déchanter : les premières sections de tirailleurs et de zouaves entrèrent dans le village rasé de Morains à 5 heures du matin, mais un feu nourri les attendait à Pierre-Morains. Impossible de déloger les Allemands qui étaient encore soutenus par leur artillerie lourde. Les Marocains durent cantonner cette nuit-là dans les lieux de combat aux odeurs pestilentielles.

La 52e division de réserve du général Battesti avait été expédiée par Dubois pour suivre le mouvement au nord des marais de Saint-Gond. Les poilus, détendus, marchaient l'arme à la bretelle. Ils furent arrêtés par un tir nourri de mitrailleuses dissimulées dans les abris des ruines du village d'Ecury, et bientôt accablés par les marmites. Pour eux, la poursuite s'arrêtait aux portes du champ de bataille. Ils coucheraient sur place, peu convaincus de la retraite allemande et redoutant un piège.

Les soldats héroïques de la 42e division de Grossetti, encensés par l'état-major, croyaient avancer comme à la parade. Les libérateurs de Fère-Champenoise avaient été accueillis par les habitants sortis des caves par des cris de joie. Ils n'avaient pas eu à tirer un coup de feu : l'ennemi était déjà parti.

Ils étaient entrés dans le bourg de Connantre dans les mêmes conditions. Le général Grossetti ne prévoyait pas de résistance sur la ligne de la Somme. A la jumelle, il n'apercevait pas de casques à pointe, ni de gueules de canons de 77 camouflés. A hauteur du village de Normée, sa gauche fut pourtant accueillie par un feu meurtrier. Les Allemands, tapis dans les ruines, tiraient derrière les pans de murs écroulés et par les soupiraux des caves.

En hâte, Grossetti fit remettre les Saint-Etienne en batterie et demanda des secours des groupes de 75. En vain, l'artillerie lourde adverse se réveillait en sursaut et les gros noirs se suivaient à la file. A croire qu'on avait chanté victoire trop tôt.

La droite de Grossetti tenta de franchir le ruisseau de la Somme pour prendre, sur l'autre rive, le bourg de Lenharrée. Les soldats avaient déposé leur barda et armé le lebel. Pas de surprise : ils savaient qu'ils risquaient d'être attendus. Une décharge de 77 donna le signal de la résistance, le feu crachait de toutes les issues, des pierres écroulées, des ruines de l'église. Le feu des batteries devenait un enfer comme aux plus beaux jours. Malgré les renforts accourus, Grossetti ne parvint pas à franchir la minuscule rivière et à débusquer les défenseurs du village.

Eydoux serait-il plus heureux ? Le 11e corps n'avait pas eu le temps de panser ses plaies ni même de recevoir ses convois de ravitaillement qu'il repartait tambour battant sur Gourgançon et Connantray. Les Bretons tenaient-ils enfin leur revanche ? Ils ne pouvaient y croire. Le canon tonnait, tout près, sur la Somme. Qui pouvait dire que les Allemands avaient abandonné leurs positions ?

Les pantalons rouges avançaient pourtant, au contact de l'ennemi en retraite, jusqu'aux villages de Vassimont et Haussimont, bordant toujours la Somme, au nord-est de Sommesous. Ils perdaient aussitôt leur allant devant la résistance furieuse organisée sur la rive droite du ruisseau. On ne voyait pas les *Feldgrauen* : ils avaient creusé un réseau de tranchées et abrité leurs nids de mitrailleuses. Leur feu était si nourri que les Bretons et les Chouans durent livrer un nouveau combat meurtrier, sans pouvoir déboucher avant la tombée de la nuit.

Le général Eydoux apprenait bientôt que la 60e division de réserve du général Joppé, en dépit de tous ses efforts pour marcher sans relâche, n'avait pu entrer dans Sommesous, venant du camp de Mailly. Elle était arrivée trop tard pour être en mesure de donner l'assaut contre un adversaire retranché. Les poilus d'Eydoux, si éprouvés, ne croyaient pas au « miracle de la Marne ». Pour eux, la tuerie continuait.

*

Et pourtant la victoire était au bout du chemin, même si elle était retardée de quelques heures devant les braves de la 9e armée.

Où était le miracle ? Dans l'avancée inexplicable de l'armée du centre, la 5e de Franchet d'Espèrey, et de la *British Expeditionary Force* qui ne furent contrariées ni l'une ni l'autre dans leur remontée vers le nord, le franchissement du Petit Morin, puis de la Marne. Pourtant, ils redoutaient à ce point un piège allemand qu'ils avançaient à pas de loup, de loin en loin jetés à terre par quelque résistance organisée, mais ils n'avaient à affronter aucune contre-attaque massive.

Malgré sa prudence proverbiale, sir John French avait fini par croire à la théorie du *trou*. Il existait bien une brèche entre les deux armées allemandes, qu'il suffisait d'avancer pour agrandir. Joffre s'employa de son mieux, avec insistance, à convaincre le maréchal britannique qu'il devait marcher avec confiance. Mais French avait perdu trop d'hommes dans la bataille des frontières à cause des inconséquences des Français et de l'absence de coordination dans leurs mouvements. Il voulait tout voir de ses yeux, et recevoir des sécurités sur ses flancs qui ne fussent pas de simples promesses. A ces conditions, il avait accepté d'avancer. Cette décision apparaissait en soi comme miraculeuse à l'état-major de Châtillon-sur-Seine où l'on doutait constamment de la bonne volonté de l'allié.

En quatre jours, sir John French avait progressé d'une quarantaine de kilomètres vers le nord, perdant dans la bataille 500 morts au maximum. Si négligeable qu'il fût en quantité, le renfort britannique était stratégiquement très appréciable, car les bulletins de renseignements allemands venus de son secteur avertissaient la Direction suprême et soulignaient l'énormité de son erreur : la « méprisable petite armée anglaise », si brocardée par le Kaiser, apportait la preuve de l'erreur monumentale de Moltke et de ses généraux d'armée. Ils avaient laissé les Anglais avancer dans le *trou* qu'ils avaient eux-mêmes creusé.

Le miracle tient dans ce *trou* qui ouvre aux alliés britanniques, sans qu'ils s'en doutent au départ, les conditions d'une promenade militaire. Ils avancent d'abord lentement, parce qu'ils ne veulent pas croire à leur bonne fortune. Ils bivouaquent, soignent leurs chevaux, attendent leurs convois de munitions.

Ils exigent un renfort des Français sur leurs ailes. Ils stérilisent longtemps la 8e division du 4e corps de Boëlle en obligeant Joffre à la cantonner sur leur aile gauche, où elle n'a aucun combat à affronter. Ils attendent de connaître avec certitude l'avance de leur voisine de droite, la 5e armée de Franchet, pour avancer eux-mêmes.

« Au début, devait écrire lord Ernest Hamilton, notre avance fut lente et circonspecte… Au sens strict, il n'y eut pas de bataille pendant l'avance anglaise… L'enthousiasme de la poursuite ne nous possédait pas encore[1]. »

Les quatre divisions allemandes d'active, soit 50 000 combattants et cinquante escadrons, sans compter les cyclistes, que poursuivaient les cinq divisions anglaises, étaient parties vers le nord depuis l'ordre reçu dans la nuit du 5 au 6 septembre. Elles allaient renforcer l'armée de von Kluck.

Les Anglais ne pouvaient savoir qu'ils n'avaient devant eux que 5 000 chasseurs et 8 000 cavaliers, il est vrai soutenus par leurs mitrailleuses et leurs pièces d'artillerie. Le général von der Marwitz commandait cette retraite avec la science prussienne éprouvée du camouflage et des

1. Ernest W. Hamilton, *Les Sept Premières Divisions anglaises*, Paris, 1917.

rideaux de feu. Il savait entretenir l'illusion d'une armée nombreuse avec les maigres moyens dont il disposait.

French était méthodique, à la manière de Wellington. Il appliquait sur le terrain les principes enseignés à la *Royal Military Academy* de Sandhurst : ne pas s'avancer sans assurer ses flancs et la voie de sa retraite. Le point de départ de l'armée anglaise, le 6 septembre, avait été la Brie, entre la forêt de Crécy et la ville de Rozoy. Les *tommies* étaient alors à quelque trente kilomètres de Paris. Les Allemands envoyaient des patrouilles au-delà du Grand Morin.

Les Britanniques avaient traversé Coulommiers dont les rues étaient jonchées de débris de bouteilles de vin de Champagne, constatant ainsi le début de la retraite allemande. La cavalerie en kaki avait enlevé le 7 septembre le village de Mocel, près de Beton-Bazoches, sur la RN 4. Le 8, le maréchal traversait Rebais, où von Kluck avait tenu son quartier général. Il ne pouvait douter alors de la retraite allemande, même s'il n'en comprenait pas les causes.

Sir Douglas Haig observait en personne le franchissement du Petit Morin par ses troupes du 1er corps, soutenu par la cavalerie française du général Conneau qui avait traversé la rivière sur des ponts réparés par les sapeurs du génie. Les chasseurs de la garde prussienne s'étaient défendus à la mitrailleuse avant de disparaître derrière la Marne.

Les Anglais l'avaient abordée le 9 septembre et franchie sur tous les ponts restés intacts, sauf celui de La Ferté-sous-Jouarre, détruit. Le maréchal avait paru à cheval sur toute la longueur du front des troupes qui tenaient le fleuve, soit environ seize kilomètres, pour que les photographes de l'armée pussent envoyer à la presse londonienne des clichés réconfortants.

La résistance des Allemands vers le nord-ouest lui avait donné quelque souci. Transférant son état-major de Melun à Coulommiers, il se tenait au courant de l'entrée en scène de troupes allemandes inattendues, craignant un piège, par exemple une attaque de flanc. Von Kluck voulait déjà protéger son aile gauche. Outre les IIe et IXe divisions de cavalerie, il avait laissé en arrière du IXe corps marchant vers l'Ourcq la brigade du général Kraewel, la tête de la division brandebourgeoise, intégralement prussienne, pratiquant à merveille l'art de la retraite. Mais vers le nord, les cavaliers d'Allenby ne rencontraient que les convois d'arrière-garde d'une armée en retraite. Ce mouvement laissait sir John dans la plus grande perplexité. Par quel miracle les Allemands lui laissaient-ils le champ libre ?

*

L'ignorance des chefs de corps anglais est manifeste, en dépit de l'excellence de leur aviation de reconnaissance malheureusement trop peu nombreuse. Il faut croire que les informations sur la bataille ne sont pas transmises aux généraux commandant des corps ou des divisions, puisque sir Hubert Gough, le 9 septembre, ayant franchi le pont de bateaux de La Ferté-sous-Jouarre, s'étonne de ces « fortes colonnes allemandes », toutes dirigées vers le nord. Il franchit la Marne en toute tranquillité à Méry et à Nanteuil : « La grande bataille était en cours, écrit-il, mais sur la ligne de feu, nous ignorions complètement l'ampleur de cette rencontre. »

Il n'aperçoit pas d'Allemands, sauf au loin vers le nord, en approchant, le 10 septembre, de la ligne de l'Aisne. Une charge de cavalerie du 12e lanciers permet alors de tailler en pièces un bataillon allemand en retraite, près de Brumetz. Le 5e lanciers et le 4e hussards avaient en cette rencontre combattu pied à terre, et le feu de leurs mitrailleuses avait suffi pour mettre l'ennemi en fuite. « Nous tuâmes beaucoup de monde, conclut le brigadier, et fîmes environ deux cents prisonniers. »

Gough n'avait aucune idée de la situation de la 5e armée française sur sa droite. Il ne pouvait savoir qu'elle s'avançait de conserve dans le *trou*, avec le même bonheur, mais avec plus d'obstacles. Franchet progresse sur une largeur de front de quarante kilomètres, et les Anglais seulement sur vingt. Le Français rencontre nécessairement plus de nids de résistance, à ses ailes notamment.

Au départ, le 6 septembre, il identifiait devant lui des éléments des IIIe et IXe corps allemands de von Kluck encore provisoirement soudés à l'armée de von Bülow. Transformé en redoute, Montmirail était imprenable, et Château-Thierry hors d'atteinte. On se battait devant Provins et Beton-Bazoches, sur la RN 4. Une remontée vers le nord semblait impossible sans combats sanglants.

Le général de division Pétain, du 3e corps de Hache, avait dû rassembler deux cents canons pour s'emparer de la crête de Saint-Bon, avant Montceaux-les-Provins. A Esternay, les *ch'timis* du 73e de Béthune s'étaient battus furieusement contre les Hambourgeois du IXe corps. La route de Montmirail avait été dégagée au prix de lourdes pertes et les Français n'étaient pas venus à bout de cette redoute protégée par des batteries d'obusiers lourds.

En rappelant ses grandes unités vers le nord de la bataille de l'Ourcq, von Kluck ne laissait en fait devant la 5e armée de Franchet que trois divisions contre treize françaises d'infanterie et trois de cavalerie. Les pantalons rouges, habitués à se battre durement, ne s'en rendirent pas compte tout de suite, d'autant que le corps de droite de l'armée Franchet [1], engagé au contact de la 9e armée de Foch, avait le plus grand mal à chasser de Charleville les réservistes hanovriens et les soldats solides de la IIe division de la garde.

Franchet d'Espèrey ignorait que, dans la nuit du 6 au 7 septembre, un officier de l'état-major de von Kluck s'était rendu à Montmort, au QG de von Bülow, pour lui dire que son chef d'armée rappelait immédiatement à lui les IIIe et IXe corps.

Le général français apprit cependant par les rapports des aviateurs le mouvement dessiné sur le terrain par les colonnes allemandes. Il lança donc ses troupes en avant dès le 7 septembre, atteignant à la nuit les avancées de

1. Le 10e corps de Rennes commandé par Defforges.

Montmirail, après une marche de quatorze kilomètres. Impossible de s'emparer de la ville encore truffée de pièces de 77 et de mitrailleuses. Un bataillon entier du premier régiment de France y trouvait la mort sans profit, dans une pluie d'obus lourds.

Le 8 septembre, Franchet déménageait : son quartier général quittait Romilly pour s'installer à Villiers-Saint-Georges, au sud de Montceaux-les-Provins. Il donnait alors à Deligny, chef du 1er corps, des conseils de prudence : économiser les munitions, enterrer les troupes. Le corps allemand occupé jusque-là à Maubeuge pouvait surgir d'une heure à l'autre. Les Allemands s'étaient souvent montrés infatigables dans les marches forcées.

Pourtant, le général de Maud'huy, à la tête de ces Gascons que l'on jugeait en haut lieu capables du meilleur et du pire, entrait avec les régiments de Pau et de Bayonne dans Marchais-en-Brie défendu par un réseau de tranchées presque abandonnées. Il poursuivait l'ennemi sur la route de Château-Thierry.

Les interrogatoires de prisonniers lui permettaient d'établir sans contestation possible qu'il avait devant lui non pas les unités de von Kluck déjà disparues vers le nord-ouest, mais la XXVe brigade allemande, de l'armée von Bülow. La 5e armée semblait débarrassée définitivement des IIIe et IXe corps. Maunoury en héritait. Franchet d'Espèrey avait enfin conscience de l'étendue du *trou* séparant les deux armées allemandes : il était pour le moins de cinquante kilomètres.

Le 9 septembre, les poilus du 33e régiment d'Arras sortaient la tête de leurs tranchées pour repérer les défenses de Montmirail. Silence complet sur la ligne allemande. Quelques obus de 75 ne s'attiraient pas la moindre réplique. Une patrouille s'approchait en rampant. Les hommes se redressaient, le képi à la pointe de la baïonnette. Aucune rafale de mitrailleuse : ils étaient partis, leurs tranchées étaient désertes. Montmirail était vide de *Feldgrauen*. Pour ceux de la 5e armée, c'était déjà la victoire.

*

Il répugnait à Franchet d'Espèrey de s'installer au château de Montmirail, où le couvert des officiers allemands était servi, les plats encore chauds. Il se fit conduire à l'hôpital pour régler la poursuite. Son premier souci était de pousser vers le nord-est la droite de son armée : que le 1er corps soutienne le 10e déjà abandonné au commandement de Foch. Les Allemands, le 9 septembre, accablaient la 9e armée. Il fallait la défendre.

Le dragon René Chambe[1] saute à cheval le mercredi 9 septembre à 4 heures du matin. Il sait que les Allemands ont décroché pendant la nuit. L'heure de la cavalerie a sonné. Le corps Conneau ne suit pas la direction du nord-est mais remonte droit vers le nord, en direction de Château-Thierry.

L'ordre de Joffre est d'assurer la liaison entre les Anglais et l'aile gauche de l'armée Franchet. Le 20e dragons où sert Chambe marche donc sur Château-Thierry, protégeant la gauche du 18e corps de Maud'huy. Il rencontre les débris du 18e régiment d'infanterie de Pau qui s'est sacrifié à Rupéreux pour bousculer une arrière-garde allemande. A Vieils-Maison, les fantassins récupèrent des milliers de mausers et des caisses de munitions abandonnés, preuve d'une retraite précipitée. Les cavaliers ont repris un moral élevé, ils sentent la victoire en vue.

Chambe aperçoit bientôt les maisons en amphithéâtre de Château-Thierry. Les pelotons de reconnaissance affirment que le pont sur la Marne est défendu par une barricade. Les canons de la 10e division de cavalerie lancent quelques obus. Pas de réponse. Les éclaireurs sont pourtant accueillis par des coups de feu sur le pont. Le général fait avancer les chasseurs cyclistes du 20e dragons, qui enlèvent la barricade à la baïonnette. On attaque la gare au « combat à pied ». Les prisonniers sont des traînards,

1. René Chambe, *Adieu, cavalerie !*, *op. cit.*, p. 91 *sqq.*

cachés dans les wagons des trains sans locomotives. Aucune perte au peloton.

Dans la ville prise où défile le 20e dragons, les sabots des chevaux foulent « des géraniums, des sauges, des reines-marguerites et des glaïeuls lancés par les femmes des fenêtres ». Un garçon accroche au frontail de la jument Ma-Zaza, montée par Chambe, un bouquet de dahlias. La ville a été occupée cinq jours, pillée, mais non incendiée. Les prisonniers sont rares, 200 peut-être, souvent ivres, sortis des caves.

La Marne franchie, une brigade escalade les pentes pour éclairer le plateau. Les dragons attendent un ordre de poursuite. Il ne vient pas. Le soir, les escadrons bivouaquent sur les bords de la Marne. Chambe brûle d'attaquer les uhlans au clair de lune. L'ennemi se défile sans qu'on le poursuive. La division est pied à terre.

Il est vrai que le 8 septembre, à 20 heures, Joffre avait expédié un ordre n° 19 demandant seulement à Conneau d'assurer la liaison entre la 5e armée et les Anglais. Mais le 9 septembre au soir, les renseignements lui ont fourni la preuve que le *trou* s'élargissait entre les armées allemandes. Franchet d'Espèrey (dont dépendait le corps d'armée Conneau) a reçu de Joffre une nouvelle instruction n° 20, le 9 septembre à 22 heures. « Le corps de cavalerie Conneau, opérant avec le 18e corps [de Maud'huy] prendra contact avec l'ennemi et cherchera toujours à percer dans la direction générale d'Oulchy-le-Château. »

Cette opération est vitale, car Oulchy est situé sur la rive droite de l'Ourcq, un verrou qui permettra d'enfermer von Kluck et de l'attaquer sur le flanc. Il n'est donc plus question « d'assurer la liaison », mais d'attaquer franchement vers le nord-ouest l'armée von Kluck.

Conneau répond au téléphone à Franchet, le 10 septembre : « J'ai eu l'honneur de vous signaler, il y a trois jours, que la limite extrême des hommes et des chevaux était atteinte. Je crains bien qu'elle ne soit maintenant dépassée. Cependant nous irons jusqu'au bout, jusqu'au dernier cheval s'il le faut. »

Pendant toute la journée du 10 septembre, son corps n'est pas resté inactif, il a bien avancé d'une vingtaine de kilomètres jusqu'à Oulchy-le-Château et Fère-en-Tardenois mais il n'a rien tenté au-delà, alors qu'il n'avait pratiquement aucune unité devant lui. Chambe et ses dragons du 20e régiment ont dû ronger leur frein. Leur général n'était ni Lassalle ni Murat. Il se bornait à exécuter strictement les ordres en maugréant. La gloire de s'avancer rapidement dans le *trou* de l'armée adverse ne reviendrait pas à la cavalerie.

*

Pourtant, la retraite allemande se poursuivait méthodiquement, et l'infanterie ennemie était encore plus épuisée que la cavalerie française.

Les témoins allemands décrivent cette retraite comme une cruelle épreuve. Un régiment laissé en arrière couvre la retraite, explique le caporal Ludwig Renn, avec « la mission d'arrêter les Français, de concert avec notre compagnie de mitrailleuses et un détachement d'artillerie de campagne ».

Dès que la topographie s'y prête, le bataillon de Renn s'arrête, se tapit derrière une butte ou un bois. Quand une colonne française se présente, les compagnies de mitrailleuses ouvrent le feu, à cent mètres de distance. Les Français se jettent dans les fossés, mettent leurs propres mitrailleuses en batterie.

Alors se démasquent les quatre pièces de 77, en tir rapide, presque à portée de fusil. Dès que les tirs s'espacent, les Français bondissent, avant de se jeter à terre.

— Feu à volonté ! glapit le feldwebel.

Les Allemands visent chacun son homme, sans se presser. Le feldwebel insulte ceux qui ne tirent pas « posément, en visant bien ». Il faut tuer le plus de monde possible, pour protéger la retraite. Quand le fracas des mitrailleuses françaises devient insupportable, on entend l'ordre du repli. Les Allemands s'enfuient, poursuivis par les salves nerveuses des 75. Les tireurs sortent des buissons où ils s'abritaient pour rejoindre la route en courant. Le feldwebel hurle : « Pourquoi courez-vous ? »

Une autre unité est chargée d'arrêter la colonne française, elle prend la relève. Le bataillon a tout le temps de se regrouper pour entrer dans un village que les *Feldgrauen* reconnaissent pour l'avoir déjà traversé en montant en ligne. Pas question de s'y arrêter. La retraite se poursuit. Les hommes épuisés allongent le pas dans la « plaine chauve » de la Champagne pouilleuse.

A la première halte, après trente kilomètres de marche, Renn tombe sur son sac, mort de fatigue. Il aperçoit ses camarades occupés à charger un blessé sur un affût. Atteint à la cheville, celui-ci ne peut plus marcher. Sur les bords de la route, des milliers de pelles, de pioches, de sacs et de baïonnettes jetés dans les fossés. Pour éviter de tomber aux mains des soldats de l'armée coloniale, dont ils redoutent les sévices, les hommes se débarrassent de tout et marchent encore.

Une roulante apporte du pain. Impossible de manger. Un lieutenant surgit, ordonne aux hommes de se relever pour prendre position derrière un repli de terrain. Une nouvelle embuscade est dressée. Les soldats se dispersent pour creuser le sol sablonneux. L'artillerie lourde tonne derrière eux. Les « gros noirs » cherchent la colonne ennemie dans leur dos. Les Français s'arrêtent.

Le bataillon de Renn repart et marche encore pendant des heures. Il a perdu beaucoup d'hommes au cours des engagements successifs et la plupart des officiers sont morts. Mais il poursuit sa route « en direction du nord ». Arrêt dans un village aux maisons désertes. Certains se rasent, d'autres nettoient leurs armes. Impossible de dormir, on repart une heure plus tard.

Deux heures de marche. Les hommes s'écroulent sur le bord de la route, endormis. Le chef de bataillon les réveille prestement :

— Rassemblement, vite, et sans bruit !

Les chefs des sections entourent l'officier qui distribue

les rôles et les emplacements. Les hommes doivent suivre. Pas d'embuscade, une attaque en règle de tous les survivants du bataillon contre une avant-garde française occupant un bois tout proche.

Les fantassins doivent repartir à l'assaut, déployés en tirailleurs, au pas de charge. Une mitrailleuse française commence le tir, sur la gauche. Les fusils claquent. Les *Feldgrauen* tombent pour ne plus se relever. Les survivants avancent toujours, la courte baïonnette au bout du mauser. Les obus se mettent de la partie. L'artillerie des Français est en place. Les Allemands se jettent au sol :

— En arrière !

Les hommes se passent la consigne à voix basse. Ils rampent pour échapper aux mitrailleuses. Ils sont seulement sept survivants à se regrouper un peu plus loin, rampant et bondissant. Les autres sont morts ou prisonniers. Le canon tonne toujours. Les soldats grattent la terre pour se mettre à l'abri des éclats, ne pouvant piocher dans le calcaire.

La nuit tombe, qui protège les fuyards. Le tir du canon cesse. Il faut cependant profiter de l'ombre pour s'enfuir, gagner l'arrière à pas de loup, retrouver la route et les ruines du village.

Les Allemands connaissent, dans leur retraite, les mêmes affres que les Français quinze jours plus tôt. Les effectifs squelettiques des bataillons laissent la place à d'autres. Ils se relaient pour ralentir coûte que coûte la marche en avant de ceux qui se croient vainqueurs. Les pertes subies dans ces engagements meurtriers sont d'au moins 70 %. « Le bataillon n'a plus qu'une compagnie sous les ordres du lieutenant Eiger, conclut le caporal Renn[1]. »

*

A Dormans, l'hôpital est envahi de blessés. Marguerite Faivre[2] est submergée de besogne. Autour d'elle, le

1. *Op. cit.*, p. 122.
2. Manuscrit de Marguerite Faivre, *op. cit.*

9 septembre, le personnel allemand s'inquiète. Des *Tauben* survolent le cours de la Marne, s'attardent sur la ville de Dormans, comme pour vérifier un événement. « Tout à coup, une agitation extrême règne, écrit Marguerite. Trois cents automobiles s'ébranlent, viennent se ranger dans la rue principale. »

Les officiers parcourent les salles, donnent des ordres. Ceux qui peuvent s'habiller et marcher se rassemblent. Un feldwebel dresse la liste des intransportables. Il les confie à l'infirmière.

— Dans trois jours, nous reviendrons les prendre et gare à vous s'il en manque un seul !

Le major allemand disparaît. Il n'a aucune illusion. Il sait qu'il ne reviendra pas. Il adresse à Marguerite quelques mots émus, pendant que dans les rangs des blessés français de l'hôpital on crie déjà :

— Les nôtres sont à six kilomètres, ils arrivent !

Les plus atteints pleurent d'émotion, ne pouvant, comme les autres, se dresser dans leur lit. Marguerite tente de les calmer. Trop de nervosité peut les tuer. Elle rassure pareillement les blessés allemands. « Ils croient qu'on va les fusiller, ou tout au moins leur couper le nez, la langue et les oreilles. Je les conjure de rester calmes et de ne pas chercher à s'enfuir. »

Ces bruits qui courent depuis le début de la guerre parmi les troupiers, français et allemands, sur les sévices subis par les prisonniers dans le camp d'en face font l'affaire des officiers. Ils empêchent les redditions trop faciles, encouragent au contraire les évasions avant l'arrivée et l'internement dans les camps provisoires de regroupement. Patiente, Marguerite explique que les accords de La Haye signés par les belligérants avant la guerre et les inspections de la Croix-Rouge de Genève garantissent un traitement humain aux prisonniers. Ils sont déjà très nombreux de part et d'autre.

Le départ définitif des Allemands de Dormans a lieu dans la nuit du 9 au 10 septembre. « J'ai entendu sonner l'alerte, écrit Marguerite, puis le branle-bas des automobiles. Quand je suis descendue, tout était vide. » Les Allemands ont enlevé tous leurs blessés, même les intransportables. Ils ont laissé un moribond, sur l'ordre d'un feldwebel qui hurle aux aides allemands : « Sauvons-nous, celui-là, c'est l'affaire de l'infirmière ! »

Marguerite ne devait plus jamais revoir de soldats allemands. S'est-elle « laissé serrer la main » par des malades et blessés boches qu'elle a sauvés par ses soins ? « Le geste a été vu par des curieux, dit-elle, il n'a pas été compris. » Alors Marguerite s'explique, calmement, publiquement : « Je suis venue à Dormans alors que rien ne m'y forçait. J'ai fait le chemin à pied pour y venir, affrontant avec mon enfant les dangers d'une route sillonnée de soldats ennemis. Pourquoi ? Pour soigner les blessés français, prisonniers des Allemands, uniquement ! Mon patriotisme ne saurait être mis en doute ! »

L'incident est clos, elle rentre à l'hôpital où « l'air est purifié » : des Français seulement ! De sa chambre, Marguerite entend le canon. Reims est bombardé, la guerre continue, la « magnifique bataille de la Marne a sauvé Paris et la France [mais] elle ne suffit pas à refouler l'infâme envahisseur. Combien de sacrifices faudra-t-il encore ? ».

Au-dessus de la grande forêt de Villers-Cotterêts, traversée par les Allemands qui venaient au secours des troupes occupées au débordement de la 6e armée française par von Kluck, au nord-ouest de l'Ourcq, la fermière de Puiseux, Thérèse Danré [1], est sans nouvelles précises des événements du front, elle ignore tout de la bataille de la Marne. Située au nord de l'Aisne, qui devait servir aux Allemands de ligne de retraite, la ferme est occupée depuis le 1er septembre au soir.

Thérèse a vu défiler sur la route de Noyon l'armée d'invasion. Dès le 6 septembre, elle a entendu dire que beaucoup de blessés allemands avaient été dirigés sur Noyon et Carlepont. « Si l'on me donnait des blessés à soigner,

1. *Mémoires du Soissonnais*, *op. cit.*, p. 130 *sqq.*

dit-elle, je serais heureuse d'être utile, mais j'ai peur que les Allemands ne fassent mal à mes enfants. »

Elle perçoit le bruit lointain du canon de La Ferté-Milon, puis rien. Incertitude le 7 septembre, où elle s'occupe à des « travaux d'aiguille ». Le 8, la bataille fait rage au-delà de la forêt. Le canon tonne plus fort. On l'entend rouler à plus de cinquante kilomètres. Nouvelle surprise : il faut croire que les *Alboches* reculent sans faiblir. « Les Allemands amènent des blessés et disent qu'ils ont perdu beaucoup de monde », explique Thérèse. Pas de troupes d'occupation autour de la ferme. Les convois passent toujours sur la route.

La canonnade devient « forte et incessante » le 9 septembre. « Les morts doivent être innombrables », commente Thérèse. Une grande flamme dans le lointain, très visible de nuit, l'inquiète. Une voisine bien informée lui dit qu'un convoi allemand est en flammes dans la forêt de Villers-Cotterêts. La bataille semble se rapprocher. Thérèse pense à son mari soldat, dont elle est sans nouvelles.

Elle n'apprend toujours rien de précis sur les événements militaires, le 10 septembre. Pourtant le canon s'est tu. Vers 18 heures, une femme vient à la ferme, elle annonce l'arrivée des uhlans. Affolement. Les uhlans ne s'attardent pas, ils éclairent la route pour les colonnes en retraite, demandent la direction de Sacy. Thérèse regarde la carte du calendrier des Postes. Sacy ? C'est au nord de l'Aisne, vers l'est. Ils sont donc en pleine retraite.

Les obus commencent à pleuvoir sur la région. Une bataille pour Soissons ? Thérèse, au Puiseux, ignore la victoire de la Marne. Comment pourrait-elle être informée du succès des Français, puisqu'elle est encore en zone occupée ?

Mais si le canon se rapproche, cela veut dire que les Français ont tenu, qu'ils ont sans doute gagné. Le dimanche 13 septembre seulement, elle accueille dans la ferme de Puiseux un cuirassier et un dragon. A cette minute, Thérèse comprend que les Français sont vraiment vainqueurs.

*

L'avance des Anglais et de l'armée Franchet d'Espèrey a obligé von Kluck à décrocher en direction de l'Aisne pour ne pas être lui-même tourné. Franchet a d'abord soutenu Foch avec son corps de droite. Mais il a compris, le 10 septembre au matin, que le recul de von Kluck devenait le fait capital de la bataille. Il pousse alors deux divisions à franchir la Marne à Château-Thierry, précédées par les unités de la 4e division de cavalerie du corps Conneau.

Le général de Maud'huy, la tête enveloppée dans un bandage (une blessure accidentelle), dirige le passage de la 38e d'Afrique, une division de renfort confiée à Muteau, dont les cinq régiments de zouaves et de tirailleurs précèdent les têtes de colonne de la 36e de Jouannic, des soldats du Sud-Ouest. Les biffins du 18e régiment de Pau recomplété par des arrivées du dépôt tiennent leur revanche. Le moral est au beau fixe. L'avance est à peine contrariée par les Allemands.

Le 9 septembre, à la nuit tombée, le général Franchet d'Espèrey est le premier à rédiger un ordre du jour de victoire : il n'a perdu que 3 000 hommes pour gagner quarante-cinq kilomètres en quatre jours.

L'ordre d'attaque donné par sir John French a permis aux Anglais de se trouver, le 10 septembre, tout près de l'Aisne, au sud de Soissons. Une avance avec embuscades, mais des pertes négligeables. Les Anglais et les Français de la 5e armée ont remporté la victoire pratiquement sans combattre, dans ce secteur central et crucial. Franchet s'interroge, en cette journée du 10 septembre où le canon est devenu presque silencieux. Moltke a-t-il pu se tromper à ce point ? Cette erreur n'est-elle pas à la source du « miracle de la Marne » ?

Chaque chef d'armée allemand menait encore la guerre

pour son propre compte : cette autonomie des chefs en campagne était de tradition dans l'armée prussienne. Ils devaient prendre leurs décisions en fonction du terrain, des réactions de l'ennemi, sans une autorisation formelle. La Direction suprême ne donnait jamais que les grandes orientations.

On peut tout de même trouver étrange qu'un Moltke II n'intervienne pas en personne quand il s'aperçoit de l'écart séparant ses deux armées. Il envoie sur place un lieutenant-colonel qui ne parvient à se faire recevoir vraiment ni par von Kluck ni par von Bülow. Il prend lui-même les décisions capitales en discutant seulement avec les chefs d'état-major.

Pour justifier cette carence du commandement, les historiens allemands ont invoqué la maladie de Moltke, prélude à sa disgrâce[1], et la difficulté de remplacer un commandant en chef jusque-là victorieux en pleine action. On pourrait aussi parler de l'incapacité d'un grand état-major trop éloigné des avants pour donner des ordres adaptés.

Henry Contamine a fait remarquer[2] que le QG de Luxembourg ne pouvait « téléphoner au-delà de Châlons » et que la télégraphie sans fil ne fonctionnait pas. Les communications radio devaient passer par Metz et certains messages n'étaient délivrés que vingt-quatre heures plus tard. Joffre connaissait tout aussi bien ces problèmes des liaisons : aussi s'assurait-il de la réception et de l'exécution de ses ordres par des *missi dominici.* Le lieutenant-colonel Hentsch était de ceux-là, pour le compte de Moltke II.

Parti de Luxembourg le 8 septembre à midi, l'émissaire visite d'abord les QG du Kronprinz à Varennes, du duc de Wurtemberg à Courtisols, de von Hausen à Châlons. Il a parcouru deux cent quarante-cinq kilomètres de routes peu sûres pour atteindre enfin le PC de von Bülow

1. Moltke mourra en 1916.
2. Henry Contamine, *op. cit.*, p. 331.

au château de Montmort. Le détour a son importance. Moltke est sûr des trois premières armées, visitées par son émissaire Hentsch, qui n'éprouvent pas de difficultés majeures. Il prend soin de présenter, aux responsables d'armée, dont il connaît la susceptibilité, le voyage du lieutenant-colonel comme une sorte de tournée générale d'information sur toute l'étendue du front.

On sait qu'à Montmort, c'est avec le chef d'état-major Lauenstein que Hentsch discute, au matin du 9 septembre, en l'absence de von Bülow. La décision prise en commun ce jour-là implique que la IIe armée allemande amorcera sa retraite dès que les Français de la 5e armée et les Britanniques auront franchi la Marne. Deux jours plus tard, à Reims, le 11 septembre, von Bülow qualifie cette décision (qu'il n'a pas prise, mais finalement avalisée) d'« acte sauveur » de l'armée allemande.

Quant à von Kluck, le lieutenant-colonel Hentsch ne put le joindre. Il mit cinq heures, dans la journée du 9 septembre, pour atteindre le quartier général de Mareuil-sur-Ourcq, doublant des convois de troupes en retraite. Car le mouvement était déjà fortement engagé dans l'après-midi. La moitié de l'armée combattant au sud-ouest de l'Ourcq avait décroché, et même les divisions engagées à hauteur d'Acy-en-Multien et de Montreuil-aux-Lions. Un message de von Bülow était arrivé à Mareuil : il annonçait la retraite de la IIe armée vers Epernay et au-delà vers Dormans, pour réduire la largeur de la brèche à une quinzaine de kilomètres.

Von Kluck refusa de voir l'émissaire de Moltke. Il n'en avait pas besoin. Le dernier effort de von Quast, intervenant sur ordre dans la plaine à l'est de Nanteuil-le-Haudouin, n'avait pas eu de résultats décisifs, en dehors des fortes pertes infligées à l'armée de Maunoury. Il n'avait pu réaliser un véritable débordement des lignes françaises. Le lieutenant-colonel Hentsch, en abordant le chef d'état-major von Kuhl, n'avait pas à imposer un ordre de repli auquel von Kluck s'était déjà résigné.

Hentsch se borna à exprimer le vœu que la retraite se

fît en direction de Fismes, sur la Vesle. Il n'y a pas lieu de penser que son insistante suggestion fut refusée, ni même discutée. Il appartenait à la Direction suprême de fixer les orientations générales des armées. Ainsi était acceptée par les généraux responsables la retraite générale des armées allemandes de l'ouest, de la forêt d'Ermenonville au camp de Mailly.

*

S'il est vrai, comme l'écrivait le grand historien français de la Première Guerre mondiale Pierre Renouvin, que « la Marne est une victoire du commandement », on peut s'attarder sur une suite ininterrompue d'erreurs, d'un côté comme de l'autre, redressées à grand renfort d'ordres et de contrordres, qui aboutit, comme par miracle, à ce que les Allemands se refusaient à reconnaître comme une « victoire » française. Ils parlaient seulement d'un « regroupement de forces » en vue d'une autre offensive, vers Anvers et Lille, vers la mer.

Avaient-ils renoncé à l'opération Verdun-Nancy ? En fait, à l'est du camp de Mailly, la bataille continue le 10 septembre. Les IIIe, IVe et V^e^ armées allemandes ont gardé leur capacité offensive. Le Kronprinz demande l'autorisation d'attaquer de nuit, du 9 au 10 septembre. On la lui refuse.

Il insiste. Ses deux corps d'armée partent à l'assaut, menacent les régiments venus de Touraine et de Bretagne, écrasant leur artillerie. Mais la contre-attaque française reporte les assaillants sur leurs bases de départ. Il en est de même au corps de Châlons où combat le lieutenant Maurice Genevoix, au 106e régiment d'infanterie. Il entend les cris des Allemands chargeant dans la nuit et vivement repoussés après des corps-à-corps furieux.

Le 10 septembre au matin, les poilus crient victoire. Le lieutenant Genevoix reste prudent : « Je ne sais pas, dit-il, pas encore. » Mais dans son cœur, il explose : « Une houle de joie me bouleverse, écrit-il, un élan très fort et très doux, fervent, religieux... Je me sens très petit, très faible, avec un grand désir de pleurer longuement, sans contrainte. »

A la Vaux-Marie, les poilus ont gagné. Il n'en est pas de même sur toute la ligne de l'armée Sarrail : sa droite est ramenée en arrière, l'ennemi tient en partie la route nationale de Bar-le-Duc à Verdun. La place forte est isolée, pas totalement encerclée. Les Allemands ne prennent pas la peine d'avancer jusqu'à la Meuse. Les Français du fort de Troyon ne bougent pas, comme si la guerre s'était soudain immobilisée. Les soldats du Kronprinz, constamment harcelés, ne se retireront de cette zone que dans la nuit du 12 au 13 septembre.

Le duc de Wurtemberg avait fait progresser son armée sur le front de Langle de Cary de la 4e armée française jusqu'à Maurupt, tout près d'Ornains. Le divisionnaire Cordonnier [1] avait reçu de son chef de corps, le général Gérard, l'ordre de reculer le 10 septembre de huit à dix kilomètres et de s'abriter derrière la Marne. Saint-Dizier était ainsi directement menacé. Au moment où ils évacuaient l'ensemble de leur front occidental, les Allemands risquaient de se trouver encore maîtres de cette ville française.

Cordonnier refusa d'obéir et l'ordre fut annulé [2]. Sa 3e division reçut le lendemain des renforts de ses dépôts, près de 3 000 hommes qui lui permettaient d'attaquer. Le bourg de Maurupt était désert, le pont d'Etrépy intact. L'ennemi en retraite précipitée ne l'avait pas fait sauter. La 4e armée française connaîtrait-elle à son tour le soulagement de la victoire ?

Quand elle survient enfin pour l'armée de Langle, c'est en raison de la nouvelle attitude de la Direction suprême qui veut désormais stabiliser le front, malgré les velléités offensives du Kaiser et du Kronprinz qui attendent l'arrivée des recomplètements (150 000 hommes de renforts

---

1. Cordonnier commande la 3e division du recrutement d'Amiens.
2. Voir le récit du général Cordonnier in *L'Obéissance aux armées*, Paris, 1924.

venant des dépôts pour toute l'armée de l'Ouest) avant de relancer une grande stratégie de contournement de l'armée française par l'extrême ouest.

Dans l'immédiat, quand on apprend le 10 septembre que von Kluck ne pourra pas s'arrêter sur la Vesle mais seulement derrière l'Aisne, il n'est bientôt question que de retraite générale, y compris des trois armées à l'est du camp de Mailly.

On fixa la ligne de retraite de la IIIe armée de von Hausen jusqu'à Suippes, au nord de Châlons. Le duc de Wurtemberg reculerait jusqu'à Sainte-Menehould et le Kronprinz s'arrêterait sur le front nord de Verdun. En prévision de ces mouvements, ils prirent leurs quartiers généraux à quelque distance vers le nord : von Hausen s'installa à Bétheniville et le duc de Wurtemberg à Vouziers.

Le 12 septembre, le chef de la IIIe armée quittait le front non pour cause de disgrâce, mais de maladie. Hausen était immédiatement remplacé par le général von Einem.

A peine concédait-on au Kronprinz l'autorisation de conserver la butte de Montfaucon, où il tenait ses observatoires d'artillerie lourde. Toutes les unités devaient s'aligner sur les positions définies sur la carte par le colonel von Dommes, de la Direction suprême, venu tout exprès sur place pour faire respecter les décisions.

Le déplacement des unités fut immédiat et les Français eurent alors, dans le secteur du centre-est du front, le sentiment d'avoir gagné, eux aussi, la bataille. Sur les deux cent quinze kilomètres de Paris à Verdun et non sur les cent vingt-cinq de Paris à Mailly. Gamelin, de l'entourage de Joffre, fit refuser la suggestion du major général Bélin, homme pieux et intègre, mais peu frotté aux milieux de presse, qui suggérait d'appeler cette bataille Paris-Verdun.

— Cela fait course d'autos, dit Gamelin.

*

La poursuite des Anglais et des Français avait manqué de vigueur : les Allemands étaient repoussés, ils n'étaient pas vaincus et pouvaient continuer la guerre un peu plus loin, sur des positions arrêtées.

Le 13 septembre, les alliés crurent qu'ils pourraient poursuivre leur avance très loin. Berthelot songeait à entrer en Allemagne, on pressait Foch, installé dans le bel hôtel de la préfecture de Châlons, d'attaquer par le plus difficile des secteurs, celui des Ardennes, et de tomber ainsi sur le Rhin. On ne comptait guère pour la poursuite sur des renforts britanniques. On se gaussait des « ombres d'armées » que le ministre Kitchener songeait à lever par enrôlement jusqu'à l'effectif chimérique de vingt-cinq corps. Il reste que 400 000 jeunes Anglais, après la victoire, devaient signer leur engagement dans les *divisions K* (K comme Kitchener) au pied de la statue de Nelson, à Trafalgar Square. Les Alliés ne doutaient pas qu'ils auraient sans doute un jour les moyens de bouter les Allemands jusqu'en Allemagne. Déjà Joffre commandait des canons de marine pour assiéger les places fortes allemandes.

Il fallut déchanter très vite. A l'est du front le 20e corps de l'armée Sarrail occupait bien la plaine de la Woëvre, pendant que la cavalerie dégageait Verdun. Mais cette armée semblait soudain saisie de stupeur. Silence dans les lignes. Le canon se taisait. Berthelot s'en indignait. L'armée n'avait avancé que d'une dizaine de kilomètres en avant de Bar-le-Duc. Dans l'Argonne, Sarrail poussait le long de l'Aire, se heurtait à la butte du Vauquois sans pouvoir déboucher sur Varennes-en-Argonne. On s'entretuait de nuit dans les bois de la Grurie. Les Allemands n'étaient pas décidés à lâcher le terrain. Il devenait impossible de poursuivre.

Le Kronprinz s'installait à Stenay, gardait Montfaucon et comptait bien, un jour prochain, s'emparer de Verdun où s'incrustait la 72e division française. En poussant jusqu'à Saint-Mihiel, il créait un *saillant* que les Français ne pouvaient résorber qu'en s'emparant de Bois-le-Prêtre ou des Eparges, lieux sinistres : deux ans de massacres dans les tranchées boueuses étaient ainsi programmés par la logique de guerre des lignes enterrées.

Plus à l'ouest, la 4e armée de Langle de Cary avait d'abord avancé rapidement : le 2e corps du général Girard venait de faire son entrée dans Sainte-Menehould abandonné par l'ennemi, saisissant un dernier convoi de « ré quisitions » opérées par l'occupant avant son départ. Le 21e corps du général Legrand-Girarde, un ancien du cabinet du président Félix Faure, avait pris Suippes et marchait vers Sommepy. Il était arrêté à Souain par les Allemands organisés en position défensive. Langle s'indignait de la passivité de ce général. Il le remplaçait aussitôt par Maistre.

Les Français ne progressaient pas pour autant, bien que le général de Langle de Cary eût fixé son QG à Vitry-le-François, où jadis se tenait le GQG de Joffre. Les habitants lui firent un triomphe : le retour des Français les libérait-il pour toujours des horreurs de l'occupation, des prises d'otages, des réquisitions ?

De là, Langle grimpait sur Courtisols où le duc de Wurtemberg avait tenu son état-major, et délogeait les Allemands de Suippes, ancien QG de von Hausen. Il ne pouvait poursuivre plus avant : les Allemands s'étaient rapidement retranchés.

Sur la gauche de la 4e armée, on comptait à Châtillon-sur-Seine sur Ferdinand Foch et sa 9e armée pour prendre Reims et déloger des monts environnants son coriace adversaire von Bülow, qui avait repris le commandement des deux armées allemandes, sur ordre de Luxembourg, et placé von Kluck sous son contrôle.

Mais, au 9e corps du général Dubois, il est difficile d'organiser la poursuite, même si les ordres de Foch semblent l'exiger. La droite de cette unité, ainsi que le 11e corps d'Eydoux, est en plein désordre. Les pantalons rouges de ce secteur maudit ont contenu la plus lourde attaque des armées allemandes. Ils sont trop exténués pour poursuivre.

Le sous-lieutenant Petit, engagé dans la droite du 9e corps, avait alors reçu l'ordre de faire demi-tour en pleine retraite : les Allemands reculaient ! Mais le désordre des unités françaises bousculées par l'ennemi était tel que Petit avait perdu son régiment dans la masse des fuyards. Il avait grimpé sur un caisson d'artillerie, traversant ainsi le champ de bataille. Il aperçut d'énormes tas de douilles sur les anciennes positions des 75, devant les maisons en feu de Gourgançon. Les chevaux crevés, les morts, les arbres coupés, les cartouches « semées à pleins paquets ». A Connantray, il retrouvait le général Guignabaudet, dans un groupe de blessés du 114e.

« Tout le monde est heureux, c'est la victoire, lui dit-il. Comment est-elle venue ? Nul ne le sait, mais ça ne fait rien. Les Allemands reculent et c'est le principal[1]. »

Les nombreux traînards qui ont rejoint Petit marchent sur Vassimont, où tout le corps d'armée n'a qu'un petit pont en dos d'âne pour franchir le ruisseau de la Somme. L'artillerie passe en premier. Des heures de défilé pour que tout le monde se lance dans la « poursuite » ordonnée en haut lieu, chez Foch.

Sous la pluie tombante, Petit a grandement le temps de faire son marché au village où les Allemands ont abandonné des caisses pleines de conserves. Quatre-vingts blessés en *feldgrau* devant l'église. Trop atteints pour être transportés, ils attendent la mort. Les soldats perdus regroupés par le sous-lieutenant rejoignent d'autres bataillons coupés de leurs régiments et tous avancent ensemble en direction de Châlons.

Le général de division Lefèvre vient demander au brigadier Guignabaudet de pousser en avant plus énergiquement. Refus très net de ce dernier : « Ses régiments sont fatigués et ont besoin de repos, au moins jusqu'au matin. » Le 12 septembre, « la poursuite continue ». Les hommes ne s'en plaignent pas. « C'est agréable de marcher en vainqueur, sans tirer un coup de fusil. » Ils

1. Petit, *op. cit.*, t. 1, p. 31.

défilent dans Châlons. Les femmes leur apportent du sucre, du pain blanc. On dit que 5 000 Allemands cuvent leur vin dans les caves de la ville.

Et les bataillons reprennent leur marche jusqu'à Cuperly que l'ennemi vient d'abandonner. Les soldats s'installent dans les maisons vides, se préparent à dîner en tirant le vin de la cave : « Nous consolons notre conscience en disant que c'est de la reprise aux Allemands. » Dans le camp de Châlons, on change de musique. Les Allemands se sont fixés dans le massif tout proche de Moronvilliers, installés « d'une façon formidable, dans des tranchées ». L'heure de l'assaut est venue. Pour Petit, c'est la fin de la poursuite.

La division marocaine du général Humbert connaît la même expérience. Elle n'avait pu passer la Marne que le 12 septembre sur un pont de bateaux et n'avait guère avancé le lendemain que de vingt kilomètres. Au-delà de Prunay, les Allemands l'attendaient dans des tranchées profondes, mitrailleuses prêtes, barbelés en place.

La gloire de défiler dans Reims revenait au 1er corps de Franchet d'Espèrey, chef de la 5e armée. Les pantalons rouges avaient marché presque sans arrêt pendant quatre-vingt-dix kilomètres pour être de cette fête. Les milliers de Rémois encore présents dans la ville avaient accueilli les glorieux biffins avec des fleurs. Les cafés, les magasins étaient rouverts. Le général à cheval était acclamé par la foule et les drapeaux tricolores garnissaient les rues.

Il voulait installer son QG dans une école de la ville. Mais le canon allemand restait proche. L'ennemi n'avait pas abandonné la Montagne de Reims et pas même les forts du nord-est. Les 77 de campagne pouvaient parfaitement tirer sur la cité, à trois mille mètres de portée. Pendant quatre ans, il n'y aurait plus aucune sécurité dans la capitale du vin de Champagne.

*

Si Franchet d'Espèrey s'arrêtait à Reims, Foch devant Prosnes en flammes, de Langle derrière Somme-Py et Sarrail dans la place de Verdun, le grand état-major devait admettre les limites de la poursuite : il entrait deux jours après la victoire dans la guerre de position. Il comprenait dès cet instant que le combat avait changé de nature et qu'il fallait imaginer, à défaut de stratégie, une révolution de la tactique. Les combats de la Marne, très souvent enterrés, avaient indiqué la voie. On ne tarderait pas à abandonner le 75 devenu inutile pour le crapouillot des tranchées et les reconnaissances de cavalerie pour les observations d'une aviation chaque jour plus nombreuse, protégée par des chasseurs munis de mitrailleuses. Les plus clairvoyants, dont Nivelle, prévoyaient déjà en techniciens l'avenir de la guerre de longue durée.

A l'ouest de Reims, c'est la droite de l'armée von Bülow qui rencontre l'Aisne en amont de Berry-au-Bac. En face d'elle, le 3e corps français de Hache, avec les divisions alignées de Mangin et de Pétain. Von Bülow a fait sa jonction avec la Ire armée de von Kluck, grâce à l'arrivée en renfort, dans la nuit du 12 au 13 septembre, de la XXVIe brigade venue de Maubeuge à marche forcée à raison de cent vingt kilomètres d'affilée, puis le lendemain par la mise en place de la VIIe armée de von Heeringen débarquée de Lorraine. Il n'y aura plus jamais de *trou* entre les deux armées allemandes. L'erreur de la Marne vient d'être réparée.

La route de Sissonne était barrée, les Allemands, de Craonne à Vailly, tenaient la position forte du Chemin des Dames, un éperon calcaire inaccessible pour les divisions françaises épuisées. La division d'Afrique du 18e corps de Maud'huy avait bien remonté le cours de l'Aisne jusqu'à Craonne, elle avait reconnu la position, qu'elle n'avait pu emporter. A sa gauche, les Britanniques avaient hardiment franchi l'Aisne mais n'avaient pu se rendre maîtres du vieux fort de Condé qui dominait la partie occidentale du Chemin des Dames. Ils avaient lutté en vain et laissé beaucoup de morts sur le terrain.

Plus à l'ouest, Maunoury avait toujours von Kluck pour adversaire, sur la ligne Compiègne-Soissons. Le vainqueur de l'Ourcq était le plus acharné à la poursuite. Dans Nanteuil libéré, les soldats voulaient s'attarder dans les magasins rouverts. Les adjudants les en empêchaient. Il fallait poursuivre l'ennemi sans relâche. Au bord de la route, les Allemands avaient abandonné les sacs d'obus et les objets pillés en ville. A la gauche de l'armée, le corps de cavalerie Bridoux franchissait l'Oise, mais ses chevaux fatigués le portaient difficilement à l'ouest de Compiègne.

Sur l'aile droite de la 6e armée, la cavalerie de Conneau n'était guère plus brillante : le 15e de dragons, avec son régiment jumeau, le 20e, a pris Château-Thierry dès le 9 septembre, vers 18 heures. Les escadrons, au lieu de gagner le plateau, reçoivent l'ordre de bivouaquer. Conneau dispose de trois corps de cavalerie qui doivent le rejoindre avant de commencer la poursuite. Il se plaint de leur mauvais état. Le capitaine de Léobardy[1] a appris que la 5e division de Cornulier-Lucinière vient des environs de Compiègne et qu'elle traverse la forêt de Villers-Cotterêts. On aurait pu la rejoindre et poursuivre l'ennemi en commun.

Mais les ordres sont de repérer le *trou*. Le capitaine est envoyé sur Fère-en-Tardenois où il ne rencontre aucune résistance. Il doit faire la liaison avec l'armée anglaise vers Coincy. « Les chevaux, écrit-il, sont très fatigués. » Pourtant, la division doit poursuivre vers le camp de Sissonne, alors que von Kluck défile toute son armée au nord de l'Aisne sans être contrarié. Conneau a trop attendu, il est pris de vitesse. Il a perdu son temps, dit Chambe, à faire battre avec soin les taillis de chênes des bois de Barbillon et de Verdilly, près de Château-Thierry, au lieu de s'engager au plus vite vers Oulchy-le-Château.

A ce moment, les dragons captent un radio en clair de la cavalerie allemande : « Je suis incapable d'agir, explique l'officier, la journée d'hier a été la quatrième où

1. Cité par Chambe, *op. cit.*, p. 118.

je n'ai eu de vivres ni pour les hommes ni pour les chevaux. Chez Schettow [IXe division de cavalerie] cent soixante-sept chevaux sont tombés d'épuisement. » La cavalerie française n'est pas la seule à être à bout de forces.

Conneau ne rassemble ses unités en ordre de marche que le 10 septembre à 6 heures dans la région de Bouresches-Chantemerle. Il écrit à Franchet d'Espèrey, qui lui demande de presser le mouvement, que ses escadrons sont à terre : « Poursuite dès le jour et jusqu'à la nuit, retard dans les distributions de vivres et de munitions, usure et même absence de ferrure, les effectifs fondent comme la neige. Ils sont réduits de moitié. Dans deux jours les divisions ne pourront plus avancer. Nous irons néanmoins jusqu'au dernier cheval. »

Le 10 septembre au soir, le PC du corps de cavalerie est bien installé à Oulchy-le-Château, selon les ordres. Il est saisi par l'instruction particulière n° 21 de Joffre qui prescrit la poursuite sans trêve, « avec une vigueur accrue », sur l'axe Chéry-Fismes-Laon. Le 20e dragons cherche donc à forcer le passage de la Vesle, sur un pont resté intact.

Une grêle d'obus l'accable dans la ville. Le peloton de Chambe met pied à terre sous les shrapnells. Le 18e corps aligne ses batteries de 75 au premier rang, aux côtés des canons des dragons. Deux pièces sont poussées à bras d'hommes, bientôt écrasées sous une pluie d'obus. L'ennemi est tout proche, de l'autre côté de la voie ferrée Reims-Soissons. Il ne semble plus décidé à faire retraite. Fismes est un guêpier. Le combat dure tout le jour et les 210 allemands se sont mis de la partie. Faut-il évacuer la position ?

Le peloton dort sous la pluie, à l'abri des arbres, devant un village occupé par l'ennemi. Il est envoyé en reconnaissance sur le cours de la Vesle. Les officiers du 3e zouaves ne veulent pas donner l'assaut sur le plateau : « On a assez de pertes, dit le colonel, les Boches ne vont pas tarder à foutre le camp. »

Les eaux de la Vesle sont hautes, les fonds marécageux. Les dragons, pied à terre, approchent l'ennemi prudemment. L'artillerie se réveille, de part et d'autre. Deux chevaux d'une des deux pièces des dragons sont touchés. Il faut les mettre à l'abri, sous le tir des 210.

Ce 13 septembre, les Allemands déménagent, s'installent plus loin, derrière l'Aisne. Les cavaliers du 20e dragons attendent les ordres. Le colonel Gailhard-Bournazel, drapé dans « son grand manteau dont la pèlerine est secouée par le vent trempé par la pluie », réunit ses officiers en cercle, pour donner lecture d'un message de Joffre : « L'ennemi se retire, battu, vaincu. La bataille se termine par une incontestable victoire. »

*

Devant la 6e armée de Maunoury, les Allemands décampent au matin du 10 septembre. Personne dans les lignes. Le canonnier Paul Lintier[1] est depuis la veille installé « à l'aile extrême des armées françaises ». Sa batterie a tiré sans relâche pour éviter le débordement par l'armée allemande. Ce soir-là, il constate que l'infanterie française avance vers le nord « pour faire face, si l'ennemi déborde ».

— Est-ce qu'ils vont passer, aller à Paris ? se demandent les canonniers, soudain anxieux. Ce mouvement ne leur dit rien qui vaille.

Les artilleurs attellent, avancent au trot vers la ligne Sennevières-Nanteuil-le-Haudouin. L'artillerie progresse à travers les champs nus, alors que le soleil descend déjà sur la ligne Haudouin-Paris. Les canonniers s'indignent en voyant des groupes d'infanterie française se replier. Ils tournent les pièces « bout pour bout ». Leur tir précis accable l'ennemi d'obus explosifs. Mais les cavaliers français suivent l'infanterie dans son mouvement de retraite.

Un seul bataillon de biffins subsiste, malgré ses pertes. Il passe tranquillement la nuit sur la position, le canon

1. *Op. cit.*, p. 204 *sqq*.

ayant toute la journée battu au peigne fin les champs de blé non moissonnés, pourris sur place, des alentours. Les uhlans peuvent attaquer par surprise avant le jour, personne ne les arrêtera. A l'aube, l'artillerie cnnemie peut écraser les positions françaises : elles sont en partie évacuées.

Pourtant, au matin du 10 septembre, c'est le silence sur la ligne.

— Vous ne savez pas ? dit au commandant de la batterie le chef d'un bataillon de biffins. Nous avons l'ordre de nous porter en avant. Les Allemands battent en retraite.

A midi seulement, les artilleurs oubliés par le commandement reçoivent l'ordre d'atteler et de faire mouvement vers le nord. Ils rencontrent, entre la route de Nanteuil à Paris et le chemin de fer, des centaines de cadavres d'Allemands. Certains ont agonisé sans être secourus. Ils ont déjà « le visage aux yeux creux, aux dents découvertes, au menton carré de la mort ». Lintier se dit « écœuré » par ce charnier. Selon l'estimation d'un officier du génie, l'artillerie a tué la veille, dans ces champs de blé, de betteraves et de maïs, près de 2 000 Allemands.

Le pied du canonnier bute soudain sur le sol. Au contact mou, il « devine un cadavre » et fait un brusque saut de côté. Plus loin, il distingue des lignes de fusils, plantés la crosse en l'air : « Des centaines d'hommes, des milliers peut-être, ont été ensevelis là, côte à côte. » Sur les bords de la route, des sacs en vrac, dégorgeant leur contenu, des casques cabossés ou percés, des armes abandonnées. Les sapeurs du génie « terrassent » pour enterrer les cadavres et les chevaux morts. Dans ce décor funèbre, qui pourrait se réjouir ?

« Je me trouve étonné, dit Lintier, d'avoir pris part à une victoire. »

Il se dit alors, comme sans doute Maunoury lui-même, « que l'ennemi va quitter la France aussi vite qu'il y est entré », que le mouvement de retraite n'aura pas de fin.

Le samedi 12 septembre, malgré la pluie, c'est la joie

de la poursuite à la 6e armée. Les poilus au cantonnement entendent l'ordre du jour de Maunoury célébrant la « victoire ». Il rappelle que « les pertes... ont dépassé tout ce que l'on pouvait imaginer » et que les soldats ont fait « plus que leur devoir ». Et d'ajouter : « La victoire, vous [les poilus] ne vous la laisserez plus échapper ». Le texte a été rédigé au QG de Claye le 10 septembre. Il est lu aux hommes deux jours plus tard.

Sous la pluie, les poilus marchent jusqu'à Vic-sur-Aisne. Les artilleurs ont « tourné leur képi, la visière leur protège la nuque ». Les biffins ont des sacs à blé sur les épaules, des rideaux à fleurs sur la tête. La poursuite est aussi pénible que la retraite. Les hommes éprouvent « un lent refroidissement, il semble que la vie se retire des membres et qu'on meurt peu à peu ».

Nouvelle surprise : les Allemands reculent sans faiblir. Ils ne sont pas loin. Leurs obusiers tirent, au jugé. Des pantalons rouges tombent, des batteries s'écrasent, démantelées. Les autres ont peine à repartir. Les chevaux meurent d'eux-mêmes, d'épuisement.

La traversée de l'Aisne semble facile. Pourtant, près d'Attichy, un violent bombardement arrête la colonne. Lintier découvre un charnier d'hommes et de chevaux, dans une « puanteur d'abattoir ». Même la voiture d'ambulance est « hachée par la mitraille ». De nouveau, comme au gros temps de la bataille, on voit les brancardiers en file conduire aux majors de la ferme-ambulance des hommes à opérer. Par « piété pour les morts », ils ont recouvert leurs visages de branchettes. Pas le temps de les enfouir : la guerre a repris son cours atroce.

Quarante pièces françaises se mettent en batterie. Les biffins croient qu'ils bombardent une gare où l'ennemi embarque pour partir. En fait, il débarque, se renforce, fait barrage, se retranche sur les hauteurs boisées de l'Aisne et dans les *creutes*. Les 77, les 150 tirent. Il faut faire face, soutenir le feu d'enfer. Un nouveau front se crée. Maunoury n'a pas réussi à déborder les Allemands vers l'ouest. Ils renforcent leur aile droite. A peine la victoire acquise, une nouvelle bataille se prépare, celle de la marche à la mer.

*

Les combattants allemands en retraite savent-ils qu'ils ne sont plus commandés, de Luxembourg, par Moltke II ? Malade, usé, le vieux gentilhomme a été remplacé le 14 septembre par un quinquagénaire sorti de l'entourage du Kaiser, exerçant les fonctions de ministre de la Guerre de Prusse, von Falkenhayn. En apparence, rien n'a changé : le chef d'état-major conserve son titre et son successeur porte celui de « quartier-maître général ». En fait, Moltke n'est plus rien, il porte sur ses épaules lasses le poids de la défaite.

Joffre au contraire est au zénith. Même les Allemands rendent hommage au général des chemins de fer dont les méthodes commencent à être copiées. « C'est vraiment un chef ! » dit-on à Luxembourg. Nul ne lui conteste alors la victoire de la Marne. Elle est due, pour les stratèges, au déplacement rapide et opportun des unités, sur une carte du front où les renforts étaient rares depuis les hécatombes d'août, où les divisions devaient riper de Lorraine en Champagne et de Champagne en Multien pour surgir à point nommé sur le flanc sensible de l'ennemi.

Joffre a su nourrir de troupes la manœuvre de débordement de l'Ourcq, soutenir Foch en difficulté par des renforts des deux ailes, convaincre les Anglais d'avancer dans le *trou* élargi constamment par l'ennemi, prévoir enfin quelques unités fraîches pour organiser la poursuite, utiliser la cavalerie pour maintenir les liaisons entre les armées et éclairer l'ouest inconnu : du bon travail d'état-major.

Sans quitter sa cellule de moine de Châtillon-sur-Seine, en maintenant en alerte l'organisation des transports ferroviaires renforcée déjà de convois de camions, en restant informé de l'état du front par les rapports de ses officiers spéciaux et d'un réseau téléphonique grossièrement utilisable, en accordant aux reconnaissances aériennes un intérêt chaque jour plus vif comme en témoignent les très nombreux comptes rendus de missions figurant aux archives, le général en chef a pu suivre *grosso modo* le déroulement de la bataille, même si, pendant quelques heures, il a perdu certaines unités de vue pour cause de désordre. Elles ont toujours été retrouvées, même très malmenées.

La bataille française a été conduite d'un bout à l'autre, et bien au-delà du camp de Mailly qui marquait à l'est les limites de l'armée Foch. Très vigilant, Joffre veillait à son front dégarni de l'Alsace, des Vosges, de Lorraine, d'Argonne comme s'il pressentait la « manœuvre en pince » un moment conçue à l'état-major de Luxembourg. Une double descente des armées allemandes, l'une, à l'ouest, sur la Marne et la petite Somme, l'autre, à l'est, vers la Lorraine.

La communication du GQG avec l'armée de Castelnau est alors quotidienne. Joffre compte sur l'armée de Lorraine pour tenir à tout prix, pour refuser aux Allemands l'accès de la trouée de Charmes, cette porte de France. Il suit avec anxiété les étapes du combat du 20e corps commandé par le général Balfourier qui se sacrifie pour permettre à la manœuvre de la Marne d'aboutir. Les Kronprinz de Prusse et de Bavière attaquent pourtant avec tous leurs moyens. Verdun et Nancy tiennent bon, grâce à Sarrail et à Castelnau.

Verdun aurait pu tomber que Joffre n'en eût pas été affecté outre mesure. La mission assignée à la 3e armée de Sarrail était de tenir à tout prix la liaison sur des positions solides entre Castelnau et de Langle de Cary, pour éviter toute manœuvre « en pince » du commandement allemand. Sa résistance permettait le développement du plan stratégique à l'ouest, qui échouait pourtant à deux reprises ce qui n'empêchait pas Joffre de garder son sang-froid.

Une première fois dans la bataille de l'Ourcq, quand le IVe corps de réserve de von Gronau, convenablement retranché et soutenu par l'artillerie lourde, empêchait Maunoury de réussir l'attaque de flanc contre l'armée de von Kluck, celui-ci poursuivait pendant vingt-quatre heures sa marche d'enveloppement vers le sud-est sans être inquiété, jusqu'à marcher devant les colonnes de la IIe armée de von Bülow, quasiment sur les bottes de ses soldats d'avant-garde, par une erreur manifeste du dispositif de progression des grandes unités sur le terrain. Ce cafouillage n'était pas tragique : les Français ne pouvaient en profiter, étant arrêtés sur l'Ourcq par le seul von Gronau.

Deuxième échec de Joffre : quand les deux généraux allemands, ses adversaires, s'éloignent l'un de l'autre au point de créer entre eux un espace vide, quand les unités de pointe de la Ire armée allemande sont rappelées par von Kluck sur l'arrière, orientées vers le nord-ouest pour reprendre aux dépens de Maunoury la grande manœuvre en faux de l'ancien plan Schlieffen, la contre-attaque française échoue, malgré l'épisode des taxis de la Marne, parce que les Allemands, en rappelant presque toute la Ire armée au nord de l'Ourcq, se sont donné les moyens stratégiques de réussir le débordement du front vers le nord.

Ils sont d'autant plus impatients de conclure que les reconnaissances d'aviation et de cavalerie leur signalent l'avance prudente, mais progressive, des troupes britanniques et de la 5e armée française – l'ancienne armée Lanrezac qu'ils avaient battue à plate couture à Charleroi – dans le *trou* entre Bülow et Kluck. Pour en finir, ils tentent de forcer la décision par la double offensive de la Ire armée au nord de l'Ourcq, des IIe et IIIe armées contre Foch sur le ruisseau de la Somme.

La distance entre les deux armées allemandes s'accroît dangereusement au moment où les combats des 8 et 9 septembre sont les plus acharnés, et sanglants. La Direction suprême de Luxembourg a déjà pris la mesure de l'erreur stratégique et dépêché sur place un envoyé, le lieutenant-colonel Hentsch, chargé de convaincre les généraux prussiens de reculer pour se réunir, sous peine de défaite grave.

Ils s'exécutent d'autant plus vite que l'avance au centre franco-britannique a pris la mesure de la fragilité de la résistance ennemie dans ce domaine, et que la Marne a été franchie, après le Petit Morin, sans difficulté majeure. La retraite allemande est générale et plus précipitée qu'il n'eût convenu, plus pénible aussi : il faut reculer jusqu'à l'Aisne et attendre l'arrivée des renforts venus d'Alsace et de Maubeuge pour supprimer enfin la brèche et boucler le front.

Ce recul de cent kilomètres, et la précipitation dans la retraite, sont les deux indices de victoire perçus par les soldats français, trop las pour poursuivre mais conscients d'avoir infligé à l'ennemi une sévère défaite, la première de la guerre. C'est vrai, ils ont fait échouer le plan Schlieffen d'anéantissement de l'armée française en six semaines. Mais ils ont aussi empêché les généraux prussiens d'entrer dans Paris. Dans toute la France, l'effet moral de cette retraite est sans doute aussi fort que le sera plus tard, en URSS, le choc de Stalingrad.

*

Dès le 12 septembre 1914, les journaux annoncent que les conseils de révision de la classe 15 vont lever des conscrits. L'armée française, depuis l'entrée en guerre, a en effet perdu un tiers de ses combattants, 400 000 hommes sur 1 200 000. Une grande partie de ces pertes (impossibles à évaluer strictement du fait de l'insuffisance des renseignements contenus dans les dossiers d'archives) peut être affectée aux quatre grandes journées de la bataille de la Marne, sans oublier les combats de l'Ourcq du 5 septembre, ni les affrontements de la poursuite et de la stabilisation du front après le 10 septembre.

Ni chez les Allemands ni chez les Français on n'en est encore à prendre en compte en priorité la vie des combattants. Aucun chef, sauf cas d'exception, ne renonce à un mouvement sous prétexte d'économiser les effectifs. L'expression la plus employée dans les ordres écrits est d'aboutir « à tout prix » dans l'offensive, de se défendre « à tout prix » au sud des marais de Saint-Gond. Peu importe le coût humain. Aucun général allemand ne dit à ses officiers de la XXIIe division de réserve d'Erfurt dans la bataille de l'Ourcq, ou de la IVe de Stettin, ou du IXe corps d'Altona de ménager les hommes en raison de la violence du feu français. Pas davantage ne sont épargnés, en face, les Marocains de Ditte, les zouaves de Drude, les fantassins des taxis de Gallieni ou les artilleurs de Nivelle. Les ordres sont toujours d'attaquer jusqu'au bout de ses forces.

On ne se soucie pas davantage de la fatigue des troupes lancées dans des marches longues et dangereuses à travers le champ de bataille. Les soldats doivent marcher jusqu'à l'épuisement. Le lieutenant Hermann Richter, du IVe corps de Magdebourg commandé par Sixt von Arnim[1], part à la nuit tombée, le 6 septembre, sur ordre de la division. Cet ordre est une « alarme ». Il faut marcher au secours du corps Gronau assailli par les Français. Soixante kilomètres de nuit. Après onze heures de marche, pratiquement sans arrêt, les fantassins se traînent sur la route poussiéreuse. « Pourront-ils résister ? » se demande le lieutenant.

A minuit, ils traversent la Marne à La Ferté-sous-Jouarre. Le pas est encore accéléré, « on donne le signal du trot » aux artilleurs à cheval. Richter entre à 2 h 30 du matin, le 7 septembre, dans la ville de Lizy-sur-Ourcq. Aussitôt en batterie à Trocy. Pas une heure de repos pour les hommes exténués : la bataille commence et dure toute la journée du 8. Retraite le 9 : « De repos, il n'en est pas question. Marche, marche toujours droit au nord. Hommes et chevaux marchent en dormant. » Dix heures sans arrêt pour les fantassins. Quand l'unité s'arrête sur la route de Villers-Cotterêts à Soissons, les hommes roulent dans le fossé.

Pas l'ombre d'un découragement dans le récit de cet officier allemand. Pas le moindre désir de ménager la troupe. Il n'est question que de venir au secours des camarades en difficulté, et plus tard de sauver l'armée. Les hommes en sont conscients, ils marchent. Ainsi

1. G. Hanotaux, *La Bataille de la Marne*, 2 vol., Paris, 1922.

marchent les fantassins de Grossetti, dans le mouvement « en rocade » à travers le champ de bataille commandé *in extremis* par Foch pour sauver le corps Eydoux. Les traînards sont alors aussi mal considérés que les fuyards. Il n'est pas question de tolérer le refus de marcher, sauf à relever les corps des hommes totalement épuisés.

Plus que jamais, la bataille se gagne avec les jambes des soldats, comme au temps de Napoléon. Les officiers allemands abandonnent à l'ennemi les soldats égarés, trouvés ivres morts dans les caves de Champagne. Ils les fusillent quand ils en ont le temps. Le pillage serait toléré, faute de vivres, si l'on avait le temps de piller. Richter explique que ses artilleurs sont morts de faim et de soif, mais pour ajouter : « La joie du combat s'empare de nous. » Plus dure est l'amertume de la retraite.

Il n'importe : un soldat doit marcher jusqu'au bout de ses forces. Les officiers ne mettent pas en question cet axiome. Dans leur conception de la guerre courte (on dira plus tard de la guerre éclair) suivie d'une victoire rapide, il n'est pas convenable de se soucier en premier lieu des pertes. Il faut aboutir, quel que soit le coût humain. Ainsi les Français perdent-ils le tiers de leurs combattants.

Alors seulement apparaissent les premiers signes de changement des mentalités chez les officiers. Ils ont eux-mêmes souffert de l'hécatombe : le fils de Foch, porté disparu, est sans doute mort, Castelnau a perdu l'un des siens. Le massacre des officiers d'active, allemands et français ou anglais, est spectaculaire. On nomme déjà des capitaines de dragons ou des lieutenants de cuirassiers dans l'infanterie. Les promotions des jeunes se font « sur le tambour », celles des colonels et des généraux ou même des capitaines d'artillerie « à titre temporaire » pour éviter le piège du tableau d'avancement, qui obligeait plus ou moins à promouvoir, au début de la guerre encore, les officiers à l'ancienneté.

La victoire de la Marne, en butant contre la guerre de position, annonce un souci nouveau dans les états-majors : ménager la vie des hommes, éviter les actions inutiles, les pertes sans objets réels, pour que puisse durer la guerre, organiser au mieux les services de santé, pour que les blessés puissent être enlevés et survivre, revenir au plus tôt sur le front.

Mais les Allemands gardent leurs casques en cuir bouilli et les Français leurs képis, alors que les blessures à la tête sont le plus souvent mortelles. Les responsables conserveront encore pendant quelques mois la foi dans la guerre courte, par la « percée » des lignes. Quand Poincaré demandait à Joffre, en 1915, pourquoi les fantassins n'avaient pas de casques : « A quoi bon, répondait-il, on tordra les Boches avant que les casques commandés n'arrivent. »

*

Le *miracle* de la Marne tient assurément à un double réflexe de la troupe. D'abord celui des 5 et 6 septembre. Les biffins en retraite ont assez souffert de l'invasion, de l'humiliation, du sacrifice des camarades tués en marchant vers l'arrière. Ils ne veulent plus entendre les civils leur lancer au passage : « C'est comme en 70 ! » Quand l'ordre tombe de charger les fusils pour avancer, l'armée unanime obéit, si fatiguée, si mutilée soit-elle.

Les pantalons rouges retrouvent en eux le vieux fond patriotique et partent en avant. Pas de défections, même chez les plus accablés. Pas ou peu de cas de jugements en cour martiale pour refus d'obéissance ou abandon de poste pendant les cinq jours décisifs. Les défaillances sont rares, et la plupart du temps explicables par la surprise, l'accablement sous le nombre ou sous les marmites. Les témoignages de courage des poilus sont innombrables. Ils impressionnent les officiers qui avaient eu tant de mal à presser les traînards. La surprise la plus étonnante vient des unités d'infanterie de la 5e armée, la plus meurtrie par les défaites et les combats d'arrière-garde. Mais ces soldats savent aussi qu'ils ont retourné la situation en août, à Guise, sous Lanrezac, et qu'on peut faire plier les Allemands, pour peu que les artilleurs s'en mêlent.

Et ils s'en mêlent diablement. Ils ont appris à compenser leur infériorité en portée par une mobilité plus grande sur les lignes, à s'avancer au débouché des bataillons d'infanterie pour tirer à mitraille de trois cents mètres. Pour neutraliser les obusiers, ils utilisent les rares avions disponibles pour l'observation aérienne ou les ballons, et obtiennent des résultats. La ruée allemande n'aurait pu être contenue sans la mobilisation continuelle et l'extrême mobilité des canons. Leur adaptation aux conditions du combat a été réussie, jusqu'à causer de très lourdes pertes dans les rangs ennemis. Et ces 75, grâce à Joffre, n'ont jamais manqué de munitions.

Les officiers d'état-major de Moltke sont les premiers surpris par le sursaut des Français, qui ne faisait pas partie de leurs prévisions. Avec une certaine morgue, le colonel von Tappen, de la Direction suprême, estimait qu'il n'y aurait pas de halte sur la Marne : « Nos gens, assurait-il, font une promenade tout autour de la France. » Les habitants de Metz croyaient, le 6 septembre, que le régiment des cuirassiers blancs de Potsdam traversant la ville devait escorter le Kaiser dans son entrée à Nancy. A l'armée de von Kluck, on ne prévoyait plus de résistance. Le général von Richthofen, commandant un corps de cavalerie, avait affirmé, le 3 septembre, « qu'un bataillon de zouaves s'était dispersé au premier coup de canon en jetant armes et bagages ». L'état-major considérait la retraite des Français comme « une fuite de plus en plus forte ».

La vigueur de l'attaque sur l'Ourcq fut donc pour les responsables allemands un nouvel élément du *Kriegspiel* dont il fallait tenir compte. Von Kluck écrirait plus tard : « Que des hommes ayant reculé pendant quinze jours, que des hommes couchés par terre et à demi-morts de fatigue, puissent reprendre le fusil et attaquer au son du clairon, c'est une chose avec laquelle nous autres, Allemands, nous n'avions jamais appris à compter, c'est là une possibilité dont il n'a jamais été question dans nos écoles de guerre. »

Les divisions de Lamaze, celles du 7e corps de Vautier qui menaient l'assaut devant l'Ourcq ne découvraient pas la guerre : elles avaient déjà combattu et perdu du monde dans les combats de la retraite. Vautier avait été engagé en Alsace, devant Mulhouse. Qu'ils repartent vigoureusement au combat pouvait surprendre. Beaucoup avaient pensé dans les engagements meurtriers que l'armée allemande disposait d'une supériorité irrésistible en matériel et en effectifs. Pourtant, ils acceptaient le combat non pour tenir, mais pour vaincre. Il n'était plus question de la prise sentimentale et patriotique d'une ville d'Alsace mais de la défense de Paris. S'ils faiblissaient, l'invasion s'étendait à tout le pays, comme en 70. Ils se battaient le dos au mur.

Au moindre affaiblissement de l'adversaire, ils se lanceraient en avant comme des lions blessés. Von Bülow l'avait compris, quand il voyait von Kluck dégager, à partir du 7 septembre, ses corps d'armée devant les bataillons de Franchet d'Espèrey : « Il ne s'agit plus d'une 5e armée française battue, mais d'une 5e armée française victorieuse, car l'abandon du champ de bataille en plein jour [serait] interprété par les Français comme une victoire, et [élèverait] puissamment le moral de [cette] armée. »

Le premier réflexe imprévisible des Français est donc, pour l'adversaire, un élément capital de la campagne. Ils vont interpréter, à coup sûr, le miracle d'une retraite allemande comme un début de victoire. Le vieux *Junker*, disciple de Blücher, est le premier à avoir perçu le sentiment nouveau qui animait les Français, capable de retourner la situation. A ces gens qui font retraite depuis le début de la guerre en ne s'arrêtant que pour être vaincus [sauf l'accident de Guise], les premiers signes de fléchissement allemand donneront des ailes, si fatigués et démoralisés soient-ils. Ils marcheront comme les soldats-paysans de Blücher l'ont fait à Waterloo, pour la patrie et pour la victoire. Un Prussien peut le comprendre : le sursaut patriotique peut changer le sort d'une bataille.

— On ne va pas leur livrer Paris !

Les soldats qui « marchent au canon » retrouvent des réflexes qu'ils ne s'expliquent pas.

— S'il faut crever quelque part, dit à Paul Lintier le canonnier Hutin, j'aime mieux crever ici que là-bas, dans la Meuse.

— Pourquoi ?

— Est-ce que je sais pourquoi ?

*

Le second sursaut imprévisible des pantalons rouges, épuisés par six jours de bataille, suit le moment précis, mystérieux, miraculeux, impossible à prévoir ou à préciser où « le combat changea d'âme », dit Victor Hugo. La déroute et la victoire tiennent à cet instant privilégié où les soldats sentent le vent tourner.

Au soir du 9 septembre, les Allemands peuvent encore gagner. Lintier s'insurge que les fantassins français reculent de nouveau, loin vers le nord-ouest de l'Ourcq. Si les attaques de von Kluck se poursuivent, il va l'emporter. La 6e armée française, exsangue, n'attend plus de renforts. Il peut passer, il passera. Il prendra à revers les Marocains de Ditte, les fantassins fourbus du général de Lamaze, il marchera jusqu'à Meaux, franchira de nouveau la Seine : devant Paris, Gallieni n'a à lui opposer que des territoriaux chenus, armés de fusils Gras, et quelques volontaires de la marine.

A la même heure, Foch regarde sa montre : l'artillerie lourde peut reprendre à l'aube son bombardement massif, et se poursuivre l'assaut de la garde prussienne renforcée. Le corps d'Eydoux est à bout. Les fantassins de la 42e suffiront-ils à contenir l'attaque massive de la garde prussienne ? S'ils passent, le front est rompu. La 4e armée de Langle de Cary est trop faible pour s'opposer longtemps à trois armées allemandes, elle sera prise dans la nasse.

Miracle ! Au petit jour du 10 septembre, les Allemands ont décampé, même si leurs arrière-gardes résistent encore, devant Foch et devant Maunoury. Le maréchal

French et Franchet d'Espèrey avaient les premiers senti la griserie de l'instant, quand ils avaient atteint le Petit Morin. Ils savaient désormais qu'ils pouvaient avancer librement, et que, pour des raisons incompréhensibles, l'ennemi avait complètement évacué l'espace.

Dès le 9 septembre, sir Hubert Gough, un des premiers bénéficiaires du mouvement allemand de repli, s'était rendu compte que « de fortes colonnes allemandes se dirigeaient vers le nord-est ». Il suffisait de les poursuivre. « La vue de ces colonnes, écrit ce soldat de métier, accroissait notre impatience de reprendre la poursuite. » Même réaction chez le dragon René Chambe, du corps Conneau : il estime, sans connaître l'ensemble de la situation et l'état de la cavalerie, que tout va trop lentement, que son chef est trop timoré. Il veut charger l'ennemi la lance aux reins, tant que son cheval aura des jambes. Il croit de toutes ses forces que la victoire est à portée, comme l'artilleur Lintier et le fantassin Petit.

Le vent a tourné. L'incroyable devient possible. A l'effet de conscience (l'ennemi recule) se substitue, par miracle, l'effet de croyance (nous tenons la victoire). Les généraux eux-mêmes y croient. Le sceptique Berthelot se voit franchir le Rhin, et Gamelin, l'âme damnée de Joffre, a du mal à refréner autour de lui les enthousiasmes.

Cette foi n'abandonne pas les compagnons d'infortune des tranchées d'Etrépilly ou des trous d'obus de Mondement. Les massacres qui les ont épargnés semblent leur avoir conféré une sorte d'invulnérabilité. Chacun s'étonne quand de nouveau les canons allemands tonnent, sur la ligne du Chemin des Dames, et que le sang, de nouveau, coule. Les ennemis ne sont-ils pas rentrés chez eux ? Faut-il donc encore mourir, après une victoire aussi décisive, qui faisait dire au lieutenant-colonel Weygand, dans la nuit du 10 septembre : « Pouvoir enfin prononcer le mot victoire sans baisser les yeux et sans douter, voilà la joie sans limite que nous ressentions » ?

Pour les hommes qui marchent sous la pluie, traversant le champ de bataille empesté d'odeurs putrides, il n'est pas certain que l'ennemi ait renoncé. Il attendra un peu plus loin, pour revenir en force. Il était si près d'aboutir. La guerre va durer, c'est sûr. Il faudra beaucoup de victoires pour venir à bout d'un adversaire aussi coriace.

Mais ici, sur la Marne, il a cédé. Un recul de cent kilomètres est à estimer en millions d'arpents de terre libérée, de villes reconquises, de rivières redevenues françaises, de villages à rebâtir, de troupeaux à rassurer.

Pour une machine de guerre aussi puissante que l'armée allemande, un tel recul est un aveu de défaite, même si elle peut se reprendre plus loin. Pour les alliés anglais, quel encouragement ! Les 400 000 volontaires des *divisions K* débarqueront bientôt à Boulogne et à Calais. Les Italiens hésitants vont se rallier. Les Russes de Galicie vont se sentir pousser les ailes de la victoire en apprenant les nouvelles du front français, même après le désastre de Tannenberg.

La Marne, pensent les officiers au képi constellé d'étoiles après les premiers combats des 13 et 14 septembre sur l'Aisne, n'est sans doute pas la dernière bataille de cette guerre, mais elle est un coup d'arrêt et un tournant : c'en est fini de l'arrogance allemande. Les maîtres de la Direction suprême, des disciples de Bismarck et de Moltke Ier, et plus avant de Blücher et de Gneisenau, doivent savoir qu'ils peuvent aussi, pour la première fois de leur récente histoire, être vaincus.

Pour les soldats marchant sous la pluie, satisfaits de ne pas recevoir leur ration quotidienne de « marmites », le comble du miracle serait un rayon de soleil tombé du ciel, comme à Austerlitz. Paul Lintier le canonnier rapporte cette réplique saisie sur le vif :

— Maréchal des logis, crie un vieil engagé de la 6e armée à qui l'officier vient de lire l'ordre du jour de victoire de Maunoury, faites donc demander au général, puisqu'il est content de nous, de faire un peu fermer les écluses de là-haut.

Annexes

1. Organigramme de la British Expeditionary Force en septembre 1914

Commandant en chef : Field Marshal sir John D.P. French.
Chef d'état-major : Lt general Sir A.J. Murray.

Division de cavalerie : major général E.H. Allenby.
Première brigade : 2e et 5e Dragoon Guards, 11e hussards.
Deuxième brigade : 4e Dragoon Guards, 9e lanciers, 18e hussards.
Troisième brigade : 4e hussards, 5e et 16e lanciers.
Quatrième brigade : Household cavalery, 6e Dragoon Guards et 3e hussards.
Artillerie : btys D, E, I et L, de la Royal Horse Artillery.
Cinquième brigade (indépendante), : 2e dragoons, 12e lanciers 20e hussards, bty J de la Royal Horse Artillerie.

Premier Corps : Lieutenant général Sir Douglas Haig.

Première division :
Première brigade de Guards. 1er Coldstream Guards, 1er Scots Guards, 1er Black Watch, 1er Royal Munster Fusiliers.
Deuxième brigade d'infanterie : 2 Royal Sussex, 1/Loyal North Lancashire. 1/Northamptonshire. 2/ King's Royal Rifle Corps.
Troisième brigade d'infanterie : 1/ Queen's West Surrey. 2/South Wales Borderers. 1/ Gloucestershire. 2/ Welsh.

Cavalerie. Escadron C, 15e hussards.
Artillerie. 25e, 26e, 39e et 48e brigades de la Royal Field Artillery. '26' Bty lourd de la Royal Garrison Artillery.

Deuxième division :
Quatrième brigade de Guards. 2e Grenadier Guards. 2e et 3e Coldstream Guards,1er Irish Guards.
Cinquième brigade d'infanterie : 2e Worcestershire 2e Oxford & Bucks light infanterie. 2e Highland Light infanterie, 2e Connaught Rangers.
Sixième brigade d'infanterie : 1er King's (Liverpool), 2e South Staffordshire, 1er Royal Berkshire, 1er King's Royal Rifle Corps.
Cavalerie : escadron B du 15e hussards.
Artillerie : Brigades 34,36, 41 et 44 de la Royal Field Artillery.

Deuxième Corps : Lieutenant général Sir Horace Smith-Dorrien.

Troisième division :
Septième brigade d'infanterie : 3e Worcestershire, 2e South Lancashire, 1er Wiltshire, 2e Royal Irish Rifles.
8e brigade d'infanterie : 2e Royal Scots, 2e Royal Irish, 4e Middlesex, 1er Gordon Highlanders
Neuvième brigade d'infanterie : 1er Northumberland fusiliers, 4e Royal Fusiliers, 1er Lincolnshire, 1er Royal Scots Fusiliers.
Cavalerie : escadron A du 15e hussards.
Artillerie : 29e, 30e, 40e et 42e brigades de la Royal Field Artillery. '48 ' Batterie RGA.

Cinquième division :
Treizième brigade d'infanterie : 2e King's Own Scottish Borderers, 2e Duke of Wellington's, 1er Royal West Kent, 2e King's Own Yorkshire Light infantry.
Quatorzième brigade d'infanterie : 2e Suffolk, 1er East Surrey, 1er Duke of Cornwall's Light Infantry, 2e Manchester.
Quinzième brigade d'infanterie : 1er Norfolk, 1er Bedfordshire, 1er Chesshire, 1er Dorset.
Cavalerie : escadron A du 19e hussards.
Artillerie : brigades 8e, 15e, 27e et 28e de la Royal Field Artillery, '108' Bty Royal Garrison Artillery.

Dix-neuvième brigade d'infanterie : 2e Royal Welsch Fusiliers, 1er Cameronians, 1er Middlesex, 2e Argyll & Sunderland Highlanders.
Line of communications bataillon : 1er Devonshire.

Troisième Corps : major général W.P. Pulteney.

Quatrième division :
Dixième brigade d'infanterie : 1er Royal Warwickshire, 2e Seaforth Highlanders, 1er Royal Irish Fusiliers, 2e Royal Dublin Fusiliers, 2e Royal Dublin Fusiliers.
Onzième brigade d'infanterie : 1er Sommerset Light Infantry, 1er East Lancashire, 1er Hampshire, 1ère Rifle brigade.
Douzième brigade d'infanterie : 1er King's Own Lancaster, 2e Lancashire Fusiliers, 2e Royal Inniskilling Fusiliers, 2e Essex.
Cavalerie : escadron B du 19e hussards.
Artillerie : brigades 14, 29, 32 et 36e de la Royal Field Artillery. '31' Bty Royal Garrison Artillery.

Sixième division :
Seizième brigade d'infanterie : 1er Buffs, 1er Leicestershire, 1er King's Shropshire Light Infantery, 1er York & Lancaster.
Dix-septième brigade d'infanterie : 1er Royal Fusiliers, 1er North Staffordshire, 1er Leinster, 3e Rifle Brigade.
Dix-huitième brigade d'infanterie : West Yorkshire, 1er East Yorkshire, 2e Sherwood Foresters, 2e Durham Light Infantry.
Cavalerie : escadron C du 19e hussards.
Artillerie : brigades 12, 24 et 38 de la Royal Field Artillery, '24' Bty Royal Garrison artillery.

2. Ordre de bataille de l'armée impériale allemande

Première armée, von Kluck :
Corps II, III, IV et IX
Corps de réserve III, IV et IX.

Deuxième armée, von Bülow :
Garde, corps VII et X,
Corps de réserve de la Garde, VII et X.

Troisième armée, von Hausen :
Corps saxons XI, XII et XIX.
Corps de réserve saxon XII.

Quatrième armée, duc Albrecht von Würtemberg :
Corps VIII et XVIII.
Corps de réserve VIII et XVIII.

Cinquième armée, Kronprinz de Prusse :
Corps V, VI, XIII et XXIe
Corps de réserve V et VI.

Sixième armée, Kronprinz Rupprecht de Bavière :
Corps bavarois I, II et III,
Corps de réserve bavarois I.

Septième armée, von Heeringen :
Corps XIV et XV.
XIVe corps de réserve.

A titre d'exemple, le 2e *corps de la première armée von Kluck* (recrutement de Stettin en Poméranie), est ainsi composé :
Troisième division :
Cinquième brigade d'infanterie :
2e régiment (impérial), de grenadiers (dans l'armée prussienne : 1er Poméranien dit du roi de Prusse Frédéric Guillaume IV),
9e régiment de Colberg grenadiers (2e poméranien dit du comte Gneisenau)

54e régiment d'infanterie (7e poméranien dit du comte von der Goltz)
Sixième brigade d'infanterie :
34e régiment de fusiliers de la reine Victoria de Suède.
42e régiment d'infanterie ou 5e poméranien du prince Moritz von Anhalt-Dessau.
3e brigade de cavalerie avec le 2e cuirassiers de la Reine et le 9e uhlans ou 2e Poméranien.
Troisième brigade d'artillerie de campagne du 1er poméranien et 38e régiment d'artillerie de campagne de Poméranie supérieure.

Quatrième division :
Septième brigade d'infanterie :
14e d'infanterie du comte Schwerin, 3e poméranien.
149e régiment d'infanterie ou 6e de Prusse occidentale.
Huitième brigade d'infanterie :
49e régiment d'infanterie ou 6e poméranien.
140e régiment d'infanterie ou 4e de Prusse occidentale.
Quatrième brigade de cavalerie :
3e Neumark dragons (des grenadiers à cheval de von Derfflinger)
12e dragons de von Arnim (2e de Brandenbourg)
Quatrième brigade d'artillerie de campagne :
17e régiment d'artillerie de campagne.
53e d'artillerie de campagne (Poméranie)
Renforts de troupes :
Deuxième et quinzième régiments d'artillerie à pied de von Hindersin (artillerie lourde).
Pionniers et bataillon du train du 2e poméranien.

3. Ordre de bataille de la 9e armée française au 6 septembre 1914

Le 9e corps du général Jean-Baptiste Dubois comprend :
— La 17e division de Jean-Baptiste Dubois avec les régiments du Blanc (68e), de Châteauroux (90e), de Parthenay (114e), de Poitiers (125e) ;
— La division marocaine du général Humbert, avec le régiment de marche des zouaves marocains, les deux régiments de tirailleurs de l'est et de l'ouest marocains dotés de six batteries d'artillerie, soit au moins 24 pièces de 75.
Le 11e corps du général Eydoux comprend :
— La 21e DI du général Radiguet avec les régiments d'Ancenis (64e), La Roche-sur-Yon (93e) et Fontenay (137e) ;
— La 22e DI du général Pambet avec les régiments de Lorient (62e), de Vannes (116e), de Brest (19e) et Quimper (118e). Un escadron du 2e chasseurs et trois groupes de 75 ;
— Dès le 31 août, la 52e division de réserve du général Battesti, nommé le 2 septembre avec deux bataillons de chasseurs et les cinq régiments de Cambrai (201e), Sedan (347e), Rocroi (348e), Maubeuge (245e) et Péronne (320e) ;
— Puis, la 42e DI d'active du général Grossetti avec quatre bataillons de chasseurs et les RI de réservistes de Bar-le-Duc (94e), Saint-Quentin (151e), et Cambrai (162e) ;
— le 14 septembre, la 18e DI du général Justinien Lefèvre avec le 66e régiment de Tours, le 32e de Châtellerault, le 77e de Cholet et le 135e d'Angers ;
— la 60e division de réserve du général Joppé forte de six régiments de l'Ouest et de trois groupes de 75, affectée dès le 29 août au détachement d'armée de Foch. Recrutée en Bretagne avec ses six régiments : Saint-Malo (247e), Guingamp (248e), Saint-Brieuc (271e), Granville (202e), Cherbourg (225e) et Saint-Lô (336e).
Le corps de cavalerie du général de l'Espée est formé de la 6e division : des hussards et des chasseurs (11e et 13e), de la légère, les 7e et 10 cuirassiers, les 2e et 14e dragons de Lyon.
A la 9e DC, les 5e et 8e cuirassiers de Tours, les dragons de Luçon (1er), Nantes (3e), Angers (25e) et Rennes (24e)

Sources et bibliographie

ARCHIVES

Les Armées françaises dans la Grande Guerre, Paris, Imprimerie nationale, 1932. Tome premier, volumes 1, 2 et 3, et sept volumes d'annexes, 5 volumes de cartes.

History of the Great War, based on official Documents, France and Belgium, 1914, un volume de textes, un volume de cartes, Londres, 1922.

Der Weltkrieg, I, II, III et IV, Berlin, 1925-1926. Traduction conservée à la bibliothèque de l'Ecole supérieure de guerre à Paris.

Documents allemands sur la bataille de la Marne, Paris, Payot, 1930.

Service historique des armées de terre :

5N 24. Messages téléphonés de l'exode des populations envahies.

5N 70. Recrutement en Algérie.

5N 87. Régions envahies.

5N 88-92. Armée française, effectifs et engagés volontaires, renforts et pertes, d'août 1914 à mai 1915.

5N 138. Angleterre, recrutement de l'armée.

5N 147. Les Sénégalais.

5N 237-257. Reddition de Maubeuge.

5N 254. Redditions de Lille, Douai et Arras. Enquête du général Rau.

Journaux de marche :
26N 834. Les zouaves.
26N 844. Les tirailleurs algériens.
26N 865. L'infanterie coloniale.
Historique du 1er régiment de tirailleurs algériens, Paris, 1936.
Historique du 26e régiment d'infanterie, Paris, Berger-Levrault, 1919.

Service historique de l'armée de l'air :
L'aéronautique militaire, 1914-1918.

Archives de Meurthe-et-Moselle :
M 219. Zeppelin à Lunéville.
8R 107. Atrocités commises par les Allemands.
R 931. Prisonniers de guerre ennemis.

Archives de Seine-et-Marne :
9R 7. Prisonniers de guerre.
1R 752. Alsaciens-Lorrains engagés volontaires.
2R 194. Déserteurs et insoumis.
Série M. Rapport moral du préfet au ministère de l'Intérieur.

MÉMOIRES ET SOUVENIRS

BERTHELOT (général), *Journal de guerre inédit.*
BÜLOW (prince von), *Mémoires d'un chancelier*, t. III, *1909-1919*, Paris, Plon, 1931.
CARPENTIER (général), *Un cyrard au feu*, Paris, 1963.
CORDONNIER (général), *L'Obéissance aux armées*, Paris, 1924.
DARTEIN (général de), *La 56e division au feu*, Paris, 1920.
FAYOLLE (maréchal), *Cahiers secrets de la Grande Guerre*, Paris, Plon, 1964.
FOCH (maréchal), *Mémoires*, Paris, Plon, t. I, 1931.
FRENCH (maréchal), *1914*, Paris, Payot, s.d.
GALLIENI (maréchal), *Les Carnets de Gallieni*, Paris, Payot, 1932.
GAMELIN (général), *Manœuvre et victoire de la Marne*, Paris, 1954.

GOUGH (général Hubert), *La 5e armée britannique dans la Grande Guerre*, Paris, Ed. de la Nouvelle Critique, 1935.
HERBILLON (colonel), *Du général en chef au gouvernement*, Paris, Jules Tallandier, t. I, 1930.
HAUSEN (colonel-général baron von), *Souvenirs de la campagne de la Marne en 1922*, Paris, Payot, 1922.
JOFFRE (maréchal), *Mémoires*, Paris, Plon, 1932.
KLUCK (général von), *La Marche sur Paris*, 1914, Paris, Payot, 1922.
KRONPRINZ DE PRUSSE, *Souvenirs de guerre*, Paris, 1923.
KUHL (général von), *La Campagne de la Marne en 1914*, Paris, Payot, 1927.
LANGLE DE CARY (général de), *Souvenirs de commandement*, Paris, Payot, 1935.
Ludendorff peint par lui-même (Hans Delbruck), Paris, Payot, 1922.
MOLTKE (colonel-général H. von), *Mémoires, Lettres et Documents*, Paris, Payot, 1923.
MESSIMY (général), *Mes souvenirs*, Paris, Plon, 1937.
POINCARÉ (Raymond), *Au service de la France*, Paris, Plon, t. IV, 1927.
WEYGAND (général), *Mémoires*, t. I, *Idéal vécu*, Paris, Flammarion, 1953.

SOUVENIRS DE COMBATTANTS OU DE TÉMOINS

BLOCH (Marc), « Souvenirs de guerre » in *Cahier des Annales*, 26, 1969.
BOUDON (Victor), *Avec Charles Péguy*, Paris, Hachette, 1916.
BOUVEREAU (Henri), *Devant la mort*, Coulommiers, librairie Brouillet, 1919.
BRIDOUX, *Souvenirs du temps des morts*, Paris, Albin Michel, 1930.
CARDOT (Jacques Alexandre), *Artilleurs de campagne*, Paris, La Pensée universelle, 1987.
« Carnets inédits de Marguerite Faivre », Dormans, Municipalité.
CHAMBE (général René), *L'Escadron de Gironde*, Paris, Baudinière, 1936.

—, *Adieu, cavalerie ! La Marne, bataille gagnée, victoire perdue*, Paris, Plon, 1979.

CHARBONNEAU (lieutenant-colonel), *La Bataille de la Marne vue par un chef de section*, Paris, 1928.

DEVILLE (lieutenant), *Carnets de route d'un artilleur*, Paris, 1916.

DONATI (Louis), « Notes de campagne d'un artilleur en 1914 et 1915 », inédit.

DUCASSE, MEYER et PERREUX, *Vie et Mort des Français, 1914-1918*, Paris, Hachette, 1959.

GALTIER-BOISSIÈRE, *La Fleur au fusil*, Paris, Baudinière, 1928.

GENEVOIX (Maurice), *Sous Verdun*, Paris, Flammarion, 1916.

GRASSET (commandant), *Vingt jours de guerre aux temps héroïques*, Paris, 1918.

GRENADOU (Ephraïm), Prévot (Alain), *Grenadou paysan français*, Paris, Le Seuil, 1966.

HUMBERT (général), « Le départ des saint-cyriens en 1914 », in *Souvenir français* n° 356, 1979.

JUIN (maréchal), *La Brigade marocaine à la bataille de la Marne*, Paris, Presses de la Cité, 1964.

KAHN (André et Jean-François), *Journal de guerre d'un juif patriote*, Paris, Simoën, 1978.

LA CHAUSSÉE (capitaine), *De Charleroi à Verdun dans l'infanterie*, Paris, s.d.

LÉTOQUART (Paul), *14-18. La Grande Guerre, le vécu du soldat René*, Collection GEP témoignages, 1990. Exemplaire dactylographié.

LINTIER (Paul), *Ma pièce. Souvenirs d'un canonnier*, Paris, Plon-Nourrit, 1917.

Mémoires du Soissonnais, Mémoires de Thérèse Danré, présentés par Robert Attal et Denis Rolland, t. II, 2002.

NORDMANN (Charles), *A coups de canon. Mémoires d'un combattant*, Paris, Perrin, 1917.

NOTTIN (Jules Léopold, abbé), *Vitry-le-François pendant la Bataille de la Marne. Mon carnet de guerre*, Vitry-le-François, 1917.

PETIT (Pierre), *Souvenirs de guerre*, Académie européenne du Livre, 1989.

PINGAUD (Albert), *La Guerre vue par les combattants allemands*, Paris, Perrin, 1918.

RENN (Ludwig), *Guerre*, Paris, Flammarion, 1929.

RICHERT (Dominique), *Cahiers d'un survivant (combattant alsacien)*, Strasbourg, La Nuée bleue, 1998.

RIMBAULT (capitaine), *Journal de campagne d'un officier de ligne*, Paris, Berger-Levrault, s.d.

RIVIÈRE, *Carnets*, Paris, Fayard, 1974.

TARDIEU (André), *Avec Foch. Août-novembre 1914*, Paris, Flammarion, 1939.

TUCOO-CHALA (Jean Ernest), *Carnets de route d'un artilleur*, éditions J. et D. Biarritz, 1996.

VIBRAYE (comte Tony de), *Carnet de route d'un cavalier*, Paris, 1939.

SUR LA BATAILLE DE LA MARNE

ANTIER (Chantal), *La Grande Guerre en Seine-et-Marne*, Presses du Village, 1998.

AUTIN (Jean), *Foch*, Paris, Perrin, 1987.

BABIN (Gustave), *La Bataille de la Marne*, Paris, Plon, 1917.

BARTILLAT (Christian de), *Un champ de bataille et de blé*, Paris, Chez l'auteur, 1974.

CONTAMINE (Henry), *La Victoire de la Marne. 9 septembre 1914*, Paris, Gallimard, 1970.

DAUTREME (D.), *Les Conséquences de la guerre en Seine-et-Marne*, Melun, 1919.

DOUCHY (François Médard), *Le Grand Etat-Major allemand*, traduction de l'ouvrage de von Kuhl et commentaires, Paris, Payot, 1922.

L'Epopée des taxis de la Marne, La Chasse au Snark, Jaignes, 1999.

GOUTARD (colonel A.), *La Marne, victoire inexploitée*, Paris, Robert Laffont, 1968.

GRASSET (colonel A.), *La Bataille des Deux Morins*, Paris, 1934.

Guide des champs de bataille de la Marne, Presses du Village, 1984.

HANOTAUX (Gabriel), *La Bataille de la Marne*, 2 vol., Paris, 1922.

HESS (Paul), *La Vie à Reims pendant la guerre de 1914-1918*, Anthropos, 1998.

ISELIN (Henri), *La Bataille de la Marne*, Paris, Arthaud, 1964.

KOELTZ (lieutenant-colonel), *L'Armée von Kluck à la bataille de la Marne*, Paris, 1931.
LYET (lieutenant-colonel), « Joffre, Gallieni et les armées d'aile gauche de la bataille de la Marne », *Revue d'histoire*, 1938.
LE GOFFIC (Charles), *Les Marais de Saint-Gond*, Paris, Plon, 1916.
Les Marais de Saint-Gond. Guide Michelin pour la visite des champs de bataille, Paris, Berger-Levrault, s.d.
MULLER (commandant), *Joffre et la Marne*, Paris, éd. Grès, 1931.
VALARCHÉ (Colonel E.), *Cannes et la marche de von Kluck sur Paris*, Paris, Berger-Levrault, 1929.
VARILLON (Pierre), *Joffre*, Paris, Fayard, 1956.

OUVRAGES GÉNÉRAUX SUR LA GUERRE

ASHWORTH (Tony), *Trench Warfare. 1914-1918*, Panbooks, 1980.
BONNEFOUS (Georges), *Histoire politique de la IIIe République*, Paris, PUF, t. II, *La Grande Guerre.*
DUROSELLE (Jean-Baptiste), *La Grande Guerre des Français*, Paris, Perrin. 1994.
GAMBIEZ (général) et SUIRE (colonel), *Histoire de la Première Guerre mondiale*, Paris, Fayard, 2 vol., 1968-1971.
KITCHEN (M.), *The German Officer Corps. 1890-1914*, Oxford, 1968.
LIDDLE HART, *La Première Guerre mondiale racontée par un Anglais*, Paris, Payot, 1932.
MOMMSEN (W.), *Die Deutsche Kriegszielpolitik. In Kriegsausbruch 1914*, Deutsche Herausgabe du *Journal of contemporary History*, 1967.
PEDRONCINI (Guy), *Le Haut Commandement et la conduite de la guerre*, thèse d'Etat, Paris, Publications de la Sorbonne, 1971.
RENOUVIN (Pierre), *La Crise européenne et la Première Guerre mondiale*, Paris, PUF, 1948.
VALUY (général) et DUFOURCQ (Pierre), *La Première Guerre mondiale*, Paris, Hachette, 2 vol., 1968.

Index

Cartes

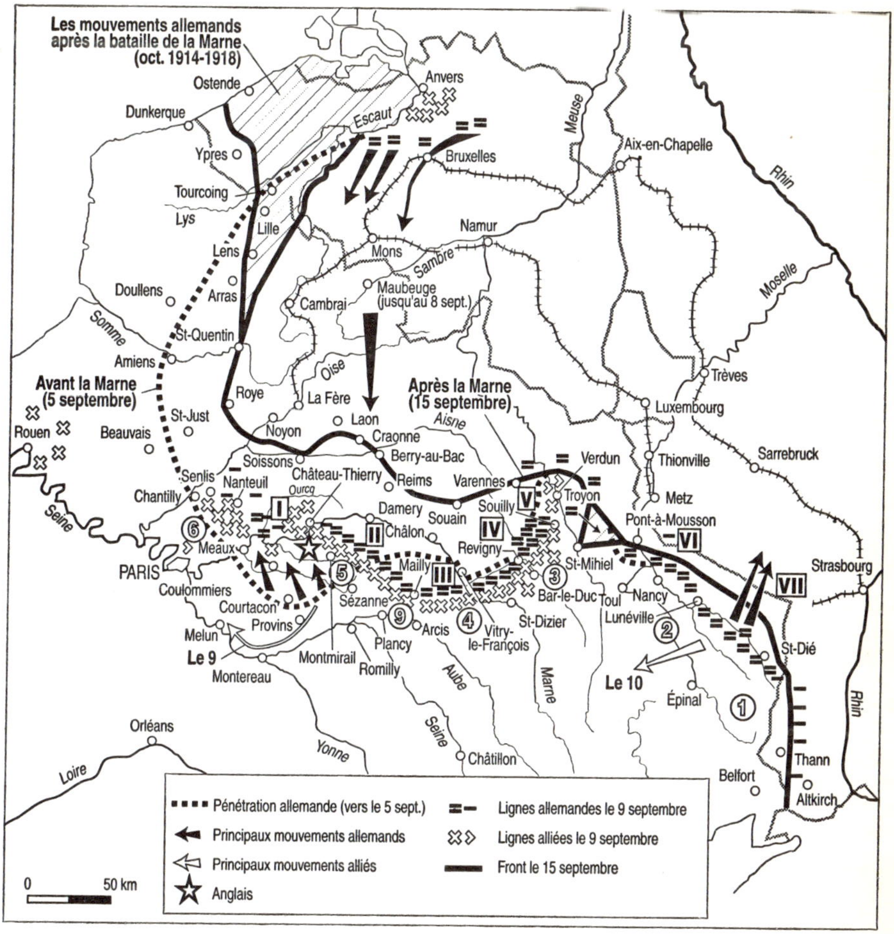
Les mouvements allemands après la bataille de la Marne (oct. 1914-1918)
Avant la Marne (5 septembre)
Après la Marne (15 septembre)
Ostende
Dunkerque
Anvers
Escaut
Bruxelles
Meuse
Aix-en-Chapelle
Rhin
Ypres
Tourcoing
Lys
Lille
Lens
Arras
Namur
Mons
Sambre
Maubeuge (jusqu'au 8 sept.)
Doullens
Cambrai
Somme
St-Quentin
Amiens
Moselle
Trèves
Oise
Roye
La Fère
Luxembourg
St-Just
Rouen
Beauvais
Noyon
Laon
Aisne
Craonne
Berry-au-Bac
Soissons
Verdun
Thionville
Sarrebruck
Senlis
Nanteuil
Château-Thierry
Ourcq
Reims
Varennes
Chantilly
Troyon
Metz
Seine
Damery
Souain
Souilly
Pont-à-Mousson
Châlon
Meaux
Revigny
St-Mihiel
Strasbourg
PARIS
Mailly
Bar-le-Duc
Toul
Nancy
Coulommiers
Sézanne
Courtacon
Lunéville
Provins
Arcis
Vitry-le-François
St-Dizier
Melun
Planchy
St-Dié
Le 9
Montmirail
Romilly
Montereau
Le 10
Aube
Marne
Épinal
Orléans
Yonne
Châtillon
Thann
Loire
Belfort
Altkirch
I
II
III
IV
V
VI
VII
1
2
3
4
5
6
9
Pénétration allemande (vers le 5 sept.)
Principaux mouvements allemands
Principaux mouvements alliés
Anglais
Lignes allemandes le 9 septembre
Lignes alliées le 9 septembre
Front le 15 septembre
0
50 km

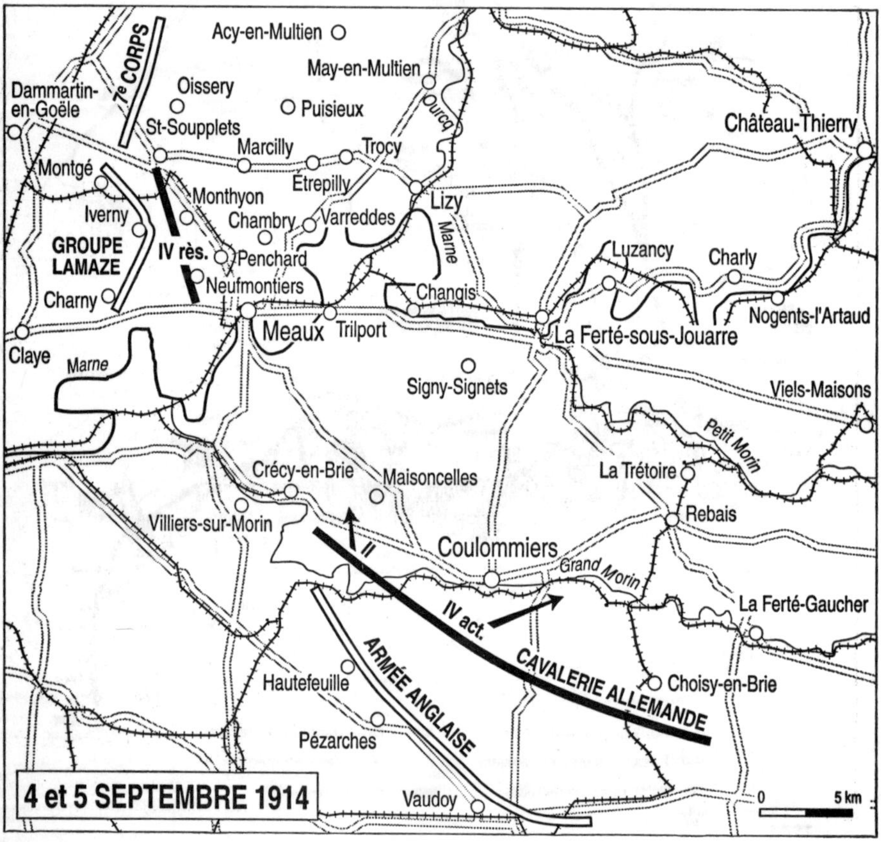

Acy-en-Multien
7e CORPS
May-en-Multien
Dammartin-en-Goële
Oissery
Puisieux
St-Soupplets
Marcilly
Trocy
Ourcq
Château-Thierry
Montgé
Étrepilly
Lizy
Monthyon
Iverny
Chambry
Varreddes
Marne
GROUPE LAMAZE
IV rès.
Penchard
Luzancy
Charly
Neufmontiers
Changis
Charny
Nogents-l'Artaud
Meaux
Trilport
La Ferté-sous-Jouarre
Claye
Marne
Signy-Signets
Viels-Maisons
Petit Morin
La Trétoire
Crécy-en-Brie
Maisoncelles
Rebais
Villiers-sur-Morin
II
Coulommiers
Grand Morin
IV act.
La Ferté-Gaucher
ARMÉE ANGLAISE
CAVALERIE ALLEMANDE
Hautefeuille
Choisy-en-Brie
Pézarches
4 et 5 SEPTEMBRE 1914
Vaudoy
0
5 km

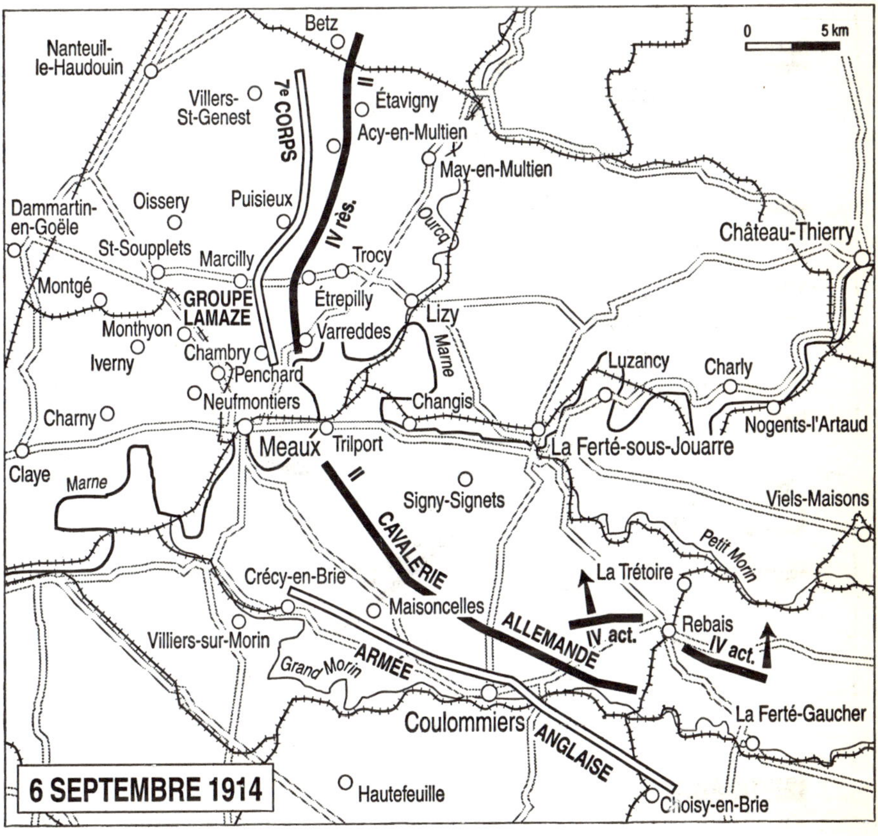

6 SEPTEMBRE 1914
0 5 km
Betz
Nanteuil-le-Haudouin
Villers-St-Genest
7e CORPS
II
Étavigny
Acy-en-Multien
May-en-Multien
Dammartin-en-Goële
Oissery
Puisieux
IV rés.
Ourcq
Château-Thierry
St-Soupplets
Marcilly
Trocy
Montgé
GROUPE LAMAZE
Étrepilly
Lizy
Monthyon
Varreddes
Marne
Iverny
Chambry
Penchard
Luzancy
Charly
Neufmontiers
Changis
Charny
Nogents-l'Artaud
Meaux
Trilport
La Ferté-sous-Jouarre
Claye
Marne
II
Signy-Signets
Viels-Maisons
CAVALERIE
Petit Morin
La Trétoire
Crécy-en-Brie
Maisoncelles
ALLEMANDE
IV act.
Rebais
IV act.
Villiers-sur-Morin
ARMÉE
Grand Morin
La Ferté-Gaucher
Coulommiers
ANGLAISE
Hautefeuille
Choisy-en-Brie

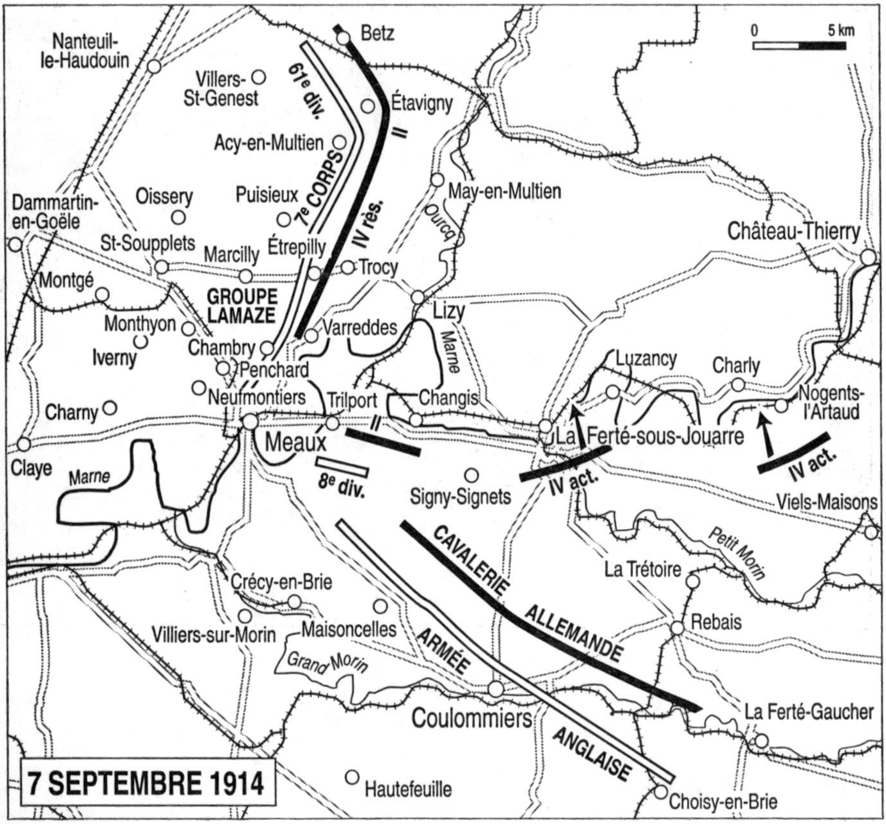

7 SEPTEMBRE 1914
0
5 km
Nanteuil-le-Haudouin
Villers-St-Genest
Betz
Étavigny
Acy-en-Multien
May-en-Multien
Dammartin-en-Goële
Oissery
Puisieux
Étrepilly
St-Soupplets
Marcilly
Trocy
Montgé
GROUPE LAMAZE
Lizy
Monthyon
Iverny
Chambry
Varreddes
Penchard
Neufmontiers
Trilport
Changis
Charny
Claye
Meaux
Marne
Ourcq
61e div.
7e CORPS
IV rés.
II
8e div.
Signy-Signets
Château-Thierry
Luzancy
Charly
Nogents-l'Artaud
La Ferté-sous-Jouarre
IV act.
Viels-Maisons
Petit Morin
CAVALERIE ALLEMANDE
La Trétoire
Rebais
Crécy-en-Brie
Villiers-sur-Morin
Maisoncelles
Grand Morin
ARMÉE ANGLAISE
Coulommiers
La Ferté-Gaucher
Hautefeuille
Choisy-en-Brie

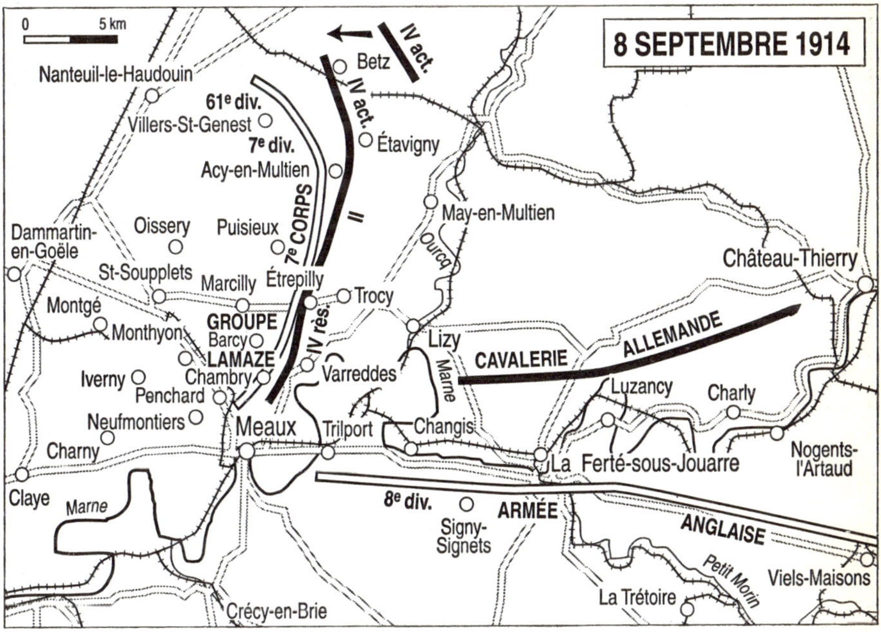

8 SEPTEMBRE 1914
0
5 km
IV act.
Betz
Nanteuil-le-Haudouin
61e div.
Villers-St-Genest
IV act.
7e div.
Étavigny
Acy-en-Multien
II
7e CORPS
May-en-Multien
Ourcq
Dammartin-en-Goële
Oissery
Puisieux
Château-Thierry
St-Soupplets
Marcilly
Étrepilly
Trocy
Montgé
Monthyon
GROUPE
Barcy
LAMAZE
IV rés.
Lizy
CAVALERIE
ALLEMANDE
Marne
Iverny
Chambry
Varreddes
Penchard
Luzancy
Charly
Neufmontiers
Meaux
Trilport
Changis
Charny
Nogents-l'Artaud
La Ferté-sous-Jouarre
Claye
Marne
8e div.
ARMÉE
ANGLAISE
Signy-Signets
Petit Morin
Viels-Maisons
La Trétoire
Crécy-en-Brie

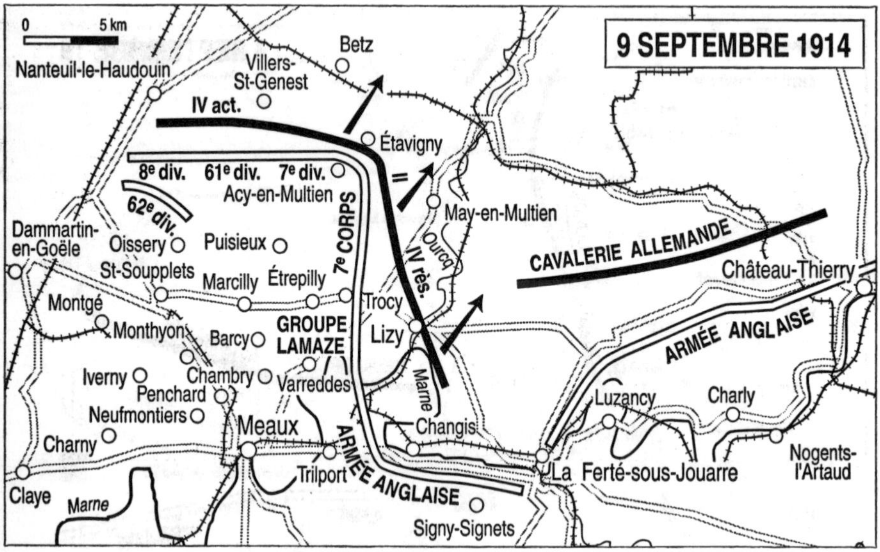
9 SEPTEMBRE 1914
0
5 km
Nanteuil-le-Haudouin
Betz
Villers-
St-Genest
IV act.
Étavigny
8e div.
61e div.
7e div.
Acy-en-Multien
62e div.
7e CORPS
May-en-Multien
Ourcq
IV rés.
Dammartin-
en-Goële
Oissery
Puisieux
CAVALERIE ALLEMANDE
St-Soupplets
Marcilly
Étrepilly
Château-Thierry
Montgé
Trocy
Monthyon
Barcy
GROUPE
LAMAZE
Lizy
ARMÉE ANGLAISE
Iverny
Chambry
Varreddes
Marne
Penchard
Luzancy
Charly
Neufmontiers
Meaux
Changis
Charny
Trilport
La Ferté-sous-Jouarre
Nogents-
l'Artaud
Claye
Marne
ARMÉE ANGLAISE
Signy-Signets

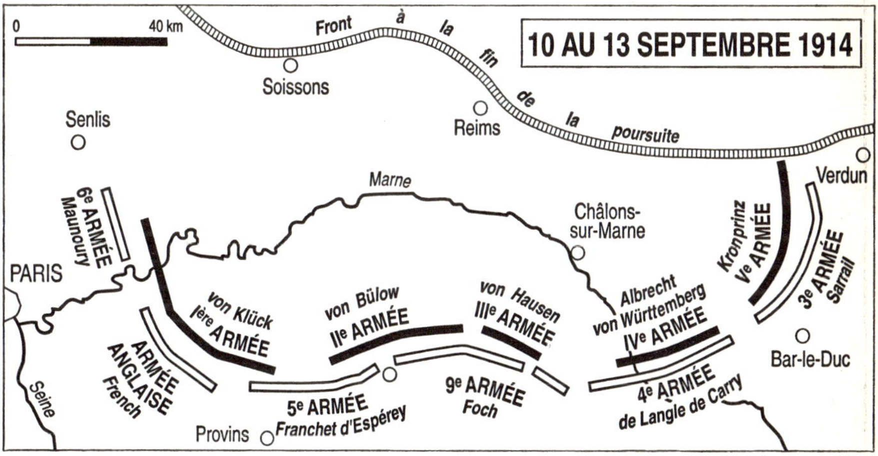
10 AU 13 SEPTEMBRE 1914
0
40 km
Front à la fin de la poursuite
Soissons
Reims
Senlis
Verdun
Marne
Châlons-sur-Marne
PARIS
6e ARMÉE
Maunoury
von Klück
Ière ARMÉE
von Bülow
IIe ARMÉE
von Hausen
IIIe ARMÉE
Albrecht von Württemberg
IVe ARMÉE
Kronprinz
Ve ARMÉE
3e ARMÉE
Sarrail
Bar-le-Duc
ARMÉE ANGLAISE
French
5e ARMÉE
Franchet d'Espérey
9e ARMÉE
Foch
4e ARMÉE
de Langle de Carry
Seine
Provins

Table

Cet ouvrage a été composé par
Nord Compo (Villeneuve-d'Ascq)
et imprimé sur presse Cameron
par **Bussière Camedan Imprimeries**
à Saint-Amand-Montrond (Cher)
pour le compte des Editions Plon
76, rue Bonaparte
Paris 6e

Achevé d'imprimer en septembre 2003.

N° d'édition : 13678. — N° d'impression : 034454/1.
Dépôt légal : septembre 2003.

Imprimé en France